MANFRED WOLLINGER

Der Kolibri-Plan

Werte, Gesundheit, Stress, Ernährung

Entwicklung und die Jahreszeiten des Lebens

Band 3 der Kolibri-Reihe

Covergestaltung / Satz / Layout:

Clarissa van Amseln

(E.Mail: amsel@q-nst.de)

Kolibri

Er steht für die Leichtigkeit.
Das Vertrauen in das Leben
das trägt - immer.
Auch wenn der Wind heftig weht,
bleibt er in seiner Mitte,
achtsam, präsent und bereit
aus dem Moment heraus zu wissen,
was richtig
und was wichtig ist.
Nutzen wir die Chance,
den Kolibri in uns zu entdecken
und uns mit seinen
heilsamen und zukunftsweisenden
Eigenschaften zu verbinden,
auf unserem Flug durch Raum und Zeit!

Impressum

Bibliografische Information der
Deutschen Nationalbibliothek:
Die Deutsche Nationalbibliothek verzeichnet diese
Publikation in der Deutschen Nationalbibliografie;
detaillierte bibliografische Daten sind im Internet über
dnb.dnb.de abrufbar.

© 2019 Manfred Wollinger

Herstellung und Verlag:
BoD – Books on Demand, Norderstedt

ISBN: 9783748181873

Inhaltsverzeichnis

Kapitel V – Entwicklung & Die Jahreszeiten des Lebens 215

Die Legende des Kolibri

Eines Tages drohte ein großes Feuer den Wald zu zerstören.
Alle Tiere, außer dem Kolibri, waren entsetzt, entmutigt von
einer solchen Katastrophe.

Doch der kleine Kolibri gab nicht auf; tapfer holte er einen
Tropfen nach dem anderen und warf sie in das Feuer.

Ein anderer Vogel beobachtete ihn und sprach: „Bist du ver-
rückt, kleiner Kolibri? Kannst du nicht sehen, dass du mit diesen
wenigen Wassertropfen niemals das Feuer löschen kannst?"

Der kleine Kolibri sagt ihm: „Ich weiß das schon, aber ich
tue meinen Teil! Wenn die Wassertropfen die Ozeane bilden,
können dieselben Wassertropfen auch das Feuer überwinden
helfen!"

Wer das Leben liebt, das Lebendige achtet und seinen Beitrag
zum Leben schenken will, wird niemals hilflos und untätig eine
Katastrophe nur beobachten.

Egal, woher die Katastrophe kommt und wie sie sich zeigt.

Er wird seinen Anteil geben, so bescheiden er vielleicht auch
ist, um gegen Feuer und andere machtvolle Geister anzugehen,
die unserer Mutter Erde Schaden zufügen wollen.

Der Kolibri setzt seine Reise fort.

Wichtige Stationen hat er besucht, von denen aus er unser Leben betrachtet hat. Jeder Blickwinkel kann interessant sein und lädt ein, aus gewohnten Vorstellungen herauszufinden, in neue Perspektiven einzutauchen, um unser neues „Nest aus Dankbarkeit, Geborgenheit, Freude, Leichtigkeit und Lösungsorientierung zu gestalten.

Auch in diesem Band schlägt er uns eine Menge guter Tipps vor und er wird sich freuen, wenn seine Botschaften zu den Menschen finden werden, um das Leben einfacher, lichtvoller, leichter und fröhlicher zu machen.

Er möchte helfen, eine lebensnahe Zuversicht zu begründen, mit der jeder sich selbst besser helfen kann und in unseren Gemeinschaften mehr und mehr Zusammenhalt und angemessene Unterstützung lebendig wird.

Uns allen eine gute Reise!

Für meine Tochter Lisa - Michelle

Werte, Gesundheit, Stress & Ernährung

Kapitel I - Werte

Einleitung

Das Universum kennt ursprünglich keine menschlichen Wertvorstellungen. Das Wertesystem des Universums ist einfach und sehr überschaubar: alles hat grundsätzlich den gleichen Wert. Wertigkeit wird hier nicht als Nutzungswert beschrieben, sondern als Geschenk. Über den Nutzwert von Geschenken diskutiert man nicht, man nimmt das Geschenk als Geschenk und nicht als Werkzeug oder als „Nutzfahrzeug". Geschenke haben ihren unvergleichlichen und emotionalen Stellenwert und wollen nicht nach Zweckmäßigkeit eingeteilt werden. Innerhalb ethischer Konzepte im Zusammenleben von Menschen braucht es Leitlinien, die sich in unseren Zauberwerten wiederfinden, die wir etwas später auflisten.

Die Pflanzen- und Tierwelt braucht keine eigene Ethik, sie hält sich an verbindliche Vorgaben der Biologie und alle leben gut damit. Sie regeln vieles auf ihre Weise, die vielleicht gar nicht zur emotionalen Struktur des Menschen passt und doch biologisch sinnvoll ist.

Das Universum ist wohl ein Baukastensystem (Holons, Fraktale, Integrale) von vielen Dingen, die wir in ihren „messbaren Dichte- und Wirkungsgraden" als unterschiedlich, voneinander getrennt wahrnehmen und teilweise messen können, die immer auch wesentliche Gemeinsamkeiten haben, die in ihrer für uns so schwer verständlichen Feinheit liegen.

Der für uns Menschen erkennbare Unterschied zwischen den verschiedenen Schwingungen und Energien des Universums ist wohl ein Unterschied in ihrem Nutzen, gewissermaßen in ihrem Anwendungszweck in Bezug auf eine Absicht, die wir haben: wir glauben, einen Unterschied zwischen den Dingen zu erkennen, weil wir einen unterschiedlichen Nutzen der Dinge erwarten und „brauchen".

Ein Beispiel:

Habe ich die Absicht, ein Rad an meinem Auto zu wechseln, brauche ich ein angemessenes Werkzeug, eine angemessene Zeitspanne und ein angemessenes Rad an meinem angemessenen Auto. Andernfalls komme ich nicht zum Ziel. Mit einem unangemessenen Werkzeug und ohne innere Vorbereitung kann ich das Rad nicht wechseln.

Das klingt auf den ersten Blick alles recht selbstverständlich; bei genauerer Betrachtung, wie wir unsere Ziele im Alltag erreichen wollen und wie oft wir zum falschen Zeitpunkt mit dem falschen Werkzeug am falschen Auto das falsche Rad wechseln wollen, werden wir starr vor Entsetzen, wie wir unserem Erfolg im Wege stehen.

Immer wieder mischen wir uns dabei in Angelegenheiten ein (fremde Autos), weil wir nicht erkennen, wo wir wirksam anpacken sollten, aber Hauptsache, wir tun irgendwas, und wenn es noch so wenig zielführend ist. Noch unangenehmer wird es, wenn wir begreifen, dass wir die eigenen unbewussten Absichten oft gar nicht kennen und deshalb unseren Misserfolg brauchen, damit ich wir eine Chance haben, unsere Absichten, Werkzeuge, unsere Arbeitsstrategien und unsere Ziele zu überprüfen.

Unsere übliche Definition vom „Wert" der Dinge liegt in einem strukturellen und strategischen Unterschied und somit im Nutzen, den wir in die verschiedenen Dinge hineininterpretieren und uns oft genug irren.

Wertesysteme sind Arten von Geschäftsmodellen, mit denen man versucht, persönliche Erfahrungen, unternehmerischen Kenntnisse und den Zeitgeist einer Ära, in möglichst allgemein gültige Erfolgsmuster zu bringen, welche traditionelle Maßstäbe einbindet und dem Wohl aller Beteiligten dienen möchte und kann.

Entwicklung und ihre Erkenntnisse fließen immer in gültige Wertsysteme ein und ein Teil dieser Wertvorstellungen bleiben als langfristige Werte im Sinne von Moral und

Tradition bestehen. Erfahrungen, die sich immer wieder bestätigen und der Entwicklung einer Gesellschaft Orientierung und Halt geben, können im Laufe der Zeit zu einem Wertesystem zusammenfinden.

Das sind nicht nur positive Erfahrungen, sondern eigentlich alle, denn die Bewertungen von Erfahrung ist ja sehr subjektiv und individuell. Unsere Konzepte der politischen und religiösen Lebensordnungen wandeln sich nicht nur kontinuierlich, die Geschwindigkeit dieser Entwicklung und die Vielfalt der Entwicklungsformen nimmt seit geraumer Zeit extrem zu und mancher sehnt sich nach einer Phase der freudigen Selbstverwirklichung wieder nach einfacheren Lebensstrukturen.

Die Informationsdichte unserer Zeit füllt unsere Zeit und wir sollten darauf achten, unsere Zeit, die uns im Alltag zur Verfügung steht, also jeden Tag, zu entschleunigen, wo immer dies geht. Immer mehr Menschen sind in dieser Informationsfülle überfordert und werden krank.

Der Informationsdruck blockiert als zu starker Reiz unsere Antennen und Verarbeitungssysteme, die alles andere als nur auf Wachstum und Geschwindigkeitserhöhung ausgelegt sind.

In einem Zeitalter der Angst, der Trauer, des Zorns laufen diese Prozesse „natürlich" angstbezogen, aggressiv und mit vielen Ausbrüchen von Trauer und existenziellen Verlusten ab. Dahinter steht für mich weniger der böse

Mensch, sondern ein natürlicher Ablauf der Biologie, der Gesamtentwicklung der Menschheit und aller ihrer Gesellschaften. Das gehört sozusagen zum Erwachsenwerden der Menschheit dazu und ist die Einleitung für einen großen Umbruch in ein neues Zeitalter, in dem uns diese Zusammenhänge bewusster werden und wir lernen, anders als früher mit unseren Erfahrungen zu arbeiten.

Ein solcher Umbruch wird von den üblichen Geburtswehen begleitet. Das tut hin und wieder weh, biologisch betrachtet ist es aber nur ein Zustand und kein Problem.

Das Problem liegt wie immer in unserer Ratlosigkeit, weil wir diese Prozesse noch immer nicht wirklich verstehen oder sie theoretisch verstehen doch immer noch als schmerzhaft wahrnehmen. Verstehen heißt hier: den Überblick haben über die biologische Wirklichkeit, über die Gesamtwirkungen, die wir mit unserem Umgang mit unseren Geistern auslösen und wie wir unsere Geister selbst steuern können. Dies zu lernen, üben wir fleißig jeden Tag, wir nennen das Erwachsenwerden und Reifung und ich verstehe es als Wandlung in ein Weltbild der Anerkennung.

Dieses Verstehen ist verbunden mit dem vollen eigenen Einverständnis sich diesem bio-logischen Prozess zu unterwerfen und seine eigenen Bedürfnisse unten anzustellen. Das führt zu dem großen Paradoxon des Lebens: tauschen wir das Wort „Unterwerfung" gegen „Anerkennung der Biologie und ihrer faszinierenden inneren Wirkungs-

19

strukturen", verschwindet plötzlich der große Leidensdruck, den wir uns mit unseren Vorstellungen von Eigenständigkeit aufgebaut haben; dies gilt insbesondere für das Thema „Werte"; haben wir es einmal geschafft, unsere Wertvorstellungen denen der Biologie anzupassen, sie einzugliedern, kommen wir „zurück zu GOTT", wie dies manche nennen.

Dieser Prozess geht einher mit einer Neuverteilung von Verantwortung und einem neuen Wertebewusstsein, insbesondere wenn es um die vielen Wege der individuellen, der ganz persönlichen Entscheidungsfindungen geht.

Wir lernen, nicht nur Wünsche, Visionen und Ansprüche zu haben und diese auch für selbstverständlich zu halten, sondern auch für ihre Erfüllung ganz eigene Wege zu finden und sie auch alleinverantwortlich zu gehen.

Immer nach der Devise: alles zum Besten des Großen Ganzen und aller Beteiligten. Damit führen wir bereits unser individuelles Selbstbestimmungsrecht und damit verbundene Pflichten wieder auf eine bestimmte Ebene der Eigenverantwortlichkeit und der Selbsterfahrung zurück, die wir auch „leisten" können.

Was wir „eigentlich" schon immer wollten, wird nun ein Stück mehr wahr: der Drang, möglichst alles „alleine machen" zu dürfen, wird jetzt noch einmal durch ein wachsendes Bewusstsein der ganz großen Zusammenhänge in eine neue Dimension gebracht: wir „Wollen" nicht nur, wir

„Dürfen" jetzt auch zunehmend alles tun, was wir wollen; aber das „Wollen" wird anders. Die Verantwortung der eigenen Entscheidungen ist nur mit der eigenen Antwort auf die eigenen Fragen verbunden, es geht immer um die Anerkennung der eigenen Kompetenz sich selbst gegenüber.

Das kann im Grunde genommen nur für eine gewisse Zeit und für Teilbereiche unseres Wissens von anderen Menschen übernommen werden; die Zeit, in der wir die Kompetenz für uns selbst nur auf andere abwälzen, scheint vorbei zu sein. Es funktioniert einfach nicht mehr so gut wie früher. Das System von Vermeidung der Selbstverantwortung hat ausgedient.

Jetzt werden all die kindlichen Wünsche nach Eigenständigkeit um eine wichtige Phase reicher: wir dürfen jetzt nicht nur selbst stehen, wir dürfen jetzt auch selbst laufen lernen; das ist bei allen Kindern so; bei den kleinen wie den großen.

Wie immer wieder erkennbar, sind unsere Lebensmuster eher darauf ausgerichtet, von andern etwas einzufordern, was nur von uns selbst eingebracht und realisiert werden kann: Selbstständigkeit erfordert Selbstverantwortungsbewusstsein und Selbstverantwortungsfreude, wichtige Kenntnisse der Selbststeuerung, nicht der Manipulation als Mechanismus der Forderung an andere.

Entsprechend werden innerhalb aller großer politischer wie wirtschaftlicher Organisationen das Bewusstsein eines neuen Zeitalters der Anerkennung, der Toleranz ganz sicher in ein neues Wertebewusstsein geführt, in dem wir auch unseren eigenen Wert neu erkennen und nutzen lernen sollen und dürfen.

Wir werden uns in neuen Lebens- und Organisationsformen in einem neuen Wertebewusstsein zusammenfinden, wir lernen unsere eigenen Werte und Verantwortungsbereiche mehr und mehr selbst in die Hand zu nehmen, aktiv zu gestalten und weiter zu entfalten. Die Wertebildung und die Einhaltung von Werten werden eine neue Rolle spielen in unserem Leben. Das ist eine sinnvolle Entwicklung in ein wirkliches und lebendiges demokratisches Bewusstsein.

Auf dem Weg vom Ich zum Du und zum WIR

Voraussetzung dafür ist ganz sicher ein tiefes und breites Bewusstsein für die Fähigkeiten des Einzelnen, die Selbstanerkennung der eigenen Person und der eigenen Persönlichkeit, eine Menge Liebe zu sich selbst und zur ganzen Schöpfung.

Unsere Aufmerksamkeit auf diese Merkmale und Fähigkeiten erlaubt das Grundverständnis, die Toleranz und die Unterstützung, die wir uns selbst wünschen. Somit lösen sich nach und nach viele festgefahrenen Egoismen und wir lernen mehr und mehr, unser Miteinander von Grund auf neu zu gestalten und in unsere freiwillige Eigeninitiative zu führen. Der Weg vom Ich über das Du zum Wir wird zunehmend von einer neuen Bereitschaft zu einer neuen Wertegemeinschaft geprägt sein. *Das Wir ist der rote Faden der friedfertigen Zivilisationen.*

Zivilisation ist ein Prozess unter übergeordneten biologischen Vorgaben, die wir Matrix, Holon, Fraktale und Gott nennen und die uns durchdringen und führen, auch wenn wir sie nicht wahrhaben. *Fraktale* sind selbstähnliche Gebilde, keine identischen; sie lassen Variationen zu, die wir selbst als eine Erlaubnis zur Eigenständigkeit erleben, die nur von uns selbst und von jedem Individuum einzeln gefüllt werden kann. Das Recht zur Selbstbestimmung ist somit immer auch eine Pflicht im Sinne einer Chance gegenüber der Gemeinschaft, diesen Raum mit Eigenständigkeit zu füllen.

Damit sind wir auch gefordert, den Begriff „Verantwortung" neu zu definieren und vor allem die Verantwortungsbereiche in uns selbst, in den Familien, Kindergärten, Schulen und in allen Unternehmen zu überdenken und zumeist auch neu zu gestalten. Verantwortung wird mehr und mehr als *kreative Fähigkeit* bewusst, als Einladung, die eigenen Fähigkeiten zu erkennen und innerhalb gewohnter und neuer Formen von Lebensgemeinschaften als biologische Selbstverständlichkeit einzubringen. In Projekten beispielsweise statt in Gefolgschaften, Abhängigkeit und Sklaverei.

Von den oberen Etagen der Unternehmenshierarchien aus müssen die Freiräume dazu entschieden größer und flexibler werden. Dies betrifft alle Unternehmen, alle Bildungs- und Verwaltungseinrichtungen, die Industrie, jeden Einzelnen und in dieser Reihenfolge: die Politik. „Polis" ist die Gemeinschaft, das sind wir selbst, nicht die angeblichen Hauptstädte der Welt.

Technische Intelligenz mit absoluter Bereitschaft zur Gefolgschaft durch völlige Fremdprogrammierung (Roboter) wird unsere sozialen Probleme, unser ernährungswirtschaftlichen Versorgungsprobleme und unsere Werteverschiebungen nicht lösen können, auch nicht die vielen Satelliten mitsamt dem Satellitenmüll in den Erdumlaufbahnen. Die Flucht auf den Mars wird eher keinen Beitrag zu aktuellen Problemlösungen zu bringen.

Effiziente, kluge und somit werthaltige Zusammenarbeit unter den Menschen kann es langfristig geben, wenn bereits Kindergärten und Schulen jenseits unzeitgemäßer Vorschriften den Unterricht selbst gestalten und dies in direkter Anlehnung an die Werte, die in einer folgenden Liste benannt werden. Verantwortung und Verantwortlichkeit müssen authentisch und nachvollziehbar erlebt werden, mit einem klaren und positiv besetzten Vorbild in der Erwachsenenwelt. Solange die Großen in der Familie immer noch erziehen wollen und nicht lenken, werden die Fremdbestimmten dem Übergriff der Alten zu entfliehen versuchen.

Die beiden Weltkriege und alle unbewussten Bedingungen, die zu ihnen geführt haben, zeigen in unseren Vorstellungen von Erziehung und Verhaltensmustern noch immer tiefe Spuren. Der Schock sitzt noch tief, gleichsam auch der Stolz, der Dünkel und die Machtgier *kaiserlicher Tage*.

Noch immer wollen die Deutschen „ihren" Kaiser wieder, und wenn es nur im Fußball ist. Verlieren, auch im Spiel und in Diskussionen, wird von vielen Menschen als Untergang und Vernichtung gefühlt.

Diskussionen werden häufig noch als Kampf erlebt, ein Verzicht aufs Rechthaben entsprechend als Niederlage und Kapitulation. Das muss unter Einsatz aller „Klugheit" und „Hinterhältigkeit´ vermieden werden. Kriegskunst und List sind bei diesen Menschen eher gefragt als Fairness, Sanftmut, Flexibilität, Liebe. Ich schließe mich dabei ganz gewiss mit ein, weil ich allzu oft erlebt habe, dass diese Prägungen schwer zu erkennen, zu akzeptieren und vor allem zu transformieren sind. Einfach diese noch oft nicht einmal gefühlten Zusammenhänge als wirksame Realität zu erkennen und anzuerkennen, ist nicht einfach, braucht Zeit und Kraft zur Vergebung und eine lange und friedfertige Begleitung durch Menschen, die das Geheimnis von Liebe zu sich selbst und der Schöpfung mit einem teilen möchten. Schon das Gefühl, solchen unbewussten Zeitströmungen „ausgeliefert" zu sein, ist für viele schon belastend und bedingt manchen grundsätzlichen Hass auf Fremdbestimmung.

Dies sind u. a. die Grundlagen unserer Bildungssysteme. Umso mehr fühlen sich viele Menschen oft getrieben, sich verantwortlich zu fühlen und sich zu bemühen, alles zu planen und zu kontrollieren, dessen sie habhaft werden können. Verantwortung wird noch nicht genug kreativ und positiv aufgefasst, was oft zur Unterbindung dieser freien Kräfte führt; sie werden abgewürgt. Unsere Unterrichtsformen sind teilweise immer noch weltfremd und immer noch klaffen Theorie und Praxis, Planung und Lebensrealität, weit auseinander. Darauf gingen wir schon im letzten Buch dieser Reihe ausführlicher ein.

Sie sind es, denen durch gute Aus- und Weiterbildungen über die wirklichen (wirksamen) Grundwerte der Menschen geholfen werden muss. Ausbildungen, wir hatten das Thema schon im Kapitel Kommunikation, muss Lebens- und Entfaltungsraum werden und die meisten Vorschriften gehören ausgetauscht durch Anleitungen, die sich Trainingsgruppen selbst erarbeiten. Dabei wird man feststellen, dass in Wertetrainings und in Projektgruppen in aller Regel die gleichen Ergebnisse herauskommen, weil wir im Grunde unseres Herzens ja doch alle das gleiche wollen: Anerkennung, Respekt, Zuversicht, Verständnis, Nachsicht und liebenswerte Führung. Manchmal auch einfach nur Barmherzigkeit. Und vieles andere, was in der nachfolgenden Werteliste auftaucht.

„Liebe und tu, was Du willst", ist ein guter Satz dazu. Die Reihenfolge der Worte impliziert, dass wir bereit sind, Werte zu akzeptieren, mit denen unsere ganze Entwicklung in eine sinn- (freudvolle) Eigenständigkeit überhaupt erst gelingen kann. Die Werte, von denen wir hier sprechen, sind biologische Normen, die über bewusste Erziehungsstrategien genauso wie im kollektiven Unbewussten wirksam sind, verwoben in politischen, religiösen und allen anderen traditionellen Vereinbarungen. Werte sind allgemeingültige Leitlinien für unsere Entwicklung und wir sollten sie als Orientierungshilfen im „Qualitätsmanagement unseres Unternehmens Leben" betrachten. Sie zu befolgen hat Vorteile, sie nicht zu leben hat Nachteile.

Der wichtigste und einfachste Satz, die „Goldene Regel" nach K. O. Schmitt, lautet immer noch: „Was Du nicht willst, das man Dir tu, das füg´ auch keinem andern zu".

Unsere ganze Kommunikation folgt gefühlten inneren Werten. Diese Werte sind unsere alltägliche Orientierung, sie sagen uns, woran wir den Wert unserer täglichen Erlebnisse messen können und sie sollten zu unseren Bewertungen führen, die wir als so wichtig erachten. Sind wir in unserem Grundvertrauen in uns selbst, können wir auch den andern vertrauen und schon können wir auf manche selbst gebastelte Bewertung verzichten. Die bewusste Entscheidung für diese Reihenfolge ist die Grundlage friedfertiger Kommunikation und von Frieden und Gesundheit. Immer sind unsere alten und unbewussten Wertesysteme im Gepäck und Maßstab für alles, was wir wahrnehmen, für gültig und wahr erklären und zu unseren grundsätzlichen Lebensannahmen machen.

Byron Katie, berühmte amerikanische Autorin, stellt in Ihrem Buch The Work, vier wichtige Fragen:

1. *Ist es wahr, was ich gerade erlebt habe?*

2. *Kann ich wirklich wissen, dass das wahr ist, was ich erlebt habe?*

3. *Wie reagiere ich, wenn ich diesen Gedanken denke?*

4. *Wer wäre ich, wie ginge es mir ohne diese Überzeugung?*

Diese vier Fragen können uns deutlich machen, dass unsere inneren Wertesysteme auf Wahrnehmungen und Interpretationen basieren, die sich sehr oft ganz rasch in Nichts auflösen lassen, wenn wir sie auf ihre Gültigkeit, ihre Beständigkeit und ihre Verlässlichkeit hin prüfen.

Doch es gibt Werte, die, solange es Lebensgemeinschaften gibt, ihre Gültigkeit haben und ich erkenne keine Hinweise, dass sich dies ändern könnte. Es sind jene Werte, ich wir *Zauberwerte* nennen wollen, weil sie unsere ganze Befindlichkeit, unsere Kommunikation und unsere Gemeinschaften sinnvoll freudvoll und harmonisch strukturieren sowie Verlässlichkeit und Lebensfreude aufbauen und stabilisieren helfen.

Zauberwerte auch deshalb, weil sie auf seltsame Weise unser gefühltes Leben *verzaubern* und reich machen an

Erfahrungen, die sich in keinen Text, in keine Vorschrift pressen lassen. Sie wollen erlebt werden. Ich halte es für wichtig, bewusst und freiwillig den Inhalt und den Sinn von Werten zu erarbeiten, sie immer wieder zu betrachten und ihren Sinn zu diskutieren. Ich habe die Erfahrung gemacht, dass ein Wertebewusstsein gerne vorausgesetzt wird, ohne dass es bewusst trainiert wird. In manchen Familien sind diese Werte entweder selbst nicht mehr bekannt, oft gehen sie in den Anforderungen des Alltags unter und ganz oft versuchen Menschen sie zu leben, werden aber dafür eher ausgelacht, als dumm verkauft oder gar angefeindet.

Es gibt gute Ansätze mit Projektwochen, in denen ein Wertethema, beispielsweise das Thema Höflichkeit, von einer ganzen Klassengemeinschaft oder in einem Unternehmensteam bearbeitet wird, dann werden zusammenfassende Vorträge gehalten und Rollenspiele durchgeführt. In einem solchen Reifungsprozess werden der Projektgruppe viele Aspekte und Zusammenhänge bewusst und der Umgang miteinander kann sich freundlicher gestalten, konstruktiver, entspannter und ehrlicher werden.

Dies führt stets zu mehr Freiwilligkeit, Eigeninitiative, Motivation und Erfolg in Teams. Kindergärten übernehmen diese Aufgabe oft und gut, in den weiterführenden Schulen geht aber mangels Training wieder Vieles verloren, was gerade in der Pubertät unbedingt gefestigt werden müsste. Es scheint der rote Faden einer leichten und spielerischen

Disziplin zu fehlen, die die Gruppe selbst gestaltet. Immer wieder machen Erwachsene den Fehler, dass sie Kinder und Jugendlichen einen Freiraum wegnehmen, den sie selbst in ihrem Reifungsprozess gestalten sollten.

Zu viele Vorgaben und Vorschriften und vor allem zu viele laute wie versteckte Strafandrohungen schränken den eigentlichen Entwicklungsraum ein. Als Strafandrohungen gelten unbewusst alle Hinweise, die als negative Konsequenzen in Aussicht gestellt bzw. assoziiert werden könnten. Werte sind entscheidende Bausteine unserer Kultur. Wenn wir eine Kultur des Wohlwollens und der Achtsamkeit, des Respekts und der Zuneigung haben wollen, müssen wir das in allen Gemeinschaften immer wieder als Selbstverständlichkeit des Alltags üben. Dies trainiert unser Verhalten im Alltag und prägt den Energetischen Raum, unser Kollektives Unbewusstes bzw. Bewusstsein.

Erleben wir im Außen ein gewünschtes Ergebnis nicht, können wir ziemlich sicher sein, dass unsere innere Haltung noch nicht optimiert ist. Für eine harmonische und erfolgreiche Kommunikation und für einen gemeinsamen Erfolg in unseren Lebensgemeinschaften sind die *Zauberwerte der Kommunikation* unersetzlich. Daher finden sich diese in jedem meiner Bücher wieder; man kann sie gar nicht oft genug studieren.

Übung und Fragen

Finde zu jedem Begriff selbstständig mindestens drei Beispiele aus deinem eigenen Leben, die dir wichtig sind und der du gerne jeden Tag mehrmals begegnen würdest. Konzentriere dich jede Woche auf ein oder zwei solcher Werte, solcher Tugenden und lebe selbst bewusst, schaue in deiner Umgebung, ob du nicht viele Beispiele bei andern findest, lenke deine Aufmerksamkeit einfach und nachhaltig auf das jeweilige Thema.

Vielleicht findest du Gelegenheit, in deinem Lebensumfeld diese Übung anderen zu empfehlen, im Freundeskreis, in der Schule; jeder Arbeitsplatz hat Raum für ein Grundbewusstsein dieser Werte, ganz sicher. Viele Menschen warten förmlich darauf, dass irgendjemand endlich dieses Thema anspricht, weil er sich selbst nicht traut. Hilf dir und ihnen, sich jener Gedanken, Gefühle und Werte bewusst zu werden, die augenblicklich gültig sind bzw. gültig erscheinen. Beschließe eventuell mit den anderen zusammen einen neuen Umgang mit dem einen oder anderen Thema und Wert.

Wo liegen meine Stärken?
Wie lauten meine Schwächen?
Was werde ich tun, um mich zu stärken?

Beschreibe dir selbst einmal genau,

- *wie sich uns diese Werte im Alltag zeigen*

- *bei welchen Gelegenheiten wir sie selbstbewusst leben*

- *was sie in unserem Leben verändert haben*

- *was sie noch in unserem eigenen Leben verändern könnten*

Schreibe dir auf, was dich in deinem Leben unzufrieden gemacht hat und was dich derzeit noch unzufrieden sein lässt. Dann wähle intuitiv jene drei oder vier Werte aus, die dir helfen könnten, ganz rasch aus dieser Unzufriedenheit herauszukommen. Erfahrungsgemäß kommen dann die Gelegenheiten und weitere Verknüpfungen in den Sinn, was wir selbst alles mit diesen drei oder vier Werten verändern könnten, um mit uns selbst zufriedener zu sein.

Von Gemeinschaft in Selbstverantwortung

„Polis" ist die „Gemeinschaft" und ist ein Begriff des alten Griechenland für unsere Worte „Gemeinde" oder „Stadt" bzw. „Stadtstaat". Die heutigen „Hansestädte" sind vielleicht damit zu vergleichen. Eine solche Gemeinschaft lebt von der Kraft, von dem Bewusstsein von Gemeinschaft, von einem Bewusstsein und Stolz ihrer eigenen Geschichte, ihrer Vielfalt, Ihrer eigenen Möglichkeiten und Erfolge als Ergebnis einer inneren Einigkeit und eines gemeinschaftlichen Selbstbewusstseins.

Solche Städte haben viel mit Familienunternehmen gemeinsam, in denen eine innere Verbindlichkeit aufgebaut wurde, die diese Gemeinschaften durch Dick und Dünn der Geschichte eines ganzen Kontinents getragen hat.

Das macht Sinn: Das Bewusstsein um die Fähigkeiten und den damit verbundenen Nutzen eines jeden für die ganze Gemeinschaft führte zu einem gemeinsamen Werte- und Qualitätsmanagement, wie man heute sagen würde, in dem alle Facetten der ganzen Gemeinschaft wie in einem biologischen Organismus fein säuberlich auf einander abgestimmt sind und achtsam genutzt werden.

Ausbeutung führt zur Selbstzerstörung. In einem klugen Unternehmen (Organismus) sorgt eine kluge Koordination dafür, dass die vorhandenen Ressourcen so weit wie möglich in der eigenen Verfügbarkeit verbleiben und sich mit den Fähigkeiten der Gemeinschaft vermehrt. Da werden die IIerausforderungen so gestaltet, dass sie den Fähigkeiten und Möglichkeiten zur Selbsterhaltung und zu einem angemessenen Wachstum entsprechen, Unterforderungen und Überforderungen werden vermieden oder im kleinen Rahmen wieder ausgeglichen. Wenn man nur Geld von den Menschen haben will, eine Leistung einfordert, die sie nicht geben können oder nicht geben wollen, wenn man die Menschen beschimpft, für dumm und unfolgsam erklärt und ihnen nur Vorwürfe macht, statt sie wirklich in einem lebenswerten gemeinsamen Wertebewusstsein zu führen, vergreift man sich an den Grundlagen der Gemeinschaft: diese basieren auf der freiwilligen Teilnahme an einer Grundorganisation mit der allerersten Priorität, sich selbst als Gemeinschaft von Individuen zu stabilisieren und das Überleben eben dieser Gemeinschaft in einer hohen Qualität zu sichern. Dies findet in unserer Demokratie wenig statt. Werte werden zwar gerne gefordert aber nur bedingt oder gar nicht vorgelebt. Noch immer wird klar unterschieden zwischen den gebildeten und oft genug verantwortungslosen Obermenschen und dem dummen Volk.

Es wird sich bald herausstellen, wohin dieser Dünkel und die Arroganz der angeblich Herrschenden führt.

Die Geschichte wiederholt sich so lange, bis wir es alle begreifen: dass wir alle gleich viel wert sind und nur Unterschiede darin liegen, wo und wie wir unsere Fähigkeiten im Team einbringen. Erfüllen Menschen innerhalb ihrer Lebensgemeinschaften keinen wirklich sinnvollen Zweck, werden sie ausgemustert. Wer sich nicht an vertretbare Lebensregeln hält, muss sich zurückziehen oder er wird verdrängt. Das gilt für alle.

Ein Individuum gilt üblicherweise auch heute nur als wertvoll und willkommen, wenn und solange es Staatsvorgaben verbindlich erfüllt, wenn es und solange es künstlichen Wirtschaftsregeln folgt, konsumiert, sozial angepasst und stumm ist. Vieles, was eine Gemeinschaft im Grundsätzlichen für sich regeln können sollte, ist bei uns ausgeklammert, das Leben findet in einem Kunstraum statt und, soweit vom Staat lenkbar, jenseits biologischer Konditionen und jenseits *biologischer Vernunft*. Nur nach den Kopfplänen und den Egoismen einer relativ kleinen Führungsgruppe. Früher waren das der Pharao und seine Priester, heute sind es einige Unternehmerdynastien, Wirtschaftsverbände, politische Lobbys wie die Nato, die EU und ihre landesspezifischen Vertreter. Zur Sicherung des eigenen Überlebens gehört nicht die Gewährung unstillbarer Wünsche, beispielsweise mit Energie aus der Steckdose.

Vielmehr gehört dazu die Sicherung der Gesundheit und des Überlebens nach einem gesunden Menschenverstand, der mit seinen Instinkten rechtzeitig Gefährdungen erkennt und sich zu korrigieren weiß. Diese Fähigkeiten werden jedoch durch künstliche Lebens- und Arbeitsräume, durch Globalisierungsversuche sowie durch unsere Kunsternährung weitgehend abtrainiert und durchaus bewusst und gezielt unterbunden.

Zudem wird in unserem Lande eine Logik gepflegt, die dem Verbraucher die Pflicht zum Nachweis möglicher

Schäden aus den Entscheidungen von Politik und Wirtschaftsverbänden auferlegt, was er gar nicht leisten kann. Endverbraucher sollen die Verantwortung übernehmen für alle Schäden, die die vorgeschalteten Entscheidungsträger durchaus bewusst und vorsätzlich in der Absicht von Ausbeutung und Schädigung getroffen haben.

Das mögen Verbraucher dann auch angemessen tun und die Entscheidungsträger durch eigene klügere und individuelle Entscheidungen konsequent ersetzen. Doch weniger kluge Entscheidungsträger wie viel beschimpfte Politiker können nur ersetzt werden, wenn jeder Einzelne von uns alle seine eigenen Entscheidungen trifft und sich selbst aus gewohnten ungünstigen und falschen Entscheidungsmechanismen herausnimmt. Wer eine andere Energiepolitik haben will, muss vor allem weniger Strom verbrauchen. Können Konzerne mit Strom oder Benzin kein Geld mehr verdienen, lassen sie es wohl eher bleiben. Wenn wir alle wieder Fahrrad fahren und zu Millionen fahrradfahrend die Autobahn benutzen, wird sich die Politik ändern.

Die Politik ist eben doch die Gemeinschaft, die wir alle bilden. Die Ölkrise der 1970er Jahre bot autofreie Sonntage, mit sehr gutem Erfolg.

Die Möglichkeiten, sich hinter Gesetzen und Vorschriften zu verstecken, sind noch zu vielfältig. Nur wenn sich jeder von uns als Entscheidungsträger in der Gestaltung unserer gesellschaftlichen Wirklichkeit verstehen darf und versteht und wir nach einem gemeinsamen Wertekonzept entscheiden und handeln, könnten wir unsere Lebensbedingungen auch im biologischen Sinne verbessern. Künstliche Modelle von Marktwirtschaft haben bei uns, noch, um jeden Preis die erste Priorität, koste es was es wolle. Ist ein Schaden eingetroffen, will es keiner gewusst haben, keiner habe es verhindern können und der Rest ist Schulterzucken.

Die Gemeinschaft bezahlt so oder so. Dies fällt dem aufmerksamen Beobachter nicht nur in Bezug auf die Energiewirtschaft auf; insbesondere in meiner nun weit über 40-jährigen Erfahrung in einer Medizin, die sich an biologischen Kriterien orientieren sollte und oft genug daran gehindert wurde und wird, weil es die Politik und die Mächtigen der Wirtschaft nicht wollen, fallen die Konsequenzen aus diesem Wahnsinn ins Gewicht: unser Krankheitssystem löst sich irgendwann selbst auf, weil die inneren Werte trotz aller Beschwörungen von Ethik, Verantwortung und guten Vorsätzen nicht gelebt werden. Hier wird konsequent an der Krankheit der Bevölkerung verdient und ihre Mitwirkung an ihrer eigenen Gesundheit in der Freiwilligkeit einer trägen Masse belassen.

Wo ehrliche, wirksame und liebenswürdige Führung angesagt wäre, wird von Medizinern und anderen Verantwortlichen der lebensnotwendige Bildungs- und Beratungsauftrag gegenüber der Bevölkerung verneint, versagt und die Menschen vorsätzlich in ihrer Unwissenheit belassen. Ärzte empfinden kaum einen Bildungsauftrag und politisch wurden sie längst entmachtet. Als Unternehmer der klassischen Art ohne ausreichendes kontinuierliches Coaching führen sie ihre Unternehmen so, dass kaum jemand Zeit hat, sich den wirklichen, den tieferliegenden Bedürfnissen der Patienten zuzuwenden. Die innere Kündigungswelle hat längst begonnen, in Kliniken und in Arztpraxen. Hier besteht ein großes Potenzial zur Besinnung auf die Bedürfnisse der Patienten; in Band IV dieser werde ich die Modelle „Centrum Integrale Gesundheit" und „Netzwerk Gesunde Familie" vorstellen, mit dem kleinere Regionen wieder ihre gesundheitspolitische und medizinische Handlungsfähigkeit erlangen können.

Unsere Gemeinschaften sind so weit weg von der Biologie, dass manche Menschen sich ein Leben unter biologischen Bedingungen und mit den Regeln einer weitgehenden Selbstversorgung in einer entsprechenden Selbstverantwortung gar nicht mehr vorstellen können. Doch genau dorthin will ich des Lesers Gedanken und Aufmerksamkeit richten.

Wer die Ernährung steuert und das Ernährungsverhalten der Menschen manipuliert, steuert fast alles. Wer die Energiewirtschaft steuert, steuert alles. Wer das natürliche Bestreben des Einzelnen, für sich selbst sorgen zu wollen, in überregionalen, europäischen und globalen Mechanismen ertränkt oder diesen Vorgang unterstützt, kündigt der eigenen Gemeinschaft das Recht zur gelebten Demokratie.

Er erzwingt unter dem Deckmäntelchen der Demokratie nur Gehorsam zu einem zentralistischen Denkmodell, mit dem schon Pharaonen und Kaiser ganze Völker ins Verderben geritten sind. Und die Bundesregierungen stehen dazu und zucken mit den Schultern. Gegen die Globalisierung könne man nichts machen...

Ich halte diese Einstellung für verantwortungsfrei und wünsche mir, dass wir alle endlich aufwachen und dafür Sorge tragen, dass wir in all jenen Bereichen, in denen wir tatsächlich eine regionale Handlungsfähigkeit besitzen und einrichten könnten, diese weiter strukturieren, fördern, stabilisieren, erweitern. Die Lösung könnte darin liegen, dass eine Vielzahl kleiner und regional begrenzter demokratischer Organisationen das Leben vor Ort neu und eigenverantwortlich gestalten lernen und sie in diesem Prozess ausdrücklich von der „großen Politik" gefördert werden. Oder, die große Politik einfach ignorieren.

Dies betrifft insbesondere ihren Umgang mit den regionalen Ressourcen: Geld, Zeit, Kompetenz, Ideenreichtum und derlei mehr. Je mehr diese Ressourcen in der eigenen Verwaltung und Verantwortung stehen und das Geld einer Region dort verbleibt woher es kommt und wohin es gehört, kann der eigenverantwortliche Umgang mit diesem Geld erst erlernt werden.

Unser ganzes Wertesystem hat immer noch eine erste Priorität: dem Kaiser zu geben, was ihm angeblich gebührt. Wer hier wird hier die Rolle des Kaisers übernimmt, bestimmen offensichtlich Höflinge, nicht das Volk.

Doch es mehren sich die Zeichen, dass es bald keine Kaiser mehr gibt...

Was ich mir und uns allen mehr als je zuvor wünsche, ist der Mut in der Politik, sich zu einander zu bekennen und einander zu vertrauen. Es braucht die Kunst der Kommunikation innerhalb aller Staatsorganisationen, damit die Erfahrungen der älteren mit den Visionen der Jüngeren verbunden werden können, immer und vornehmlich braucht es die Bereitschaft, mit vielen Ohren am Volk zu bleiben und die Möglichkeiten des Volkes zu erkennen.

Dann braucht es gewiss auch den Mut, sich hier und da durch klare Sicht der Dinge und unumgängliche Erkenntnisse unbeliebt zu machen, denn die Wünsche aller zu erfahren oder gar zu befriedigen, ist naturgemäß schwer; jedenfalls nicht in großen Gemeinschaften. In kleinen regionalen Gemeinschaften gelingt dies schon eher. Diese Überlegungen mögen dem einen oder anderen Leser irgendwie unangenehm, aussichtslos oder gar langweilig erscheinen, sind aber für unsere Grundeinstellungen zum Thema Werte und Wertesysteme wichtig.

Gedanken zur Kultur, Neue Leitlinien

Wir haben Leitsätze, die unserem freien Willen und entsprechend der Polarität und Dualität unseres Lebens unterliegen. Gut und Böse sind seit alters her fest installierte Holons, denen sich alles in unserer Wahrnehmung und in unserem Bewusstsein unterordnet. Sie sind, noch, die Grundlagen unserer Erkenntnis- und Entscheidungsfähigkeit. Leben spielt sich zwischen Extremen ab, Leben ist Ausdruck dieser Spannung, die auf dem Weg der Entladung realitätsbildend wirkt. Auf diesem Weg gilt es ein Bewusstsein zu entwickeln für das, was wir da so in unserem Leben tun und was wir so unterlassen. Innerhalb dieser Gesamtspannung gibt es einen Bereich, innerhalb dessen wir biologische Reaktionen als angemessen und normal bezeichnen können. Nimmt die Zahl der Konflikte in unserem Leben zu, ist dies ein Zeichen erhöhter Spannung, erhöhter Spannkraft. Wird diese Energie in Konflikten ausgetragen und kein energetischer Ausgleich erzielt, entsteht kein Frieden, keine Ruhe, keine Gelassenheit und keine Gesundheit, können nur neue Blockaden und neue Feuerwerke entstehen, die unsere Kraft fressen. Diese Feuerwerke unterhalten und beschäftigen uns, aber sie reiben uns auf und wir werden zunehmend kränker. Zumindest gilt dies für jene, die immer noch diesen Kampf mitmachen.

Wahnsinn entsteht dann, wenn man genau weiß, dass dieser Kampf keinen Sinn hat, um die Biologie und ihre Synergien zu stützen, sondern wenn nur zum Selbstzweck, aus purer Macht- und Zerstörungslust gekämpft wird.

Jeder Wahnsinn hat Methode und Strategien.

Solange Menschen ihre Wut, ihre Trauer, ihre Angst und ihre Sorgen über Kampfstrategien und Feindbilder ausleben, solange unterhalten sie mit ihren eigenen Beiträgen jenen Kampf, der unsere Welt im Alltag und in der globalen Entwicklung immer weiter in diesen Wahnsinn hineintreibt.

Die Gefahr für die Gesundheit aller Völker liegt in dem Machtkampf mit gefährlichen Mitteln. Solange die Mächtigen der Welt Mittel wie Industrien, Wissenschaften und Wirtschaftssysteme als Waffen benutzen können und die Mächtigen von heute nicht von Ethikkommissionen geleitet werden, solange werden Menschen in modernen Sklavereien konsequent in die Irre geführt und ausgebeutet. Dies gelingt solange, wie alle mitmachen und bereit sind, sich von diesen Industriemächten, Wirtschaftskonzernen, Wissenschafts- und Bildungskonzernen durchfüttern zu lassen. Und noch machen wir fast alle mit.

Jeder Einzelne mag bereit sein, sich aus den Abhängigkeiten von Wirtschaft, Religion und angeblicher Wissenschaft zu befreien und mit seiner Eigeninitiative, mit seinem eigenen Willen zur Selbstbildung einen großen Schritt in ein friedfertiges Selbst-Bewusstsein zu machen. An jeder nur möglichen Stelle und in jeder nur möglichen Art.

Wirtschaft und Wissenschaft haben eine solch verheerende Macht, weil sie einen Konsens schaffen können, mit dem sie fast alle anderen Bereiche des öffentlichen Lebens führen und manipulieren. Jeder Irrtum kann auf diese Weise zu einem Dogma werden, jede vorsätzliche Dummheit, jede Betrugsabsicht hat somit die optimale Chance, sich selbst zum Kaiser zu krönen und alle anderen für dumm zu erklären. Die Masse, auch die Masse aller angeblich weniger Wissenden, holt sich ihre Reputation, ihre Anerkennung zurück, in dem sie Beifall klatscht. Jeder, der da Beifall klatscht, wenn wieder einer „eine große Entdeckung" gemacht hat, will sein Ego retten, ein bisschen Anerkennung, will nicht unangenehm auffallen, will dem Fortschritt nicht im Wege stehen und verhökert seine Kritikfähigkeit, seinen Verstand und seine Vernunft für ein paar Kröten. Pseudowissenschaften und ihre Vernetzung mit Wirtschaft und Militärs haben eine kriminelle Energie und Macht gewonnen, die weit jenseits unseres normalen Vorstellungsvermögens liegt. Einer jener vielen Gründe, warum gutgläubige Menschen noch immer an die liebe- und kunstvolle Führung durch ihre Fürsten in Religion, Geldinstituten und Universitäten glauben.

Wir alle haben zugelassen, dass Geldgier und Neid zur Religion geworden sind, wir alle haben mitgemacht und machen mit. Es ist an uns und nur an uns, dies zu ändern. Wir erleben, dass jeder ein wenig jener parlamentarischen und demokratischen Kontrolle aus der Hand gibt, zu der er selbst beauftragt ist, einfach als Mitglied einer Gemeinschaft, die sich selbst regulieren soll, aber in einem solchen System der Selbstaufgabe kaum mehr regulieren kann, was es von der Basis von Hierarchien zu kontrollieren, besser noch, was es konstruktiv zu gestalten gilt.

Meine Botschaft heißt: nehmt den Mächtigen ihre Werkzeuge aus der Hand und lernt, selbst diese Werkzeuge für die Gemeinschaft zu nutzen! Stellt Euch selbst nicht mehr als Werkzeuge zur Verfügung. Wissen ist und bleibt Macht. Ohne Wissen und ohne Mut zur Eigeninitiative haben wir keine Chance, selbstständig zu werden.

Unsere wirklichen Bedürfnisse gilt es zu erkennen und zu schauen, dass wir diese mit den *Zauberwerten* befriedigen, die es gibt und die uns nichts kosten außer Dankbarkeit, Toleranz und Mut, uns anzunehmen so wie wir eben sind. Solange wir unsere Bedürfnisse mit Bedarfen verwechseln und auf eine Werbung hereinfallen, den 85sten Pullover zu kaufen, so lange werden wir abhängig sein von unseren selbst gewählten Abhängigkeiten.

Dazu zählt auch unser Verhalten in der Gesundheitspolitik. Wir haben nicht mehr sehr viele Chancen, den laufenden Irrsinn in der Misswirtschaft unserer Ressourcen zu korrigieren. Noch immer werden uns Zahlenjonglagen vorgeführt mit Berechnungen bis zum Jahr 2050 und mehr. Das halte ich schon für sehr gewagt, haben wir doch das Geld zum Leben schon für die kommenden 10 bis 20 Generationen ausgegeben. Aber, und das erscheint mir eine berechtigte Hoffnung, kündigen wir vielleicht endlich einem einseitigen Geldzwangssystem, steigen einfach aus und führen unsere eigenen, volksnahen Analogzahlungssysteme ein: Zeit gegen Zeit beispielsweise, Kuchenbacken gegen Kinder begleiten, Kranke versorgen gegen Unterkunft und tausenderlei mehr. In Band IV dieses Kolibri-Plans finden wir eine Menge weitere Möglichkeiten.

Ganze Kulturen sind so gewachsen und es gibt sehr zahlreiche lebendige Systeme in aller Welt für ein Gelingen solcher „alternativer Währungssysteme". Diese Systeme können jedoch nicht gelingen, wenn sie in der Abhängigkeit von den etablierten Systemen verbleiben bzw. mit den gleichen Grundstrukturen arbeiten. „Mehr, mehr, mehr…" Echte Alternativen würden uns einander sehr viel näher führen als es der großen Politik lieb zu sein scheint.

Frieden und Gesundheit für alle war und ist in der alten Welt des Entweder / Oder-Prinzips schwer oder gar nicht vorstellbar. In einer Welt voller Angst ist der Schritt in eine unbekannte Zeit nur mit friedlichen Lebensformen kaum vorstellbar. Und daher bleiben wir eher bei dem, was wir kennen. Somit haben wir ja auch kaum eine wirksame Absicht, etwas auf dieser Welt zum Positiven zu ändern, denn wir haben dem Bestehenden außer einer angeblich „völlig unrealistischen Vision" gar nichts anderes anzubieten. Das ist das Phänomen, das ich vorhin beschrieb: da gibt es die Behauptung, unsere Vision von Frieden und Gesundheit sei dumm, irreal, völlig unrealistisch und vor allem einer Wertschätzung nicht würdig.

Dem versuchen wir uns einerseits faulen Kompromisse zu entziehen und billigen sie dadurch eher, als eine klare Entscheidung für Frieden und Gesundheit zu treffen, zu äußern und zu leben. Dazu müssten wir unseren eigenen bequemen Hintern ja aus dem Wohnzimmersessel heben und die Fernbedienung für Weltrevolutionen aus der Hand legen. Viele haben dazu aber nicht mehr den Mut und die Kraft.

Biologie und unser Weltbild leben in dieser Polarität und Dualität und hat auf der Körperebene zwei Hirnhälften im Kopf und etliche großartige weitere Nervensysteme entstehen lassen. Verstanden haben wir sie überhaupt nicht. Die Wissenschaft verschlingt Milliarden um Milliarden und noch immer wissen wir nicht, wie so ein paar Nerven richtig zu nutzen sind, wie unser Gemüt stabil wird und die vielen Ängste gegen Gelassenheit und Freude getaucht werden können, in berechtigte Zuversicht geleitet werden.

Was hat es da so ein Regenwurm doch einfach!

Er hat nur ein System und oszilliert mit seiner Umwelt fleißig, dafür hat er ja auch immens mehr Gene (Antennensysteme) als unsereiner. Wir müssen uns immer für oder gegen etwas entscheiden - glauben wir zumindest, das ist das Problem. Wir könnten uns ja mal für beides und nacheinander oder sogar nebeneinander entscheiden.

Das Prinzip der Einheit gelingt wohl nur über jenen großen Sprung in unserer Vorstellung, dass ein Weltbild vom Entweder und einem Oder überhaupt überwunden werden kann. Indem wir diese Chance erkennen *wollen*, haben wir den ersten und vielleicht interessantesten Schritt in die richtige Richtung getan.

Indem wir uns selbst die Erlaubnis zu einer Änderung des gewohnten Weltbildes schenken und diese Erlaubnis nicht mehr von einem Pharao, einem Kaiser, einer Regierung oder einem Konzern abhängig machen, kann es gelingen.

Wir sollten einfach nicht mehr so viele andere um Erlaubnis bitten, nur, weil sie angeblich mehr wissen. Ich behaupte: die anderen wissen es auch nicht, was wir uns oft wünschen. Aber sie haben den Mut, neue Fakten zu schaffen, und sei es, dass sie sie erfinden, nur um unseren Beifall und den der Medien zu gewinnen! Um Erlaubnis fragen bedeutet zu mindestens 50% die Chance auf ein Nein.

Und jene, die sich immer wieder anmaßen, zu wissen, was angemessen sei, haben seit Jahrhunderten und Jahrtausenden im entscheidenden Moment wenig oder das Unangemessene wirklich gewusst.

Geschweige denn, dass sie bereit gewesen wären, die Verantwortung für ihre Anmaßung zu übernehmen.

Ich halte es sogar, ehrlich gesagt, gar nicht für möglich, dass wenige an der „Spitze" der Völker die gesamte Verantwortung übernehmen könnten und sollten. Vielleicht ist das in der Biologie gar nicht vorgesehen.

Ich bin eher der Meinung, es gehört zu unserem biologischen Entwicklungsprozess, dass jeder seinen eigenen Anteil an Verantwortung zu übernehmen hat.

Da hat ein jeder wahrlich genug zu tun. Und immer wieder kommen wir darauf zurück: das Volk kommt in einer Demokratie nicht an sich selbst vorbei. Es muss in Frieden und Gesundheit *leben wollen* und nur dann kann es in die richtige Richtung vorwärtsgehen. Der Sprung aus den benannten Abhängigkeiten gelingt vermutlich nur, wenn jeder einzelne sich freiwillig den mit einander gestellten neuen Leitlinien eines neuen Zeitalters zu unterstellen bereit ist.

Wir sollten nun einen bundesweiten Schulwettbewerb ausrufen, in dem alle Ideen gesammelt werden, die uns aus den beschriebenen Zwickmühlen herausführen könnten. Vielleicht beschenken uns gerade diejenigen, die wir, zumindest möglicherweise, in unserem Konsumwahn um einen wichtigen Teil ihrer Zukunft betrügen, mit den Lösungen, die sie selbst leben können. Das würde zu einem Quantensprung in allen Lehrtheorien führen: die Kinder übernehmen die Ausbildung der angeblichen Erwachsenen. Ich bin gespannt.

Leitlinien in einem Weltbild der Anerkennung

1. *Ich finde heute meine Vision nicht durch Überlegung, sondern durch die Begegnung mit dem Raum hinter allem, was ich erdenken und planen kann: was ich fühle*

2. *Ich öffne mich meiner Lebensgemeinschaft im Vertrauen; ich bin bereit, mich beschenken zu lassen, mehr zu empfangen*

3. *Ich wandle mein Misstrauen gegen diese Welt in Achtsamkeit und Mut*

4. *Ich genieße das Alleinsein und finde ohne Schmerz her-*

aus, was ich alleine erschaffen kann und was ich nur in der Gemeinschaft mit anderen erschaffen kann

5. Ich halte nichts fest, was sich wandeln will

6. Ich biete nur an und fordere nicht

7. Ich mache mein Glück von anderen unabhängig; ich verkaufe weder mich noch meine Fähigkeiten, ich biete sie an und bekomme zurück, was immer ich brauche

8. Ich kann und darf meinen Weg unabhängig von allen anderen gestalten, ich darf auch jede Gemeinschaft genießen, die mir guttut

9. Ich begeistere mich immer wieder selbst und versprühe meine Begeisterung, damit sie ansteckt

10. Ich meide Berechnung in meinen Beziehungen, weil ich leicht und effektiv in Resonanz sein kann, in meiner freiwilligen, bewussten, friedlichen und gesunden Beziehung

11. Ich halte mich selbst fest, nicht anderes und andere; ich gebe mir den Halt, den ich brauche und wünsche

12. Meine Absicht ist Absichtslosigkeit; die Dinge entfalten sich selbst von alleine oder durch angemessene Impulse aus sich selbst heraus oder gar nicht. Es fliegen allenfalls Fetzen, aber es zeigt nicht innere Schönheit.

13. Ich gebe den Dingen in meinem Leben genügend Raum-Zeit für ihre Selbstentfaltung: open space.

14. *Ich bin angemessen in meiner Absicht, in meinen Zielen und in meiner Vision. Ich achte darauf, dass sie für mich erfüllbar bleiben*

15. *Im Stofflichen lebe ich meine friedliche Absicht, im Spirituellen strebe ich nach Absichtslosigkeit; der spirituelle Impuls ist nachhaltiger*

16. *Ich trenne mich von meinem Leidens- und Problembewusstsein, in dem ich meine angeblichen Probleme auseinanderziehe, trenne, und einen großen Zwischenraum erstelle zwischen meinen angeblichen Problemen; aus Problemen mache ich somit übersichtliche Aufgaben und zwischen ihnen zeigt sich eine unendliche RaumZeit der intuitiven Antworten.*

Metaphysik und Gefühle

„Es wird kalt in mir. Ich kann niemanden mehr begeistern, es macht einfach keiner mit. Mein Zündfunken muss doch greifen, damit ich weiter aus meinem Herzen schenken kann! Es lässt keiner mehr meinen Funken zu."

Es lässt sich keiner mehr entzünden? Versuchen wir es mit Rundfunk, vielleicht mit Funkmasten?"

Was hat das mit mir zu tun? Ein Herz droht zu erkalten. Ein Herz erleuchten? Wozu, wenn es keiner will...

Nur für sich, also für sich selbst. Auch wenn es in völli-

gem Widerspruch steht zum Alltag. Wir wollen gebraucht-
werden und so lassen wir ein System von Abhängigkeiten
entstehen, weil wir gebraucht werden wollen. Oder wollen
wir unserer selbst willen geliebt werden?

Das trauen wir uns noch nicht.

Die „Tortechnik" im Übungsteil in Band II beschenkt uns
in der Stille und zeigt uns die Quelle von Mut und Demut.
Was macht mich mutig? Schlechten Nachrichten keine
Aufmerksamkeit schenken, sich selbst immer wieder be-
geistern. Wir bestehen aus Geist, nicht aus toter Materie.
Begeisterung steckt an. Vor allem uns selbst.

Wir sind ein Schmelztiegel der indogermanischen Völ-
kerwanderung. Nordische Wesen sind anders, sie haben
andere Energien als der Geist des Ostens, der Geist des Südens und der Geist des Westens. Geister des Nordens, der
Dunkelheit, der Feuchtigkeit haben ihre eigene Kraft, die
Geister des Südens sind anders, feuriger, auch herzlicher,
spontaner. In der Mitte, im Zusammenfluss, im deutschen
Land, können wir versuchen, alles mit einander zu verbinden, doch noch kocht unsere Aggressivität die Feuchtigkeit
und Spontaneität wird mit dem kalten Wasser der ́Ver-
nunft ́ gelöscht.
     Die Mischung ist Schlamm, Gallengries, Melancholie.
Wir halten uns für den Nabel der Welt und verwechseln den
Schlamm im zentralen Abfluss unserer Bewusstseinsecken

mit der Weisheit, die die Geister des Himmels im TaiChi (Zusammenfluss aller Energien, die unser Leben ausmachen) tanzen lassen.

Ich erkläre meinerseits das Unmögliche zum Selbstverständlichen, damit in der Lethargie dieses Sumpfes das Machbare geschehen kann. Das fordert Geschick und Fleiß, das kann gelegentlich überfordern.

Die berühmte ´Quadratur des Kreises´ gelingt, wenn wir die gewohnte Einbahnstraßenmathematik verlassen und uns auf die ungewöhnlichen Lösungen der Quantenphysik einlassen, in der alles letztlich doch nur Eins ist. Endlich.

Das Problem entsteht im Alltag wohl zumeist dort, wo wir mit unserem Willen Energien und Dinge zusammenführen wollen, die nicht vermischt, sondern in Gleichwertigkeit miteinander und nebeneinander in unserem Bewusstsein und in unserer Wertschätzung Platz nehmen dürfen.

Doch in dem Versuch, alles „unter einen Hut" bekommen zu wollen, ersticken wir in unserem Planungs- und Kontrollwahn, mischen uns manipulierend in Prozesse ein, anstatt sie leben zu lassen. Aber: wir meinen es doch nur gut...

Zu gut? Wir halten uns gerne für jene, die alles besser wissen: was die andern brauchen, was ihnen guttut, was sie tun und lassen sollten. Wir verändern viel. Zu viel?

Und zu viele Menschen. Zu viele Änderungen für die Menschen, für den Einzelnen? Wir verändern alles auf Teufel komm´ raus und Schwupps, schon ist er da.

Wir sind gerne maßlos: überall dabei, präsent, aktiv, stets *on top*. Bei uns wird geplant und das Geplante gemanagt, weniger gelebt.

Kaum einer will anscheinend mehr gesund sein. Wozu auch, wenn wir am Leben vorbeigemanagt werden?

Bei uns wurde der Dieselmotor erfunden. Das gelingt scheinbar nur einem Deutschen, nicht wegen des Erfindens als Solchem, sondern weil wir Maschinen lieben, die Druck machen, damit es bumst: Kriegsmaschinen zum Beispiel, Atomkraft und so. Vielleicht finden wir im Atom den Geist wieder, der uns die geistigen Freiräume schenkt, in dem sich etwas Herzlichkeit entzünden könnte?

Hochmut kommt vor dem Fall, heißt es. Meine geliebten Berge in den Alpen oder sonstwo schenken mir Halt und Beständigkeit in meinem Leben, bei jedem Schritt, wenn ich zur Achtsamkeit bereit bin. Bin ich unachtsam, kann ich in einen Abgrund fallen. Der Strand dagegen liebt den Wechsel von Werden und Vergehen, er ist das Kind des Windes, der versteht und Trauer und Zorn zu verwehen. Beginnen wir uns doch anzunehmen, wie wir halt sind, uns unserer selbst Willen anzunehmen, statt einander mit Forderungen und Vorwürfen das Leben schwer zu machen, weil es nicht mehr unseren Plänen und Vorgaben folgt. Und, sowohl die naturbelassenen Berge als auch die See zu genießen.

Der Sinn des Lebens kann nicht darin liegen, die anderen zu belehren und zu manipulieren. Der deutsche Hochmut wird klein gehalten, das ist Europapolitik. Auch helfen zu wollen kann ein selbst gebastelter Thron sein, wenn man sich aus eigenem Antrieb in Prozesse einmischt, die man nicht durchschauen kann. Ein schönes Leben findet freiwillig statt, dazu sind sich die Menschen selbst oft nicht gut genug. Ihre stille Sehnsucht strebt jedoch danach, auch nach Vollständigkeit in der Seele, nach Einheit in ihnen selbst und somit auch im Miteinander.

Die wichtigste Frage in unserem Leben scheint dabei nicht zu sein, WAS und WARUM wir etwas tun, sondern WIE. Der Glaube, dass stets nur eine Antwort auf eine Frage richtig sein könne, zwingt unsere Aufmerksamkeit in die Betrachtung von Details. Wir verlagern dabei aber nur die Ebene unserer Aufmerksamkeit, Ausprägung der Polarität; die Strategie, die Methode, die wir anwenden, die Frage nach dem WIE bleibt. Wir diskutieren mit der gleichen Kraft und den gleichen Maßvorstellungen die Themen, die sich bei einer genaueren Betrachtung von Details, von Teilen des Ganzen zeigen.

Nutzt das nichts, verstärken wir die Kraft unseres Einsatzes, klären aber nicht die Frage nachdem angemessenen Umgang mit den vielen anstehenden Fragen. Mit jeder Frage kann man oft sehr unterschiedlich umgehen, Grundsätzliches muss auf Grundsätzliches beschränkt bleiben, auch im Sinne einer gemeinsamen und verbindlichen Werteordnung. Ungenaue und unbewusste Absichten und

Emotionen verzerren das Gesicht der Wahrheit. Wir nehmen der Biologie mit unseren eigenen und so menschlichen Absichten einen „wesentlichen" Teil ihrer natürlichen Schönheit, Klarheit, Sachlichkeit, wie sie uns manchmal in ganz ursprünglichen Naturschutzgebieten anspricht. Und schon wollen wir in einem solchen Gebiet mal wieder für Ordnung sorgen...

Immer besteht latent Gefahr zu einem rein menschlichen und sehr komischen Perfektionswahn; eine der Stilblüten, die aus den Phänomenen Absicht und Wollen entstehen, also auch Teil sind unserer grundsätzlichen freien Willensbildung. Wenn unser freier Wille Ausdruck unserer Bereitschaft zur Eigenverantwortung ist, eingebettet in ein Bewusstsein der Bio-Logik, sind wir eher in der Lage, eine friedliche und gesunde Mischung zwischen Wollen und Hingabe an die Schöpfung zu gestalten. Mit dieser Mischung können wir uns einbinden in den eigenen Prozess der Selbstveränderung, anstatt im Außen etwas ordnen zu wollen, was wir nur im Innen ordnen und entwickeln können. Wir mögen uns mehr selbst genügen, damit wir aus unseren selbst gestrickten Abhängigkeiten und „Knoten" wieder herausfinden.

Glauben wir, unvollständig und hilfsbedürftig zu sein, brauchen wir die anderen. Damit wir den Kontakt kommen können zu den anderen, bieten wir etwas an: gebrauchte Kleidung, Hilfe, Unterstützung mit Zeit, Rat und Tat, Medizin und alles Mögliche, das vielleicht doch nicht jeder braucht ... Das macht uns im Herzen verletzlich, denn das, was wir zur eigenen Vollständigkeit brauchen aber nicht bekommen, Frieden und Gesundheit beispielsweise, glauben wir von den anderen wiederum verweigert zu bekommen.

Das macht wütend, zornig, fordernd, vorwurfsvoll und nachtragend. Unser Verständnis für das Leiden der anderen in der einen Polarität fließt mit unserem Mitleid zu uns selbst und unserer Hilfsbedürftigkeit zu einer Einheit zusammen. Es entstehen Hilfsorganisationen, die sich wieder einmischen. Wir brauchen uns nicht mehr um andere zu „kümmern", es gibt Kummer genug.

Wir können lernen, Herzlichkeit zu *schenken*, weil wir außer Herzlichkeit und Geldschulden vielleicht bald nichts mehr Anderes mehr haben. Wir könnten unsere Ansprüche zurückfahren, damit Herzlichkeit auch wieder authentisch werden kann. Damit Teilen wieder mit gutem Gewissen Spaß machen kann.

Konfuzius empfiehlt übrigens: „Iss, trink, entlaste dich regelmäßig und sei guter Dinge". Liebe steht über Nutzen. Im Alter wenden wir uns gerne der Sonne und der Gelassenheit zu, der Besinnlichkeit, der Sanftmut, der Ausgelassenheit. Warum erst im Alter?

Paradigmenwechsel

Ein wichtiges Kennzeichen der alten aristotelischen Weltanschauung, dass wir in einem ständigen Zwang zu Entscheidungen und zu Bewertungen leben, die wir angeblich
nicht wirklich auflösen könnten. Aristoteles beschreibt das
Problem der Polarität, was ja nach wie vor gültig ist.

Im ersten Band der Kolibri-Reihe „Faszinierende Logik
der Bio-Logie" haben wir erkannt, dass fast nichts in unserem Leben wirklich fest, sozusagen in Stein gemeißelt ist,
aber sehr vieles unveränderbar *erscheint.*

Heute kennen wir viele Möglichkeiten, vermeintlich
unüberbrückbare Gegensätze zu überwinden, auch Vieles
nacheinander zu tun, anstatt sich für oder gegen etwas
entscheiden zu müssen. Die Kunst der Entscheidungsfindung in meinem *Weltbild der Anerkennung und Zuversicht*
liegt in der Kunst, lebenswerte Prioritäten zu finden und
in dem Vertrauen, dass uns das Universum phantastische
Ideen und Lösungen für alle Fragen des Lebens schenken
kann und schenken will; Lösungen, die immer nur zum
Besten des Großen Ganzen sind, auch wenn wir sie nicht
verstehen. Wir müssen sie nur endlich annehmen.

Durch die Angst vor unerwünschten Konsequenzen
kommt es oft zu Blockaden in unseren unbewussten und
auch in bewussten Entscheidungsprozessen, weil es uns

schwerfällt, hintergründige Emotionen und Einflüsse zu erkennen und unangenehm erscheinende Emotionen in freundliche, konstruktive Energien zu wandeln. Wir bleiben somit „in einer Emotion hängen" und geraten seelisch-geistig-körperlich in Dauerstress, bis wir krank werden.

Die biologische Folge: Angst blockiert, macht krank, macht irr -sinnig, tötet die Kommunikation und die Vernetzung im sozialen System, mindert unsere Lebensqualität bis zur Selbstaufgabe. Wer lernt, die Zusammenhänge zu erkennen und sich aus der emotionalen Fixierung heraus zu bewegen, gewinnt an Leichtigkeit und Freude - und einer besseren Erfahrung. Dies ist einer der wichtigsten Veränderungen auf unserem Weg aus alten Vorstellungen und dem alten Weltbild. Wir lernen zunehmend, das Leben in seinen Strukturen zu erkennen und anzunehmen, was und wie es wirklich existiert.

Dann lernen wir zunehmend, die Wirkung unserer eigenen Emotionen zu erkennen, anzuerkennen und zu vergeben. Vergebung ist einer der wichtigsten Vorgänge zur inneren Wandlung, ja kann sogar als das Prinzip der Wandlung betrachtet werden, auch im religiösen Sinne.

Die *Heilige Wandlung* ist die Einsicht in das ganze Spektrum von Realitäten des Menschseins, Vergebung ist die Anerkennung der Missverständnisse, die mit unserem Menschsein unmittelbar verbunden sind.

Vergebung bedeutet die Bereitschaft zur Veränderung unserer Einstellung zu uns selbst, zu Gott = Schöpfung und somit zu der Welt, in der wir leben. Vergebung ist das Geheimnis einer Zuwendung zum eigenen Glück, in dem wir uns selbst endlich erlauben, so zu sein wie wir sind und uns nicht ein Leben lang damit quälen, unangemessene Erwartungshaltungen zu befriedigen.

Das Erkennen und die Anerkennung unserer eigenen, individuellen Bedürfnisse und der Entschluss, diese aus freien Stücken, mit gutem Gewissen und in eigener Verantwortung zu leben, ist ein ganz wichtiger Schritt in das Neue Weltbild der Anerkennung. Die Wirkung von Polarität wird dadurch nicht aufgehoben, sie erhält ein neues Gesicht, sogar viele neue Gesichter; wir finden endlich die Abstufungen zwischen den einzelnen Polen und erleben, dass vieles mit einander vereinbar ist, was früher unvereinbar schien. Dies gilt in erster Linie für unsere gewohnten Bewertungsmuster. Wir erkennen zunehmend, wie sehr unsere unbewussten Erwartungshaltungen, Moralvorstellungen und Traditionen Einfluss haben auf unseren Alltag.

Wir erkennen zunehmend, welche Absichten hinter diesen Einflüssen standen und stehen; wir erkennen zunehmend unsere Möglichkeiten der Verwandlung unserer Emotionen und lernen all das miteinander zu üben.

Damit gelingt einer der wichtigsten Schritte in eine Zukunft, die von Anerkennung und Wohlwollen geprägt ist und uns Gesundheit und Frieden schenken kann.

Unser Erfolg in diesem Sinne ist also auch hier die biologische Folge unserer Bereitschaft zur Veränderung und zur Vergebung = Aufgabe von unsinnigen Fixierungen und Glaubensmustern.

Eine Schuldfrage, wie sie in den Religionen der Welt oft eingebunden ist, wird hier nicht durch Unterwerfung im unangenehmen Sinne gelöst, sondern durch die Anerkennung unserer individuellen Werte und Fähigkeiten.

Wir erleben und gestalten bewusst den Aufschwung unserer eigenen und individuellen Bedeutung und erst dieses erleichtert den Weg aus Abhängigkeiten und Bevormundung. Dies sind wichtige Voraussetzungen für ein gesundes Selbstbewusstsein und Authentizität.

Die vollkommene Liebe ist eine vollkommene Freiheit von Emotionen und bedeutet Freiheit von jeglichem Bewertungszwang. Liebe ist ein Zustand der „Bedingungslosigkeit", in dem wir auf jede Bewertung von Menschen und ihrem Verhalten verzichten. Diesen Verzicht kann man mit dem Wort „Verzeihen" verbinden. Wir Menschen haben im Sinne der Göttlichen Matrix und der Liebe kein Recht zu richten und die Schuld, die wir im religiösen Sinne auf uns geladen haben, ist verbunden mit der Anmaßung, zu bewerten und zu richten, was „sinnvoll", „richtig", „gut" und „böse" sei.

Die gute Absicht „hinter" dem Urteilen, Verurteilen und Richten kann man auch als Absicht zum Ordnen verstehen, um die eigene Anmaßung zu überwinden, um das Ergebnis der Selbstvertreibung aus dem Paradies wieder zu ordnen und sich selbst wieder in das Paradies der Einheit einzugliedern. Unser Ordnungswahn, unsere Begeisterung zum Richten, zum Verurteilen u.a. folgt den Maßstäben unserer begrenzten Sichtweisen und unserer Gewohnheit, im Außen etwas zu ordnen. Daraus entnehmen wir den Ursprungsimpuls zur Einmischung in alles, dessen wir habhaft werden können und versuchen, einigermaßen verzweifelt und reichlich kämpferisch etwas in Ordnung zu bringen, was indessen nur mit der Überwindung unserer inneren Begrenztheit bei uns selbst gelingen kann.

Allein der Versuch gilt als anständig, denn etwas unversucht zu lassen gilt in unseren gewohnten Wertmaßstäben als unanständig. Das Problem dabei: Jede Einmischung in die Angelegenheiten anderer wird als anständig und unbedingt notwendig erklärt. Das muss schiefgehen und kann in Kriegen enden. Innerhalb der Maßstäbe unseres eng begrenzten menschlichen Geistes führen unsere Gewohnheiten bestenfalls zu einer vorübergehenden Orientierung in einem Feld von Maßnahmen, die nicht zum Erfolg im Sinne einer stabileren Ordnung führen kann.

Rechtsprechung und Gerechtigkeit sind menschliche Begriffe, die die Biologie nicht braucht, denn dort findet alles immer seine gleichwertige Anerkennung und Chance auf eigenen Ausdruck. Die Lösung liegt in einer bewussten Demut und in einem festen Glauben an eine Schöpfung, einen Gott mit unendlich vielen Gesichtern und in einem ständigen Wandlungsprozess, der alleine führen kann und uns als Menschen nicht wirklich braucht; ein Bewusstsein, dass wir die Biologie und die Schöpfung genießen dürfen und nichts leisten müssen; somit haben wir auch kein universelles moralisches Recht im menschlichen Sinne, nur Chancen. Jeder Mensch darf zunächst seine eigenen Missverständnisse erkennen und sich seine „Schuld" verzeihen; wenn wir denn verzeihen sollen, dann, bitte, zunächst uns selbst.

Die absolute Liebe ist mit der vollkommenen Abwesenheit typisch menschlicher Bewertungszwänge verbunden und somit das „Ende" einer anstrengenden, der längsten Reise in diesem Universum: „die Reise vom Kopf zum Herzen" (*Angaangaq*, Indigener Vertreter Grönlands). Wir sollten immer wieder unsere Erwartungshaltungen an uns und an andere überdenken - oder eher überfühlen.

Diese Liebe heißt ausdrücklich: nicht bemuttern, nicht bevorzugen, nicht verteidigen! Es gibt keine Feinde und keine Konkurrenzen, außer in unseren Köpfen. Unsere Vorstellungen von Ordnen sollten vielmehr die Fertigkeiten und Fähigkeiten der anderen mit einbeziehen, wir sollten gemeinsam wachsen wollen. Das alte Prinzip vom Aufpassen, dass „andere alles richtig machen" ist Anmaßung zur Bewertung in „gut" und „falsch", „besser" und „schlechter" usw., es führt zur Erniedrigung und nicht zur Anerkennung innerer und äußerer Werte.

Diese Erniedrigung des andern, diese Abwertung des Andersseins, ist in der alten Sprache Sünde.

Vergebung bedeutet Loslassen und die Chance zur Selbstheilung, zu völliger Transformation dieser gewohnten und so festgezurrten „Anhaftungen".

Der Mensch ist ein Gestaltungsbeauftragter eines „Unternehmens Welt", ihm und allen anderen Partnern im Unternehmen „Welt" sind individuelle Mittel im Geistigen und im Materiellen geschenkt, er lerne damit frei, angemessen und eigenverantwortlich umzugehen; jedes Denken, Fühlen und Handeln hat Wirkungen, für die er verantwortlich ist. Jeder hat mit seiner eigenen Bildung alle Fäden in der Hand, seine augenblickliche wie seine künftige Lebensqualität zu gestalten. Eine wichtige Voraussetzung scheint die Lösung der inneren und meist unbewussten Aufmerksamkeit zu sein von den Problemen aus der eigenen Herkunft und die Sammlung aller Kräfte und Fähigkeiten auf die eigenen Bedürfnisse und Ziele.

Gelingt es, die ganze liebevolle Aufmerksamkeit auf die innere Vernetzung zu lenken, auf die Gleichwertigkeit aller Partner in der Schöpfung, dann bekommen wir ein neues Gefühl der Geborgenheit und der Leichtigkeit: in der Welt des Vertrauens gibt es kein Misstrauen, braucht es keines!

Wir leben zu allen Zeiten in einem anstrengenden und auch wunderbaren Umbruch: wir erkennen immer mehr die Kommunikationsmechanismen der Biologie und erhalten eine Anleitung für alle unsere Verhaltensmuster: Leitlinien, die nur nutzen. Wir bekommen einen Zugang zu einer bewussten Freiwilligkeit jenseits von Zwang und Machtgebärden; wir entdecken unsere wirklichen und urmenschlichen Bedürfnisse und lernen sie miteinander zu respektieren und zu gestalten. Mehr dazu in Band II.

Eigenverantwortung braucht Wissen, Kenntnisse, wie die Zusammenhänge zwischen einem Ich und einem Du und einem Wir gestrickt sind. *Wollen* kann im biologischen Sinne nur, wer sein Überleben und seine Bedürfnisse gesichert sieht und keinen Überlebenskampf mehr braucht.

So lange die Menschen sich selbst nicht 100%ig sicher sind, dass ihre überlebensstrategischen wie ihre emotionalen Bedürfnisse geachtet werden, solange werden sie darum kämpfen, solange wird es Kampf geben. Nur die Gleichberechtigung des Menschen mit allen anderen Teilen der Schöpfung öffnet wieder ein Tor zum Paradies.

Ziele im Neuen Weltbild der Anerkennung

Durch das Bewusstsein der tatsächlichen Wirkungsnähe entsteht eine neue Qualität von Verantwortungsbewusstsein im Einzelnen und in der Gemeinschaft: der Weg vom ICH zum DU und zum WIR ist quasi Null.

Unsere Lebensqualität und die unserer persönlichen Umgebung wird auf natürliche, ehrliche und unkomplizierte Weise durch eine liebevolle Aufmerksamkeit auf das

DU bestimmt, unser Charisma bestimmt die Wirkung im Umfeld, unser eigenes Glück beschenkt alle anderen.

Die Auflösung des Widerspruchs-Paradigma im *Entweder-Oder-Modus* erlaubt die Auflösung von Schuld; dies ist emotional eine große Entlastung für alle und vollzieht die Bedeutung der Erlösung im Christentum von aller Schuld: Freude wird zum gemeinsamen Lebensziel. Jeder kann und darf im Neuen Weltbild SEINES Denkens, wollen, fühlen - und tun, eigenverantwortlich! Die Kunst des Zusammenlebens in Harmonie und die Kunst der Menschenführung liegt in der Anerkennung der natürlichen Rechte, der wirklichen Bedürfnisse und der Potenziale eines jeden als entscheidende Grundlage. Um zu einem guten Ergebnis zu kommen, müssen die vorhandenen Potenziale identifiziert, geachtet, bewusst und nachvollziehbar dargestellt und umgesetzt werden.

Unternehmensführungen sind in der Mitverantwortung, das neue Hintergrundwissen zu vermitteln, damit die Selbstanerkennung der Mitarbeiter stattfinden und sich multiplizieren kann. Es gilt, in allen Unternehmensetagen die Angst zu wandeln vor Freiwilligkeit, vor Eigenständigkeit und vor Eigenverantwortlichkeit der Menschen in jedem Unternehmen. Planvorgaben aus einem vermeintlichen Bestimmungsrecht heraus sind ein künstlicher und inadäquater Machtanspruch; er führt niemals zu der gewünschten Gelassenheit und Nachhaltigkeit in einem gemeinsamen Ziel.

Wie ich dir (mir) begegnen möchte

Ich möchte dich lieben, ohne dich einzuengen;

dich wertschätzen, ohne dich zu bewerten;

dich ernst nehmen, ohne dich auf etwas festzulegen;

zu dir kommen, ohne mich dir aufzudrängen;

dich einladen, ohne Forderungen an dich zu stellen;

dir etwas schenken, ohne Erwartungen daran zu knüpfen;

von dir Abschied nehmen,

ohne wesentliches versäumt zu haben;

dir meine Gefühle mitteilen, ohne dich zu beleidigen;

mich um dich kümmern, ohne dich verändern zu wollen;

mich an dir freuen so wie du bist.

Wenn ich von dir das gleiche bekommen kann,

dann können wir einander wirklich begegnen

und einander wirklich bereichern.

(Aus „Liebesgeflüster mit deiner Seele"
Rosmarie Klaka, Ambaji-Zentrum, Basel)

Kapitel II - Gesundheit

Was ist Gesundheit?

Gesundheit bedeutet vollständige Integrität auf allen seelischen, geistigen und körperlichen Ebenen.

Dies gelingt, wenn wir eine klare Vorstellung von Gesundheit haben und von unserer Eigen- und Selbstverantwortung haben, wenn wir lernen, diese Selbstverantwortung emotional intelligent (mit Freude + Intuition + erworbenem Wissen von den Gesetzen der Biologie) bewusst zu gestalten. Kennen wir unsere Ideallinien, unsere Idealrhythmik (wie wir eigentlich nach biologischen Kriterien leben könnten), haben wir auch Kenntnis von dem was uns guttut und was nicht. Jeder weiß „eigentlich" was ihm guttut und was nicht - und lässt sich dennoch verlocken, einige Erfahrungen zu machen, bis der Leidensdruck groß genug ist.

Haben wir eine Anleitung im Alltag, mit dem wir Stressfaktoren rechtzeitig erkennen und konstruktiv nutzen lernen, haben wir eine bessere Chance, unsere Eigenverantwortung zu erkennen und einzusetzen. Krankheit und Heilungswege sind Wege zur Selbstfindung. Sie sind Lebensprozesse, die sehr viele Botschaften enthalten für unsere Entwicklung als Individuum und als Teil einer großen

Gemeinschaft. Krankheit und Heilung sind einander oft sehr ähnlich, manchmal bedeuten sie sogar das Gleiche. Versteife Dich nicht auf eine Methode, genieße die Freiheit des Ausprobierens.

Wer Weg zur Gesundheit darf heute Spaß machen, früher gab es Vorschriften, heute geben wir uns selbst Regeln mit einem erheblichen Spielraum und orientieren uns an den Erfahrungen anderer, klammern uns aber nicht mehr daran. Gesundheit heißt Balance, nicht Kraftakt, nicht Selbstvergewaltigung und nicht regel- und zielloses Vegetieren. Gesundheit braucht Ziele, Rhythmik, individuell angemessene Rahmenbedingungen, Freude und die richtigen Begleiter.

Das Leben darf Spaß machen, sonst macht keiner mit.

Gesetze der Biologie

Von großer Bedeutung sind die Gesetze der Biologie, wie wir sie in den vorausgehenden Kapiteln nun dargestellt und immer wieder in ihren Wirkungen aus unterschiedlichsten Betrachtungswinkeln beschrieben haben.

Ich will zu Beginn dieses umfassenden Themas Gesundheit noch einmal ein paar Hinweise zusammenfassen. Auf den Ebenen der Morphogenetischen Felder gestalten die Gesetze der biologischen Selbstregulation alles Werden und Vergehen, jede Art von Transformation, von Gestaltung, von Leben.

Es erscheint wichtig, dass wir alle, soweit möglich, die gleichen Wissensvoraussetzungen haben, um einander verstehen zu können, um nicht in einem babylonischen Sprachengewirr unter zu gehen. Dieses Wissen ist nicht rein akademischer Natur, dient keinem Selbstzweck:

es sind die Verständnisgrundlagen für alle unseren Verhaltensmechanismen in unserem Alltag; jeder Impuls, jede Kleinigkeit für zu einem Ergebnis; langsam verstehen wir immer besser, wie und warum.

Unser Ziel dabei auf dem Weg zu Gesundheit und Frieden: wachsende Achtsamkeit und Respekt für selbst, unsere Bedürfnisse, unsere Fähigkeiten und unsere Souveränität in unserem eigenen Leben.

Denn dies sind die Grundlagen für eine friedliche Kommunikation und eine wirklich soziale Weltgemeinschaft. Mit dem Erreichen einer höheren Bewusstseinsstufe im Rahmen eines neuen Weltbewusstseins erhält der Mensch nun Gelegenheit, sich auf geistiger, spiritueller wie auf molekularer Ebene (Gentechnik) in die Grundstrukturen der Biologie einzumischen und er verändert ohne jede Kenntnis der zu erwartenden Konsequenzen für die ganze Schöpfung seine Innen- und Außenwelt.

Fakt ist, dass unsere Selbstregulationskräfte - biologisch gesehen in einem extrem kurzen Zeitraum - gewaltigen Anpassungsanforderungen unterliegen, die der größere Teil der Menschheit auf Dauer nicht wird leisten können. Alle Menschen, alle Erdbewohner benötigen zwingend für ihre Gesundheit und ihren Frieden ein gesundes Biotop, in dem sie Lebensqualität oder gar Wohlstand finden können und Glück.

Eine der wichtigsten Voraussetzungen dafür ist eine Ethik, die uns den Respekt und die Dankbarkeit vor allen Partnern der Schöpfung lehrt und in der jeder Mensch und jedes Tier und jeder Baum seinen Platz finden kann, an dem für ihn selbst gesorgt ist und an dem er angemessen seinem Biotop dienen kann: in dem er als Teil eines einmaligen Selbstregulationssystems leben kann.

Die Ausführungen über die Matrix zeigen uns, dass es diese Heimat tatsächlich gibt; die Frage ist, wie gelingt es uns, die ganze Welt als eine gemeinsame Heimat zu betrachten? Viele Dinge und Entwicklungen beeinflussen unsere Gesundheit; fast alle Faktoren unterliegen der Beeinflussung durch den Menschen selbst, die Matrix reagiert auf alles, lernt und speichert alles. Auch das, was wir in Unkenntnis biologischer Zusammenhänge fühlen, denken, tun, zulassen oder unterlassen und was aus einem gemeinsamen Verständnis einer Gruppe oder der Gesellschaft als notwendig und sinnvoll erscheint.

Unsere ganze Gesellschaft ist somit in ihren Erwartungshaltungen und in ihren Lebens- und Arbeitsabläufen ihr wichtigster Gestalter und Hüter von Gesundheit.

Gesundheitsmanagement beschäftigt sich intensiv mit jenen Kenntnissen, die an der Bildung der Gesundheit von Einzelnen, in Gruppen, auch in der Tier- und Pflanzenwelt sinnvoll und notwendig sind. Unsere Gesundheit braucht ein Management nach biologischen Kriterien, nicht nach kaufmännischen Zwängen, die wir allen Ernstes auch noch soziale Marktwirtschaft nennen. Wachstum kann in der Biologie nur entstehen, wenn eine kontinuierliche und geordnete Freisetzung gebundener Energien (z. B. Potenziale der Menschen) stattfindet und diese Energien (Fähigkeiten der Menschen) in einen kreativen Gestaltungsprozess münden.

Eine „gesunde Ent-Wicklung" erlaubt immer eine optimale Anpassung an die sich verändernden Umgebungsbedingungen, „kennt" ihre Potenziale und Entwicklungsmöglichkeiten und steht Tag und Nacht in einer kontinuierlichen Abstimmung mit allen „Partnern", damit gesunde Fähigkeiten „angemessen" genutzt werden können.

Ein System (Mensch, Familie, Unternehmen) ist automatisch gesund und erfolgreich, wenn es seiner Grundbestimmung folgen und zielorientiert funktionieren (sich entfalten) darf, wenn Widerstände und Egoismen ausgeglichen sind und den kreativen (Selbstheilungs-) Kräften genügend Raum gegeben wird. Gesundheit ist viel mehr als Nicht-krank-geschrieben-Sein.

Gesundheit bedeutet Balance und aktive Lebensfreude in allen Lebensbereichen. Die Kraftzentrale Unterbewusstsein muss in seiner Regulationsfähigkeit stabil sein, damit Geist, Seele und Körper belastungsfähig und flexibel sind und bleiben. Menschen, die sich wohl, gesund, leistungsfähig fühlen, können und werden sich auch leistungsbereit zeigen.
Ein paar hilfreiche Hinweise dazu in Band IV der Kolibri-Reihe mit dem Thema „Integrale Unternehmensgestaltung".

Sinneswahrnehmungen

Reize treffen auf unsere Sinnesorgane und werden so wahrgenommen, wie wir seelisch, geistig und körperlich konditioniert und trainiert sind. Je nach Intensität und Art der Reize werden unterschiedliche Nervenzentren im Gehirn oder in peripheren Nervensystemen aktiviert; entweder werden die Reize vom Gehirn langsam und „in Ruhe" verarbeitet und mit früheren Erfahrungen verglichen, eventuell mit einem Trainingseffekt verbunden und mit abgespeicherten Emotionen vermischt oder die äußerlichen Reize werden automatisch und direkt ohne weitere „Überlegungen" beantwortet:

- *in einer Abwehrreaktion, die mit Anspannung verbunden ist*

- *in einer Fluchtreaktion nach innen (Regression, Stehenbleiben und Ducken „Igel"-Verhalten durch Schock) oder nach außen (Weglaufen etc.)*

- *in ein Trainings- und Anpassungsverhalten, das langsam oder rasch erfolgen kann, je nach Thema und Bedrohlichkeit der erlebten Situationen*

Dabei gelten immer die bereits angesprochene Regel:
Der feine Reiz, die sanfte Erfahrung aktiviert und ordnet auf einer hohen Matrixebene = Frequenz, in der Aura; der starke Reiz fördert unsere Regulationssysteme und

hemmt rasch feine Signalwege; sehr starke Reize überfordern rasch unsere Regulationssysteme und blockieren angemessene Reaktionsmuster. So kommen wir erst mal aus unsere biologischen Grundgesundheit heraus und dies leider bereits in den ersten Augenblicken unseres Daseins, oft schon in den ersten Tagen als Embryo. Gesundheit ist die Fähigkeit, sich mit eigenen Regulationssystemen unter dem Einfluss ständig wechselnder Lebensumstände selbst in einem Fließgleichgewicht zu halten, auf allen emotionalen, biochemischen und körperlichen Ebenen.

Dabei werden in einem gesunden System - Mensch, Tier, Pflanze, alles - unüberschaubar viele Impulse von außen aufgenommen, in den eigenen Regulationssystemen, in verschiedenster Weise genutzt, transformiert und in veränderter Form wieder nach außen wirksam. Es findet ein höchst differenzierter und schneller Abgleich zwischen Innenwelt und Außenwelt statt, der sich dem langsamen Bewusstsein des Menschen weitgehend entzieht. Somit denkt er (zu) oft, was sein Bewusstsein nicht erkennt, sei nicht vorhanden. Ausblendung als Lebensstrategie mit kaum überschaubaren Folgen.

Balanciert sich das System weitestgehend selbstständig, kann es alle seine Potenziale in einer ihm angemessenen Weise nutzen; dies dient einerseits der Selbsterhaltung, andererseits der „energetischen Ernährung" aller anderen Partner in einem übergeordneten System (Gruppe, Verein, Gesellschaft ...). Somit profitieren alle Teilhaber in einem großen System, sei es in einer Firma, in einer Schule, in einer Gesellschaft etc. Dies erlaubt allen Beteiligten, den jeweils eigenen Platz in der jeweiligen Gemeinschaft zu finden, um auf gerade diesem Platz sinnvoll und nützlich, glücklich sein zu können.

Lebt dieses System nach den Regeln der Erhaltungssätze und der Transformation sowie nach den Gesetzen einer kulturellen und bzw. oder religiösen Übereinkunft, gelingt so etwas wie allgemeine Gesundheit in der Gesellschaft, die im wesentlich irritiert wird durch den besonderen Willen Einzelner, die ihr biologisches Interesse an Selbsterhaltung überschreiten und ihre Egoismen ausleben wollen.

Eine gesunde Gesellschaft, ein gesundes Unternehmen weiß diese Einzelfälle stets rechtzeitig zu erkennen und sie achtsam zu korrigieren.

Gesundheit ist in modernen Gesellschaftssystemen auch immer in Bezug zu einer erwarteten Leistung zu betrachten. Leistung als Teil menschlicher Produktivität ist qualitativ wie quantitativ schwer zu bestimmen; dennoch wird in unendlichen Zahlenspielen versucht, die Masse Gesundheit kalkulierbar zu machen. Stets wird eine Kosten-Nutzen-Relation ins Blickfeld gerückt, in der die subjektive Befindlichkeit und Emotionalität des Menschen nur eine untergeordnete Rolle spielen darf. Wir alle leben in einem extremen Bewertungszwang im Sinne einer Kosten-Nutzen-Relation, in der die subjektive Befindlichkeit und Emotionalität des Menschen als Teil einer Leistungsorganisation verstanden wird.

Wer nicht mehr den vorgegebenen Leistungserwartungen folgen kann, wird als krank eingestuft, in stiller Weise bestraft und ausgesondert. Persönliche Fähigkeiten werden allenfalls als Leistungsmerkmal anerkannt oder gar nicht. Wenn eine Unternehmens-Philosophie auf einer unpersönlichen und im wahrsten Sinne des Wortes menschenverachtenden Planungsgrundlage beruht, liegt das daraus folgende Risiko einer Fehlkalkulation bei 100%.

Für den einzelnen Unternehmer wie für die ganze Gesellschaft kann eine derart zuverlässige Fehlplanung rasch zum Untergang führen.

Gesundheit ist eine sehr weitgehende Harmonie in den energetischen Strukturen und Abläufen, in unserem eigenen Energiefeld und somit immer auf Kommunikationseben: die Matrix, die grundsätzlich und immer und (fast) bedingungslos „von außen" uns harmonisieren kann und will, muss sich entfalten dürfen; d. h. die Blockaden in unseren eigenen Energiefeldern gilt es zu erkennen und zu lösen, bzw. eine Lösung geschehen lassen. Gesundheit bedeutet somit: alle Regelkreise, die an der Bildung unseres Organismus´ beteiligt sind, können sich selbst untereinander balancieren. Entstehen aufgrund von Emotionen und energetischen Blockaden Störfaktoren, die sich mit der Zeit auch im Körperlichen, auf zellulären Ebenen manifestieren, kommt es zu Fixierungen, die eine Regulationsblockade bedeuten. Hier beginnt Krankheit.

In der Medizinphilosophie einer gesunden Zukunft bedeutet Gesundheit somit vor allem eine von jedem Individuum gerne selbst verantwortete Selbstregulation.

In diesem Verständnis brauchen wir Wissen und Mut, all unser Wissen zu ordnen und zu nutzen, um uns selbst in der Balance halten zu können. So verstehen wir in der *Integralen Medizin* unter Selbstregulation eine möglichst uneingeschränkte Fähigkeit zur Selbstführung, einen möglichst ungehinderten und weitgehenden selbst bestimmten Energieausgleich auf geordneten Bahnen (Aura, Chakren, Meridiane, Zellebenen, Mikrostrukturen, Organebenen und ihren Vernetzungen ((Nerven, Blutbahnen, Lymphbahnen u.a.m.). Siehe dazu auch Band IV dieser Reihe zum Thema *Integrale Gesundheitspflege und Medizin.*

Sie so genannte Psyche und alle anderen medizinisch beschriebenen Ebenen verschmelzen dabei zu einer Gesamtpersönlichkeit in einem dynamischen Organismus, der in seiner Selbstbestimmungsfähigkeit alle Regelkreise erreichen kann und im Rahmen eines Lernprozesses auch soll. Gesundheit schließt Erkenntnisfähigkeit ein, damit wir lernen können und lernen wollen; Gesundheit bedeutet auch das wachsende Bewusstsein, dass und wie unsere Aufmerksamkeit und unsere eigene Wahrnehmung unsere Realität prägt. Haben wir diese Fähigkeit zur Erkenntnis nur theoretisch angelegt und nutzen sie nicht, können wir uns nicht selbstständig und dauerhaft an neue Lebensbedingungen anpassen. Wir alle dürfen ein gesundes Bewusstsein haben über unser Menschsein als solches: wir sind Teil eines wunderbaren Ganzen, wir sind auf den unbewussten

Ebenen immer in Verbindung mit allen anderen Teilen der Schöpfung. Mehr dazu in Band II dieser Reihe.

Dies kann uns ein Bewusstsein über die unendlichen positiven Chancen dieser Gemeinschaft schenken, in der wir niemals so einsam sein können wie wir uns manchmal fühlen. Gesundheit braucht unbedingt dieses Grundverständnis und eine tiefe Dankbarkeit für diese innere Gemeinschaft; dies gelingt jedoch nur, wenn wir bereit sind, uns selbst und einander zu vertrauen.

Eine unserer herausragenden Übungen auf dieser Erde ist also ganz sicher, unser bisheriges eigenes Misstrauen gegenüber unseren alten Erfahrungen, unserer Umwelt und unseren Mitmenschen zu überwinden, Ängste zu erkennen und zu überwinden, und dies gelingt nur gemeinsam.

Gesundheit können wir gestalten, wenn wir ein Bewusstsein für unsere biologischen Grundbedürfnisse haben und diese in unserem täglichen Leben respektieren. Es ist wichtig, unsere eigene innere Uhr zu erkennen und zu beachten; aber es ist auch wichtig, anders leben zu lernen als nur nach unserer inneren Uhr. Unsere Anpassungs- und somit unsere Überlebensfähigkeit sind das Ergebnis unserer Trainingsbereitschaft und unseres Trainings.

Ohne diese Trainings kann es keine Gesundheit geben.

Training, nicht Zwang und Unterwerfung.

Unser Alltag möge bewusst mit guten, mit fairen und sinnvollen Kompromissen gestaltet sein zwischen den eigenen Bedürfnissen und den Wünschen unserer Umgebung. Genau an dieser Stelle sollten wir unsere innere Stimme genau kennen und uns nicht immer wieder auf faule Kompromisse einlassen, die wir letztlich selbst und somit in eigener Verantwortung gestaltet haben, indem wir nicht rechtzeitig angemessen zu unseren eigenen Gunsten gefühlt und gehandelt haben.

Gesundheit bedeutet auch die Bereitschaft, zu sich zu stehen und Kompromisse zu finden, die beiden Teilen wirklich gerecht werden können. Da wir jedoch zumeist die unbewussten wirksamen Impulse für unser Handeln nicht kennen, finden wir zwar oft Kompromisse, aber nicht die Zufriedenheit, die wir gesucht haben. Das kriegen wir nach der Lektüre dieses Buches sicher besser hin, vor allem, wenn wir die Übungen machen, die uns immer wieder nur zu uns selbst führen sollen und damit zu unserer eigenen Zufriedenheit mit uns selbst.

Unser Alltag sollte im Fluss des Lebens stattfinden, also in Anlehnung an biologische Rhythmen und unseren eigenen Zeitbedarf für die verschiedensten Dinge in unserem Lebensalltag. Dazu braucht es unser Interesse für dieses Thema und viel Aufmerksamkeit für die vielen kleinen Dinge in unserem Alltag; ebenso brauchen wir täglich eine Besinnungszeit, in der wir Rückschau halten können, um in Ruhe und ohne Druck über mögliche oder notwendige Veränderungen nachzudenken. Wollen wir erfolgreich sein, müssen wir uns mit unseren biologischen wie den eigenen, ganz individuellen Maßstäben und Zielen beschäftigen und uns auch dazu bekennen; sonst leben wir in faulen Kompromissen. Nur unter diese Voraussetzungen sind wir in unserer eigenen Souveränität als absolute Voraussetzung für bewusste Gesundheitsgestaltung (1. Basisbedürfnis). Siehe dazu ebenfalls Band II.

Homöostase

Gesundheit wird als Abwesenheit jeglicher Störfaktoren benannt mit der Folge seelisch-geistig-körperlichen Wohlbefindens. Unsere Energiesysteme befinden sich in einem ständigen Fließgleichgewicht. Störungen von außen oder eingebrannte Störungen von innen wie z.B. Narben nach Entfernung von Körperteilen führen zu einer Unregelmäßigkeit im Energiefluss und der Regulationsmechanismen. Regulationssysteme reagieren auf einen Reiz, der seit SELYE als *Stress* bzw. als *Disstress* bezeichnet wird.

Sind Reizstärke und bzw. oder Reizfrequenz höher als unsere Kompensationsmechanismen, sprechen wir von „Dis-Stress".

Liegt eine Reizflut innerhalb einer regulierbaren Bandbreite, nennen wir dies *Eustress*. Dieser führt zu einem fortdauernden Training in allen energetischen Ebenen und ist damit auch Grundlage für die Integration neuer Erinnerungs- und Reaktionsprogramme, Teile der Evolution. Gesundheit ist also in jeder Betrachtungsweise ein Zustand im Bereich einer biologischen Norm, die ihm guttut, die er insgesamt als Wohlbefinden erlebt. Krankheit ist die Folge einer langen Reizüberflutung mit dauerhaft eingeschränkter Regulationsfähigkeit.

Wer die entsprechenden Signale seines Organismus' wie besondere und andauernde Müdigkeit, Schmerzen, leichte Funktionseinschränkungen ignoriert, riskiert eine Verschärfung der Situation und eine Verfestigung.

Immer ist zunächst und kontinuierlich unsere Matrix betroffen, die sowohl eine Verbesserung als auch eine Manifestierung der Beschwerden rasch einleiten kann, wenn adäquate energetische Impulse dies erlauben. Ruhe, Entspannung, Besinnung auf die innere Stimme und die Minderung der Reize aus der Umgebung sowie aus dem vegetativen Nervensystem sind immer eine erste Möglichkeit, um unsere inneren Signale und Bedürfnisse leichter hören zu können.

Dies genügt bereits oft, sich wieder in ein Fließgleichgewicht auf dem gewünschten Energieniveau zu bringen. Dies ist ein aktiver Vorgang und benötigt oft eine spezifische Energie und Hilfe für die Steuerung und die Durchführung. Ein Teil dieser Energien kommen aus unserem Stoffwechsel, sofern dieser nicht mit überflüssigen Nahrungsbestandteilen oder Stoffwechselprodukten überflutet ist. Ein anderer und mindestens ebenso wichtiger Teil dieser Energien kommen aus dem natürlichen Magnetfeld der Erde und anderen Schwingungen aus unserer näheren Umgebung.

Die wichtigste Quelle ist eine geordnete Gefühlslage und ruhige Bewegung im Atmen, auch in Körperarbeit wie Qigong u. ä., ebenso eine liebevolle Berührung und viel Geborgenheit.

Fassen wir ein wenig zusammen

Gesundheit ist ein Zustand von Balance in Seele, Geist und Körper, es bedeutet bewusst erlebtes Wohlbefinden ohne Sorgen um Vergangenheit oder Zukunft, ohne Leiden. Gesundheit ist ein Zustand, in dem alle Teile eines Organismus´ optimal miteinander vernetzt und ganz harmonisch aufeinander abgestimmt sind.

1. *Der Begriff „Organismus" bezieht dabei alle Phänomene ein, die den biologischen Gesetzmäßigkeiten einer Selbstregulation, den Gesetzen der Biologischen Harmonie und der kontinuierlichen und natürlichen Transformation unterliegen;*

2. *Diese Bedingungen zeigen sich in einer Außenrealität als Erde, Lebewesen und Lebens-Organisationen: alle Teile der Schöpfung sind somit Formen der „biologischen Organisation", der Mensch in seiner Umwelt und alle seine Erfindungen; es gilt jede kleine Anregung und Hilfe zu erkennen, anzuerkennen und sich zu erlauben;*

3. *Gesundheit ist die Fähigkeit, sich mit den eigenen Regulationssystemen unter dem Einfluss ständig wechselnder Lebensumstände selbst in einem Fließgleichgewicht zu halten, auf allen emotionalen, biochemischen und körperlichen Ebenen;*

4. *Dabei werden in einem gesunden System wie bei jedem Menschen, bei Tieren, bei Pflanzen, auch bei Gruppen wie Familien, Vereine und Unternehmen – genau genommen alles – vielerlei Kräfte von außen aufgenommen, in den eigenen Regulationssystemen, in verschiedenster Weise genutzt, transformiert und in veränderter Form wieder nach außen wirksam werden.*

5. *Es findet ein sehr differenzierter und schneller Abgleich zwischen Innenwelt und Außenwelt statt, der sich dem gemächlichen Bewusstsein des Menschen weitgehend entzieht: was wir nicht erkennen, wird oft als nicht existent definiert, Ausblendung als Lebensstrategie mit kaum überschaubaren Folgen; die ersten Bände dieser Reihe zeigen immer wieder auf, dass und wie ein Innen du ein Außen vernetzt sind, sodass wir die Einheit im Sein erkennen können;*

6. *Balancieren sich die Regulationssysteme eines Organismus´ selbstständig, fließen seine Energien geordnet kann es alle seine Potenziale in einer ihm angemessenen Weise nutzen – Stichworte „Selbsterhaltung" und „Ernährung"*

zum Nutzen aller Beteiligten in einer Gruppe, im ganzen „energetischen Feld";

7. Dies erlaubt allen Beteiligten, den jeweils eigenen Platz in der sich selbst tragenden Gemeinschaft zu finden, um auf gerade diesem Platz sinnvoll und nützlich sein zu können. Individuen, Familien, Unternehmen, Gesellschaften, alle können als Organismus betrachtet werden. Unter den oben genannten Aspekten erkennen wir Gemeinsamkeiten der vermeintlich so unterschiedlichen Gebilde, die wir später als außerordentlich nützlich erkennen werden.

8. Gesundheit bedeutet Souveränität über die angeborenen und erworbenen Fähigkeiten, sofern diese be- und anerkannt sind, über die eigenen Sinne und die eigene Lebenszeit;

9. Gesundheit bedeutet Kenntnis und Anerkennung seiner ureigensten Bedürfnisse und ihre respektvolle Beachtung, ebenso das Bewusstsein um die eigene Entscheidungskompetenz in jeder Hinsicht.

10. Dies alles sind auch Voraussetzungen für die eigene Verantwortungsfähigkeit. Band I, II und IV besprechen das Grundthema noch ausführlicher und facettenreicher.

Tipps

Die körperliche Entwicklung eines Menschen beginnt bereits in der Schwangerschaft mit der Bildung eines „Mehrzellers" und eines Embryos. Was wir als *Gene* bezeichnen ist das eine, unsere Gewohnheiten, wie wir mit unserem Organismus umgehen, ist eine andere Sache. *Gene* sind Antennen und Schaltstellen; in wie weit sie genutzt werden, ist nicht zuletzt abhängig von unseren inneren Einstellungen und von unseren Gewohnheiten.

Gene wollen gepflegt werden wie alles andere, damit sie optimal funktionieren können und dazu gehören vor allem eine Pflege und eine kontinuierliche Ordnungsarbeit in den feinstofflichen, energetischen Ebenen, denn auf diesen Ebenen wird entschieden, ob genetische Vorbedingungen zum Ausdruck kommen oder nicht bzw. in welchem Maße.

Der eine leidet unter einer genetischen Besonderheit, andere nicht. Das ist auch immer eine Frage der eigenen inneren Einstellung, Bewertung, und vor allem mit abhängig vom Benehmen der Umgebung. Psychohygiene im Unbewussten wie im Bewusstsein sind die Hausaufgaben, denen wir täglich nachkommen sollten, in dem wir uns unserer Bedürfnisse als Lebewesen generell, als Mensch und vor allem als Individuum bewusst sind.

Dazu bedarf es der Erlaubnis, scheinbar immer bedarf es in unseren Vorstellungen einer Erlaubnis „von oben", weil wir das seit Jahrmillionen so kennen und immer erwarten.

Also: geben wir uns doch jeden Tag und jeden Abend aufs Neue selbst die Erlaubnis, uns gut fühlen zu dürfen und somit die Erlaubnis, uns auch auf allen Ebenen verwöhnen zu dürfen! Das entspricht in der neuen Zeit unserem neuen Selbstverständnis und ist absolut wichtig auf unserem Weg zur Lebensfreude.

Unsere Gesundheitspflege beginnt bereits bei der Planung unserer eigenen Schwangerschaft, soweit dies möglich ist, in jedem Falle aber mit der Bereitschaft und der Fähigkeit der Mutter bzw. beider Elternteile, sich auf die Schwangerschaft einzustellen, sich zu freuen und sich innerlich wie äußerlich zwanglos und einfach liebevoll auf den neuen Menschen einzustellen. Dazu gehört das Training einer angemessenen Kommunikation mit dem neuen Leben und der natürlichen Neugierde zu all den Themen, die das auf Eltern und Kind zukommen werden.

Es gilt, sich mit Erwartungshaltungen zu beschäftigen, mit den unbewussten Bezüglichkeiten, wie sie wiederholt schon dargestellt wurden, und mit den *angemessenen Mitteln* für eine *optimale* und einfache *Vorbereitung der Lebensqualität,* die wir dem neuen Menschenkind gönnen sollten. Zum ersteren gehört das Studium von Büchern über den Umgang mit Familienthemen, mit Identitätsfindung, mit den unterschiedlichsten Modellen von Erziehung und Führungsstilen innerhalb der Familie und innerhalb von Familienunternehmen. Familien sind Unternehmen und wir sollten lernen, sie als solche zu erkennen, anzuerkennen, zu verstehen und zu führen.

Das geht jedoch ganz gewiss nur, wenn wir neben den Vertrauten innerhalb unserer Familie, also beispielsweise der heiß geliebten Oma, auch Berater einbinden, die das Unternehmen Familie aus ganz anderen Perspektiven zu betrachten gewohnt sind, die nicht so emotional in die Leidensprozesse der Familie eingebunden sind.

Es sind leider immer noch viel zu sehr diese Leidensprozesse, Schuldfragen, Hass, Neid und andere Emotionen, die unseren Lebensstil und somit auch unseren Führungsstil prägen. Gesundheit finden und aktiv gestalten heißt vor allem, sich dieser emotionalen Belastungen und ihrer enormen Tragweite bewusstwerden und sie so rasch, so einfach und so nachhaltig wie möglich in Frieden aufzulösen.

Das ist eine für die Lebensqualität entscheidende Vorbereitung vor und innerhalb einer Schwangerschaft, die über die Lebensqualität ganzer Generationen entscheidet. Es liegt in der Verantwortung von uns allen, diese Chance zu erkennen und als „wesen-t-licher" Teil von Erziehung, Führung, Schwangerschaftsvorbereitung bzw. -begleitung zu nutzen. Dazu gehört zum Beispiel auch die Beschäftigung mit Heilmitteln aus der Naturheilkunde und Verhaltensregeln zur Krankheitsvorsorge und bei Krankheiten.

Infekte und viele andere „Krankheiten" haben leider immer noch ihren Schrecken, weil die allermeisten Menschen ganz offensichtlich immer noch nicht erklärt bekamen und somit auch nicht verstanden haben, wie die Biologie unseres Körpers funktioniert und dass beispielsweise Fieber eine lebensnotwendige Heilkrise bedeutet, ohne die ein Organismus keine Ordnung schaffen kann in seinem Haushalt. „Fieber" bedeutet eine wichtige Erhöhung der Betriebstemperatur", sie hat eine weit- und tiefgreifende Bedeutung in der Selbstheilung eines Menschen.

Davor sollte man keine Angst haben, sondern mit ihr konstruktiv arbeiten lernen.

Die Kenntnis der biologischen Funktionsweisen und Zusammenhänge gehören in die Schule und in das Familienleben, weil sie wichtige Inhalte sind, weit wichtiger als viele mathematische Formeln oder das Auswendiglernen uralter Gedichte, die scheinbar auch in hundert Jahren noch als literarisch wertvoll gelten und unserer Gesundheit nicht nutzen. Das Thema „Wie funktioniert Biologie" ist eine wichtige Voraussetzung für Gesundheitsbewusstsein von vielen und gehört in das Erziehungsprogramm, für das Eltern mitverantwortlich sind. Das können sie nur leisten, wenn sie etwas Sinnvolles gelernt haben; und Kinder sind angehalten, zu lauschen und auszuprobieren.

Wir können heute in der *Energiemedizin* sehr vieles anders machen als in der klassischen Homöopathie, aber nicht unbedingt besser. Es gibt schnellere Testverfahren, aber kaum eine andere Behandlungsform räumt dem Therapeuten wie dem zu Begleitenden mehr Achtsamkeit, Aufmerksamkeit und Geduld entgegen als die *Homöopathische Repertorisation* und Behandlung. Natürlich ist sie zeitaufwändig, aber dies führt eben auch beide Behandlungspartner durch ein ganz bestimmtes System von Wahrnehmungen und Anerkennungen der feinsten und individuellsten Zeichen und Merkmale eines Menschen, auch eines Tieres oder bei Pflanzen.

Die *Homöopathie* nach *Samuel Hahnemann* führt uns die Einzigartigkeit eines jeden Menschen vor. Sie kennt auch die so genannte „Eugenische Kur". Diese besteht darin, dass der zu Behandelnde, bzw. im Falle der Schwangerschaft die Mutter, nach kinesiologischer Austestung, eine ganz bestimmte Anzahl und Art von Heilungsimpulsen bekommt, die als *Nosoden* bezeichnet werden und die die Aufgabe haben, krankmachende Impulse aus den vorangehenden Generationen und aus dem kollektiven Unbewussten zu erkennen und zu harmonisieren. Das also kennt die *Klassische Homöopathie* schon seit mehr als 200 Jahren, was wir heute auf den genetischen Ebenen noch immer nicht entschlüsselt haben und was wir dort auch kaum finden können. Warum nutzt unsere Medizin dies nicht?

Das Geheimnis, warum der eine Mensch eine genetisch angelegte Besonderheit („Krankheit") bekommt und warum ein anderer Mensch nicht, hängt eben in erster Linie von unbewussten „Programmierungsebenen" ab, die teilweise bewusstgemacht werden können und sollten.

Diese Impulse haben die Aufgabe, unser ganzes Unbewusstes zu harmonisieren. Das kann man gar nicht hoch genug einschätzen, wenn man sieht, welchen psychischen Belastungen wir alle über die unbewussten „Ebenen" ausgesetzt sind und welche Wirkungen diese Einflüsse für unsere ganze gesellschaftliche Entwicklung und für unser Verständnis von Gesundheit und Medizin haben.

Die „Eugenische Kur" ist eine erfolgreiche Grundtherapie, aber nur in der Hand eines erfahrenen Homöopathen, der die Entwicklungsschritte innerhalb der Therapie und den Menschen in seiner biologischen Entwicklung kennt und beurteilen kann, ob die eingesetzten Heilmittel beispielsweise von alleine günstig wirken und wann und wie gegebenenfalls weiterer Behandlungsbedarf besteht.

Die von uns allen so ersehnte Gelassenheit und Leichtigkeit ist nichts anderes als die Kraft unserer ganzen Aufmerksamkeit auf unser eigenes Leben, weg von den Leidensmustern unserer Vorfahren. Dazu ist die „Eugenische Kur" eine ideale Voraussetzung, die im Mutterleib für die Mutter und somit für alle Nachkommen harmonisierend wirken kann. Wenn man sie durchführt...

Doch was ist das: ein Embryo, ein Mensch in den Startlöchern und wie ist so ein kleiner Mensch strukturiert?

Dazu müssen wir ein bisschen in die Entwicklungsgeschichte hineinschauen.

Anmerkungen zu Anatomie und Entwicklung

Am Beginn unseres Werdens steht eine große Sammlung unbewusster energetischer Impulse. Diese Informationssammlung bekommt über die Matrix eine energetische (elektromagnetische, feinstoffliche) Struktur, die sich in einer, mehr oder minder ungestörten, körperlichen Struktur zeigt, die, wie wir inzwischen wissen, alles andere als fest und beständig ist. Über die Entwicklung von Stammzellen, verschiedenen Zellarten und Keimblättern kommt es zur Ausbildung von Segmenten, Organsystemen und Organen. Was wir Psyche nennen, ist der energetische Austausch und der stoffliche Anteil der Kommunikation, die zwischen allen diesen Anteilen unseres Organismus´ abläuft und die sich, soweit möglich, in einem stabilen Fließgleichgewicht zu halten versucht.

In der weiteren Entwicklung entsteht, wie andernorts beschrieben, der „Urdarm" und zahlreiche Verzweigungen, die ein Leben lang wie als ein System kommunizierender Röhren mit einander verbunden sind.

Aus diesen Grundkenntnissen können wir bereits unseren wirklichen = wirksamen Bedarf an Körperpflege ableiten. Früher hatten wir den Spruch „der Tod sitzt im Darm" was nur stimmt, wenn wir uns nicht vernünftig diesem Darm widmen. „Das Leben sitzt im Darm", sollte es heißen und wer gesund sein will, muss sich konsequenterweise der Pflege seines Darmes widmen.

Eine gute Darmpflege beginnt mit der Hygiene im Mund-
und Hals-Nasen-Ohrenbereich. Eine kontinuierliche Entlastung von Stoffwechselprodukten, die niemandem nutzen, erleichtert zahlreiche Funktionen des Immunsystems
in allen Bereichen, die von dem Urdarmsystem erreicht
werden; und da bleibt eigentlich kein Bereich aus.

Was hat der Kopf mit den Füßen zu tun?

Die Segmente von Knochen, Sehnen und Bändern und den
sie begleitenden Muskeln sind ein in sich durchorganisier-
tes System von energetischen und stofflichen Verbindungen. Wenn man einmal verstanden hat, dass die Spannung
eines Segmentes von seiner elektrischen und elektromagnetischen Ladung abhängt, ist es physikalisch (biologisch)
einfach zu erklären, dass Spannung in einem Segment ganz
sicher einen Einfluss haben muss in zahlreichen anderen
vernetzten Segmente. Im Sinne der Psychoneuroimmunologie (PNI) kann es deshalb gar nicht anders sein, dass ein
elektrisches und magnetisches Verteilungsmuster sowohl
auf Ebenen *oberhalb der ertastbaren Körperoberfläche* (Aura)
als auch innerhalb aller Zellsystem nach den gleichen
Funktionsprinzipien funktioniert.

Die Biologie erfindet nur ein geniales System, das in sich
funktionell stabil funktioniert und aufgrund seiner extremen Flexibilität auch entwicklungsfähig ist. Die Segment-
kette beginnt nun nicht mit dem Kopf und endet nicht am

Ende des Steißbeines, sondern hier gilt es die unbewussten energetischen Bereiche mit einzubinden, um das ganze Reaktionssystem zu erkennen. Alle Informationen aus
unserer Entwicklungsgeschichte sind segmental gebunden
und abrufbar, somit auch wirksam: die energetischen (ma-
gnetischen, elektrischen, elektromagnetischen und mag-
netoelektrischen) Schwingungsfelder oberhalb des Kopfes,
auch Kronen-Chakra genannt bis hin zu einem energetischen und gut erfühlbaren *Wirbelsäulenschwanz*, wie er aus
Bildern von Sauriern bekannt sind; energetische Prägungen sind erkennbar für den, der sich in seiner Wahrnehmung auf diese feinen Ebenen herantasten kann:

die Reflexzonendiagnostiken, insbesondere Microkinesitherapie, Craniosacraltherapien und Osteopathie lehren,
die zarten Bewegungsabläufe dieser Elemente unseres Organismus zu erkennen und abzutasten, sie in ihrem Energiefluss zu erkennen und zu harmonisieren. Somit gibt es
zahlreiche Wirkungsketten zwischen Kopf und Zähnen und
allen Wirbelsäulenanteilen, deren Spannungszustand sich
in allen anderen Organsegmenten und somit Organen wiederfinden.

Werden nun durch falsche Bewegungen, falsche Haltungen, falsche Lagerungen und durch unvollständige Bewe-
gungsprozesse Blockaden im Verlauf dieser Kettenglieder
eingerichtet, kann es auch in anderen Segmenten zu weiteren Blockaden kommen, wenn Kompensationsversuche
nicht gelingen. Kopf-, Zahn-, Becken- und Schwanzthe-
men gehören somit zu einem einzigen Regulationssystem

zusammen. Werden im Seelisch-Geistigen, also in den Programmierungsebenen die Ursachen für Blockaden nicht erkannt und nicht harmonisiert, bauen sich trotz aller Körperarbeit wie Massagen und Sport u.a. und trotz allen Willens die Blockaden nicht ab, sondern immer wieder auf.

Oft verlagern sie sich auf eine andere Wirkungsebene und verändern ihr Gesicht; inhaltlich spiegeln sie aber das gleiche Thema. Und dies so lange, bis es alleine durch die Wahrnehmung des Themas und einen angemessenen Impuls gelöst werden kann; wegschauen und verdrängen funktionieren nicht, mit roher Kraft einen energetischen Impuls auflösen zu wollen, entspricht nur den Theorien einer gewalttätigen Gesellschaft und hat biologisch noch nie zu Frieden und Gesundheit geführt.

Grundpflege

Grundpflege 1: Emotionale Balance

1. *Innere Einstellung und Sinnfindung führen zu einer individuellen Lebensgestaltung: Zeit- und Ressourcenmanagement, Zieldefinition + Zielnavigation, selbstbewusste und selbstbestimmte Organisation von Arbeit, Freizeit, Lebensabschnitten und Lebensinhalten*

2. *Finden und tun, was schön ist und nährt*

3. *Die Aufmerksamkeit konsequent wegbringen von allem,*
   was nicht auf angenehme Art und Weise fördert.

4. *Dankbarkeit finden und äußern im täglichen Gebet und in*
   seiner Haltung gegenüber seinen Partnern in der ganzen
   Schöpfung

Grundpflege 2: Darmpflege

Körperliche Pflege der Kontaktflächen zur physikalischen Umwelt im Innen und im Außen als ein System betrachten lernen

Die angemessenen Impulse finden und anwenden wollen, die unsere Systeme brauchen, um optimal zu funktionieren, das heißt in einem freiwilligen Energiefluss sein
zu können:

· *Basische Kost von innen und außen*

· *Ätherische Öle von innen und außen (Pflanzenkost, Tees /*
  Badezusätze, Körpermilch etc.

· *Wärme und Wasserzufuhr, „Weichmacher" von innen und*
  außen

· *Körperpflege = Körperberührung, nicht Körperbestra-*
  fung; achtsame liebevolle Pflege: Fußbäder, gerne tgl. am
  Nachmittag; Wannenbäder, Duschen tgl. morgens, mit
  Bewegungsübungen in der feuchten Wärme; Einreibun-

gen der Haut; Sauna; leichte Bewegung und sportliche
Herausforderungen nach optimaler Vorbereitung des
Organismus´.

Die Auswahl der geeigneten Mittel und Methoden kann
über eine Liste erfolgen, über Kataloge oder im Rahmen
eine „Schnüffeltour" durch die Regale in Apotheken, Dro-
gerien, Reformhäusern. Immer kann man das Angebot dort
„hygienisch sauber" kinesiologisch austesten: passt ein
Produkt jetzt zu einem oder nicht?

Fragen dazu:

Welche Artikel brauchen wir sicher, welche eventuell und
welche sind einfach nur schön und alleine dadurch für die
Seele nützlich?

Grundpflege 3: Atmen

Atme bitte einmal durch. Was fällt auf? Du atmest ein;
alle Menschen atmen beim Durchatmen erst einmal ein
statt aus. Wo soll denn frische Luft hin, wenn die Lungen
noch mit Müll gefüllt sind?

Richtig Atmen will gelernt sein. Unsere Aufmerksamkeit
sollte primär dem Ausatmen gewidmet sein und wir sollten
die Luft nicht einfach nur so aus uns heraushusten, sondern gepflegt, mit einer kleinen Lippenbremse, achtsam,
lächelnd und einigermaßen tief *hinausempfohlen* werden.

Vielleicht gelingt sogar ein klein wenig Dankbarkeit für das, was uns die Luft in uns gebracht und geschenkt hat, handelt es sich doch um das so verehrte *CHI*, die grundsätzliche Lebensenergie, das *Prana,* die uns überhaupt am Leben hält. Einatmen funktioniert fast von alleine, ausatmen weniger.

Grundpflege 4: Bewegungsapparat

1. *Kommunizieren durch Berühren:* Die Kunst der achtsamen und liebevollen Berührung *ist ein großes Kapitel im Band II und Band IV dieser Bücherreihe.*

2. *Wahrnehmen von Spannungszuständen und angemessenes Dehnen mit Ruhen, Meditation, Qigong, Yoga, Tai-Chi u.a.m.*

3. *Entsprechend unseren Kenntnissen der biologischen segmentalen Zusammenhänge mäßig, aber regelmäßig sich aufräumen und bzw. aufräumen lassen. Wer unseren bzw. seinen segmentalen Aufbau kennt, kann in seiner inneren Kommunikation, in seiner Phantasie bereits sich selbst weitgehend ordnen und harmonisieren. Mit einem „Atlas der Energiemedizin", der gerade entsteht, während Sie dies lesen, können Sie demnächst leichter mit Ihrem Körper und seinen Energiefeldern kommunizieren*

und sich noch besser verstehen und erfühlen. Alle diese
Inhalte kommen in der Ausbildung „Systematik Integrale
Gesundheit" zur Sprache und werden geübt.

Grundpflege 5: Pflege der inneren Organe

- *Mit sich selbst kommunizieren lernen heißt auch, mit
  seinen eigenen Organen sprechen und sie fragen, was sie
  brauchen, was sie sich wünschen; eine einfache Methode, um die eigenen Bedürfnisse zu erkennen und um das
  Angemessene und Gewünschte zu tun und alles andere
  wegzulassen. Regelmäßige körperliche Reinigung gehört
  dazu und bedeutet Beschäftigung mit dem eigenen Körper
  und seinen Bedürfnissen: Wahrnehmen, Beachten und
  Tun ist die Devise. Zum Reinigen eignen sich am besten
  leicht gewärmtes Quellwasser und frische Kräutertees,
  deren ätherische Öle viele Stoffwechsel lösen können.
  Medikamente der gewohnten Art können dies nicht und
  sollen sie ja auch nicht...*

- *Den Wärmehaushalt regelmäßig über die Fußbäder,
  Wannenbäder, Duschen, Sauna u. a. gestalten*

- *Die richtigen Pflegemittel mit Freude wählen und organisieren*

Viel mehr dazu in Band IV.

Grundpflege 6: Management der Lebensfreude

- *Was macht mir am meisten Freude?*

- *Wann, wie oft am Tag leiste ich mir diese Freude?*

- *Genieße ich das Ergebnis oder hake ich es als erledigt ab?*

- *Lasse ich andere an meiner Freude teilhaben?*

Grundpflege 7: Schlafen

Schlafen ist eine Wanderung zwischen den physikalischen Ebenen und Schwingungen, aus denen wir bestehen. Auf dieser Reise fühlen wir in die verschiedensten Bereiche unserer Gesamtexistenz und gehen als Gesamtorganismus mit jenen Schwingungen in Resonanz, die in diesem unendlichen Garten eigener Schwingungen unsere innere Aufmerksamkeit anziehen.

Das bedeutet, wir gehen in einen Schwingungskontakt mit jenen Erfahrungen, die in allen Bewusstseinsebenen zuhause sind, wir statten uns selbst und unserer Geschichte nachts einen Besuch ab. Wie beschrieben, gibt es auf diese Weise weder Zeitgrenzen noch räumliche Grenzen zu beachten. Die Art der Schwingungen, ihre innere physikalische Bindungskraft und damit auch unsere bewusste Absicht, „bei uns selbst zu bleiben, als Individuum weiterzuleben" bindet uns in unserer ursprünglichen Absicht, dieses Leben überhaupt zu leben, an unsere Körperlichkeit. So lange wir uns wirklich = intensiv im Unterbewusstsein für dieses Leben entscheiden, solange kommen wir nach einer langen Reise in das Universum beim Aufwachen wieder heim in unser Körperbewusstsein.

Die Gravitation und andere Bindungskräfte folgen dieser tiefen unbewussten Absicht und erlauben uns, in unserer Grundstruktur und somit in unserer inneren Verbindlichkeit im wahrsten Sinne des Wortes zu bleiben.

Drum geht nachts kaum einer im Schlafen in seinen Tod, der „nicht wirklich will". Diese Strukturen eben, mit denen wir hier in Verbindung sind, die uns ausmachen und die uns „strukturieren", erlauben uns, im so genannten „Innen" vieles „anzuschauen", also im „Binnenverhältnis" zu unseren gespeicherten Erfahrungen zu schauen, Neues zu erleben und zu diskutieren, Erfahrung und Weisheit zu sammeln.

Bei so genannten Zeitreisen verlassen wir uns in dem Sinne nicht selbst, wir bleiben unserer energetischen Struktur treu. Und leben in unserem Körper weiter.

Da wir in der RaumZeit quantenphysikalisch nun wirklich keine Wege zurücklegen müssen, bleiben wir bei allen Reisen immer bei uns selbst. Das soll und kann uns Mut machen, uns den „Tiefen" von Schlaf, auch von Meditation und Hypnose anzuvertrauen, denn dort findet im Grund genommen nicht viel anderes statt als beim tiefen Schlafen und Träumen – nur es findet anderes, zielorientiert statt als wenn wir uns einfach im nächtlichen Traum irgendwo hineinstürzen. Wie im Abschnitt „Zeit" im ersten Band der Buchreihe beschrieben, ist unser ganzes Leben eine Bewusstseinsreise, von einer Idee und einer Wahrnehmung zu einer anderen, wie ein Schmetterling reisen wir anständig irgendwo herum, zumindest geistig. Auf diese Weise halten wir, durchaus spielerisch, Ausschau in das Universum.

Konzentrieren wir uns auf Bewusstseinsebenen, die über oder jenseits, wie man will, unserer gewohnten Tageswahrnehmung und Tagesrealität liegen, sprechen wir auch gerne von „*Metaebenen*". In Tagträumen, in kurzen Reisen auf diese *Metaebenen* sprechen wir auch gerne von *Absencen, Abwesenheitszustände*, was ja eigentlich nicht stimmt. Wir sind nicht auf, davon und weg, sondern nur woanders. In unserem neuen Zeitalter lernen wir, diesen Blick in metaphysische Ebenen nicht mehr als ein „Löcher in die Luft gucken" zu degradieren, sondern wir sind in diesen Augenblicken in einem Zustand anderer Aufmerksamkeit und intensiv in einer intuitiven Verbindung mit uns selbst, die hoch aktiv, wirksam und wertvoll ist und unsere Wirklichkeit intensiver mitgestaltet als es mancher wahrhaben mag, weil diese Ebenen „das Leben". Auch wenn es nicht mit gewohnten Mitteln messbar ist; es gibt dafür eine Menge Geräte, die jeder künftigen Praxis für *Integrale Medizin* Standard sein dürfen und leicht können.

Die Frage ist, mit welcher Absicht und Aufmerksamkeit wir uns auf diese Traumebenen einlassen können, was passiert, wenn wir uns tief entspannen und uns nur noch auf unser Unbewusstes einlassen? Siehe dazu Band IV.

Dass wir auf manche Frage erst eine Antwort bekommen, wenn wir eingeschlafen sind, oder vielleicht auch erst, wenn wir wieder aufgewacht sind, ist auch klar; es bleibt uns nur, uns einfach mal auf diesen Schlaf einzulassen, vertrauen zu lernen, und zu beschließen, dass es ein guter Schlaf werden *wird.* Der Schlaf ist eine gute Gelegenheit, sich seiner unbewussten Geschichte zu nähern, still, leise und doch sehr effektiv. Träume kann man übrigens aktiv gestalten. Es ist ohnehin immer wieder die Frage, ob wir im Schlaf unsere wirkliche Wirklichkeit erleben oder doch mehr in der physikalischen Ebene des gewohnten Alltags. Ich bin gewiss: beides ist nur eine Frage der Perspektive und nicht voneinander zu trennen. Das macht es umso spannender, bewusst und gezielt die Abläufe beim Schlafen zu gestalten, selbst Autor und Regisseur zu sein für die eigenen Träume. Somit auch verantwortlich für das, was im Traum geschieht; dies sind wir ja sowieso, dann können wir sie doch auch gestalten, wie wir mögen.

Schlafen heißt, mit dem eigenen Unbewussten und somit mit dem kollektiven Unbewussten in einen direkten und tiefen Dialog zu treten. Ohne dass wir den Verlauf oder gar das Ende planerisch gestalten oder gar berechnen könnten. Das haben wir ja in der Schule nicht unbedingt gelernt und alles, was wir mit dem Unbewussten verbinden, ist in den

Menschen oft mit tiefen Ängsten verbunden.

Im „Focusing" stellen wir uns gezielte Frage an das Unbewusstes, an das „Höhere Selbst", manche Menschen auch an ihre Engel, die uns so begleiten. Das funktioniert auch mit den Ahnen bestens, man muss halt wissen, mit wem man reden will bzw. sollte! Das sollte man im äußeren Leben aber auch; wenn man einfache, klare Fragen an einen bestimmten Kommunikationspartner stellt, bekommt man manchmal eine klare, einfache Antwort. Manchmal.

Redet man in Anwesenheit aller Ahnen, deren Erfahrung ja im Unbewussten und erst recht im Schlaf zur Verfügung steht, einfach so vor sich hin, weiß ja keiner, wer angesprochen ist; meistens redet dann gar keiner oder alle reden durcheinander. Das ist im Kindergarten auch so.

Nicht jeder, der sich angesprochen fühlen könnte, weiß einen sinnvollen Beitrag um das Geschehen beizutragen, auf gestellte Fragen sinnvoll zu antworten. Das liegt auch schon mal daran, dass die Ahnen, die man fragt, in einer anderen Welt groß geworden sind und sich in unserer heutigen Welt nicht wirklich auskennen. Aber sie verfügen oft über Erfahrungen, die wir Jungen noch nicht haben können, und da wird der stille Austauschmit den Ahnen spannend.

Unsere Ahnen verraten uns manchmal im Schlaf, was wir wissen wollen, um uns unangenehme Erfahrung ersparen zu können. Wer also rasch und einfach glücklich, friedlich und gesund sein will, sollte sich gelegentlich mit der Erfahrung seiner Ahnen befassen. Man muss ja nicht alles wörtlich nehmen und 1:1 übertragen. Manche Ahnen reden gerne, auch wenn sie nicht gefragt sind. Das ist diesseits und jenseits der Schlafgrenze nicht viel anders.

Ich behaupte sogar mal, die im für uns erreichbaren „Jenseits" benehmen sich oft genauso „bescheuert" wie wir, wir müssen vielleicht doch einfach anders mit einander reden. Und immer wieder fragen: wie meinst Du das....?

Insofern also lohnt es hier wie dort, mit einer klaren Frage und Absicht in den Schlaf hinein zu gehen bzw. sich dem Schlaf anzuvertrauen. Gute *Gute-Nacht-Gebete* sind dafür schon immer gut geeignet: sie richten die eigene Aufmerksamkeit auf alles, was uns Geborgenheit fühlen lässt und uns Mut macht für die Nacht und den folgenden Tag.

Ganz entscheidend für unseren Organismus ist unsere Wach-Schlaf-Rhythmik. Alles in der Biologie verläuft rhythmisch oder *pulsatil,* wie man sagt. Werden die Impulse, die unseren Schlaf fördern sollen, gar nicht oder falsch gemischt, passt irgendwas nicht in unserem Gute-Schlaf-Konzept (sofern wir eines haben), spürt unser Organismus das ganz genau und er versucht es auszugleichen.

Gelingt ihm dies auf Dauer nicht, kommt es zu ganz unterschiedlichen Veränderungen in uns: zunächst stört es unsere eigene energetische und somit auch emotionale Selbststeuerung: es kommt zu leichten Schlafstörungen beim Einschlafen, beim Durchschlafen oder morgens in der Aufwachphase, oft begleitet von unangenehmen Träumen und gefolgt von dem unbestimmten Gefühl, nicht ausgeschlafen zu haben.

Wird Zusammensetzung und Regelmäßigkeit der schlaffördernden Impulse und Bedingungen nicht korrigiert, mindert die regelmäßig unsere Gelassenheit und Flexibilität im Alltag. Übrigens nicht nur auf Verhaltensebenen, sondern ganz ausgeprägt und meistens zuerst in unserer Muskulatur: die Spannung steigt ja nicht nur in der Seele, sie steigt in allen Nervensystemen gleichzeitig und jede Ebene, seelisch wie körperlich versucht einen ausgleichenden Beitrag bis sie nicht mehr kann: dann folgen die Magen-Darmstörungen und die aggressiven Verhaltensmuster im Alltag, gegen sich selbst und gegen andere.

Unser Leben im Ganzen kommt zwingend ins Schwanken und die Kraftressourcen werden immer geringer. Wir wanken dem Burn-out entgegen.

Wer sich fertigmachen will und sich vernichten mag, weil er sich gar nicht mehr so liebt wie er ist, macht jetzt einfach weiter; die anderen kommen im wahrsten Sinne des Wortes zur Besinnung und ändern ihre Lebensbedingungen. Unsere zerrütteten Emotionen sind dabei nicht das Ergebnis unserer „bösen Nachbarn, der Arbeitgeber" oder sonst irgendjemandes, sondern ausschließlich das Ergebnis unserer eigenen Unachtsamkeit und unserer eigenen unangemessenen inneren Einstellung zu uns selbst, zu unseren Bedürfnissen und zu unseren Entscheidungsmöglichkeiten.

Wenn ich etwas weiter oben von dem nächtlichen Gespräch mit der Seele, dem *Höheren Selbst* und den Ahnen gesprochen habe, meine ich ganz konkret:

Bitten wir des Nachts im Träumen um eine optimale Unterstützung unserer Entscheidungsfindungen, damit wir in der Leichtigkeit und im Glück unseren Alltag besser entscheiden können! Ich weiß, das klingt so ein bisschen unrealistisch, aber wir sollten uns ja grundsätzlich nur noch mit Menschen beschäftigen, die eine Kompetenz haben, die zu einem bestimmten Thema erfolgreich sind...

Schlaf hat nichts mit Faulheit zu tun. Unser Organismus ordnet im Schlafen unzählige Energiefelder, was mit einem erheblichen Kraftaufwand für unseren Stoffwechsel verbunden sein kann. Der berühmte Heilschlaf des Altertums hat an Bedeutung eigentlich nicht verloren, sondern nur gewonnen. Ich denke an viele Zustände, die vielleicht einfach nur einen gesunden Schlaf einfordern und in unserer Gesellschaft leider als Krankheit eingestuft werden:

- *Zahlreiche Krankheiten als Vorstufe einer Erschöpfung. Heute haben wir den Begriff der Psycho-Neuro-Immunologie, der schon auf die inneren Verbindungen zwischen Seele, Nervenkostüm und Immunsystem hinweist, und damit auf unsere ganze Befindlichkeit du Leistungsfähigkeit- Leistungsfähigkeit bedeutet für mich in diesem Sinne: die Fähigkeit, gerne und tatkräftig am Leben teil*

zu nehmen. Von Schuften und sich für Illusionen
verheizen hat niemand etwas gesagt.

- *Schlafsucht*

- *Demenz*

- *Eine für manche Mitmenschen scheinbar endlose*
  Müdigkeit im Alltag, Schlafsucht als Erkrankung,
  die Altersdemenz.

Natürlich ist unsere Kraft im Wachzustand auch immer ein Ergebnis gesunder Atmung, Ernährung, Muskeltraining und den vielen anderen gesund machenden und gesund erhaltenden Dingen, die wir so kennen und von denen sich manche in diesem Buch finden, vor allem in Band IV: „Anleitungen für eine natürliche Heilkunde".

Die innere Einstellung zu sich selbst und zu der Welt, in der wir leben, beispielsweise ist einer der wichtigsten.

Damit verbunden die emotionale Balance, mit der wir schlafen gehen und mit der wir aufzuwachen hoffen - oder befürchten. Schlichtweg: gehen wir gerne schlafen, träumen wir bewusst, kreativ und gerne und freuen wir uns auf den kommenden Tag, schlafen wir besser.

Schlaf ist kein Luxus, den man sich nur aus Erschöpfung leisten darf: die Organisation eines guten Schlafplatzes, an dem wir uns wohl fühlen und ungestört unserer Innenschau nachgehen können, ist lebensnotwendig.

Schlafen ist neben dem Trinken von Wasser in optimaler Qualität und in genügendem Maße ziemlich die einzige Voraussetzung zu einem gesunden Abnehmen von Übergewicht. Es ist interessant, dass durch einen Heilschlaf in entsprechender Umgebung der Stoffwechsel sich weitgehend von alleine ordnen kann und somit einmal die Bedingungen zum Weniger-Zunehmen einrichten kann.

Wer schläft, versündigt sich nicht gegen seine Gesundheit, könnte man sagen. Noch mehr, es wird jede Menge Fett und Wasser abgebaut, was allerdings nur unter entsprechender Beobachtung geschehen sollte.

Einfach jetzt nur wie ein Bär in den Winterschlaf gehen, funktioniert meist nicht ganz so einfach. Aber vielleicht haben wir das einfach noch nicht genug geübt.

Begegne im Schlaf Deiner Vision

Schlafen ist eine gute Gelegenheit, sich immer wieder fest und intuitiv fest mit der eigenen Vision zu verbinden.

Wohl dem, der eine hat. Wer ziellos umherirrt und vorzugsweise ängstlich in seinen Schlaf findet, wenn er denn endlich mal hineinfindet, der begegnet nach dem Resonanzprinzip zumeist eben vielen Ängsten und weniger seiner Vision. Die Begegnung mit Ängsten ist nur insofern hilfreich, als dass wir mit unseren Ängsten anders arbeiten, umgehen lernen können. Wichtig ist, dass wir uns nicht beim Finden unserer Lösungen nicht blockieren. Angst macht krank. Und wenig Spaß. Für diese Aufgabe gibt es gute Coaches.

Ich finde, unser Schlaf sollte uns Spaß machen, damit wir ausgeschlafen und fit in den nächsten Tag gehen können, um nichts anderem als unseren freundlichen Zielen zu begegnen, nicht unseren Ängsten. Die eigene Vision zu finden im Leben erscheint einer der schwierigsten Dinge zu sein, insbesondere für kopflastige Menschen.

Sie werden ihrer Vision normalerweise auch nicht an ihrem Schreibtisch begegnen, wenn sie ihren Kopf in Planungen und Bilanzen stecken. Es ist immer wieder spannend: Visionen sind reine Gefühlssache und zeigen einem, wohin die eigene, die wirklich ganz eigene und nicht anerzogene oder von außen eingeforderte Sehnsucht hingeht. Oft kann man dem nur über das Bauchhirn begegnen, sofern man einen Zugang dazu hat.

Im Schlaf beschließen, was kommen mag!

Schlafen ist eine ideale Gelegenheit zum Suchen *und* Finden, wonach auch immer. Als oppositioneller Finder habe ich daran nun weniger Freude und beschließe gerne mit Hilfe einer ganz bestimmten Affirmation, einem kurzen Gebet, mit einer kurzen Verabschiedung meiner Alltagssorgen, mit einem kurzen Film, meine Sorgen zu entsorgen: bildliche Mülleimer und Kompostierer, die sich nach unseren Sorgen sehnen und für diese gerne ihr Maul auf-reißen, sind dafür übrigens super!

Gehen wir an diese natürliche nächtliche Aufgabe ziel-orientiert heran, geben wir uns selbst einen bestimmten Auftrag, kann es gut sein, dass wir am nächsten Tag ein Erlebnis haben, das diesem Auftrag entspricht. *„Dein Spirit (Geist) wird's schon richten, das gehört zu seinen Pflichten"*, heißt ein Spruch. Find´ ich gut. Gib´ dir für die Nacht ein schönes Thema, beschäftige deinen Geist mit all dem, was dir in der kommenden Zeit Freude machen soll und höre auf, deine Sorgen mit in den Schlaf zu nehmen; da haben sie nichts zu suchen. Damit dir das gelingen kann, musst du das beschließen - nicht hoffen, bangen, wünschen - al-les Käse des letzten Jahrtausends, das darfst und musst du wasserdicht beschließen - und fertig.

Es ist absolut erstaunlich, was wir alles tatsächlich erle-ben können, wenn wir es beschließen!

Anders gesagt: wenn wir uns für den Schlaf die Aufgabe schenken, eine bestimmte Lösung zu finden, werden wir mit hoher Wahrscheinlichkeit eben der gewünschten Lö-sung alsbald auch im „Außen" begegnen.

Dein Auftrag folgt dem *Resonanzprinzip und Prinzipien* lassen definitionsgemäß keine Ausnahmen zu.

Wenn du etwas anders erlebst, hast du es nicht wirk-lich (wirksam) beschlossen, da wurde noch zu viel „ge-wünscht". Aber das reicht halt oft nicht. Wenn du nicht weißt, was du beschließen magst, dann stelle deinem Spirit

Fragen, mit denen er sich sinnvoller Weise beschäftigen sollte. Sag´ihm, du brauchst am kommenden Morgen beim Aufwachen vernünftige Antworten und schreibe Deine Fragen zuvor auf. Damit du dir deiner Fragen sicher bist und damit dein Spirit nachts „nachlesen" kann, wenn er mal was vergessen oder nicht klar verstanden hat. Unsere Botschaften müssen immer einfach und klar sein, vor allem unsere eigenen Botschaften an uns selbst.

Beispiele für Notizen

· *Was will ich erleben?*

· *Was fasziniert mich derzeit am Leben?*

· *Was fasziniert mich an meinen Kindern?*

· *Was will ich lernen?*

· *Was alles darf ich mit gutem Gewissen tun?*

· *Wovon verabschiede ich mich nun?*

· *Welches Glaubensmuster löse ich nun auf?*

· *Welche Unterstützung brauche ich noch für mein Projekt? Liebe Seele: zeig es mir, besser noch: bring mir einfach die Unterstützung und ich nehme sie dankbar an.*

Was brauchen wir alles für einen gesunden Schlaf?

1. Zeit, absolut freie Zeit, in der wir keine Störungen
   befürchten müssen: Telefon ausstellen oder Anrufbeant-
   worter einrichten; Schilder an die Türe heften mit der
   Aufschrift: „Vorsicht Atomkraft / Erstickungsgefahr /
   wilder Bär / Hinter der Tür beginnt ein 80m-Abgrund:
   bitte jetzt eintreten" oder andere Einladungen zum
   Fernbleiben. Oder die Türe von innen vernageln:

2. Eine störungsfreie Zone, einen Heiligen Raum, der nur
   für unsere Entspannung und unsere innere Reorganisa-
   tion zugeordnet ist:

3. Absolute Ruhe, auch bezüglich Schwingungen, die über
   Bauelemente übertragen werden oder die von Fahrzeu-
   gen oder Lautsprechern ausgehen;

4. Frische Luft und Sauerstoff: die Luft im Raum sollte frei
   von starken Duftstoffen und Staub sein;

5. Dunkelheit bzw. angemessene Lichtverhältnisse; manche
   Menschen, insbesondere Kinder, brauchen oft als Anhalt
   für die nächststehenden Schutzpersonen oder einen
   Ausgang ein Licht; dieses sollte aber die Augen nur wenig
   oder gar nicht erreichen; das Auge sollte den Lichtpunkt
   finden, wenn es denn mag, aber nicht beschienen werden.

6. Ein Bett aus natürlichen Materialien. Unter dem Bett soll

ein Freiraum sein, damit alle Geister der Nacht sich im Raum frei bewegen können; das Bett bzw. der Bettkasten ist, bitte, kein Platz für einen Gerümpelhaufen, sondern ein Heiligtum;

7. Im Bett befinden sich niemand außer Dir und Deiner / Deinem Herzallerliebsten (Menschen, Stofftier aus natürlichen Materialien (die Freundin bzw. Partnerin ist ja auch nicht aus Plastikplüsch, oder?). Kissen und Bettzeug aus natürlichen Materialien sind wichtig, kein Kunststoff, am liebsten Seide oder Mischgewebe, die geschmeidig und wärmend sind und gegebenenfalls den Nachtschweiß aufsaugen;

8. Eine gesunde Raumordnung ist biologisch störzonenfrei: ein Thema für den Rutengänger, den Geomanten, den Baubiologen. Die ganz Cleveren unter ihnen finden nicht nur Wasseradern und Stromkästen und anderes, was unser Energiefeld auf Dauer beeinträchtigen kann, sie kommunizieren auch mit diesen Kräften und motivieren sie zu einem anderen Verhalten;

9. Da sich alles auf energetischer Ebene um Energien und Konzepte handelt, denen die Realität im „Außen" folgt, ist das gar nicht so schwer. Wichtig ist, dass wir nicht mit Feindbildern arbeiten. Das Haus abreißen, weil da angeblich etwas „ganz Gefährliches" in Hause sei, kann jeder. Ich halte das für völlig überzogen, dennoch halte

ich so eine Entscheidung (Umbau, Haus abreißen) nur im absoluten Extremfalle für sinnvoll, wenn alle anderen Arten der Kommunikation nicht positiv greifen.

Mit Energien muss man spielen und sich versöhnen.

Das dient dem Frieden und der Gesundheit. Manche Energien sitzen allerdings so fest, dass man sie sprichwörtlich von ihrem Platz entreißen muss; dies ist aber wohl sehr, sehr selten;

10. *Eine positive Erwartungshaltung, wie oben beschrieben, einen klaren Auftrag an deinen Spirit und den Beschluss, am kommenden Morgen mit frischen ausgeschlafenen Augen und einem fröhlichen Herzen zu erwachen.*

Je trauriger die Stimmung ist, in der Du Dein Bett aufsuchst, umso klarer sollte die positive Botschaft an Dein Unterbewusstsein sein, diese Stimmung aufzulösen.

Ergebnisse eines guten Schlafes

Schlafen ist also für alle unsere Lebensbereiche und für unseren Stoffwechsel lebensnotwendig. Aber nicht nur das Schlafen als solchen ist von erster Bedeutung, sondern vor allem die Länge bzw. die Qualität und die Einstellung, mit der wir uns aktiv und freiwillig unseren Schlaf gestalten. Schlafen ist keine Lebenspause, sie ist nur der Blick hinter die Kulissen.

Eine asiatische Botschaft empfiehlt einen Tagesablauf im 6-Stunden-Rhythmus: 6 Stunden lag schlafen, 6 Stunden meditieren, 6 Stunden die Nahrung herstellen, bearbeiten, zubereiten, essen und verdauen und 6 Stunden lang kommunizieren. Versuche es mal; ich kann nicht garantieren, dass du zum Asiaten wirst, aber es könnte deinem Leben eine neue und kraftvolle Ordnung geben.

Ich plädiere übrigens, ganz ernst und *herzhaft,* für eine Neuordnung von Arbeit in diesem Sinne. Wir kommen darauf zurück.

Grundpflege 8: Gesundes Gewicht

Die meisten Bundesbürger haben zu viel Gewicht.

Dies sei ungesund, sagt man und die Praxen sind ja auch voll von Menschen, die durch ihr Gewicht zahlreiche Beschwerden haben. Viele Menschen haben es immer wieder versucht, ihr Gewicht zu reduzieren. Einige sind erfolgreich, weil es ihnen mit Wohlwollen für sich und einer gewissen Disziplin gelangt, eigene Ziele zu finden und zu erreichen. Wir wollen hier miteinander anschauen, was aus meiner Sicht zu dem Thema „Gewicht haben - Gewicht verändern" eine Rolle spielt.

Dazu stellen wir uns eine Reihe von Fragen, die uns schon zeigen, woher „der Hase gehoppelt" kommt:

Das Unbewusste ist es mal wieder, das uns auch in diesem Lebensthema alle Probleme und alle Lösungen zeigen kann. So gehen wir auf die Reise nach unbewussten oder teilbewussten Bedingungen, die sich in die Entwicklung unseres Gewichtes einbringen.

Wir stellen uns ein paar Fragen und notieren, welche Antworten uns einfallen, auch wenn sie zunächst unlogisch erscheinen! Bitte gehe die Fragen und die Aufgaben in ihrer Reihenfolge durch. Dies führt dich auf bestimmte Weise zu ihren eigenen Lösungen und du kannst deine Ziele und den eigenen Weg zu deiner Vision noch besser erkennen, festlegen, schriftlich aufzeigen und umsetzen.

Fragen zum Gewicht

- *In was will ich meine Kilogramm umwandeln?*

- *Mit welcher Methode, mit welchen Kombinationen von Methoden und in welcher Reihenfolge will ich mein Ziel erreichen?*

- *Warum will ich mein Äußeres ändern? Mir zuliebe? Andern zuliebe? Weil ich immer noch fühle: ich muss? Weil ich es mir wirklich gönne?*

- *Was hat mehr Gewicht in meinem Leben, in meinem Unbewussten, als mein Bewusstsein mir vorgaukelt?*

- *Was will ich mir eigentlich abnehmen?*

- *Welche äußeren Widerstände sehe ich? Widerstände sind*

nur noch nicht gefundene, noch nicht gestellte und / oder nicht beantwortete Fragen.

- *Welche Belastungen will ich abgeben, umwandeln?*

- *Welche Einflüsse auf mein Ernährungsverhalten und mein Gewicht kenne ich?*

- *Welche inneren Widerstände fühle ich? Welche kenne ich nicht? Will ich sie überhaupt kennen lernen? Warum biete ich mir ungenießbare „Lebensmittel" an, die ich dann auch noch verstoffwechseln soll, obwohl ich sie eigentlich nicht mag?*

- *Welche Lebensmittel sind für mich jetzt gut und verträglich und welche nicht? Warum vertrage ich gewisse Lebensmittel nicht? Wie heißen meine bisher unbewussten Themen, die zu meinen angeblichen Allergien und Unverträglichkeiten geführt haben?*

- *Wer anerkennt jeden kleinen Erfolg?*

- *Wer fördert mein Selbstbewusstsein?*

- *Wer freut sich mit mir?*

- *Wer hilft mir praktisch, mein Ziel auf angenehme und sinnvolle weise zu erreiche? Ich selbst? Andere?*

- *Wer stört mich mit seiner Einmischung, mit seiner unangemessenen Kritik und seinen Verletzungen?*

- *Wie lauten meine emotionalen Belastungen im Hintergrund? Meine Wut? Meine Enttäuschungen? Meine nicht gelebte Trauer? Meine Sorgen um mich oder andere?*

- *Wie lautet mein wirkliches Ziel?*

- *Wie lautet mein Zielgewicht, mit dem ich mich rundum wohl und geborgen fühle, gesund und frei von allen inneren und äußeren Belastungen?*

- *Wie viel Bedeutung (Gewichtigkeit) habe ich in meinem Leben für mich selbst und für andere?*

- *Will ich überhaupt zu hundert Prozent mein bisher genanntes Ziel erreichen?*

- *Woher kommt mein Gewicht in Kilogramm?*

Was sind die energetischen Störungen in einem gesunden Stoffwechsel?

- Emotionale Verletzungen, tief ins Unbewusste verdrängt

- Meine Erziehung, die ich mir gegönnt habe: sie prägt das Ernährungsverhalten, meine ganze bewusste wie unbewusste Einstellung zu meiner Art, mich seelisch-geistig-stofflich zu ernähren;

- Meine eigenen Ernährungsgewohnheiten, Vorlieben, Abneigungen, für die ich mich täglich neu entscheide;

- Meine Lebensumgebung, die ich mir gewählt habe.

Zur Erneuerung der wirklichen Zieldefinition: das Machbare erkennen und es sich gönnen. Seine inneren Ziele finden und verwirklichen, sie sich vielleicht schenken lassen.

Die Beschlusskraft prüfen: zu wie viel Prozent bin ich in meiner Beschlusskraft? Habe ich überhaupt eine Chance, unter den gegebenen Bedingungen erfolgreich zu ein?

Das Weglassen des Hinderlichen ist weitaus wichtiger als das Tun des vermeintlich Unumgänglichen!

Ziele in der Gesundheitspflege

1. Erkennen, was der eigenen sinnvollen Lebensentwicklung und -ordnung dient, also auch die Regeln und die Kunst der Eigenverantwortlichkeit und die Regeln der Gemeinschaft erkennen, akzeptieren und Chancen kreativ nutzen;

2. Erkennen der eigenen Bedürfnisse und der eigenen Entscheidungskompetenz und die Bereitschaft, diese innerhalb der Lebensgemeinschaften angemessen zu vertreten;

3. Der eigenen inneren Stimme den erforderlichen Respekt schenken; sich selbst als höchste Autorität im eigenen Leben anerkennen; Ahnungen Gehör schenken, die eigene Achtsamkeit steigern und angemessen (nur von Freude und Neugierde, nicht von Angst bestimmt) einsetzen;

4. Erkennen und Anerkennen der eigenen Fähigkeiten, ohne die und ohne deren Training es keine sinnvolle Entwicklung gibt; sinnvoll bedeutet immer eigenverantwortlich im besten Sinne;

5. Eine natürliche Lebensweise beabsichtigen und diese langsam und sicher eintrainieren; die Freude über jeden kleinen Schritt ist dabei unersetzlich und schenkt die erforderliche Geduld;

6. Erkennen, was wirklich krankmachen kann und den Umgang damit achtsam und bewusst gestalten; im tiefen

Einverständnis mit sich selbst – unabhängig von allen
andern – das als falsch Empfundene gerne weglassen
und damit sich selbst gerne weniger schädigen (sich
von allem trennen, was nicht der eigenen Stabilität und
Freude dient: von „alten" und übernommene Emotionen,
Einstellungen und Verhaltensmustern).

Entsprechend kann man sich immer wieder bei allen wichtigen bzw. wichtig erscheinenden Themen selbst fragen:

· *Erfülle ich die oben genannten Anliegen?*

· *Habe ich Stress auf einem der Anliegen?*

· *Habe ich einen sehr dringenden Bedarf in einem der Anliegen?*

· *In welchem Lebensbereich (siehe im Bagua der TCM in Band II) habe ich Bedarf?*

Die wichtigsten Über-Lebensformeln für die Gesundheit

Flexibilität – Anpassung und Hingabe statt Unterwerfung

Achtsamkeit, Umsichtigkeit, authentisches Interesse, Respekt und Zuneigung zu sich selbst und zu den Mitmenschen, die Bereitschaft zur Verantwortungsübernahme für die eigene Gesundheit und Lebensgestaltung.

Mit dieser Grundausstattung können wir Situationen angemessen erkennen, einschätzen und die Situation für die eigenen Ziele und Wünsche respektvoll, achtsam nutzen lernen.

Beweglichkeit im Innen

Sind wir bereit, unsere Gedanken als Modelle zu betrachten und nicht als feststehende Wahrheit und in Stein gemeißelt, können wir uns auch vorstellen, dass alles in Bewegung ist und in ständiger Veränderung ist und sich somit unsere eigene Flexibilität die Voraussetzung ist zu überleben. Wir dürfen uns ein Bewusstsein gönnen über unsere Einbindung in ein Universum, in dem nichts und niemand verloren geht und niemand einsam sein kann, wenn er sich der inneren Vernetzung bewusst ist und ihr vertraut. Wir dürfen und sollten uns in Dankbarkeit unserer Ressourcen bewusst sein, jeden Tag, jede Stunde: unser Wissen und unsere Fähigkeiten, unsere Wertesysteme, unsere Entscheidungskompetenz, unsere Chancen, unsere Ziele, unsere Kraft und unsere Lebensbedingungen.

Ein paar Ideen dazu...

Balance ist wichtig: in der Polarität zwischen Entspannung und Anspannung, zwischen Aufmerksamkeit für sich und Zuwendung für andere Menschen und unsere Umgebung, zwischen Ruhe und Bewegung, zwischen Essen und Trinken, zwischen Schlafen und Wachen, zwischen Hilfe schenken und Hilfe annehmen, in einem natürlichen Prozess des selbstverständlichen Gebens und Nehmen. Meditation, NLP, gute Gespräche und vor allem vertrauenswürdige und wissende Mitmenschen in der Umgebung ermöglichen Einsichten und Aussichten, die weiterhelfen, die uns in unserer Entwicklung unterstützen.

Vorfreude und Dankbarkeit über die eigenen Fähigkeiten im Denken, Fühlen und Beschließen, das Bewusstsein der eigenen Kreativität und Veränderungsfähigkeit, unsere aktive Mitgestaltungsfähigkeit an der ganzen Welt.

Dabei braucht es das Vertrauen in eine Basis, die wir heute einmal mehr in der Matrix sehen könnten; sich von ihr tragen lassen in dem sicheren Bewusstsein, dass diese biologische Ordnungskraft alles weiß, was für mich jetzt wichtig und sinnvoll = freudvoll ist.

Wir sollten eine natürliche Lebensweise beabsichtigen und diese langsam und sicher eintrainieren; die Freude über jeden kleinen Schritt ist dabei unersetzlich und schenkt die erforderliche Geduld für einen guten Erfolg. Erkennen, was der eigenen sinnvollen Lebensentwicklung und -ordnung dient, also auch die Regeln und die Kunst der Eigenverantwortlichkeit und die Regeln der Gemeinschaft erkennen, akzeptieren und seine Chancen kreativ nutzen.

Erkennen der eigenen Bedürfnisse und der eigenen Entscheidungskompetenz, diese angemessen zu vertreten. Der eigenen inneren Stimme den erforderlichen und ersehnten Respekt schenken und zollen; sich selbst als höchste Autorität im eigenen Leben anerkennen; Ahnungen Gehör schenken, die eigene Achtsamkeit steigern und angemessen (nur von Freude und Neugierde, nicht von Angst bestimmt) einsetzen. Erkennen und Anerkennen der eigenen Fähigkeiten, ohne die und ohne deren Training es keine sinnvolle Entwicklung gibt; sinnvoll bedeutet immer eigenverantwortlich im besten Sinne.

Erkennen, was wirklich krankmachen kann und den Umgang damit achtsam und bewusst gestalten; im tiefen Einverständnis mit sich selbst, unabhängig von allen andern, das als falsch Empfundene gerne weglassen und damit sich selbst gerne weniger schädigen (sich von allem trennen, was nicht der eigenen Stabilität und Freude dient: von „alten" und übernommene Emotionen, Einstellungen und Verhaltensmustern).

Beweglichkeit im Außen

Unsere Sehnen, Bänder, Muskelansätze ziehen sich selbstständig immer wieder zusammen, sie folgen den unterschiedlichsten und sehr zahlreichen Impulsen aus unserem Unbewussten und vor allem den Bedingungen unserer Körperchemie. Die bewusste und regelmäßige Dehnung unseres gesamten Bewegungsapparates und aller Organe ist somit eine der entscheidenden Voraussetzungen für die Steigerung von Wohlbefinden und ggf. unserer Leistungsfähigkeit.

Hilfreich dazu sind einfache Bewegungsübungen, die jeden Tag 3 - 4 x für wenige Minuten, aber langsam und bewusst, genießerisch ausgeführt werden sollten.

Dabei soll die Schmerzgrenze erreicht, aber nicht überschritten werden, starke schwingenden Bewegungen sollen vermieden werden; sinnvoll sind vor allem Halteübungen, in denen wir eine besondere Stellung versuchen, bei angemessener Atmung für einige Sekunden oder Minuten aufrecht zu erhalten.

Atemübungen, lange Aufenthalte in der Natur, Spiraldynamik Yoga, Qigong und Gemeinschaftliche Unternehmen sind wertvolle erste Schritte, siehe auch Band IV.

Reine Wellness kann in vielen Bereich zur Basisversorgung gehören, um die emotionale wie die körperliche Leistungsbereitschaft und -fähigkeit zu gewährleisten: Menschen, die sich wohl, gesund, leistungsfähig fühlen, können und werden sich auch leistungsbereit zeigen.

Gutes Gesundheitsmanagement braucht Aufmerksamkeit, Wissen, Zeit, Raum, Ruhe, einfache, klar erkennbare und erreichbare Trainingsziele und individuell angepasste Programme.

Dazu ist ein Prozess der Wahrnehmungsbildung zu folgenden Themen sinnvoll:

- *Allgemeine Grundinformationen bezüglich Kommunikation, Motivation, Atmung und Bewegung, Stoffwechselfunktionen des Körpers, Erkennen der Fähigkeiten aller Beteiligten, die Bedürfnisse, Sehnsüchte, Visionen und tatsächliche Möglichkeiten aller Beteiligten, Möglichkeiten zur individuellen Weiterentwicklung, Bedingungen und Planungen im familiären Umfeld;*

- *Ein System, ein Umfeld, in dem die eigenen Fähigkeiten erfahren und trainiert werden können, damit diese dem einzelnen Menschen und dem ganzen Unternehmen dienen können;*

- *Ein kontinuierliches Verhaltenstraining;*

- *Eine kontinuierliche Gesundheitspflege durch die Beobachtung möglicher Frühwarnsymptome in allen gesundheitlich relevanten Bereichen;*

- *Eine kontinuierliche Weiterbildung;*

- *Vernetzung mit Menschen, die kompetent Hilfe anbieten und Bereitschaft zur Zusammenarbeit;*

- Dokumentiere deine Gedanken und Überlegungen zu dem Thema auf ein eigenes Blatt.
- Überdenke deine Aufzeichnungen in regelmäßigen Abständen.
- Nutze neue Überlegungen und gieße neue Beschlüsse: Schreibe auf, wann und was dich verändern *wird*

- Male eine MindMap, eine Zeichnung, auf der alle deine Möglichkeiten und Vorschläge stehen, als Wort, als Symbol, als Bildchen
- Baue an einem eigenen Gesundheitsplan: entwirf einen Zeitplan mit eigenen Vorschlägen zu einem gesünderen Leben.

Übung

Setze dich für einen Augenblick unter maximalen Stress: Du stellst dir vor, dir wird in dieser Sekunde eine Entscheidung erpresst, vor der du ein ganzes Leben davongelaufen bist. Spüre den Einfluss von diesem Disstress auf deine Befindlichkeit. Dann stelle dir vor, dir gelingt auf sonderbare Weise *jetzt sofort* eine gute und stimmige Entscheidung und du erlebst *umgehend,* dass dies nur positive Folgen für dich haben wird: spürst du die Entlastung, weil Zweifel weniger werden und das Bewusstsein für deine Selbstbestimmungskraft steigt?

Stell dir vor, eine höhere Instanz deines „Ich" übernimmt ab sofort alle schwierigen Entscheidungen unter Einbindung eines Wissens, das allen Menschen unmittelbar und immer zur Verfügung steht. Wie fühlt sich das an?

Nun beschließe, grundsätzlich bei allen wichtigen oder vermeintlich bedrängenden Fragen im Alltag diese erfolgreiche Instanz in dir selbst anzurufen und einzubinden.

Du wirst immer wieder Erleichterung spüren und immer

mehr dir (und deinem höheren Selbst) vertrauen lernen. Stell deine Erfahrung einer Gruppe vor. Alle wollen mit dir profitieren und werden sich über deinen Erfolg freuen.

Gesundheitsbewusstsein

Orientiert sich unser Leben an den Gesetzen der Biologie, wie sie in den Biowissenschaften bekannt sind und naturwissenschaftlich dargestellt werden, sowie nach einer lebenswerten und menschlichen Ethik und Moral, dann gelingt so etwas wie eine Gesundheit in der Gesellschaft. Hier spielen die Grundwerte einer Gesellschaft eine entscheidende Rolle, nach denen in Familien, in Kindergärten und Schulen, ebenso in Universitäten und Unternehmen gelehrt wir.

Alle Menschen, die an Ausbildungen jedweder Art beteiligt sind, jeder Einzelne, hat hier eine besondere Verantwortung, der er persönlich nachkommen mag.

Mehrere Generationen nach dem 2. Weltkrieg und all den Diskussionen über Ursachen, Wirkungen, Schuldfragen, Visionen einer friedlichen Welt kommt es nun darauf an, ob der deutsche Oberlehrer seine Lektion gelernt hat. Die Grundwerte einer friedlichen Gesellschaft haben sich meines Erachtens nicht geändert. Die Bergpredigt hat in ihrer Bedeutung nichts verloren, eher gewonnen. Alle *Platons, Sokratesse, Schillers, Leibnitze, Goethes* und so viele andere kluge Menschen vermochten den Weg zum Frieden nur zu beschreiben und dem unbeschreiblichen Treiben der Menschen nur mit Sorge zuschauen.

Wohlfühlen ist noch weitgehend Privatsache und Pflicht in der Vorbereitung einer guten Arbeitsfähigkeit.

Häufig wird die Belastbarkeit am Arbeitsplatz über Menge und Art des Fitnesstrainings definiert; wer sich nicht fit hält, outet sich selbst. Gesundheit wird zum Objekt eines Managements, in der der Mensch wählen kann zwischen verschiedenen Arten des Trainings und ob er mithilfe eines Trainings arbeitsfähig bleiben will oder nicht. Was aber ist mit jenen Menschen, die an derlei Trainings nicht teilnehmen können, beispielsweise aus gesundheitlichen Gründen, aus Kostengründen, aus Mobilitätsgründen?

Der Anteil jener, die nicht mehr mitkommen in der Hetzjagd nach fiktiver Effizienz?

Auch diese Gedanken sind schon geäußert; die Wiederholung möchte die Inhalte noch bewusster machen, Laune und Mut machen für Veränderungsbereitschaft. Der Anteil jener, die den Lebensunterhalt verdienen müssen für jene, die nicht mithalten konnten, wird kleiner.

Die Geometrie des Lebens als Ausdruck biologischer Grundgesetze wird auch *Heilige Geometrie* genannt, weil sie nicht zur Diskussion steht, weil sie vom Menschen niemals und unter keinen Umständen verändert werden kann.

Die Sehnsucht der allermeisten Menschen scheint, unbewusst, diese Ordnung finden zu wollen; allein, die Kenntnis von ihr wird nicht genug gelehrt. Eine bio-logische Ordnung als Grundlage einer gesellschaftlichen Ordnung vermittelt Freiheit, Fülle und Win-Win-Strategien.

Dies passt nicht zu einem Weltbild der Gegensätze, der vielen Entweder-Oders, der zahlreichen Polaritäten, die aus bestimmten Blickwinkeln das grundlegendste im Leben zu sein *scheint:* Das Prinzip der Polarität ist gewiss gültig, aber man kann anders als in der Vergangenheit.

Wenn man glaubt, die Dinge lägen nur entweder so oder so, dann greift diese Logik nur auf bestimmten Ebenen und in bestimmten Lebensbereichen. Überhaupt lernen wir in dieser Zeit konkret, was unsere Vorfahren noch nicht verstehen konnten: *dass alles veränderbar ist und somit gute Kompromisse und ganz neue Lösungen.* Was noch vor wenigen Jahren als unumstößlich galt, wird heute über Nacht in Frage gestellt, manches geradezu über den berühmten Haufen geworfen.

So ist das Leben wohl: in allem absolut relativ und immer von der unbewussten Erwartungshaltung eines Menschen abhängig, zudem in ständiger Veränderung. Machen wir uns in einem spannenden spirituellen Entwicklungsprozess dies deutlich, wird mancher von klassischen Verlustängsten gepackt. Viele Menschen blockieren Veränderungen um sie herum, weil sie Angst haben und mit der Entwicklungsgeschwindigkeit nicht Schritt halten können, weniger, weil sie der Meinung seien, dass Entwicklung als solche nicht notwendig oder sinnvoll. Alle Naturwissenschaften haben bis heute bewiesen, dass die meisten Annahmen der letzten 150 bis 200 Jahre schlicht _falsch_ waren, viel zu einseitig, um der ganzen Wahrheit der Schöpfung auch nur einigermaßen nahekommen oder gar entsprechen zu können.

Auch ist es spannend, wie viele so genannte Gesetze von einem Tag auf den anderen ad acta gelegt werden.

Und die Welt funktioniert immer noch. Allerdings kristallisiert sich, im wahrsten Sinne des Wortes, die Grundstruktur der Biologie immer deutlicher heraus: Kristalle genießen als Symbol von biologischer Ordnung und als Träger des Lichts höchsten Respekt. Kristalle sind die beste Darstellung der _Heiligen Geometrie_ zum Anfassen.

Kinder lassen Kristalle im Chemiebaukasten reifen, die Großen schmücken sich mit Edelsteinen. _Dr. Masaru Emoto_ hat uns in vielen wunderbaren Bildern gezeigt, wie das Leben strukturiert ist, wie Wassertropfen die Geometrie unseres Lebens zeigen und energetisch vermitteln, ja wie sich Energetik überhaupt darstellt; nicht nur als geistige Erfindung des Menschen, sondern als grundlegendes Muster der Biologie. Immer begleitet uns die _Hl. Geometrie_ durch unser Leben und doch versuchen wir im „wirklichen Leben", andere Ordnungen zu leben.

Da werden Gärten und öffentliche Anlagen gebaut, deren Wegeordnung nur in den Köpfen völlig weltfremder Planer entstanden sein können; die bio-logische Folge ist eine schleichende Verwüstung dieser Anlagen, weil sich der Mensch nun einmal nach bio-logischen Kriterien und somit anders bewegt als einige Amtsköpfe es wollen. So lange nicht biologische und biodynamische Ordnungen erkannt, akzeptiert und genutzt werden, solange immer noch sozusagen moderne „Geßlerhüte" gegrüßt werden müssen, solange bleiben auch die alten Gesellschaftsmuster gültig. Und Parks und Landschaften werden beschädigt.

Wichtig erscheint mir, dass die Grundmuster erkannt werden, nach denen die Biologie unbeirrbar funktioniert und uns Anleitung gibt, immer auch einen Weg aus jeder so genannten Krise zu erkennen, die es nur in der menschlichen Wahrnehmung zu geben scheint.

Biologie kennt keine Probleme, nur der Mensch. Biologie lebt in der absoluten Fülle von Entwicklungsansätzen und in steter spielerischer Entwicklung.

Das Problem ist allenfalls der Mensch selbst, der diese Fülle und eine unendliche spielerische Variabilität nicht überschauen kann und sich ein Polaritätsbewusstsein schafft, um diese Fülle ein wenig sortieren zu können; hat man erst einmal eine Hälfte aus dem vordergründigen Blickfeld geschafft, in einen Schatten gestellt, kann man später ja wieder die *Schattenseiten* zu integrieren versuchen, was das ursprüngliche Problem der unfassbaren Fülle halt wieder vor Augen führt. Klingt irgendwie umständlich und anstrengend, ist es auch. Ein Säugling kann sich nur wundern: er erlebt immer wieder seine ursprüngliche Einheit und versucht, alles Neue darin unterzubringen; und lacht.

Wie wir es auch wenden, welche Philosophie wir auch erfinden, die Philosophie der Biologie erscheint mir verlässlich. Sie lehrt mich Fülle, nicht Verlustangst, nicht Geiz, nicht Intoleranz, nicht Neid, nicht Hass, nicht Sucht.

Sie ist Stabilität und Verlässlichkeit in ihrer dynamischen Struktur, sofern man sich ihr anvertraut. Unser Lernprozess ist nicht einfach, schon gar nicht in einer gesellschaftlichen Umgebung, die sich alle Mühe gibt und darin sehr erfolgreich ist, weniger gute Verhaltensmuster zur Ausbeutung der Erde und der Menschen auf die Spitze zu treiben.

In der Chinesischen Philosophie spricht man von einem Yang-Exzess; ich liebe dieses Wort, weil es mir so treffend den energetischen Prozess beschreibt, der nach biologischen Kriterien auch nicht aufzuhalten, wohl aber zu transformieren ist. Aber dies geschieht eben nicht nach menschlichen Verwaltungshirnen, dies geschieht alleine nach den Gesetzen der biologischen Dynamik.

Am Ende der Transformation stehen übrigens Ruhe und Ernüchterung, Erdung, Demut und Gelassenheit, auch die „Fruchtbarkeit einer abkühlenden Vulkanasche", Lava. Danach wird's ruhiger und es entsteh etwas Neues, Klares, Reines.

Jahrtausende lang haben Menschen jeden Tag ihre ganze Aufmerksamkeit auf ihre ganz persönlichen Überlebensstrategie lenken müssen. Die Polarität des Lebens war hautnah zu erleben in der Frage: überlebe ich den kommenden Tag oder nicht?

Alltag und Lebensqualität sind auch heute noch bestimmt durch die Ereignisse der Vergangenheit.

Alles, was wir „jetzt" erleben, wird kontinuierlich mit den Erfahrungen der Vergangenheit verglichen.

Je älter wir werden, desto mehr rücken Erinnerungen in unser Tagesbewusstsein, vermischen sich zunehmend mit den verschiedenen Bezugsebenen, die wir mit Zeitinformationen kombiniert und gespeichert haben, mit unserer Wahrnehmung aktueller Ereignisse und aktueller Gefühle. Alte Erfahrungen bekommen „im Alter" wieder zunehmend Bedeutung, sie vernetzen sich als „Weisheit des Alters" in einer besonderen Weise mit unserer Tageswahrnehmung, oft werden sie auch in einem langsamen Vergessensprozess aufgelöst oder zumindest wieder verdrängt.

Gesund kann sein, wer allen seinen Erlebnissen mit natürlichem Stolz, mit Dankbarkeit und Achtung begegnet und mit ihnen im Einklang lebt, wer in Frieden ist mit seiner Vergangenheit und sich auf seine Zukunft in Selbstbestimmung und Balance freuen kann.

Es gibt viele Methoden, sie dabei einfach und nachhaltig zu unterstützen. Eines der hilfreichsten „Mittel" davon ist die Natur. Gesundheit und Regeneration gelingen leichter in einem gesunden Biotop.

Was hilft mir, meiner Gesundheit bewusst zu werden?

- Dankbarkeit für das Leben an sich und alles, was mir anvertraut wurde an Menschen, Einblicken, Gelegenheiten, Erfahrungen, Gefühle und so vieles andere

- eine Familie, wie unangenehm die Verhältnisse auch gewesen sein mögen

- für die Chancen, die sich in meinem Leben angeboten haben und anbieten, die zu sehen ich lernen darf

- für den Reichtum und eine Auswahl an Lebensmitteln

- für das Wissen, das uns angeboten wird

- für ein soziales Netz, das uns unterstützt wie und wo es halt geht

- für so viele Organisationen und freiwillige Helferinnen, die in der Stille im Hintergrund arbeiten und ohne die eine Gesellschaft überhaupt nicht existieren kann

- für eine Medizin, die uns rund um die Uhr zur Verfügung steht

- für den politischen Frieden, den wir in Europa erleben dürfen

- für die Möglichkeit, so vieles anders zu machen als andere

- für Freunde, Bekannte

- für Arbeit

- für Öffentliche Verkehrswege

- für Fahrzeuge

- für die Möglichkeit, menschenwürdig zu sterben

- Kenntnis und bewusste Anerkennung unserer

- Grundbedürfnisse

- Fähigkeiten

- Fertigkeiten

- Achtsamkeit, Dankbarkeit und anderer Werte

- Verantwortlichkeit für uns selbst, für einander, für unseren Lebensraum

- Sehnsucht nach Respekt, Liebe, Glück, Einfachheit, Klarheit

- Planungen, Ablauf

- Ziele und Zielstrategien, die allen und allem dienen

- Konzepte für eine harmonische Kommunikation

- Konzepte für eine harmonische Ernährung

- Konzepte für eine sinnvolle Beschäftigung im Leben

Gesunde Lebensgemeinschaften

Früher gab es Großeltern, Onkels und Paten, die uns Kindern wichtige Lebenserfahrungen vermittelten wie Geduld, Barmherzigkeit, Zielstrebigkeit, Offenheit und Ehrlichkeit, die Fähigkeit zum Spielen; sie waren Menschen, die unseren Lebensraum im Grundsätzlichsten gegründet, gestaltet und geformt haben und somit unsere Persönlichkeit.

Sie gaben uns neben den Eltern das Vertrauen in die Familie als sicherste und wichtigste soziale Einrichtung in unserem Leben, als Grundlage für weite Reisen durch die Welt.

Wir sollten sie wiederfinden und aufsuchen, diese Menschen und uns und unseren Kindern Leitlinien schenken, mit denen wir wieder mehr Übersicht über uns selbst und über unsere Möglichkeiten und somit über unser Leben finden und jeden Tag leben können.

Wir dürfen auch unter widrigen Umständen unsere Stammfamilie annehmen lernen, in die wir hineingeboren sind; wir dürfen ihre Existenz, ihr Schutz, ihr Wissen erkennen, achten und nutzen lernen.

Jeder in einer Familie hat einen bestimmten Platz in der inneren Hierarchie und Ordnung der Liebe; jeder mag seinen eigenen Platz in seiner Familie erkennen und die Aufgaben, denen er sich unbewusst und bewusst verschrieben hat. Partnerschaften wollen knüpfen sein und reifen.

Die eigene innere Stärke, das Ruhen in sich selbst schafft

Vertrauen und Unabhängigkeit macht Partnerschaft erst möglich. Partnerschaft = Unabhängigkeit in einer freiwilligen und ziel führenden Beziehung

Gesundheitsbewusstsein und Lebensfelder

Unter Lebensfeldern verstehe ich eine sinnvolle Einteilung unserer Lebensbereiche, wie sie beispielsweise auch im Bagua der TCM (siehe Band II) benannt sind.

Diese Landkarte des Lebens der TCM bietet eine Übersicht über alle in unserem Leben relevanten Bereiche und hilft uns, rasch herauszufinden, in welchem Bereich wir zu einem bestimmten Zeitpunkt einem besonderen Stress unterliegen.

Folgende Liste zeigt ausschnittweise, aus welchen Bereichen wir Einflüssen unterliegen, die über das Bagua hinausgehen.

- *Astrologische Bedingungen*

- *Karmische Einflüsse*

- *Genetische Faktoren*

- *Spirituelle, seelische, geistige und körperliche Entwicklung*

- *Bedeutung & Chance der Sippen- und Familien-Seele*

- *Familie, Freundschaften, Partnerschaften, Sexualität*

- *Berufliches Umfeld, Vorgesetzte, Kollegen, Partner, Umgang mit Autorität und Konkurrenz*

- *Unbewusste Kommunikation, Ängste, Glaubenssätze, Erziehung, Ideale, Potenziale, Visionen, unbewusste Lern- und Lehrmuster, Spiritueller Lebensauftrag*

- *Bewusste Kommunikationsmuster, bewusste Lern- und Lehrmuster, Ausbildungen, stummes und verfügbares Wissen*

- *Lebensplanung*

- *Einflüsse der Baubiologie & Geomantie*

- *Leiden als Ergebnis unbewusster Emotionen & ungelebter Träume*

- *Körperliche Erkrankungen als Teil eines Heilungsprozesses*

- *Ernährung - Gewohnheiten, Allergien, Unverträglichkeiten*

- *Gesundheitspflege, Vorsorgemaßnahmen*

Lebensumfeld, Bauen und Wohnen

Unser Lebens- und Wohnort folgt in seiner (ursprünglichen) Struktur der Matrix und ist zunächst einmal wertfrei. Diese Umgebung bietet vieles, was wir nicht kennen; alte Baumeister haben gefragt, wo für den Menschen und sein Haus ein guter Platz ist, ein Platz mit physikalischen Bedingungen, die den menschlichen Zielen angemessenen und seiner Gesundheit zuträglich erschien. Heute fragt niemand mehr danach und baut sein Haus, wo immer er es sich angeblich leisten kann.

Die Betrachtungen der Wohnumgebung und der Wohnraumgestaltung nach biophysikalischen Bedingungen entscheidet sehr wohl und erheblich über die Kraft, die wir aufwenden müssen, um das Wohnen dort „auszuhalten", ob wir Kraft haben, uns biologisch zu balancieren und ob wir an unserem Wohnort genährt werden und es sich dort leicht leben lässt. Krankheit aus baubiologischen Gründen beginnt, wenn uns der Aufenthalt an einem Ort Kraft kostet anstatt uns zu nähren.

Fühlen wir uns an einem Ort nicht wohl, sollten wir ihn intuitiv fragen, woran dies liegt und mit ein wenig Training und Respekt vor der eigenen inneren Fähigkeit zu dieser Kommunikation der eigenen Antwort lauschen und sie respektieren. Sagt uns die innere Stimme, dass dieser Ort uns nicht die erwünschte Kraft und unseren Frieden schenkt, sollten wir den Ort mit den Kenntnissen der Geomantie, der Baubiologie, des Feng-Shui und des altindischen Vastu harmonisieren; gelingt dies nicht, mögen wir den Ort meiden oder, wie ein Vogel, flugs den Platz wieder verlassen. Dies entspricht einer natürlichen biologischen Flexibilität, die wir schon lange nicht mehr gewohnt sind und uns in unserem Wunsch nach Sesshaftigkeit auch nicht vorstellen möchten. Der gute Kompromiss liegt in der Auswahl eines für uns angemessenen Wohnortes und der angemessenen Beschaffenheit der Bausubstanz. *Geomantie, Baubiologie, Feng-Shui* und das altindische *Vastu* helfen dabei.

Unbewusste Erlebnisse und Erziehungsmuster unterschiedlichster Art und Leid-Erfahrungen der vorausgegangenen Generationen wirken in der eigenen Person und Persönlichkeit („Gewissen") und über diese somit indirekt, still, leise und deshalb sehr nachhaltig in meinem gesamten Umfeld: wenn sie nicht harmonisiert sind, wirken sie weiter in meinem baulichen Umfeld, in der Wohnung, im Haus. Feng-Shui und Vastu beziehen sich auch auf die Erlebnisse unserer Persönlichkeit und all jene Prägungen, die sich in unserem baulichen Umfeld spiegeln.

Unser freier Wille besteht nicht zuletzt darin, dass allein wir entscheiden, was in uns wirksam ist. Dazu dienen Integrative Therapiekonzepte: wie in Meditationen lernen wir, unser Innerstes anzuschauen, ihm vertrauensvoll zu begegnen und uns verstehen zu lernen. Das ist gewissermaßen Feng-Shui in uns selbst.

Das Bagua

Das Bagua der TCM (siehe Band II) gibt eine Übersicht, in welchen Bereichen unseres Lebens wir achtsam auf Balance und Ausgleich achten sollten. Die einzelnen Felder sind Himmelsrichtungen zugeordnet, der Eingang ins eigene

Leben beginnt auf der nördlichen Halbkugel aus dem „hohen" Norden und wird im Bagua mit Norden berücksichtigt; dies kann spirituell und physikalisch mit dem Nordpol assoziiert werden, denn die *Inuits,* die Ältesten der Erde, kommen der Geschichte nach aus dem Hohen Norden und dem ewigen Eis nach Süden und bevölkern die Erde ...

Ordnen wir unseren Lebensraum nach dieser Vorlage, behalten wir leichter den Überblick in unserem Leben und können rasch und einfach in die einzelnen Bereiche hinein spüren, intuitiv einen Bedarf erkennen und ihn bereits mental befriedigen: mit einem Beschluss, eben diesem Bedarf innerlich wie äußerlich unsere liebevolle Aufmerksamkeit zu schenken und diesen Beschluss in unserem Kalender zu verankern. Den Gefühlen mögen Gedanken und Taten der Veränderung folgen.

Bewusstsein über den eigenen Lebensweg

Unser Bewusstsein über unseren Lebensweg gehört zum Wichtigsten in unserem Leben. Dies beginnt mit einer Reihe von Fragen an uns selbst:

Wer bin ich eigentlich? „Wir" sind ein Zustand besonderer physikalischer Dichte, wohlgeordnet und selbst bestimmend, immer beschäftigt mit der Suche nach Antworten auf die vielen Fragen, die wir uns einfallen lassen.

Wo komme ich her? Auf unserem langen Weg aus dem Geistraum, dem berühmten Nichts, über einen „körperlichen" Zwischenzustand wieder hinein in einen Zustand reinen Bewusstseins und von Licht.

Was macht mich aus? Der Sinn meines Daseins? Die Schöpfung erkennen und genießen lernen, sich über das Dasein freuen lernen. Sonst nichts.

- *Wo will ich hin, was sind meine Lebensziele, meine Vision?*

- *Was erhoffe und erwarte ich von mir selbst?*

- *Was macht mich gesund und stabil und bringt mich zu meinen Zielen?*

Sinnfindung, Sinngebung: Nach den Absichten und Zielen und der eigenen Vision fragen, erst später nach einem Auftrag fahnden, den man für andere Menschen ausführen könnte. Nur wenn ein großer eigener Plan erkennbar wird, der vielen Menschen dient, kann der eigene Beitrag sinnvoll integriert werden. Werden Anerkennung, Leistung und Liebe missbraucht und unerlaubt egoistisch ausgenutzt, fließt die Energie nicht auf gleicher psychosozialer und emotionaler Ebene dorthin, wo sie gebraucht wird (Individuum und Gemeinschaft), erfüllt sie biologisch nicht ihren „Zweck", folgt sie nicht einem höheren bio-logischen Holon.

Barmherzigkeit macht Sinn, wenn sie die eigene Existenz nicht gefährdet, sondern bereichert. Das Zeitalter der christlichen Aufopferung und eines pseudochristlichen Leidensweges ist vorbei, sinnloses Verschenken von Leistung macht müde, arm und krank, wenn nicht die Energie wieder in die Gemeinschaft weiter fließt. Und von ihr täglich wieder zurück. Unsere Wahrnehmung und die Erlebnisse unterwegs auf dieser spannenden Reise sind die Folgen unserer Gedanken und Gefühle. Durchaus ganz real, aber immer veränderbar.

Unsere Persönlichkeit hat eine Struktur, die wir am Beginn unseres Lebens aber noch nicht kennen können. Aber wir sollten möglichst früh beginnen, uns mit diesen Themen zu beschäftigen. Dies ist vor allem eine Aufgabe von Eltern und Großeltern. Dabei hilft uns ein Übungsprogramm, das die oben benannten Themen geordnet mit den Kindern bespricht; dann gilt es vor allem Übungsphasen einzuplanen, in den Kinder ausprobieren können, wo ihre Stärken (das sind trainierte ehemalige Schwächen) liegen.

Wichtige Bereiche, in denen wir Bewusstsein und Balance brauchen

- *Die eigenen Lebensbedingungen aktiv gestalten, in denen an sich wohl fühlt*

- *Den eigenen Rhythmus finden, in dem an sich wohl fühlt*

- *Gestaltung von Tagesbeginn und –ende*

- *Gestaltung der Mahlzeiten*

- *Auf den eigenen Energiehaushalt achten*

- *Die eigenen Bedürfnisse im Blickfeld haben*

- *Die eigenen Lebensinteressen zum Standard und zur Orientierung für alle Verabredungen machen*

- *Eindeutige und faire Pausenregelungen*

- *Unterstützung anstreben, finden, organisieren und annehmen*

- *Zeiten der Gemeinschaft*

- *Zeiten des Alleinseins zum Nichtstun, tun bewussten Entspannungstraining*

- *Zeiten zur Begegnung mit der Natur, Zum Genießen der Natur*

- *Freizeit zum Atmen, Bewegen, Dehnen, sich Freuen auf*

- *Alles Schwere rechtzeitig abgeben*

Verhaltenskodex

- *Erkenne dein Leben als Chance und Geschenk, nicht als Opfergang*

- *Klare Verhaltensregeln aufstellen für sich selbst. Je einfacher sie sind, desto einfacher lassen sie sich leben*

- Respekt vor den eigenen Bedürfnissen, dem eigenen Wissen und der eigenen Intuition: wähle klar und einfach, was dir guttut, was du willst und was allen anderen dient

- Erkenne deine Fähigkeiten, deine praktischen Fertigkeiten, dein Wissen, deine Ziele und deine Vision. Nur wenn du sie kennst, wirst du dein eigenes Leben und ohne Neid und Missgunst deine Mitmenschen im Augen behalten

- Entscheide dich für die Zauberwerte und lebe sie für dich selbst: Ehrlichkeit... Beachte die Goldene Regel: was du nicht willst, was man dir tu, das füg' auch keinem andern zu

- Gönne dir jede Gemeinschaft, die dir guttut

- Übernimm aktiv, freiwillig und mutig jede Verantwortung für alles, was du tun willst und wofür du dich entscheidest. Immer ist es deine Entscheidung, die du nach den Gesetzen der Transformation jederzeit verändern darfst

- Sage niemals JA, wenn du NEIN meinst: gehe deine Wege mit Achtsamkeit und Freude so geradlinig wie möglich, lass dich nie von deinem Ziel abbringen, was dich begeistert und allen dienen wird, wenn du es erreicht hast. Ja und Nein sind beide Verbindlichkeit zu sich selbst

- Flexibilität ist ein Überlebensstrategie: halte nicht an Dingen fest, deren Zeit vorbei ist. Sei neugierig und prüfe alles in Ruhe, was sich dir anbietet. Beachte: alles ist nur deine eigene subjektive und emotionale Wahrnehmung und das ist gut so

- Lerne bereitwillig dazu, lass dir Wissen schenken und schenke Dankbarkeit zurück. Jede Aufgabe hat ihren Sinn

- Achte auf deine friedlichen Angebote in deinem Denken und deiner Sprache, erschaffe dir immer auch mindestens eine Alternative, gerne mehr

- Finde klare Positionen zu allem, was dich interessiert

- Bleibe im Fluss der ständigen Transformation: alles ist immer im Fluss, wenn du es nicht festhältst

- Wandle in diesem Sinne alles, was zunächst beschwerlich erscheint, jede Pflicht in einen wichtigen Schritt auf dem Weg zu deinem Ziel, nutze die Gunst eines jeden Augenblickes bewusst und dankbar

- Erkenne in deinen Widerständen deine Fragen und frage nur jene, die dir kompetent antworten können

- Schaffe dir bewusst, gerne und konsequent Raum für dich und die Erfüllung deiner Wünsche, Sehnsüchte, Ziele und Visionen und bleibe in der Erinnerung dieser Energiequellen;

- Erlaube dir, alles gut zu ordnen, wie es deinen Vorstellungen und Möglichkeiten entspricht

- was es in Ruhe und mit Gewissenhaftigkeit in einem

straffreien Raum zu üben gilt

- *Plane nur die wirklich wichtigen Dinge in deinem Leben und gebe allen Dingen in deinem Leben einen Platz, vor allem den unangenehmen, damit sie gut steuerbar bleiben. Achte darauf, dass alle deine Energien für alle Beteiligten Sinn machen und deine Gemeinschaft nähren*

- *Richte deine bewusste und liebevolle Aufmerksamkeit dorthin, wo dich dein Herz hinführt und wo der eigene Beitrag zum großen Ganzen gut aufgehoben ist*

- *Buhle nicht um Anerkennung, die nur du selbst dir selbst schenken kannst*

- *Verschenke deine Liebe, weil du sie verschenken willst, nicht, weil du eine Gegenliebe erkaufen willst.*

Kapitel III - Stress

Einleitung

Stress (engl.: Druck, Anspannung; lat.: Stringere: anspannen; folgt dies einem biorhythmischen Konzept, kann dies zu Gewöhnung oder einem Trainingseffekt führen (Eustress). Werden die biologischen Rhythmen immer wieder gestört, kommt es in der Regel zu einem unbestimmten Zeitpunkt zu psychischen und / oder organischen Veränderungen (Disstress). Stress bedeutet somit einmal *Eustress* als Trainingsimpuls in dem ständigen Lernprozess unseres Organismus´ zur Anpassung (Assimilation), aber auch *Disstress* als kontinuierliche Störung unserer Selbstregulation. Disstress-Momente führen über natürliche Überreizungsprozesse zu einer Veränderung der Muster, in denen unser Organismus Reize beantwortet: er wird gelähmt und gelegentlich blockiert. In dem komplizierten Planetengetriebe unserer Regulationsmechanismen braucht es viele kleine Blockaden oder wenige große (unbewusste oder bewusste Schocksituationen) oder einen Dauerstress, um nachhaltige gesundheitliche Störungen auszulösen.

In einer Stresssituation löst das Nebennierenhormon Adrenalin eine vegetative Wirkungskette aus, die u.a. zu einer sehr raschen und automatischen Erhöhung der Wachsamkeit und der Muskelspannung im Skelettsystem (Abwehrbereitschaft). In unserem Gehirn werden dabei uralte archaische Reaktionsmuster aktiviert, die die Überlebenssicherheit erhöhen sollen. Dies geschieht heute aber auch häufig, wenn es keine wirkliche Gefährdung gibt, sondern wenn durch vermeintliche Gefährdungen unser ganzer Organismus in Aufruhr gerät, ohne zu wissen warum, ohne eine Gefahr exakt lokalisieren und definieren zu können.

Dazu zählen insbesondere eine Flut unbewusster Reize, die durch eine technisierte Welt auf uns prasselt und unsere extrem feinfühligen Nervensysteme durch eine ununterbrochene Dauerreizung ständig herausfordern, bis auf organischen, psychischen oder rein energetischen Ebenen Teile der optimalen Selbstregulation zusammenbrechen. Das nennt man dann Zivilisationskrankheit ohne Benennung der dafür verantwortlichen Ursachen.

Dadurch entsteht oft eine Anpassung und man bekommt die Reize auf Dauer nicht mehr mit, was oft zu einer Erhöhung der Reize führt (Musik wird lauter gestellt, optische Reize in der Geschäftswelt werden verstärkt). Immer häufiger kommt es jedoch zu einem Ausfall eines Teilsystems (Zellen, Organe) oder des ganzen Systems (Mensch):

Auf der Stoffwechselebene werden unterschiedliche Zellsysteme im Bereich von Nerven und Hormondrüsen überfordert, was bis zur Einstellung der jeweiligen Zellfunktion und zum Tod der Zellen führen kann. Ab einer unbestimmbaren Schwelle kommt es dann zu einer Blockade von Nervenfasern bzw. der Impulsverarbeitung im Gehirn (Tinnitus, Hörsturz, Gehirnabbau).

Wir unterscheiden einen trainierenden *Eustress* von einem überfordernden *Disstress*. Umgangssprachlich benennen wir alles, was uns aus- und zunehmend überlastet, als Stress. Bleiben wir dabei und unterscheiden Stress von Trainingseffekten. Stress ist hier also jede Form unangemessener und nicht verkraftbarer Überreizung seelischer, geistiger oder körperlicher Art, der die Funktionen eines Organismus nachhaltig auf unerwünschte Weise beeinträchtigt und gefährdet. Eustress hat oft einen Trainingseffekt, Disstress führt häufig bei nicht rechtzeitiger Entlastung zu Überlastungsreaktionen.

Wenn Stress nicht trainiert, sondern schadet

Wenn der Organismus sich nicht mehr selbst ausbalancieren kann, weil er dazu nicht die erforderlichen Rahmenbedingungen geschenkt bekommt, weil er auf der Stoffwechselseite durch eine Mangelernährung keine Ressourcen mehr hat, weil er emotional blockiert ist oder, weil er aus Wissensgründen nicht mehr weiterweiß, braucht es ein Angebot zum persönlichen Coaching.

Dieses gibt es bereits in vielen Schulen und Unternehmen, ist aber im Verhältnis zum Bedarf verschwindende gering, personell in keiner Weise ausreichend, zudem werden sie in aller Regel erst angeboten oder wahrgenommen, wenn die Schäden schon weit gediehen sind. In diesem Zusammenhang kann ich nur immer wieder darauf hinweisen, wie wichtig es ist, dass es an jeder Schule und in jedem Unternehmen dringend ein neues Teambewusstsein und Hilfeverständnis braucht.

Doch das beste Bewusstsein nutzt nichts, wenn Schulen und Unternehmen sich nicht zu einem dringend erforderlichen Programm entschließen können. Im Band IV, Kapitel „Integrale Unternehmensgestaltung" werden wir intensiv auch auf dieses Thema eingehen, denn alle Unternehmen, somit auch Ausbildungsinstitute wie Kindergärten, Schulen und Ausbildungsbetriebe müssen nicht nur von Humankapital reden, sie müssen es schätzen und pflegen lernen.

Es gilt, die Frühsymptome stressbedingter Erkrankungen erkennbar zu machen, ein Bewusstsein, ein Arbeits- und Lebensklima zu schaffen, in dem die Frühzeichen erkannt, ernst genommen und rechtzeitig gemeinsam aufgelöst werden können und es werden. Es muss zur Selbstverständlichkeit werden, Stressmomente zu vermeiden sowie bei der Auflösung zu helfen wo es geht. Da die übliche Hausarztmedizin leider dafür kaum mehr zur Verfügung steht, bleibt ein Teil der Verantwortung, auch Interesse genannt, bei Arbeitsgebern; denn wir seine Mitarbeiter schätzt, widmet sich soweit wie möglich ihrem Wohlbefinden und somit auch ihrer freiwilligen Leistungsbereitschaft.

Die durchschnittliche Zeit von den Frühsymptomen bis zur Erstellung einer korrekten Diagnose liegt in der BRD bei ca. 6-8 Jahren. Eine Zeit, in der sich die Betroffenen durch ihr Leben und den Arbeitsprozess quälen und eine Flut völlig überflüssiger und vermeidbarer Kosten induzieren für medizinische und andere Maßnahmen. Menschen in eine gefährliche Situation hineinlaufen zu sehen, ohne ihnen *rechtzeitig* und *angemessen* zu helfen, ist menschlich und juristisch unterlassene Hilfeleistung.

Es gibt zahlreiche Programme, mit denen man Disstress erkennen und balancieren kann; es gilt sie rechtzeitig und eigenverantwortlich zu erlernen und systematisch zu nutzen. Privat wie innerbetrieblich; eine biologisch angemessene Arbeitsumgebung, gutes Licht, richtiges Atmen, richtiges Sitzen und Bewegen sowie eine gute Ernährung zählen zu den einfachsten und natürlichsten Möglichkeiten in einem Unternehmen.

Wenn dies nicht umgesetzt wird, ist dies eine nachhaltige vorsätzliche Risikomehrung für Betroffene. In Kindergärten und Schulen werden diese Möglichkeiten noch immer sehr vernachlässig. Hilfe kommt oft erst, wenn Menschen in Gefahr sind. Gesundheitsbildung und Vorsorge sind in Schulen zumeist noch Fremdworte.

Auch die vereinzelte Sitte, in Kindergärten und leistungsorientierten Schulen Psychopharmaka zu propagieren oder gar zu verteilen, ist nicht zulässig. Entscheidungsträger, die sich zu solchen Maßnahmen hinreißen lassen, haben weder die erforderliche Ethik, noch die Kompetenz und schon gar nicht ein natürliches Recht, um unsere Kinder mit Psychopharmaka statt Liebe, Anstand, Achtung und Wissen in ein selbstbewusstes und verantwortungsbewusstes Leben zu führen.

Aufzählung einiger gewohnter Stressfaktoren

- *Reizüberflutung (Gedanken, Hormone, Stoffwechselstörungen, Lärm, Ansprache, Rhythmusprobleme...)*

- *Verwirrung der Sinne: falsche Reize zum falschen Zeitpunkt und am falschen Ort*

- *Gefühlte oder beobachtete Abweichungen von jenen Vorgaben (Fraktalen), von denen ich „eigentlich" weiß, dass sie mir nicht guttun und es dennoch versuche bzw. zulasse*

- *Fehlplanungen: eine Verselbständigung von Aktionen, die ich längst nicht mehr will („wenn ich das geahnt hätte, wenn ich nur nicht ... getan hätte...")*

- *Zustände, aus denen ich keinen Ausweg mehr finde*

- *Mögliche Erfahrungen in der Zukunft, vor denen ich Angst habe und die ich „auf keinen Fall" erleben will: ein klassischer HIEK, ein Fraktal, das sich selbstverständlich erfüllt, eine sich selbst erfüllende Prophezeiung; und wer ist der Prophet?*

- *Körperliche Erfahrungen, die aus o. g. Situationen entstehen und die sich auf der Körperebene verankert haben*

- *Emotionale Belastungen: Angst und Ohnmacht: Existenzangst, Prüfungsangst, Verlustangst und viele andere; Wut, Hass, Zorn, alle aufgestauten Gefühle auch die positivsten, wenn sie nicht gelebt werden können; Freudlosigkeit, Enttäuschung; Sorgen um die Zukunft, Ratlosigkeit; Trauer, Mutlosigkeit, Beziehungsunfähigkeit*

- *Angst vor Krankheiten*

- *Anschreien durch Vorgesetzte*

- *Armut*

- *Ausgrenzung*

- *Belastungen beim Autofahren und in der Freizeit (Sport)*

- *Beleidigung, Entwürdigung, soziale Ausgrenzung, Bossing, Mobbing*

- *Drill*

- *Einsamkeit und Isolation*

- *Einseitige Bewegungsmuster*

- *Einseitigkeiten der unterschiedlichsten Art*

- *Erfolglosigkeit*

- Falsche Freizeitgestaltung

- Geldmangel

- Hetze, Hektik, Zeitdruck

- Krankheiten, Leistungsminderungen

- Lange Abwesenheit von Menschen

- Langeweile, Unterforderung

- Lärm, Druckergestank, Zugluft, schlechtes Licht, zu kleine und überladene Schreibtische, unzureichendes Arbeitsmaterial, Rauch, Mangel an Bewegung / Atmung / Sauerstoff / Wasser

- Legale und illegale Drogen

- Lichtmangel

- Mangel an Geborgenheit und Unterstützung im Team / Unternehmen

- Minderung der Selbststeuerung durch Dauerbelastungen, Krankheit und Emotionen, privat wie am Arbeitsplatz

- Missverständnisse

- Räumliche Enge

- Reizüberflutung durch technische Reize

- Schichtarbeit, Rhythmusstörungen

- Schlafentzug

- *Schocksituationen, beobachtet oder im eigenen Leben: Tod eines Nahestehenden, Tötungsdelikte, Mord, Unfälle, Gewaltanwendungen jeglicher Art; Panikreaktionen durch drohende Ereignisse*

- *Sportliche Überlastungen*

- *Staub*

- *Ungerechtigkeit, Überstunden ohne Ausgleich*

- *Überforderung*

- *Überlebenstraining*

- *Übertriebene und andauernde Stille*

- *Unangemessene Risikobereitschaft*

- *Unterbundene oder nicht mögliche Kreativität*

- *Vorwurfshaltungen*

- *Zu geringe oder zu große Verantwortung, dauerhaft zu gering oder zu groß*

- *Typische Stressreaktionen und Folgen*

- *Das Leben wird anstrengend*

- *Positive Lebenseinstellungen weichen zurück und fördern die „innere Kündigung" in Teilbereichen des Lebens oder ganz (Depression)*

- *Wahrnehmung und Informationsverarbeitung verändern*

sich: Ungläubigkeit, Verwirrung, Vorurteile, Konzentration, Halluzinationen, Depersonalisation folgen

- Übelkeit, Enge in Kehle und Brust, Übersensibilität
bei Lärm, Atemlosigkeit, Muskelschwäche, Mangel an
Energie, trockener Mund, Magen- und Darmprobleme,
Schlafstörungen, Appetitlosigkeit, Geistesabwesenheit,
sozialer Rückzug, Angstträume, Tinnitus, Seufzen, Über-
aktivismus, Stimmungsschwankungen, Krampfneigung,
Weinen u.v.a.m.

- Organisch wird Masse in Energie verwandelt, es erfolgt
ein Organabbau bzw. eine Störung gesunden Zellwachs-
tums (Krebs)

- Frauen reagieren grundsätzlich intensiver und länger auf
Stresssituationen. Frauen haben Untersuchungen zufolge
ein höheres Abhängigkeitsempfinden und glauben an
eine geringere Kompetenz in Kontrollverhaltensweisen

- Emotionale Störungen: Anstauung nicht gelebter Emotionen führen zu einem großen Spektrum Kommunikati-
onsstörungen mit sich selbst und mit der Umgebung, zu
Launenhaftigkeit, Panikattacken, Abwehrreaktionen bis
zu Verweigerungshaltungen, Depersonalisation, Ver-
wirrtheitszuständen, Psychosen

- Wahrnehmungsstörungen: Einschränkungen der Blut-
versorgung führen stets zu Veränderungen der Wahr-

nehmungsfähigkeiten wie Sehen, Hören, Tasten und zu
Veränderungen nervaler Steuerungsmechanismen, somit
zu Defiziten der Aufmerksamkeit und Konzentration,
Halluzinationen, Deprivation, Schocksituationen aus
Angst und Fehlreaktionen

- *Körperliche Störungen: Appetitlosigkeit, Magen-Darm-*
  Störungen, Haarausfall, Minderung von Stoffwechselleis-
  tungen, Beeinträchtigungen von Seh- und Hörvermögen,
  Störungen der Atmung und Herz-Kreislauferkrankungen,
  Allergien, Hautausschläge, Essstörungen, Asthma, ins-
  besondere psychoneuroimmunologische Erkrankungen
  und Erschöpfungszustände, Verspannungen von Sehnen,
  Muskeln und Bändern mit Haltungs- und Bewegungsbe-
  einträchtigungen, schmerzhaften Erkrankungen, Abbau
  von Gehirnmasse und Demenzerkrankungen, psychomo-
  torische Lähmungen u.a.

- *Frauen reagieren grundsätzlich intensiver und länger auf*
  Stresssituationen. Frauen haben Untersuchungen zufolge
  ein höheres Abhängigkeitsempfinden und glauben an
  eine geringere Kompetenz in Kontrollverhaltensweisen.
  Die führt neben der verstärkten Entwicklung von stillen
  eignen Abhängigkeiten (Alkohol, Nikotin, Kaufzwang,
  Versorgungszwänge in der Gemeinschaft bis zur Selbst-
  aufgabe) vermehrt zu Koabhängigkeiten und Zwangshal-
  tungen.

Stresssymptome bei Kindern und Jugendlichen

Alter von 1-5

Daumenlutschen, Bettnässen, Dunkelangst, Angst vor Tieren, Klammern, Nachtangst, Verlust der Darm- und/oder Blasenkontrolle, Verstopfung, Stottern/Stammeln, Appetitlosigkeit oder Heißhunger, Schwitzen

Alter von 5-11

Irritiert sein, Jammern, Klammern, Aggressivität, Geschwisterrivalität, Alpträume, Dunkelangst, Schulangst, Fingernägel kauen, sozialer Rückzug von Gleichaltrigen, Interesselosigkeit, Konzentrationsmangel, Schwitzen

Alter von 11-18

Schlafstörungen, Essstörungen, Rebellion daheim, mangelndes Interesse an Aktivitäten Gleichaltriger, Schulprobleme (Aggressionen, Amok, Rückzug, Interesselosigkeit, Mittelpunktstreben), Schmerzen durch Anspannungen und Fehlhaltungen, Schweißausbrüche, Hirnleistungsminderung (Aufmerksamkeit, Ausdauer, Denkstörungen, emotionale Anpassungsstörungen), Verdauungsprobleme, Menstruationsprobleme, Desinteresse am anderen Geschlecht, verstärkte Pubertätsprobleme, Durchsetzungskämpfe etc.

Alter von 18-30

Vorübergehende oder komplette Impotenz, Haarausfall, Hauterkrankungen, rötliche Augen, keine Mimik, Herzstechen, Gelenkschmerzen, Steigerung des aggressiven Verhaltens, Bewegungsdrang, Gereiztheit, emotionsloses Denken, Rückzug, Deprivation

Alter 30-50
Impotenz, Verdauungsstörungen, hormonelle Störungen mit Haarausfall und Impotenz, Bluthochdruck, Spannungserkrankungen und Fehlhaltungen des Bewegungsapparates, Erschöpfungssyndrome, Infektanfälligkeit, Allergien, Hirnleistungsstörungen

Stressvermeidung vor Stressbewältigung

Vor der Stressbewältigung steht die aktive Vermeidung krankmachender Stressfaktoren und Verhaltensmuster mit professionellen Problemlösungen. Insbesondere im Arbeitsbereich sind in den vergangenen Jahren zahlreiche erfolgreiche Bemühungen zum Schutz vor Lärm, Staub, Mobbing umgesetzt worden; Defizite sind im Freizeitbereich zu beobachten, hier kann eine Suchtverstärkung beobachtet werden (Musik, Lichtsignale, extreme Freizeitgestaltung mit Überlebenstraining, Fernsehinhalte werden aggressiver u.a.).

Die Erfassung von krankmachendem Stress wirft automatisch Haftungsfragen auf. Das erschwert Erkennen und Messung und Vermeidung. In solchen Situationen gibt es immer wieder eine Instanz, die an objektiver Beobachtung interessiert ist: Versicherungen. Besonders motiviert bei der problemlösungsorientierten Stressforschung sind Krankenkassen und Berufsgenossenschaften, da ihnen durch Stress ausgelöste psychische Erkrankungen inzwischen spürbare Kosten bereiten.

Ansätze zur Stresslösung

Benutzen wir kontinuierlich Stresslösungsmethoden, lösen wir den täglich entstehenden Stress in uns auf, bleiben wir eher gesund. Dazu gehören Atemübungen, Spazierengehen, Yoga, Meditation, eine harmonische Ernährung und erfreuliche Gespräche und ein gesunder Schlaf.

Auch Hobbys und eine überschaubare Lebensplanung gehören dazu, regelmäßige Erfolgserlebnisse und eine tiefe Zufriedenheit mit sich selbst. Regelmäßiger Urlaub und ein gesunder Glaube an sich, an Gott und die Welt sind wichtig, ebenso regelmäßig Stille und Gemeinschaft.

Daneben braucht es unbedingt auch Stresslösungsverfahren im Alltag, unbedingt schon in Kindergärten für einen möglichst frühen Trainingsbeginn, ganz besonders in Schulen und in Ausbildungsbereichen, in jedem Unternehmen, an jedem Arbeitsplatz.

Ebenso müssen kreative Stressentlastungsprogramme zuhause erlernt und angewendet werden, um Ruhephasen für eine Entlastung des Organismus zu nutzen.

Zum Thema Stressbewältigung bzw. Reduktion der Folgen gehört natürlich auch eine Ernährung, die diesen Namen verdient und unsere Stoffwechselleistungen wieder regenerieren kann, ein angemessenes Trinkverhalten sowie die optimale Versorgung mit Mineralien, Spurenelementen und Vitaminen. Und, vor allem, Zeit für sich selbst ohne irgendwelche Termine. Stressschutzmaßnahmen am Arbeitsplatz sind mindestens so wichtig wie mancher verzweifelte Versuch, in der Freizeit und mit wenig Geld einen angemessenen Ausgleich zu gestalten.

Die Gemeinschaft im Arbeitsbereich bietet manche Vorteile in der Organisation von Stressauflösung, die zuhause nicht gegeben sind, weil Einsamkeit, Geldmangel, Ratlosigkeit und Partnerschaftsprobleme zuhause oft den Alltag dominieren. Es ist sinnvoll und wichtig, in allen Betrieben ein Gesundheitsbewusstsein zu fördern und MitarbeiterInnen in kleinen wie in größeren Unternehmen Gelegenheit zur Stressvermeidung und -überwindung zu bieten.

Stressbewältigung

Stressbewältigungstechniken gibt es viele; wir wollen ein paar Möglichkeiten hier aufzeigen und jeden ermuntern, in seinem Umfeld mehr Aufmerksamkeit dorthinein zu geben,

in jedem Lebens- und Arbeitsumfeld nach Stresslösungs-
techniken zu fragen.

- *Erkenne die Reize, die dich betreffen*

- *Unterscheide Impulse, die dich betreffen von jenen, die dich nichts angehen*

- *Erkenne die gute Absicht eines jeden Angebotes in deiner Umgebung und verabschiede dich von Feindbildern jeder Art*

- *Sei bereit zur Kommunikation, kommuniziere einfach*

- *Gönne dir ausreichend und täglich Bewegung in allen Bereichen deines Körpers, deines Geistes und deiner Seele*

- *Atme tief und gleichmäßig aus und ein – beachte die Reihenfolge! Insbesondere bei Anstrengungen jeglicher Art achte auf eine bewusste und langatmige Ausatmung!*

- *Balanciere dich wo immer es geht mit Autogenem Training, Tai-Chi, Qigong, Yoga, Biofeedbackmethoden, NLP, Phantasiereisen, Meditationen*

- *Gönne dir besondere Räume für Bewegungsprogramme und Ruhephasen*

- *Ernähre dich ganzheitlich, wähle Biologische Kost in Kantinen und Bistros*

- *Achte auf gutes Pausen-, Freizeitmanagement und Urlaubsmanagement*

- *Nutze Gesundheitsvorträge und Filme*

- *Lass' dich begleiten und beraten: sorge für ein kontinuierliches Coaching und nutze regelmäßig Stressbewältigungsprogramme, Wahrnehmungs- und Kommunikationstrainings, Teambildungsprogramme.*

Wie produziere ich erfolgreich Stress?
Humoristische Tipps zwischendurch ...

- *Betreibe dein Hobby exzessiv und mache es zur Passion, damit du auch irgendwann am Kreuz hängst! Unsere Kultur braucht das!*

- *Bloß niemanden rechtzeitig informieren! Niemand außer dir kann schneller und besser vorausdenken als du!*

- *Denke auf keinen Fall einen Gedanken zu Ende! Lass das andere tun, damit die anderen sich richtig eingebunden fühlen!*

- *Denke wenigstens du an das, was gerade nicht gebraucht wird!*

- *Diffuses Gefasel ist wie Rätselraten: das beschäftigt die Leute und macht dich interessant!*

- Finden ist langweilig, Suchen macht Spaß! Wirf grundsätzlich alles weg, was du noch benötigst, vor allem was dir nicht gehört und dich stört!

- Ideen in den Raum werfen reicht völlig aus, nur keine Aufzeichnungen!

- Immer viele Gedanken auf einmal!

- Kritik annehmen entlarvt dich als Versager! Lass das!

- Liegst Du bequem und immer im Weg? Gut.

- Nimm niemals einen Block und einen Stift zum Telefonieren in die Hand. Vorbereitung ist out! Du brauchst auch das Telefon nicht in die Hand zu nehmen, lass es irgendwo im Raum liegen, sonst erreicht und versteht man dich vormöglich!

- Niemanden um Hilfe bitten! Du brauchst keine Unterstützung!

- Rauche, iss, trink alles, was aufregt und ärgerlich macht, damit du richtig leidest! Leid bringt Aufmerksamkeit!

- Schlimm wird es erst, wenn niemand mehr von dir spricht: machen dich unbeliebt wo immer möglich, damit du nicht vergessen wirst!

- Du kannst alles allein am besten, andere pfusche nur im Handwerk herum und wollen auch noch Geld dafür!

- *Telefoniere grundsätzlich nur, wenn es laut ist und du extra dafür in den Keller gegangen bist, denn da ist die Verbindung optimal schlecht!*

- *Übersicht ist tödlich!*

- *Unbedingt Ruhe vermeiden!*

- *Vermeide jede Art von Präzision!*

- *Vermeide Übersicht, schaffe und hinterlasse stets perfektes Chaos! Alle wollen beschäftigt sein!*

- *Vernichte jede Aufzeichnung, vor allem die Aufzeichnungen anderer Leute! Vermeide Beweise für alle!*

- *Verschwende deine Kraft und Aufmerksamkeit nie für andere! Das lohnt sich nicht!*

Wie vermeide ich Stress – wie gestalte ich meine Gesundheit bewusst?

- *Aufmerksamkeit und Achtsamkeit leben*

- *Übersicht schaffen & selbst nutzen*

- *Bewusstheit & Ehrlichkeit zu sich selbst*

- *Ängste erkennen und lösen, Lösungen zulassen / geschehen lassen*

- *Selbstmitleid erkennen und wandeln*

- *Selbstkritik und Kritik sind konstruktiv und bringen Freiheit und Helfer*

- *Kommunikation leichtmachen, einander entgegenkommen*

- *Sinn des Lebens finden*

- *Genügend Zeit einplanen*

- *Maßhalten, Rhythmik im Alltag, Muße pflegen*

- *Wandlung hinderlicher Emotionen und Integration der Schattenseiten anstreben:*

- *Management der Zeit und der Emotionen*

- *Eine Balance für den Stoffwechsel ist immer auch eine Balance für die Psyche*

- *Leben ist Bewegung*

- *Und immer wieder: Phasen zur Reflexion der eigenen Ziele*

- *Suche nach der Erfüllung im Augenblick: Wabi-Sabi – die Schönheit des Einfachen und des Augenblicks erfassen (siehe Band IV)*

- *Nicht mit menschlicher Logik perfekt sein wollen; das Universum ist perfekt, weil unvorstellbar flexibel*

- *Das Eis des Herzens schmelzen, sich Herzensvisionen gönnen und Herzenspläne schmieden*

- *Sich und den andern annehmen wollen wie beide sind: „Ich bin o.k., du bist o.k."*

- *Umsetzungsstrategien entwerfen und es TUN!*

- *Vorsorge ist besser als Therapie: auch die Gesundheits- vorsorge muss stimmen!*

- *Gute Ernährung Tag für Tag: Frisches Obst und Gemüse im Vordergrund: Mineralien, Vitamine, Spurenelemente*

- *Richtiges Atmen und angemessene Bewegung sind lebensnotwendig und sollten täglich und rhythmisch geschehen; vor allem, wenn wir glauben, uns anstrengen zu müssen.*

Kapitel IV - Ernährung

Von wertvollen Nahrungsmitteln

Der Mensch ist, was er isst.
Der Fraß hat seit jeher mehr Menschen umgebracht
als jeder Krieg.

Nur Sprüche oder doch mehr als eindringliche Hinweise, sich zugunsten der eigenen Lebensordnung mit dem Thema Ernährung einmal mehr und vielleicht auch einmal anders als gewohnt zu beschäftigen? Im Folgenden wollen wir nicht der Kalorienzählerei oder besonderen Diäten das Wort reden, sondern verständlich machen, was eine sinnvolle Ernährung für den Menschen aus biologischer Sicht bedeutet.

Wir wollen Fakten klären nach den Gesetzen der Biologie, in denen die persönliche Erfüllung, die höchste Lebensfreude mit geringsten Mitteln in höchster Achtung vor unseren Mitteln zum Leben mehr bedeutet als der Berühmtheitsgrad in dummen Gewohnheiten oder die erzwungene Abhängigkeit von einer chemischen Industrie, die uns Nahrungsmittel verhökert, die keine sind. Erstes mag Unwissenheit sein, letztes ist Verrat und vorsätzlicher

Missbrauch.

Wir wollen unseren Blick schärfen für die Balance aller Dinge, die in uns im Sinne der ganzheitlichen Ernährung wirksam sind oder wirksam sein sollten. Eine gesunde Ernährung gehört zu den wichtigsten Themen unseres Lebens; darunter wird jedoch sehr viel Verschiedenes verstanden.

In diesem Teil des Buches wollen wir Ernährung aus der Entwicklung des Menschen und der Pflanze heraus betrachten und so den Unterschied zwischen gesund und nicht gesund erkennen. Ziel ist es, das Bewusstsein für den gesundheitlichen Wert der Lebens-Mittel zu wecken und eine praktische, alltagstaugliche Anleitung im Umgang mit vitalstoffreichen Lebensmitteln zu geben.

Wir eröffnen die Wege zu einer dauerhaften erfolgreichen Ernährungsumstellung, indem wir unsere Nahrungsmittel neu verstehen und schätzen lernen. Denn nur, er gut informiert ist, versteht und schätzt, wird etwas Bestimmtes tun. Eine ganz wichtige weitere Voraussetzung ist, dass man dies das gewünschte auch innerlich gönnt.

Wer sich selbst zerstören will, wählt das Ungesunde, wer einen Körper als Tempel verstanden hat und ehrt, wählt das, was für ihn gesund ist und versteht, seine eigene individuelle Entscheidungen zu treffen.

Der in sich Ruhende wählt seine eigenen Standards nach seinem Instinkt, er weiß eben, wann und was ihn stärkt und diskutiert nicht mit andern; er informiert sich mit anderen, entscheidet aber nur in der Abwägung mit sich selbst.

Aus den bisherigen Betrachtungen ergibt sich, dass unsere Nahrung wie alle anderen Phänomene dieser Erde, auf eine lange und sinnvolle Entwicklungsgeschichte zurückblicken können. Pflanzen und Tiere bestehen, kurzgefasst, ebenfalls aus jenen Bausteinen und Energien, die in einer klar definierten eigenen Struktur wichtige Bausteine in einer Kette biologischer Reaktionspartner sind. Wir sprechen gerne von einer Nahrungskette.

Unsere Kenntnisse aus dem ersten Kapitel zeigen uns genau, dass die biochemischen Bausteine unseres Lebens ganz andere Energieträger sind als uns immer wieder weisgemacht wird. Während die Industrie darauf besteht, dass die Energieträger Kalorien sind, hat die Wissenschaft längst bewiesen, dass die Energie, die wir aus Lebensmittel beziehen können, in ganz anderen Zusammenhängen entsteht als die alte lineare Denkweise dies zeigt.

Der Begriff Lebensmittel beginnt bei einer Bewusstseinsebene, in der wir mit den Begriffen Holons, Fraktale und Integrale arbeiten, die in einem unermesslichen und faszinierenden Zusammenspiel und Klangbild ihre Vorgaben macht auf den Ebenen, die wir der Quantenphysik und der Energetik zuordnen. Diese sehr gut erspürbaren, erlebbaren Energiebereiche kann die Physik in Frequenzen messen, in Klangbildern und graphischen Formen wiedergeben, die in vielen modernen Wissenschaften, in der Technologie, in der Bionik und sogar in der Kunst längst bekannt sind und die Begeisterung der Betrachter auf sich ziehen. In der Ernährungslehre fehlen all diese Erkenntnisse noch ziemlich. Die Struktur unserer Lebensmittel reicht also weit über das hinaus, was wir uns noch immer mit Kalorienzählerei bieten lassen. Die Entstehungs- und Lebenswege aller Pflanzen und Tiere prägen auf natürlichste Weise die energetische Qualität unserer Lebensmittel. Daher ist dringen darauf zu achten, dass der biologisch vorgegeben und der über Jahrtausende bewährte Weg der Nahrungsentstehung und der Nahrungskette nicht durch Willkür und Dummheit zerstört wird. Wer die Ernährung kontrolliert, kontrolliert alles.

Durch die Manipulation unserer Ernährung erfolgen gigantische gesundheitliche und soziale Schäden, die uns nicht nur zu Achtsamkeit und Widerstand aufrufen müssen, sondern vor allem zu einem neuen Lebens- und Lebensmittelbewusstsein auffordern; sie mögen auch unseren Erfindungsreichtum aktivieren und zu einem bescheideneren Umgang mit unseren altbewährten Lebensmitteln führen. Mit mehr Dankbarkeit für das, was wir haben und mit jenen teilen können, die weniger und oft genug viel zu wenig davon haben.

Die Orte, die Erdbindungskräfte, an denen unsere Lebensmittel aufwachsen, die klimatischen Bedingungen, die Emotionen und gedanklichen Einstellungen derer, die sich persönlich in die Wachstumsprozesse der Lebensmittel einbringen, die Farben, Düfte und vieles mehr, alle diese feinen Bedingungen entscheiden miteinander über die

Verträglichkeit und den Nährwert für alle in der Nahrungs-kette befindlichen Tiere und Menschen. Nach dem Erhal-tungssatz der Energie geht zwar letztendlich keine Ener-gie verloren, doch die Fragen lauten: Wie viel Energie und welche Energiequalität gönnen wir uns, womit belasten wir uns, wenn wir uns jeden Fraß als angeblich gelungenes Essen einverleiben? Unsere Regulationssysteme können vieles Ausgleichen, was wir biologisch nur bedingt oder gar nicht vertragen können.

Kunstprodukte, die nicht entstehen, kosten keine Res-sourcen. Pflanzen und Tiere sind in der Gemeinschaft der Lebewesen Partner, die nicht einfach gefressen und wieder ausgeschieden werden dürfen, ohne sie in ihrem inneren Wert zu erkennen und zu schätzen. Kaum ein Tier frisst mehr als es braucht. Dies fußt auf der unkündbaren Ein-bindung in eine höhere Ordnung, der sich das Tier komplett eingebunden ist. Darüber denkt es auch nicht wirklich nach.

Wer einen freien Willen hat und seine Lebensumgebung, seine Lebensinhalte und seine Lebenspartner nicht be-wusst und freiwillig angemessen schätzt, bekommt das Er-wünschte nicht zurück, weil er seine Akzeptanz und Wert-schätzung auf seine Weise nicht mit in das große Ganze eingebracht hat. Wer Schweine isst, die er mit Müll gefüt-tert hat, braucht sich nicht zu wundern, wenn er selbst zum Mülleimer wird. Mir tut eigentlich nur das Tier leid, das für diese Zwecke missbraucht wurde.

Unter diesem Aspekt können wir unseren Lebensmitteln neu begegnen und ihr Werden mit anderen Augen kennenlernen.

Man möge sich mit der Geschichte von Pflanzen beschäftigen, woraus und wie sie entstehen und wie sie sich ganz natürlich in einen riesigen Kreislauf von Wachstum und Wandlung einbeziehen. Sie leiden auf ihre Art, wenn der Mensch mit unnatürlichen Mechanismen eingreift, den die Energie dieser Pflanzen hat oft nach dem Eingreifen des Menschen eine andere, weniger passende Energiestruktur als uns guttut. Sie kann ihre Aufgabe nicht mehr optimal erfüllen und wird nicht selten zum Ballast für unseren Körper; es verlangt Krafteinsatz von unserem Stoffwechsel zur Assimilation, die wir bei einem rein natürlichen Produkt nicht einsetzen müssten.

Wer sich mit Anthroposophie, mit Baubiologie und Geomantie oder auch mit der Entwicklungsgeschichte der Lebensmittel beschäftigt, und wer ein klein wenig diese Biologie verstanden hat, staunt nur noch über die Geheimnisse, die unsere Pflanzen und Tiere in sich bergen und die sie mit uns Menschen teilen mögen.

Unter der Voraussetzung, dass wir hinhorchen und im biologischen Sinne *gehorsam* sind (in die Geheimnisse der Biologie hineinhorchend, aufmerksam, dankbar); mögen wir für die Geschenke der Natur an uns dankbarer sein und sie angemessen nutzen. Wir haben kein Recht zu Missbrauch und Manipulation, wie sie uns immer noch als selbstverständlich vermittelt wird, weil es der höheren

Ordnung nicht dient.

Während der Entwicklungszeit von Pflanzen und Tieren entstehen innere energetische Verbindungen, die wir vorab als Fraktale bezeichnet haben und die in den Bildern von *Dr. Emoto* so wunderbar sichtbar werden; diese Energiestrukturen haben sehr viel mit gutem Geschmack zu tun und mit Nährwerten, die thematisch Lichtjahre entfernt sind von Kalorien und anderen „Erbsenzählereien". Hier wird die ganze Lebenskraft der Lebensmittel sichtbar.

Unser Organismus verändert kontinuierlich seine Feinstruktur und somit seine Anpassungsfähigkeit an die Umwelt, wenn er biologisch unverfälschte Energiestrukturen angeboten bekommt. Rund um die Uhr baut er stoffliche Strukturen auf und baut sie wieder um, damit der Gesamtorganismus funktionieren kann, damit alle Anteile eines Organismus angemessen genährt und am Zusammenspiel des Ganzen angemessen beteiligt werden. Mit Chemie geht das nicht.

Einer Umwelt, die sich allerdings rascher ändert als je zuvor, vermag unser Organismus nicht mehr zu folgen, ohne sein gewohntes inneres System zu verlassen, mit dem er so etwas Ähnliches wie Balance und Gesundheit aufbauen und gestalten konnte. Es folgt eine Degeneration unserer Gewebe im Sinne von Umwandlung von Energie in Fett und zahlreiche Produkte, die nicht komplett abgebaut und im Fettgewebe, im Bindegewebe sowie an den Gefäßwänden gespeichert werden. Dort bleiben viele neue chemische

Verbindungen liegen und verkleben miteinander, entwickeln nicht selten zerstörerische Funktionen und somit zahlreiche Krankheiten. Immer wieder versucht der Organismus, diese Ablagerungen zu lösen, doch das ist anstrengend und frisst Energie.

Dennoch werden wir immer dicker und träger dabei und in unserem Wesen immer mehr wie unsere Zuchttiere selbst: träge, passiv, dumm, tumb, krank.

Industriefraß manipuliert, damit die Menschenmassen kaufen und still und dumm gut zu führen sind. Demokratie und aktive Pflege der Menschenrechte sehen für mich anders aus. Die Neu-Gier im Ausprobieren des Machbaren und der Grenzen ist verlockend und wirkt machtvoll.

Im Rahmen unserer Ernährungsgewohnheiten kommt es zu einer dramatischen Verschiebung im Säure-Basen-Haushalt, die der Körper aus eigener Kraft zu balancieren versucht. Dazu benötigt er mehr basische Mineralien als er über die Ernährung zugeführt bekommt, weshalb er seine eingelagerten Mineralreserven aus Knochen und anderen Speichern aktiviert. Das Ergebnis der Übersäuerung ist somit verbunden mit einer Demineralisierung verschiedener Gewebe, wobei dies die Knochen am meisten betrifft:

sie werden brüchig, porös, also osteoporotisch.

Nichts ist für die Belastung unserer Gewebe wichtiger als ein ausgeglichener Säure-Base-Haushalt und dies beginnt in unserem elektromagnetischen Feld. Wenn die Mischung

der in unserem Körper mit einander reagierenden Energi-
en und Substanzen nicht in einem chemophysikalischen
Gleichgewicht fließen, kommt es immer zu einer Dysba-
lance mit destruktiven Reaktionsmustern. Die Wirkung von
Säuren und Laugen auf der Hand tun weh. Das weiß jeder,
der schon mal seine Hände in Säuren oder Laugen gesteckt
hat oder von einem Insekt gebissen wurde.

Bei jedem Ameisenbiss geschieht das Gleiche: es kommt
zu einer lokalen Reaktion, die der Körper durch eine Was-
seransammlung am Ort des Geschehens zu mildern versucht: die betroffene Stelle schwillt an. Geschieht dies im
Bereich von Gehirn, Gesicht und innerem Hals, kann es
rasch lebensbedrohlich werden, denn die Schwellung kann
Luftwege und anderes verdrängen. Geschieht dies in anderen Körperbereichen sehr langsam aber kontinuierlich
und ohne einen konsequenten Ausgleich, brennt die Säure
in allen Häuten, im Fettgewebe und in allen Muskel-, Seh-
nen- und Bänderansätzen: Dann sprechen wir von Entzün-
dungen, von rheumatoiden Erkrankungen und von Rheu-
ma, Fibromyalgie und anderem. Diese Reaktionsmuster
sind die biologische Folge einer chronischen emotionalen
wie körperlichen Übersäuerung.

Unsere Sinne sind auf die optimale Funktion unserer unbewussten Orientierungshilfen wie die Instinkte angewie-
sen; werden Nervenhäute, Bindegewebe und alle inneren
Organe einer chemischen Dauerbelastung durch eine fal-

sche Nahrung gereizt und kontinuierlich überreizt, folgt zwingend eine kontinuierliche Überreizung des ganzen Organismus, des ganzen Systems mit der biologischen Folge von Leistungsminderung:

Sowohl in den einzelnen Organen wie in der Psyche.

Unsere Lebensqualität ist abhängig von unserer Psyche und diese direkt abhängig von der chemischen Funktionsstabilität. Werden die normalen chemischen Reaktionen durch eine übertriebene Anwesenheit von Säuren ständig irritiert, kann die Psyche nicht harmonisch nach den natürlichen Grundbedingungen agieren und reagieren, es muss zu Einbrüchen der biochemischen Reaktionsmuster kommen.

Dies äußert sich sehr unterschiedlich, je nach Art und Intensität der Belastung. Für jeden Therapeuten faszinierend zu beobachten ist jedoch, dass sich diese biochemischen Irritationen durch einen Energieausgleich, durch biologische Therapien von Pflanzenheilkunde, Homöopathie, Handauflegen und vielen anderen einfachen „Mitteln" wie Bäder und Wickel rasch balancieren lässt.

Die Erklärung liegt in der Erkenntnis, dass alle Körperreaktionen, durch die das elektrische und magnetische Verhalten von Atomen und Molekülen vermittelt wird.

Gelingt ein Ausgleich auf subatomarer, atomarer und molekularer Ebene, also nicht zuletzt in allen Geistigen Dimensionen, verändert sich das Reaktionsmuster der Gewebe sofort und nimmt die heilenden Informationen aus der Matrix umgehen wieder auf: Wir sprechen von der Lösung so genannter Blockaden.

Haben wir dies einmal gründlich verstanden, haben wir auch eine genial einfache Lösung in der Hand für die Qualitätsseigerung bzw. die Balancierung unserer Lebensmittel: Lebensmittel können nicht nur aus der biologischen, gesunden Grundstruktur herausgebracht werden, sie können jederzeit wieder in ihre Balance gebracht werden.

Dazu bedarf es einiger Kenntnisse und Übungen, die wir in den Kapiteln zur Neuen Medizin (Band IV) besprechen werden.

Zur Erinnerung: ca. 1/3 aller Europäer gelten als manisch-depressiv oder anderweitig psychisch verändert, rund 20-25% der Gesamtbevölkerung der EU leidet unter Allergien; Bluthochdruckkrankheiten, Gicht, Diabetes u.a. nehmen dramatisch zu. Nach dem letzten Weltkrieg gab es ca. 80 - 90% Akuterkrankungen und nur ca. 10 - 20% chronische Erkrankungen, heute ist es fast umgekehrt.

Die Weltbevölkerung wird immer kränker und hungert immer mehr, nicht obwohl wir so viel essen, sondern weil wir so viel und das Falsche essen. Man spricht von einer Plus-Dekompensation. Aber die Benutzung von Fachbegriffen ist ja nur eine Spielerei mit Zuordnungen von Luftnummern. Die allermeisten Diagnosen sind Scheinbegriffe, die kaum eine umfassende Realitätsaussage haben, immer wieder auf die falsche Fährte bringen, weil sie nicht den inhaltlichen Zusammenhang und die Entwicklung zu einer Krankheit beschreiben, sondern nur Symptome.

Unsere Ernährung definiert also ganz entscheidend unsere Kräftesituation. Eine gesunde Ernährung findet rhythmisch statt: mäßig aber regelmäßig.

Eine natürliche Ernährung mit so weit wie nur möglich naturbelassenen Lebensmitteln schenkt uns eine Zusammensetzung der Ernährung, wie sie die besten Pillen und Vitaminsäfte nicht zustande bringen können: in Zeiten der besonderen Beanspruchung können *Nahrungsergänzungen* eine wichtige Hilfe sein, länger stabil zu bleiben oder rascher wieder stabil zu werden, sind aber nur als vorübergehende Unterstützung einzuordnen.

Essen sollte nach den biologischen Rhythmen unseres Biotops gestaltet sein: es gilt der Satz: ernähre Dich von den Früchten der Saison. Das muss man nicht gleich wieder übertreiben, doch die Kernaussage stimmt. Denn jede Jahreszeit hält uns alles vor, was wir in dieser Phase des natürlichen Klimawandels brauchen. Das Beste wächst in der Regel bei uns vor der Haustüre bzw. will dort wachsen, wenn dies nicht durch falsche Bodenpflege und anderes fehlgeleitet oder gar unterbunden wird.

In einer betonierten Landschaft wächst da natürlicherweise fast nichts mehr. Und dennoch, wenn wir in den Ecken der Straßen, im Straßengraben und zwischen den Steinen genau hinschauen, können wir auch dort die unbändige Kraft der Biologie zum Überleben finden: manche sprechen von *Unkraut* und zupfen das letzte bisschen Leben in umbauten Räumen weg.

Zurück zu den Lebensmitteln. Haben unsere Lebensmittel eine natürliche Qualität, dienen sie dem direkten Verzehr, sie „halten sich nicht lange", weil sie dafür auch nicht geschaffen wurden. Diese Lebensmittel wollen uns jetzt nähren und nicht später. Andere lassen sich gut lagern und verschenken sich langsam und nachhaltiger.

Orientieren wir uns in unserer Ernährung an biologischen Rhythmen, bleiben wir auch auf den Körperebenen leichter in unserer Rhythmik. Und verbleiben somit in unserer natürlichen Eigenschwingung und Leistungsfähigkeit.

Ein hoher biologischer Nährwert und Frische der Lebensmittel hängen mit ihrer natürlichen inneren Dynamik und Wandlungsbereitschaft zusammen: sie wollen uns energetisch flexibel gestalten und halten, mit starren Strukturen geht das nicht. In jeden Haushalt und vor allem auch in jede Kantine muss ein neues Lebensmittelbewusstsein.

In allen Betrieben und ebenso in den Mitarbeiterstab einer jeden Behörde. Denn auch diese sind für die Gesundheit ihrer MitarbeiterInnen mitverantwortlich und da gehört für mich ein gesundes Nahrungsbewusstsein dazu.

Warum sollten nicht auch BehördenmitarbeiterInnen endlich zu einem gesunden Mittagessen eingeladen sein? Sie sind kontinuierlich bis an ihre Belastungsgrenze eingespannt zum Dienst an der Bevölkerung und werden oft genug mit fast Food und Süßigkeiten alleine gelassen!

Viele machen gar keine Pausen und trinken nicht genug.

Ein Film im Internet zeigte mir kürzlich den Vergleich zwischen der Ernährung an Ganztagsschulen im Vergleich mit mehreren Ländern. Während in französischen Schulen sehr auf eben jene angesprochenen Fakten geschaut wurden, sogar in Armenvierten großer Städte, in der USA überhaupt nicht, zeigte sich auch die Ablehnung der Schüler: den Fraß wie in den USA an Schulen und Unis würden französische Schüler nicht einmal anfassen, es ekelte sie - eine wirklich vernünftige und biologische Reaktion.

Das erstaunliche ist auch, dass die Gesamte Ernährung der Kinder in Frankreich 30 - 40 % weniger kostet als in den USA. Die Ökonomie einer naturgemäßen Frischkost ist weitaus günstiger als alles andere.

Auch in Band IV werden wir uns mehr mit den realen Möglichkeiten widmen, wie wir innerhalb kleiner und großer Betriebe die Ernährungsgrundlage unserer MitarbeiterInnen deutlich verbessern können. Dabei spielt nicht nur die Auswahl der Lebensmittel eine Rolle selbst, sondern natürlich auch ihre Zubereitungsweise in den Kantinen, sofern vorhanden, vor allem auch die Muße, die in der gewohnten Pausenordnung kaum zu finden ist. Man versucht zwar, Vorgaben des Gesetzgebers irgendwie halbwegs umzusetzen; aber ein ernsthaftes und respektvolles Interesse an der Gesunderhaltung der MitarbeiterInnen finden wir, insbesondere in kleineren und mittleren Unternehmen, eher selten. Etliche große Unternehmen haben indessen bewiesen, dass die Umsetzung solcher Interessen kein ernsthaftes Problem darstellt. In Italien und teilweise in Frankreich, auch in nordischen Ländern sind Mittagspausen von einer Stunde und mehr, am liebsten im Familienkreise, oft selbstverständlich. Warum nicht auch bei uns?

Von großer Bedeutung ist die Wertschätzung, die wir unseren Lebensmitteln entgegenbringen: Die Liebe, Respekt und Dankbarkeit, die wir emotional auf die Lebensmittel projizieren, ist energetisch wirksam. Das haben wir in den vorausgehenden Themen gelernt. Schätzen wir sie nicht mehr, haben wir die Fürsorge aufgegeben und die „Aufzucht" von Tieren und Pflanzen einer völlig respektlosen Industrie übergeben. Dies liegt in erster Linie in der Verantwortung des Verbrauchers, nicht der Industrie. Medien, Politik und Industrie führen nur aus, was der Verbraucher will und zulässt.

Ziel ist eine harmonische Bilanz zwischen den eingenommenen und ausgeschiedenen Stoffen. Das erlebbare Maß für die ausgeglichene Bilanz heißt Wohlbefinden, Leistungsfähigkeit, Lebensfreude und freiwilliges Maßhalten. Ernährung bezieht sich in dem alten wie in dem neuen Weltbild, ganz besonders auf die unsichtbaren, feinstofflichen, bioenergetisch wirksamen Anteile. Die erlebbare ausgeglichene Bilanz zeigt sich hier vor allem auf den emotionalen und intuitiven Ebenen, in dem wir unseren Alltag, unsere eigene Entwicklung leichter, fröhlicher und flexibler gestalten können und dies auch so wollen: weniger aggressiv gegen uns und unsere Welt.

Unsere Nahrungsmittel sollten die Früchte unserer gewohnten und geliebten Erde sein, in der unsere Lebensstrukturen gewachsen sind. Früher gehörte dies zur *Heimatliebe.* In diesem Begriff war mehr als nur grobstoffliche Nahrungsaufnahme beschrieben, vor allem ein Ort der Sicherheit und der Geborgenheit, der Lebensfreude und des Gewinns von Mut und Hoffnung, von Lebensstärke- und von Souveränität. Dies waren nicht zuletzt Kräfte, die über die Nahrungskette aus der Erde und dem guten Quellwasser bezogen wurden und die sich allenthalben auch in einer belastungsfähigen Menschennatur widerspiegelten.

Energetisch stabilisierendes Wasser, Obst, Gemüse mit hohem Rohkost- und Grüngemüseanteil sowie Erdfrüchte wie Kartoffeln sollten Grundlagen-Lebensmittel in unserer Region sein. Insbesondere dem Wasser als Träger wichtigster Informationen ist besondere Aufmerksamkeit zu schenken. Es ist auf Reinlichkeit in Bezug Bakterien, Viren, Parasiten und toxische Stoffe aus der Umwelt zu achten. Eine stabile und harmonische Energiestruktur (Cluster) braucht jedoch keine Desinfizientien. Cluster stabilisieren sich selbst, wenn man sie dies tun lässt.

Biologisch geordnetes Wasser bleibt in sich lange energetisch stabil und lässt eventuell vorhandene Keime lange Zeit nicht zur Wirkung kommen. Dabei ist dieses Wasser hochlebendig und eben nicht tot. Es bleibt durch seine innere Dynamik äußerlich stabil. Diese innere Dynamik macht stabil und lässt führt zu Bedingungen, unter denen schwer krankmachende Erreger kaum leben können.

Dies bedeutet, Lebensmittel werden nicht „schlecht", sie verändern sich auf natürlich Weise und sie „wollen" frisch gegessen werden. Haben sie sich bereits transformiert, haben sie sich für andere Lebewesen vorbereitet und sind nicht mehr für uns Menschen verträglich, wohl aber für andere Partner im System: für Ameisen und Würmer, die mit Hilfe der natürlichen Bakterienflora Humus entstehen lassen. Wir sollen die Lebensmittel halt frisch essen und keinen Humus.

Welche Nahrungsmittel sind für uns wichtig?

Neben einem guten Wasser benötigen wir Getreidesorten, Obst, Kräuter und Gewürze, Früchte der Saison, die wir in den Wiesen und Feldern finden unserer Region finden, in der wir leben.

Fisch ist wichtig und gelegentlich auch Fleisch.

Milch ist ein Lebensgrundmittel mit besonderen Eigenschaften für die Aufzucht von einigen Lebewesen für einen bestimmten Zweck und Zeitraum, sie ist kein Getränk. Die Behauptungen bezüglich der Bedeutung von Milch als Träger von Mineralien und ähnlichem sind, biologisch gesehen, völlig unsinnig, denn Milch verschleimt unsere Schleimhäute rigoros, bindet Mineralien und andere wichtige Stoffe, die der Körper dringend für ein stabiles Immunsystem braucht und mindert die Verfügbarkeit freier Energien für zahlreiche feinstoffliche und somit lebenswichtige Prozesse. Milch macht zwar satt und beruhigt vielleicht für einen Augenblick; der Sättigungsgrad ist allerdings zumeist wieder so groß, dass unser natürliches Verlangen nach gesunden Nahrungsmitteln unterbunden wird, denn wir sind ja schon satt.

Das Problem ist also nicht nur die Milch und andere tierische Fette und Eiweiße, bei denen letztlich das Gleiche passiert: wir sind rascher satt und vermeiden das wirklich Gesunde, das auch rascher und intensiver abgebaut werden kann als Fett und Milch. Nahrungsmittel sollen in angepassten Abständen und Zusammensetzung eingenommen werden.

Dies bedeutet: Nicht zu viel Nahrungsangebot insgesamt anbieten, auf Regelmäßigkeit achten; nach dem altbewährten Satz: Mäßig, aber regelmäßig. Das gilt für fast alles. Einseitigkeiten vermeiden, Abwechslung anstreben: von allem etwas, keine Überbetonungen über längere Zeit. Das eine Glas Milch in der Woche ist völlig unerheblich, doch ich kenne Menschen, die unter der Vorstellung leiden, der Mensch bräuchte morgens Müsli und einen halben Liter süße Milch. Das ist aus biologischer Sicht definitiv zu viel, es sei denn, alle weiteren Mahlzeiten würden mit Salat, frischen Früchten, Quellwasser und viel Muße gestaltet.

Feinfühlige und gesundheitsbewusste Menschen achten auf die Zusammensetzung und die Herkunft ihrer Lebensmittel.

Denn Nährstoffe sind nicht Nährstoffe und Mineralien sind nicht einfach Mineralien. Sie müssen für eine gute Aufnahme im Gewebe in ganz bestimmten chemischen Bindungen vorliegen: als Aspartate, Picolinate, Citrate und viele andere, oft am besten als Gemisch.

Werden diese Bindungsqualitäten nicht berücksichtigt, kann man große Mengen Mineralien aufnehmen, die das Bindegewebe eher belasten, zu Durchfall führen, die Matrix blockieren und zu einer unerwünschten und selten kontrollierbaren Eigendynamik führen. In blutchemischen Untersuchungen tauchen dann regelmäßig hohe Vitamin- und Mineralspiegel auf, die aber in der Zelle nicht energetisch genutzt werden können.

Vitamine dienen in einem sehr hohen Maße dem Aufbau und der Funktion lebenswichtiger Zellfunktionen.

Die zusätzliche Zufuhr von Nahrungsergänzungsmitteln macht zumeist nur Sinn, wenn sie in Zusammensetzung und Dosierung dem einzelnen Menschen angepasst werden, wenn dies auf ein bestimmtes Zeitfenster und einen bestimmten Zweck beschränkt wird. Die Gewinnung der Rohstoffe nach biologischen Kriterien im Sinne einer physikalisch reinen Schwingung spielt eine sehr viel größere Rolle als die mengenabhängige Wirksamkeit.

Westliche Kulturen mit ihrem weitgehend starren Blick auf mengenabhängige Wirkungen zählen die Kalorien und die mmol einzeln, andere erfahrene Kulturen konzentrieren sich auf den natürlichen Geschmack durch die Reinheit der Lebensmittel, die Unverfälschtheit, die intuitiv erfasste Kraft des Lebensmittels und die Lebensfreude, die man schmeckt, gerade weil man auf völlig überflüssige biochemische Veränderungen verzichtet hat.

Ein gut ausregulierter Organismus toleriert Ausnahmen ohne Probleme. Diese Erkenntnis mag auch unser Konsumverhalten steuern und unsere Überzeugung stärken, dass ein guter und im biologischen Sinne natürlicher Geschmack nicht von 30 - 40 chemischen Zusatzstoffen kommt. Zum Leben und damit zur Nahrungsaufnahme gehören auch die Gedanken zur eigenen Position in der Welt. Und zu Gott oder welches System auch immer wir für die ganz Großen Zusammenhänge verantwortlich machen mögen, wo immer wir uns auch geborgen und innerlich genährt fühlen mögen.

Heilfasten

Durch das ständig gesteigerte Angebot an nicht natürlich gewachsenen Rohstoffen, die der Organismus noch nicht kennt, wird unser Organismus hoch belastet. Seien es Medikamente, Süßigkeiten und andere Neuerfindungen der chemischen Nahrungsmittelindustrie.

Das gute alte *Heilfasten* hat uns in zahlreichen sehr gut dokumentierten Studien gezeigt, dass die Entgiftung und der Abbau der abgelagerten Stoffe - zumeist Eiweiße - mindestens so wichtig ist wie die Zufuhr weiterer Mineralien und Vitamine. Nach einer ersten und oft intensiven Umstellung in den ersten Tagen einer Fastenkur werden die zahlreichen „ausscheidungspflichtigen Stoffwechselendprodukte" (Schlacken) abgebaut. Der Stoffwechsel befreit sich von vielen Dingen, die ihn zwar beschäftigen, aber nicht nähren, sondern nur Kräfte binden.

Jeder Organismus braucht da seinen eigenen Führungsstil in einem solchen Heilfasten. Frühestens nach drei bis vier Wochen Heilfasten, je nach Ausgangssituation, werden Nahrungsergänzungen in kleinen Mengen benötigt und energetisch genutzt.

„Edel sei der Mensch, hilfreich, gut und abwaschbar", lautet ein Sprichwort aus meiner Jugend. Im Sinne einer eigenverantwortlichen Selbstreinigung ist täglich, insbesondere beim Fasten bzw. bei jeder Umstellung von Ernährungsgewohnheiten, auf eine gute Reinigung des Darmes zu achten. Dieses Darmrohr beginnt bereits am Mund, die Zahn- und Rachenpflege gehören also bereits dazu.

Ein hoher Rohkostanteil im Essen und gelegentliche Einläufe mit abgekochtem und wieder abgekühltem Wasser unterstützen die Darmreinigung entscheidend, sofern dies alles nicht von alleine funktioniert. Beim Heilfasten allerdings gehört der Einlauf oder die Darmspülung (Colon-Hydro-Therapie) eigentlich zur Pflicht, um den Effekt der Reinigung mit dem Lösungsmittel Wasser in vielen Fällen erst zu ermöglichen.

Voraussetzung ist ein unversehrter Darm; wenn Operationen oder schwere Erkrankungen vorliegen, kommt eine Colon-Hydro-Therapie meist nicht in Frage.

Da muss man über Alternativen nachdenken. Eine gute tägliche Darmpflege führt zu einer tief befriedigenden Entlastung. Alle Anteile unseres Organismus´ danken es uns, weil der „Mülleimer", wie in jeder Küche, regelmäßig geleert wird. Kennen Sie eine Feinkostküche, die ihren Müll nur einmal pro Woche entleert? Alle Stoffe und feinstofflichen Anteile, die durch die normale Darmentleerung und ergänzend über Haut, Atmung und Nieren nicht aus dem Organismus entfernt werden, gelangen wieder in den Blutkreislauf zurück, die Selbstvergiftung läuft. Eine gelassene, rhythmische und gleichmäßig tiefe Atmung und unsere tägliche Stunde Bewegung unterstützen Lunge und Darm in all ihren natürlichen Funktionen.

Unser Zeitmanagement trägt zu einem ganz entscheidenden Teil zu der Verträglichkeit und der Effizienz oder deren Gegenteil unserer Nahrung bei. Hetze bei Nahrungsaufnahme und Verdauung erlaubt keinen Genuss und keine effiziente Nutzung unserer Nahrung. Zahlreiche Befindlichkeitsstörungen und Krankheiten sind die Folge.

Diese Befindlichkeitsstörungen kontinuierlich zu übergehen ist im ursprünglichsten Sinne verantwortungslos, sich selbst und anderen gegenüber, die unter den Folgen und ihren Behandlungen zu leiden haben. Wir fragen in der Regel nicht, ob andere Menschen einen Teil ihres Lebens opfern wollen, um die Folgen unserer eigenen Uneinsichtigkeit auszugleichen, wir fordern das einfach ein...

Das Essverhalten als solches ist ein wesentliches Merkmal eines Menschen: der eine genießt, der andere schlingt. Der Genießer kaut seine Mahlzeit gut durch und erleichtert sich die Vorverdauung im Magen, der „Schlingende" belastet seinen Magen und alle Drüsensysteme mehr als erforderlich und erhält dabei zwangsläufig eine negative Energiebilanz.

Die emotionale Grundstimmung bei der täglichen Nahrungsaufnahme selbst und die philosophische Grundhaltung gegenüber unserer Nahrung als solcher spielen eine wesentliche Rolle. Dankbarkeit und Demut gehören zum Essen dazu. Dankbarkeit und Ausgeglichenheit verhelfen enorm zu einer gleichmäßigen biochemischen Verdauungsarbeit und intensiven Energieausbeute.

Zahlreiche physikalische Messungen geben eindeutig darüber Auskunft, dass es im Feinstofflichen noch viele Zusammenhänge zu klären gibt: z. B.: wie ein gesprochenes Gebet die zuvor gemessenen schädlichen Schwingungen in einem Haus oder auf einem Teller verschwinden lassen kann.

Es ist rein physikalisch nachweisbar, dass die Harmonisierung zwischen Lebensmittel und Individuum von entscheidender Bedeutung ist für die „Verträglichkeit" des Essens. Hier zeigt sich die Synchronisation der physikalischen Grundschwingungen im Sinne einer Kohärenz und einer Symbiose. Erinnern wir uns: alle Dinge, auch Pflanzen durchlaufen einen Prozess, der auf den Energetischen Ebenen der Matrix beginnt und der sich über die Bildung der Grundmoleküle dieser Erde äußerlich erkennbar macht, Gestalt gewinnt. Chemische Produkte kennen diesen Prozess nicht, er ist ihnen völlig fremd, weshalb ein chemisches Produkt niemals eine natürliche Lebensmittelqualität haben kann.

Wie denn? Wo sind die Lebensmittelchemiker, die über ihren Produkten beten und sie energetisch in einen biologischen Kreislauf einbinden? Ich selbst habe in unzähligen „Versuchen" gebetet und mich viele Jahre mit modernen Techniken des Betens (Kinesiologie, Radionik u.a.) täglich beschäftigt, um sagen zu können: Beten hilft immer, am Meisten und am Preiswertesten. Ob es so hilft, wie unser Kopf das gerade sieht und Bedingungen stellt, ist dabei eine wichtige, aber völlig andere Frage...

Innerhalb der ca. 100 heute bekannten natürlichen Elemente des Universums bilden die fünf Basis-Atome Kohlenstoff, Wasserstoff, Stickstoff, Sauerstoff und Schwefel eine herausragende Rolle: Sie bilden die Kristallgitter der Erde mit, in welche die anderen Elemente auf ganz bestimmte Weise eingebettet sind bzw. daraus entstehen.

Gerät diese biologische Grundordnung durcheinander, kann sie nicht in der gleichen verbindlichen Weise wirken wie die Jahrmillionen zuvor. Naturgegebene Instinkte führen uns idealerweise zu den Nahrungsmitteln, die für unseren Organismus gut und sinnvoll sind, eingebettet in biologische Rhythmen wie Jahreszeiten und Klimawechsel im Laufe erdgeschichtlicher Entwicklungen.

Unsere Instinkte wissen genau, was wir brauchen und was nicht. Künstliche Nahrungsmerkmale, die unser Organismus nicht kennt und biologischer weise auch nicht zu kennen braucht, verändern unsere Instinkte und bringen unser Gehirn sowie den weiteren Stoffwechsel in Entscheidungsprobleme; er weiß plötzlich nicht mehr mit den angebotenen „Lebensmitteln" umzugehen, weiß sie nicht angemessen zu verstoffwechseln und lagert sie teilweise im Gewebe ab, teilweise bildet er Abwehrmechanismen aus (Allergien und andere Krankheiten).

Die Schöpfung behält sich freilich Veränderungen vor, die Anlass geben für viel Erfahrung in der Zukunft, biologisch; doch die Veränderungen sind eben mangels Erfahrung im Umgang mit Neurungen oft unbequem und durchaus auch von zerstörerischer Natur. Wir sollten einfach sehr achtsam sein.

Was leitet unsere Lebensmittelsuche?

- *Emotionen und Lustgefühle sind Stoffwechselleistungen und somit auch das Ergebnis einer gesunden, disziplinierten, biologischen Ernährung*

- *Alles hat seine Gültigkeit und seinen Wert: Schwangere*

haben Lust auf Saures; Zeit für Schokolade, Zeit für Möhren; gelegentlich Zeit für weniger Gesundes, nur, weil die Lust plagt, ist für mich gelegentlich o.k.

· *Glücksgefühle? Hunger und Lust sind zweierlei. Beides ist wichtig, doch es gilt das angemessene Maß zu finden, das reine Freude bringt und letztlich nicht schädigt. Essen sollte keine Strategie der Selbstbestrafung sein*

· *Essen ist oft eine Ersatzhandlung für Befriedigungen, deren Mangel uns nicht bewusst ist, für Enttäuschungen und verloren gegangene Ziele und Visionen, kleine und große*

· *Im Abschnitt Emotionen und ihre Balance kommen wir wieder darauf zurück und geben Tipps, wie man solche Zusammenhänge erkennen und lösen lassen*

· *Essen muss und darf Spaß machen und schmecken. Doch unser Geschmack wird immer wieder getäuscht durch die industrielle Veränderung unserer Lebensmittel, aus welchen Gründen auch immer*

· *Geschmacksmischungen irritieren unsere Wahrnehmung, die Lebensmittel einzeln genossen bringt mehr Genuss und überfordert nicht unsere Sinne und unseren Stoffwechsel (Beispiele Trennkost, Heilfasten).*

Was hat unsere Lebensmittel verfälscht?

Zunächst ganz sicher unsere Art, ihnen zu begegnen: wir schätzen sie nicht mehr, wir haben die Fürsorge aufgegeben und die „Aufzucht" von Tieren und Pflanzen einer völlig respektlosen Industrie übergeben. Die Verfälschung der Lebensmittel geht weiter mit ihren chemischen Veränderungen, mit denen man Lebensmittel haltbarer machen will und nicht zuletzt, um die Hygiene zu verbessern.

Frische Lebensmittel, in denen sich ein Wurm wohl fühlt, sind biologisch ausgewogen; chemisch veränderte Lebensmittel, auch gespritzte Früchte, sind für unseren Organismus das, was sie enthalten: chemisches Gift.

Ich will an dieser Stelle der Industrie keine Böswilligkeit unterstellen; doch sie lebt ein Gedankengut und Vorstellungen, wie sie kaum weiter von den Grundlagen der Biologie abweichen können. Dieses Gedankengut ist analog den Vorstellungen des Kalten Krieges und der ganz bewussten Einstellungen von Menschen, die ihren Lebenskampf vollkommen dem Polaritätsprinzip in einem Weltbild im Entweder / Oder verschrieben hatten, das erst in den 1960-igern ins Wanken geriet und erst in jüngster Zeit zu einer weltweiten Wende führt, die alle privaten Lebensbereiche und alle Unternehmensbereiche erfasst hat.

Unser aller Aufmerksamkeit gegenüber den biologischen Faktoren und Grundlagen wächst wieder und führt nicht zu einer Rückführung in fundamentalistisches Gedankengut, wir bewegen uns in eine wirkliche komplette Veränderung im spirituellen Sinne, weg von Feindbildern und Kampfmustern, hin zu einem neuen Friedensbewusstsein in einem Weltbild der Anerkennung.

Der alte Satz „Teile und herrsche" bekommt eine weitere Bedeutung: wir lernen: Teilen ist nicht mehr angstbesetztes Zerteilen, sondern dankbares, respektvolles Miteinander Teilen und Genießen.

Das ist wirklich ein Quantensprung in der gesellschaftlichen Entwicklung aller Menschen. Freilich kann man nicht alle Zusatzstoffe verteufeln, darum geht es auch nicht an dieser Stelle; aber auch künstlich hergestellte E-Stoffe sind nicht natürlicher Art, künstliche Vitamine und Zusätze wirkt nun mal nicht wie eine Kombination natürlicher Wirkstoffe, die mit einander gewachsen sind; und wozu Lebensmittel haltbar machen, wenn und solange es anders geht?

Wozu Impfstoffe haltbar machen, die in wenigen Monaten verbraucht werden sollen? Wozu Impfstoffe, wenn wir sie aufgrund unserer Erkenntnisse in der *PsychoNeuroImmunologie* gar nicht brauchen? Die Kettenreaktion in dieser Fragestellung wird offenbar, weil die Veränderungen alle Bereiche unser Gesundheitsbewusstsein berühren.

Alles wird in Frage gestellt, alles in der Biologie stellt sich biologisch selbst immer wieder zur Diskussion, weil nichts so bleiben kann und wird, wie es für eine kurze Zeit gedacht war. Biologie ist Schöpfung, sie kann nichts für den Menschen produzieren, was nicht in wenigen Takten nicht schon wieder vorbei sein muss, weil jede Erfindung der Schöpfung, sei es von alleine, sei es von Menschenhand; immer will alles als ein Ausdruck eines Bewusstseinszustandes und eines damit analogen Energiezustandes der Biologie verstanden werden.

Transport und Lagerung von Lebensmittel wurden drastisch verändert. Während früher die meisten Nahrungsmittel reif geerntet werden konnten, weil sie in erreichbarer Nähe erzeugt und verzehrt wurden, zwingen heute Nachfrage und Transportwege zu völlig unnatürlichen Lagerungsbedingungen: unreife Früchte werden in Kisten gequetscht und lieblos in Maschinen transportiert.

Ich möchte unsere Sinne schärfen für den Tatbestand, wie weit wir uns von einer frischen und natürlichen Kost entfernt haben, den Griff zum Apfelbaum nebenan, der Biss in die Tomate, die hinterm Haus gewachsen ist und die Trauben, die ungespritzt und saftig an der Hauswand emporklettern. Ziel unserer Betrachtungen mag sein, Mut zu machen, die eigenen und natürlichen Instinkte wieder zu aktivieren, sich seinen Lebensmitteln mit der gebotenen Achtsamkeit, liebvoller Pflege und Dankbarkeit zu widmen und nicht jeden Mist in sich hineinzustopfen, den andere Leute für begehrenswert halten.

Ich wünsche uns alle ein Bewusstsein der eigenen Wert-schöpfung, denn eine Pflanze kann uns zu erheblichen Kräften, zu guter Laune und zu Erfolg für uns selbst wie für viele andere Menschen verhelfen. Gift kann das nicht. Pflanzen geben vielerlei Anlass zum Gespräch; es gilt, wieder mit uns selbst und unserem Biotop harmonisch, friedfertig und gesund zu kommunizieren.

Wie wollen wir uns mit Gift friedlich unterhalten, das uns selbst in allen Geweben und psychischen Ebenen angreift? Welche neue Botschaft sollte uns auf diesem Wege zukommen? Höchstens das Bewusstsein, dass wir gerade dabei sind, unsere Souveränität und unsere Gesundheit zu verkaufen. Der Preis ist unsere Gesundheit, unsere Lebens-freude, unsere gesellschaftliche Leistungsfähigkeit und nicht zuletzt die reine Existenz sehr vieler Menschen, die an diesem Irrsinn bei lebendigem Leibe vergammeln müssen. Das ist verzögerte Exekution, Verrat am eigenen Volk. Es wird Zeit, dass wir, das Volk, für ein gesundes Brot auf die Straßen ziehen, die Produktion vergifteter Lebensmittel unterbinden und zudem Landwirtschaftsprogramme aktiv mit unserer Körperkraft und unserem Wissen unterstützen, welche die regionale Versorgung sicherstellen können.

Doch es gibt wohl eine klare Diktion der Macht:

Wer die Ernährung kontrolliert, kontrolliert alles.

O.k., dann bauen wir unser Gemüse wieder selbst an und liquidieren die Lebensmittelwaffenproduzenten und Bombenleger auf biologische Weise: Regierungen sollten gezwungen werden, ihre Biowaffenproduktionen in der Ernährungspolitik zu ändern. Arbeitsplätze können in der Biolandwirtschaft mit entsprechenden Programmen gefördert werden, die bereits in vielen guten Beispielen leben.

Dabei spielt noch ein anderer Faktor mit: Arbeit wird im Zeitalter der Anerkennung neu definiert und ganz anders verteilt werden. Noch sprechen wir von *Arbeitslosen*; bald werden alle, die überleben und leben wollen, lernen, in ihrem Leben der Arbeit in der eigenen Landwirtschaft wieder Vorrang oder zumindest einen neuen Stellenwert einzuräumen, der von natürlicher Demut, von wirklicher Dankbarkeit und von tiefem Respekt genährt ist für diese Erde, die eine jahrzehntelange Vergiftung verzeihen kann.

Wenn man sie darum bittet, wenn man sie mit ihren Mitteln wirken und arbeiten lässt. Pflanzen, auf natürliche Weise gezogen und gepflegt, verändern nicht unsere Instinkte, unsere Nerven, unsere Verhaltensmuster, unsere Psyche. Sie stärken uns in einer Weise, die uns Kraft gibt für die Anforderungen unseres Alltags und für eine stabilere Seele, für mehr Lebensfreude und mehr Bereitschaft zum Frieden.

Ökologischer und Biologischer Landbau

Die Begriffe „Ökologischer und Biologischer Landbau" sind Begriffe für Formen der Landwirtschaft, die sich grundsätzlich nach rein biologischen Kriterien richten und den technischen Fortschritt in der Nahrungsmittelherstellung auf ein Minimum reduzieren oder ganz ablehnen. Pflanzen soll bleiben können, was sie ursprünglich waren bzw. sind und sollen nicht durch menschliche Manipulation mehr verändert werden als es die Biologie selbst durch ihre eigene Kreativität tut.

Dazu gönnt sich die Biologie Zeiträume, die für uns extrem lange vorkommen. Doch diese langen Zeiträume gewähren die Möglichkeit eines langsamen Reifungsprozesses, der durch die innere holographische Abstimmung immer nur zu einem harmonischen Gesamtergebnis führen konnte. Selbstverständlich war es nicht ein zuvor planerisch ausgewiesenes „Ziel" der Biologie, Milliarden Menschen zu ernähren, aber sie sorgte immer dafür, dass es möglich gewesen wäre und möglich ist, wenn wir mit ihren Ressourcen diesem Ziel angemessen umgehen lernen.

Das ist unsere ureigene Verantwortung und wenn wir dies nicht freiwillig lernen, dann wird uns die Schöpfung dorthin führen.

Die Biologie wird immer alles dafür tun, sich und unser Biotop zu sichern. Die Frage ist nur, ob bzw. unter welchen Bedingungen wir das miteinander erleben wollen.

Seit ca. 1990 bemüht man sich innerhalb der EU um entsprechende Regelungen. Auf dieser Verwaltungsebene ist der Schutz der Bevölkerung und der Landschaften ein vorrangiges Ziel, ohne das eine Länder übergreifende Bewusstseinsänderung nicht innerhalb weniger Jahre stattfinden kann. Richtlinien für Landnutzung und Tierhaltung sind unerlässlich für diesen Bewusstseinsprozess, ebenso entsprechende Kontrollen.

So verzichten Biolandwirte weitestgehend auf den Einsatz synthetischer Hilfsstoffe wie Dünge- und Pflanzenschutzmittel. Dafür gewinnen natürliche Regelungsmöglichkeiten an Bedeutung wie der Schutz und die Pflege der natürlichen Bedingungen für eine optimale Fruchtfolge, für den Anbau von Zwischenfrüchten, Untersaaten, Nützlingsförderung, Arten- und Sortenwahl, angepasste Bodenbearbeitung und Schonung des Bodenlebens.

Ökologischer Landbau ist eine Landbewirtschaftung im Einklang mit der Natur. Pflanzen werden vorbeugend gesund erhalten, Tiere artgerecht gehalten. Ökologisch wirtschaftende Landwirtinnen und Landwirte erhalten die Bodenfruchtbarkeit überwiegend aus den eigenen Kräften des Betriebes, streben eine Kreislaufwirtschaft mit möglichst geschlossenen Nährstoffzyklen an, nutzen die Kräfte der Selbstregulation im Ökosystem, halten ihre Tiere möglichst tiergerecht und füttern sie nahezu ausschließlich mit geeigneten Futtermitteln, verwenden keine Leistungsförderer wie z. B. Fütterungsantibiotika und setzen keine gentechnisch veränderten Pflanzen ein.

Damit wird diese Landwirtschaftsform besonders Freund-Schaft-Lich für alle, schützt Trinkwasser, Boden und Klima, vermeidet Rückstände von Pflanzenschutzmitteln in Lebensmitteln, schützt und fördert seltene Pflanzen und Tiere in besonderem Maße, erhöht die Aktivität der

Bodenlebewesen, vermindert den Energieverbrauch und schont Rohstoffreserven, beachtet besonders den Tierschutz, ist klar geregelt durch Erzeugungs- und Verarbeitungsrichtlinien, unterliegt Kontrollen, schafft und erhält Arbeitsplätze in der Landwirtschaft. Was will man mehr?

Integrierte Landwirtschaft

In der Integrierten Landwirtschaft versucht man sich in Kompromissen in einer step-by-step-Politik. Sicher ist jeder kleine Schritt sinnvoll, das Ziel aber muss eine möglichst rasche und vollständige Rückführung sein zu einer vollkommen naturbelassenen Landwirtschaft.

Biologische, technische und chemische Maßnahmen werden aufeinander abgestimmt, um die Kulturpflanzen gesund zu erhalten, die natürlichen Ressourcen langfristig zu schonen und so ertragreiche Ernten von hoher Qualität zu ermöglichen.

Der Integrierte Landbau versteht sich selbst als Beitrag zu einer nachhaltigen Entwicklung. Allgemeine, verbindliche Vorschriften für den Integrierten Pflanzenschutz gibt es jedoch nicht. Es soll für jeden Einzelfall eine optimale Kombination von Maßnahmen angewandt werden.

Permakultur

Der Begriff „Permakultur" bedeutet letztlich „dauerhafte Landwirtschaft" und stammt von *Franklin Hiram King* und seinen Beschreibungen einer 4000-jährigen Landwirtschaft in China, Korea und Japan aus dem Jahre 1911. *Morrison* und *Holmgren* bekamen 1978 für ihre Ausführungen den „Alternativen Nobelpreis".

Permakultur ist ein Oberbegriff für die Entwicklung und Anwendung von ethisch basierter Leitsätze und Prinzipien in allen Teilen der Landwirtschaft in der Nahrungsmittelversorgung. Hier geht es nicht mehr um einzelne Landstriche, sondern wirklich um das ganze Biotop.

Immer wieder geht es um die innere Feinabstimmung zwischen allen Bereichen einer Landwirtschaft, die Aufmerksamkeit gilt dem Ziel, dass jeder kleine Schritt auf sinnvolle Weise dem Ganzen dienen kann und keinerlei Ver- oder Entsorgungsprobleme auftreten können.

Das betrifft sowohl die Biochemie der Pflanzen im kleinen Terrain als auch die regionalen Versorgungswege und die Ökologie der Verteilungsmechanismen. Permakultur führt zu einer optimalen Fähigkeit der Selbsterhaltung in allen Bereichen der Landwirtschaft selbst und der Menschen, die sie ernährt.

Sie lebt nach biologischen Grundsätzen der Systemerhaltung und ist hoch kreativ und interaktiv in sich aufgebaut: die Biologie kann endlich wieder durchatmen und leben, wie sie kann und muss nicht den Einschränkungen eines höchst limitierten Planungsgeistes folgen. Wer die Biologie sich selbst überlässt und sie allenfalls achtsam führt, den wird sie belohnen, die andern verhungern vor vollen Töpfen, weil die Qualität minderwertiger Lebensmittel ihnen nichts Anderes bieten kann.

Systemisches Denken und Handeln überwindet dabei bewusst das noch dominierende linear-kausale Vorgehen, dessen langfristig destruktive Folgen heute zunehmend erkannt werden. Da wir prinzipiell in Systemen leben, kann linear-kausales Denken und Handeln erkannte Probleme nicht lösen, sondern nur räumlich und zeitlich verschieben. Dabei werden wir dazu verleitet, den uns momentan am meisten störenden Einfluss fälschlicherweise als alleinige Ursache anzusehen.

Außerdem erzeugt linear-kausales Vorgehen durch die lediglich symptomatischen Korrekturen selbst neue Probleme. Im Jahre 2006 hat die ideologiefreie Deutsche Permakultur-Akademie ihren Betrieb aufgenommen und verbindet wieder das Wissen alter Kulturen und die Erkenntnisse, die wir hinreichend angesprochen haben mit dem Versorgungsbedarf einer völkerreichen Erde.

In der Landwirtschaft geschieht das Gleiche wie in unserem Körper: Kunstgifte verändern die Durchlässigkeit der Gewebe (Blutgefäße, Darmschleimhaut, Erdschichten) und führen so zwingen zur Zerstörung der Mikrosysteme, die uns am Leben erhalten haben. Durch den Verlust von Mineralien, beim Menschen wie in der Landwirtschaft kommt es zur Auflösung wichtiger biochemischer Verbindungen.

Menschen futtern kiloweise Biomineralien, der moderne Landwirt führt über ein verändertes Bepflanzungsprogramm zur Remineralisation. Nur ein gesunder Organismus kann seine Nährstoff- und Wasserverteilung selbstständig regeln und selbst für seinen Fortbestand sorgen.

Permakultur unterstützt durch eine besondere Artenvielfalt, eine hohe genetische und ökologische Vielfalt unser Überleben in einer kulturellen Vielfalt und in der Sicherung des Überlebens von locker 20 Milliarden Menschen.

Wo ist das Problem? Wer giftige Mineralien wie Amalgam und Pestizide in den Menschen und sein Biotop kippt, zerstört sie. Schwermetalle haben im einen wie im andern nichts zu suchen. Das wussten schon die Nazis, die beides verboten haben. Heutige Regierungen haben das anscheinend immer noch nicht nötig. Es ist doch immer wieder schön und beeindruckend, wie einfach, systemisch und systematisch Biologie funktioniert. Guten Appetit!

Zusammenfassung und Tipps

Ernährung bedeutet allgemein die Aufnahme von lebenswerten Mitteln, die Verarbeitung in Lebensenergie spendende Teile und die Ausscheidung von Produkten, die nicht mehr weiter abgebaut werden können. Dabei hat der Organismus zahlreiche Systeme zur Verfügung, mit denen auf Haupt und Nebenwegen auch komplizierte Zwischenprodukte oder ungewöhnliche Ernährungsanteile umbauen und die darin verborgene Energie für seine Dienste nutzen kann. Ziel einer natürlichen Ernährung ist es, eine harmonische Bilanz zwischen den eingenommenen und ausgeschiedenen Stoffen einzurichten.

Das erlebbare Maß für die ausgeglichene Bilanz heißt Wohlbefinden, Leistungsfähigkeit und Lebensfreude.

Ernährung bezieht sich immer auf die sichtbaren, fassbaren wie auch auf die unsichtbaren, feinstofflichen, bioenergetisch wirksamen Anteile. Die ausgeglichene Bilanz zeigt sich insbesondere auf den emotionalen und intuitiven Ebenen, wenn wir uns gut fühlen.

Die Grundnahrungsmittel sollten die Früchte unserer gewohnten Erde sein, auf der unsere Lebensstrukturen gewachsen sind. Früher nannte man dies Heimat. In diesem Begriff war mehr als nur grobstoffliche Nahrungsaufnahme beschrieben, vor allem ein Ort der Sicherheit und der Geborgenheit, der Lebensfreude und des Gewinns von Mut und Hoffnung, von Lebensstärke.

Dies sind all jene Kräfte, die über die Nahrungskette aus der Erde und dem guten Quellwasser bezogen werden und die sich allenthalben auch in einer guten belastungsfähigen Menschennatur zeigen. Energetisch stabilisierendes Wasser, Obst, Gemüse mit hohem Rohkost- und Grüngemüseanteil sowie Erdfrüchte wie Kartoffeln sollten Grundlagen-Lebensmittel in unserer Region sein. Insbesondere dem Wasser als Träger wichtigster Informationen ist besondere Aufmerksamkeit zu schenken. Es ist auf Reinlichkeit im Sinne einer wertschätzenden Psychohygiene wie auch im Sinne einer äußeren Hygiene zu achten.

Nahrungsmittel sollen in angepassten Abständen und Zusammensetzung eingenommen werden. Dies bedeutet: Mäßig aber regelmäßig und in Achtsamkeit und Dankbarkeit seine Lebensmittel finden (einkaufen, zubereiten, sich zusammen mit dem Lebensmittel vorzubereiten und sie aufnehmen, eigenverantwortlich eine vertrauliche Verbindung eingehen.

Allgemeine Ernährungshinweise

Oberstes Gebot einer gesunden Ernährung:
   Muße und Fröhlichkeit in der Vorbereitung und beim Essen

· *Gönne Dir sich mindestens zwei Mal täglich rund 20 Minuten Muße zur Essensvorbereitung und 20 Minuten zum Essen. Konzentriere Dich sich darauf, was Du isst und kaue gründlich. Versuche alle Ablenkungen (Fernsehen, Lesen, Telefonieren, heftige Gespräche etc.) zu vermeiden und eine angenehme Atmosphäre zu schaffen.*
   Plane nach der Mahlzeit eine kleine Ruhepause ein

- *Beginne jede Mahlzeit (auch das Frühstück) mit einem frischen Salat (Obstsalat, Rohkostsalat, Blattsalat) oder, vor allem morgens, mit in der Pfanne gedünstetem Obst bzw. mit einem Haferbrei*

- *Trinken Sie in den Zeiten zwischen den Mahlzeiten ausreichend, ca. 2 Liter pro Tag, am besten warmes Wasser oder Kräutertee*

- *Trinke nicht kurz vor oder während des Essens. Essen, das Durst macht, ist oft zu stark gewürzt bzw. grundsätzlich nicht zuträglich*

- *Reinen Obst- und Gemüsesaft solltest Du nur selten genießen, da er zu stark konzentriert ist. Magst Du Smoothies, nimm kleine Mengen zu Dir, kaue diese oft durch und trinke sie ca. 15 - 20 Minuten vor dem Essen. Smoothies können teilweise die feste Nahrung auch ersetzen, je nach Inhalt; aber nur wenige Tage hintereinander oder beispielsweise ein bis zwei Tage in der Woche. Mit einer guten Gemüsebrühe funktioniert das übrigens auch gut*

- *Lass Deine Nahrung so frisch und unverarbeitet, wie möglich. Verwende möglichst nur Bioprodukte und Frischwaren der Saison, am besten aus der Region. Kaufe so oft wie möglich frisch ein. Im Einzelfall kann Gemüse aus der Tiefkühltruhe besser sein als schon angewelktes „Frischgemüse"*

- *Bereite das Essen so oft wie möglich selber frisch zu. Gare schonend (wenig Wasser, kurze Garzeiten, wenig Salz). Lange Lagerung, längeres Liegen in Wasser, lange Garzeiten, hohe Temperaturen und langes Warmhalten der Speisen führen schnell zu hohen Vitaminverlusten*

- *Plane die Mahlzeiten gut, nimm selbst hergestellte Snacks mit in die Arbeit und nimm viel natürliches Mineralwasser ohne Kohlensäure. Kräutertees aus dem eigenen Garten und Gemüsebrühe in bruchsicheren Stahlthermoskannen können guttun*

- *Der Mensch braucht für seine Ernährung hauptsächlich Eiweiß, Fett und Kohlehydrate. Alle drei Bestandteile sind gleich wichtig. Einzelne Bestandteile zu meiden, weil sie vermeintlich dick machen oder anderweitig ungesund seien, macht nach meiner Erfahrung wenig Sinn (außer bei bestimmten Erkrankungen wie Gicht, Diabetes oder Zöliakie). Eine gesunde Ernährung enthält alle drei Bestandteile in einem individuell ausgewogenen Verhältnis*

- *Hinzu kommen eine Vielzahl von Vitaminen, Mineralstoffen, Spurenelementen und sekundären Pflanzenstoffen. Diese werden besonders in unserem Angebot an Fertignahrungsmitteln oft in der ausreichenden Dosierung vermisst. Mineralstoffe aus spezieller Fertigung kann auch als Nahrungsergänzung unsere Stressfähigkeit sehr unterstützen*

- *Nicht zuletzt ergänzende Produkte im Bereich der Öle und Fette können mit Aminosäuren und Fettsäuren unseren Stoffwechsel und unsere Leistungsfähigkeit ganz erheblich verbessern*

- *Krank wird der Mensch immer dann, wenn von einem Bestandteil zu viel oder zu wenig aufgenommen wird, dieser Bestandteil von schlechter Qualität ist und bzw. oder, wenn das System Mensch, insbesondere der Darm, diese Bestandteile nicht mehr ausreichend aufnehmen kann, wenn Transportfunktionen defekt oder zerstört sind*

- *Schädlich sind vor allem gehärtete und minderwertige Fette in Fertignahrung und in Wurstwaren aus Massenproduktion, „leere" Kohlenhydrate in Fabrikzucker und Weißmehl und allen daraus hergestellten Produkten sowie ein Übermaß an tierischem Eiweiß*

- *Achte auf die Gesamteiweißmenge. Eine exakte, für alle gültige Menge lässt sich nicht bestimmen, doch, wenn man als Richtwert die Empfehlung der Deutschen Gesellschaft für Ernährung nimmt, die schon sehr hoch angesetzt ist (0,8g/kg Körpergewicht), nehmen die meisten Menschen bei uns zu viel Eiweiß auf als sie umsetzen können. Bei einer konventionellen Ernährung z.B. mit einem Käsebrötchen und einem Joghurt zum Frühstück, einem Schnitzel mit Kartoffeln und Gemüse zum Mittag und zwei Scheiben Wurst- oder Käsebrot am Abend hat* man locker 8og Eiweiß verzehrt. Die Hälfte wäre für die meisten Erwachsenen schon genug

- Hochwertige Fette (kaltgepresste, naturbelassene Öle) müssen täglich genossen werden. Wechsle öfter die Ölsorte bzw. mische auch mal verschiedene Öle. Verwende kalt gepresstes Öl nicht zum Braten (Ausnahme Olivenöl zum leichten Anbraten). Hierzu eignet sich eher ungehärtetes Palm- bzw. Kokosfett;

- Falls Du nicht täglich gutes Öl in Deine Ernährung einbringen magst, nimm Ghee (zerlassene Butter). Meide unbedingt gehärtetes Fett und versteckte Fette in verarbeiteten Nahrungsmitteln

- Die optimale Gesamtfettmenge hängt stark von der Art der Fette und der körperlichen Beanspruchung ab. Von gutem, natürlichem Fett (hochwertige Öle, Butter, Sahne) mag ein Richtwert von ca. 60-7og pro Tag für einen Erwachsenen dienen. Gehärtete Fette hingegen sind schon in viel geringeren Mengen unzuträglich und machen dick: sie Verschleimen das Gewebe und können nicht gut in Energie umgesetzt werden. Das o.g. Ernährungsbeispiel enthält gut 7og Fett. Kommen da noch ein Müsliriegel oder eine Rippe Schokolade oder gar eine Handvoll Chips dazu, sind wir locker bei 90 bis 100g Fett

- Kohlenhydrate aus Vollkornprodukten und Kartoffeln sind gesundheitsfördernd. „Leere" Kohlenhydrate aus Weißmehl und Fabrikzucker hingegen schaden uns. Sie sind verantwortlich für vielerlei Krankheiten, angefangen von chron. Müdigkeit, Allergien, Pilzerkrankungen, wiederkehrenden Infekten bis hin zu Darmerkrankungen, Karies, Diabetes, Hyperaktivität, ADS u.v.a.

- Vermeintliche Nahrungsmittelunverträglichkeiten verschwinden oft, wenn man Süßes und anderes Übersäuerndes weglässt. Über die Wirkungen von Stevia liegen derzeit noch wenige gesicherte Erkenntnisse vor. Auch Stevia wird verarbeitet und ist wohl zumindest nicht als „reines" Bioprodukt zu betrachten

- Eine gesunde Ernährung enthält zu mindestens einem Drittel Obst und Gemüse aller Art, reichlich Vollkornprodukte, Hülsenfrüchte und Kartoffeln und hochwertiges Fett in Form von Öl, Nüssen und Samen. Frische Rohmilch, frisches Fleisch und frischer Fisch sind in kleinen Mengen sicherlich sinnvoll, aber auch eine rein vegetarische Ernährung ist durchaus möglich

- Nahrungsergänzungsmittel, Vitamintabletten usw. sind dann in den allermeisten Fällen überflüssig. Die Entscheidung darüber, ob im Einzelfall eine Ergänzung sinnvoll ist, sollte der Fachfrau und dem Fachmann überlassen bleiben. Mit dieser Ernährung stellt sich auf längere Sicht ein gesundes Gewicht ein.

Im Gegensatz zu Diäten bietet eine konsequente Ernährungsumstellung wirklich Aussicht auf Erfolg

- Setze Dich bei der Ernährungsumstellung nicht unter Druck. Jahrelange oder gar jahrzehntelange Gewohnheiten lassen sich nicht von heut auf morgen umstellen. Gönne Dir kleine und gut umsetzbare Schritte. Vor einer Umstellung des Ernährungskonzeptes kann eine Woche Heilfasten mit Gemüsebrühe im Verbund mit einer guten Darmreinigung ganz entscheidend helfen, sich auf die neue Zeit problemlos und effektiv einzustellen.

Ziele einer bewussten und gesunden Ernährung

- Bewusst und langsam die Feinheiten einer Frucht entdecken und genießen

- Den Grundgeschmack eines Lebensmittels entdecken:

- Gute Lebensmittel schmecken von alleine und benötigen keine Verstärker

- Lust auf etwas Süßes – frische Möhre / Karotte gefällig?

- Gesunde Ernährung ist ausgewogen und vollständig: da ist alles drin, was wir brauchen

- Nahrungsergänzungen braucht es nur in Krisenzeiten als vorübergehende Unterstützung und bei bestimmten Stoffwechselproblemen

- Vitamine, Spurenelemente und Mineralien sollten möglichst als Komplex, als große Mischung eingenommen werden

- Unsere Stoffwechselsysteme sollen alle angesprochen, aber nicht überfordert werden

Letztlich gibt es eine wirklich lebensnahe Empfehlung nicht zu übersehen:

Iss nur das, was Dich tief in Deinem Inneren anspricht, davon wenig, langsam und bewusst, genieße es in kleinen Mengen und erkenne, wie wenig wirklich Gutes satt machen kann.
Sei achtsam, dankbar und in stiller Freude im Dich-Nähren; es ist ein großes Geschenk.

Kapitel V - Entwicklung und die Jahreszeiten des Lebens

Entwicklung

Entwicklungsgeschichte als solche beginnt somit, naturwissenschaftlich und philosophisch betrachtet, in einem
linearen Weltbild mit der Entstehung des Universums, wie
immer dieser „Vorgang" auch abgelaufen sein mag.

An einem fast vollständig berechenbaren und doch so
schwer vorstellbaren Punkt in der Entwicklung unserer
Universen diskutiert die Wissenschaft es einen Nullpunkt,
den „Big Bang".

An diesem „Punkt", der nach mathematischer Definition
nicht einmal eine Ausdehnung hat, ist für uns ein Symbol
der Absoluten Einheit, danach beginnen in unserer Vorstellung die Phänomene Polarität und Dualität, Bewegung,
Entwicklung, Rhythmik und alle Wesensmerkmale, die mit
für uns dem Begriff von Leben und Entwicklung verbunden
sind und die weit über unsere Vorstellungskraft hinausrei-
chen.

Innerhalb dieser nun folgenden Entwicklung von allem,
das für uns existiert, bleibt eine vollkommene innere Verbindung mit allen physikalischen Grundschwingungen
„eines Beginns" bestehen. Diese Schwingungen können
wir heute als Grundlage unseres Bewusstseins erkennen,

das in der vom *Big Bang* eingeleiteten Folge, nicht geringer werden, sondern nur größer, feiner, sensibler und erfüllender werden und nur reifen kann. Das nennen wir „Ausdehnung" des Universums bzw. der Universen.

Die *Psychophysik* erkennt diesen Erweiterungsprozess als *Bewusstseinserweiterung.* In dieser Phase entstehen in unserem Bewusstsein auch die Vorstellungen und die Begriffe Zeit und Raum, mit denen wir Entwicklungsschritte ordnen können, innerhalb derer wir unser Bewusstsein entfalten können. Aus der „Zeit" eines *Big Bang* beginnt nun ein Wissens- und Bewusstseinsprozess, der uns von Vorstellungen und Überzeugungen von Isolation, Ohnmacht, Feindschaft und Überlebenskampf in ein Bewusstsein von Gemeinschaft durch die feinstofflichen Verbindungen zwischen allem durch die Welt der Gefühle und Gedanken bringt. Durch die Kenntnis und die Anerkennung dieser inneren Verbindungen können wir lernen, uns als biologische und natürlichste Mitglieder einer biologischen Gemeinschaft zu erkennen und unser Leben in einer Weltordnung von Anerkennung, Respekt und Liebe zu gestalten.

Wir leben also immer in einer Vielzahl innerer Verbindungen und alles wächst miteinander und voneinander genährt. Das ist wohl der zentrale rote Faden von *Entwicklung* überhaupt. Das Einzige, was nach all unseren bisherigen Betrachtungen bewusst entwickelt werden kann, ist somit unser Bewusstsein, ist unser Wissen, sind unsere Fähigkeiten und ein liebenswerter Umgang mit uns selbst.

Der Planet selbst, sage ich mal, entwickelt sich ja von alleine, Mutter Natur ist weise genug. Er tut es nur anders als ohne Mensch.

Wie ausführlich beschrieben, ist unsere Wahrnehmung eine entscheidende Grundlage für unser Bewusstsein und unsere Bewusstseinsentwicklung. Was ich noch nicht kenne, erkenne ich nicht. Wenn ich etwas noch nicht kenne und kennen lernen soll oder will, muss ich mich intensiv und neugierig mit diesem Etwas beschäftigen oder beschäftigt werden.

· *Bewusstes Beobachten setzt bereits Einiges voraus:*

· *Ein Bewusstsein, das beobachten und „verwerten" kann.*

· *Einen Impuls zur Entwicklung eines Erkenntnisprozesses.*

Dieser Impuls ist ein physikalischer Reiz, wie immer dieser auch geartet sein mag. Subtile kosmische Schwingungen und Energien sind da an erster Stelle zu nennen, die sehr fein sind und die wir über unsere Instinkte, unsere Intuition, als reine Wahrnehmung empfinden können (Strings, Matrix, andere „Ebenen").

Gelingt uns die reine Wahrnehmung ohne diese mit unseren Erfahrungen zu verbinden, ohne sie zu HIEKs zu machen, bleiben wir im Bereich der reinen Wahrnehmung und können auf diese bereits reagieren. Hier spielt sich vor allem die Biologie der Pflanzen und der Tiere ab. In der Regel aber erkennen wir Menschen diese Impulse erst spät in ihren Wirkungen und wundern uns über Entwicklungsschritte, die wir so „eigentlich gar nicht gewollt" haben. Tiere bleiben naturgemäß in diesen Wahrnehmungsbereichen und verlassen sich auf diese biologische Kommunikation über tausende von Kilometern Entfernung.

Unser menschliches Problem zeigt sich im Wollen, in einem Steuerungsprozess aus einem eigenen und sehr begrenzten Bewusstsein heraus. Das Unbewusste ist unser kosmisches und unser persönliches Bewusstseins: heute wissen wir, dass wir diese Wirkungsebenen, um wieder mal einen mechanistischen Begriff zu benutzen, nur mit unserem Bewusstsein unterscheiden können

Unsere ganze Wahrnehmung, unsere Beobachtung und unsere Interpretationen sind ein Produkt unseres eigenen Bewusstseinszustandes. Somit können individuelle, vermeintlich ganz eigene Gefühle und Gedanken nur bedingt und bei größter Aufmerksamkeit erkannt werden. Leben, heißt es, sei eine sich selbst erfüllende Prophezeiung.

Unsere eigenen Wahrnehmungen sind dabei immer auch in einer unendlichen Interaktion mit allem anderen um uns herum und somit verschwimmen im Reich der Intuition bzw. der subtilen kosmischen Energien alle Wahrnehmungen zu einem Weltbewusstsein. Dies führt zu einer begrifflichen Unterscheidung zwischen einem Ich und einem Du und einem Wir, das zu durchschauen wir in allen Entwicklungsabschnitten des Daseins Gelegenheit geschenkt bekommen.

Entwicklung ist Neuordnung von Bewusstseinszuständen, die sich über energetische Prozesse in einem linearen
Bewusstsein von Zeit und Raum entfalten und sich in unserem zeitabhängigen Alltag zeigen. Entwicklungsimpulse
entstehen in den Sphären subtiler kosmischer Energien
und zeigen sich unseren groben Sinnen in einem Zustand
energetischer Dichte, die wir stofflich nennen.

Entwicklung ist von zahlreichen Rhythmen begleitet, die
mit unserer körperlichen wie mit unserer Bewusstseinsentwicklung zusammenhängen. Ein besonderes Merkmal
von Entwicklung ist die Bildung einer Vorstellung von
Mehrzahl, von Vielzahl, von zahlreichen Chancen und
Möglichkeiten, die sich in jedem von uns wiederfinden.

Auch hier zeigt sich eben eine Entwicklung aus einem
Ursprung in die Unendlichkeit von Chancen und Gestal-
tungsmöglichkeiten in unserem Leben. Aber letztlich ist es
wohl auch nur eine alles in allem enthaltene große Chance:
das Leben an sich.

In einem Weltbild, in dem Wissen und Wissensbildung
nur in kleineren gesellschaftlichen Gruppierungen gepflegt
wurde, blieb das Wissen auch immer schwerpunktmäßig
an jene Gruppen gebunden. Mit der Erfindung der Medi-
en, wird die Welt mit einem ungeheuren Wissensschatz
überflutet und arbeitet weltweit gleichzeitig mit diesem
enormen Wissen. Entwicklung als solche wird damit enorm
beschleunigt und die Komplexität des Geschehens wird unüberschaubar.

Dafür haben wir dann Qualitätsmanagement erfunden, das uns helfen kann, Übersicht über Sinnvolles und weniger Sinnvolles zu finden, das uns Gelegenheit geben kann, unseren eigenen Wissensstrom und die Wissensverwaltung besser zu ordnen. Gutes Qualitätsmanagement ist gutes Wissensmanagement, wird aber noch zu sehr als Gängelei mit Vorschriften verstanden. Qualitätsmanagement und Wissensmanagement sind aktives Ressourcenmanagement; wer seine Ressourcen kennt und nach seinen individuellen Wünschen angemessen ordnen, pflegen und nutzen kann, kann auch zufrieden, glücklich und erfolgreich sein.

Somit kommen wir zu der Erklärung, dass es eigentlich nur unser Bewusstsein und unsere Verhaltensmuster sind, unsere Einstellungen und unserer Gefühle, die wir entwickeln können. Wir selbst sind der Ursprung unseres individuellen Bewusstseins, unserer Vorstellungskraft und somit unserer Vorstellungen und Überzeugungen.

Unser Organismus besteht nur aus Energie und ist somit für alles immer und überall erreichbar, was sich auch „anderswo" entwickelt. Dieses Bewusstsein hebt die Überzeugung auf, dass wir nur auf äußerlichen Ebenen miteinander Kontakt haben könnten und unser Leben auf Äußerlichkeiten abzustimmen hätten.

Wir sind Energiekörper und wir entwickeln ständig Bewusstsein, ob wir wollen oder nicht. Versuch doch mal, dein Bewusstsein und deine Gefühle abzustellen. Das geht nicht. Entwicklung funktioniert immer, sie geschieht einfach.

Das ist das Schöne an der Biologie: irgendetwas entwickelt sich und somit auch uns immer, irgendetwas geht immer, wie, warum, woher und wohin auch immer.

Wenn wir in der Vorstellung leben, wir bräuchten einen Lebensplan, dann suchen wir nach einem solchen Drehbuch unseres Lebens. Finden wir kein solches, basteln wir uns eines in unserem Bewusstsein: wir er-finden eines.

Es gibt ein biologisches Drehbuch, eine biologische Vorsehung, weil der Prozess der Entwicklung als solcher nicht umkehrbar ist. Zumindest nicht in unserem Alltagsbewusstsein. Doch wir selbst sind die Autoren, Regisseure und Schauspieler in unserem Drehbuch.

Jedes Individuum hat in seinem individuellen Reifungsprozess die Chance, diese biologischen Zusammenhänge zu erkennen, zu verstehen und für sich als Wahrheit anzunehmen. Der eine kann das leichter, der andere bleibt eher an selbst konstruierten Vorstellungen kleben.

Die Entscheidung dazu kommt aus seinem individuellen Bewusstsein, aus seinem Reifegrad. Niemand ist verpflichtet, glücklich zu sein. Jeder kann sich auch selbst ausdenken, was „Glück" für ihn bedeutet.

Alles ist in dieser Biologie „erlaubt", auch die Erfahrung von Widerstand, Trotz, Dummheit und vielem anderen, was unangenehm erscheint und doch für unser Wachstum, für unsere Entwicklung so wichtig ist.

Toleranz ist ein ganz entscheidendes Merkmal biologischer Entwicklung; sie erlaubt Symbiose, Gemeinschaft und die Vielfalt der Arten bei Pflanzen, Tieren, Menschen, Vorstellungen, Überzeugungen und Lebensmustern.

Biologie kennt keine Ausgrenzung, sie zeigt Chancen, Reifungsschritte und Ziele. Unser Bewusstsein erlaubt die Entstehung einer Werteordnung, die sich an den Biologischen Gesetzen von Liebe, Transformation und Toleranz orientiert. Der Weg von einem beschwerlichen Dasein im Überlebenskampf hin zu Gelassenheit, Leichtigkeit und Anerkennung gelingt nur mit einem wachsenden Interesse an der Biologie und an einer Übersicht über die biologischen Zusammenhänge.

Kaltschnäuziger Egoismus und Neu-Gier, die Gier nach einem Vorteil gegenüber Konkurrenten im Überlebenskampf, kann von jedem Einzelnen schrittweise ersetzt werden durch ein Bewusstsein unserer Werte, die uns als Lebensrichtlinien das Überleben und das Zusammenleben erlauben. Die meisten Menschen wollen immer alles planen, gestalten, sich und andere qualifizieren und zertifizieren, nur biologisch gelebt wird noch nicht in der möglichen Freiheit von Seele, Geist und Körper, wie es uns möglich wäre und immer mehr erforderlich erscheint, um in Frieden und Gesundheit existieren und uns entwickeln zu können.

Wir haben uns alle miteinander - um nicht zu sagen, gegeneinander - Bedingungen geschaffen, Käfige, die zwar den Planungen einiger Denker folgen und sicherlich auch vielen guten Absichten, aber diese Denker haben oft ihr eigenes Ziel zu sehr im Auge und nicht das Ziel der Menschen. Menschen wollen somit auch nicht akademisch gesund sein, sie wollen leben.

Gravitation und Massenwirkungsgesetze mögen an der Trägheit der Menschen einen entscheidenden Anteil haben, denn die angebotene und geforderte Aufgabe ist gewiss nicht einfach. Doch, es gibt eben auch die Einsicht, den Willen und die Bereitschaft, Phänomene, die man durchaus von dem reinen Körperbewusstsein abkoppeln kann.

Vielleicht kommen nun Sozialisierungsmechanismen und Gesundheitssysteme, die anders und besser funktionieren als alle Erziehungsmodelle und Therapien zusammen, die wir bisher erfunden haben.

Erstrebenswert und erreichbar erscheint mir in unserer Entwicklung ein Zustand, in dem wir in einem hohen Grundvertrauen in die Schöpfung uns entwickeln. Also „eigentlich nur" in uns selbst. Das hat mit allen andern womöglich gar nichts zu tun. Manche reden vom Glück als das Ziel der Reise, andere sprechen von der Reise als Ziel.

Wie bereits mehrfach angemerkt, machen wir uns viel Mühe für unsere Entwicklung, weil wir noch der Meinung sind, wie viele Dinge im Außen bewegt werden müssten. Dabei entsteht jede Bewegung, die wir brauchen, ausschließlich im Geistigen und in der Seele, in einer intelligenten Emotionalität oder, umgekehrt, in einer hohen emotionalen Intelligenz. Wir nennen sie gerne Motivation.

Das heißt übersetzt: Bewegungskraft. Und die kommt nun wirklich nicht von Vorschriften.

Unsere Gedanken und vor allem unsere Gefühle besitzen jene physikalische Feinheit und Eigenaktivität durch ihr Sein, die für einen solchen Bewegungsimpuls erforderlich ist. Nur die feinsten Impulse sind geeignet, die Energien in uns und um uns herum nach den biologischen Gegebenheiten neu zu formen. Die Biologie funktioniert nach unseren heutigen wissenschaftlichen Vorstellungen so, wie wir uns das mit Holons und Fraktalen erklären können.

Dahinter steht der Wunsch, sich die Wirklichkeit mit unseren Vorstellungsmöglichkeiten mittels mathematischer und graphischer Modell verständlich zu machen.

Alle unsere inneren Vorstellungen und unsere offiziellen Modellvorstellungen in der Philosophie, in der Politik, in Wirtschaft und Jurisprudenz sind Modelle, und so sollten sie auch genutzt werden: sie dürfen nicht rigoros und machtorientiert durchgeprügelt werden, sie müssen zunehmend als Leitlinien und Orientierungshilfen verstanden und angewendet werden. Es gehört zu den schlimmsten Verletzungen, die wir erleiden: wenn wir unserer Freiwilligkeit und unserer Souveränität beraubt werden, wenn wir zu Entscheidungen und Handlungen gezwungen werden, die wir gerne entweder freiwillig oder nie eingebracht hätten.

Doch immer wieder erlebe ich, dass die freiwilligen Beiträge der Menschen missachtet und in die berühmte „Tonne" getreten werden, nur damit Vorschriften umgesetzt werden. Planungs- und Kontrollwahn haben noch zu oft zu viel Macht. Es ist unser eigener Planungs- und Kontrollwahn, mit dem wir auch versuchen, diese Welt mit dem Kopf zu verstehen, mit dem wir alles Denken, Fühlen und Entscheiden zu verwalten suchen. Weil wir noch nicht gelernt haben, wie die Biologie funktioniert. Aber wir sind ja hier auf einem guten Weg.

Zurück zur Motivation. Alles bewegt *sich*. Nichts muss bewegt *werden*. Alles Sinnvolle entfaltet sich entweder nach den Gesetzen der Bio-Logie von alleine.

Jede Art einer vom Menschen geplanten Entwicklung ist eine Art Einmischung in das, was von alleine ablaufen, sich ereignen, sich entfalten will. Dies ist durchaus erlaubt, weil ganz gewiss auch ein Teil der Biologie, weil der Mensch es gar nicht lassen kann, diese Welt zu gestalten; aber er hat eben auch die Verantwortung dafür. Wir selbst sitzen in einem großen Hamsterrad und produzieren dieses gigantische Planungschaos, in dem jeder so rasch rennt, wie es ihm möglich ist, anstatt einfach mal stehen zu bleiben, inne zu halten.

Und schon würde das Rad weniger laufen oder eben auch stehen bleiben. Aber warum rennen wir so?

Ich denke, wir rennen immer noch weg: vor uns selbst, vor dem Universum als dem großen Unbekannten, vor dem bösen Tier, das wir in anderen Menschen sehen, vor unserer Eigenverantwortung und vor unserer eigenen Macht,

unserem genialen Erfindungsreichtum und einer imaginä-
ren Verantwortung, verstanden als Schuld - und: vor der
Gefahr, wieder schuldig zu werden. Unsere eigenen Vor-
stellungen gilt es also unter die Lupe zu nehmen, unsere
Erwartungshaltungen, unsere Befürchtungen, Ängste und
Wertvorstellungen.

Entwicklung ist Konditionierung

Entwicklungsimpulse bewerten wir immer aus sehr unterschiedlichen Perspektiven. Das Leid des einen ist die
Freud des anderen, das Weltbild der Polarität ließ auch nur
wenig Spielraum. Doch dieser war immer auch durch Denker und Warner gegeben, allerdings einzeln und immer auf
kleine Regionen der Welt beschränkt. Das Wachsen eines
freien Geistes und freien Bewusstseins braucht anfänglich
starke Impulse durch starke Persönlichkeiten als Leitbilder
wie Christus, Gandhi, M.L. King, und viele, viele andere. Sie
sind es, die in ihrer eigenen Umgebung einen entscheidenden Impuls gaben und geben für die Überwindung der Mas-
senträgheit.

Wenn das „kritische Massengewicht" überwunden ist,
so überrollt die angeschobene Masse stets einen aktuellen Zustand und schafft eine neue gesellschaftliche Basis.
Der Weg von einzelnen Ideen und Erfindungen ist lang
und komplex und doch ganz einfach und sehr strukturiert.

Immer kommt ein Impuls, wird von einem Akzeptor angenommen und bewertet, passt oder passt nicht, ist gefährlich oder nicht, ist angenehm oder nicht usw.

Daraufhin kann sich der Akzeptor entscheiden, ob er sein
Verhalten entsprechend dem Impuls von „außen" ändern
will oder nicht.

Ein Beispiel:

Mutter sagt: mach dies oder das... Das Kind sagt. Warum?
Das Kind wird erfahrungsgemäß so lange fragen, bis es eine
für sich erfassbare Logik aufbauen kann und die Begrün-
dung für eine Anordnung versteht.

Es reift mit jeder Warum-Frage weiter und es lernt zu
entscheiden, was mehr Sinn macht: tun, was befohlen ist
oder weiter probieren, was geht und was nicht.

Bei Gesellschaften ist das nicht anders. Nur dass die Mutter immer liebt und geliebt werden will, sich somit nicht unbeliebt machen will und auch das Kind immer von einer Einzelperson bzw. von der eigenen Familie geliebt werden will.

Die Angst, die Liebe und die Fürsorge als Grundlage der
eigenen Existenz zu verlieren, hat ganze Völker in den Ruin
getrieben, was zur Entwicklung der Menschheit möglicherweise sogar wichtig war. Dafür gibt es viel Erklärungen und eine eigene Logik. Weisheit in der Politik ist selten,
Einsichtigkeit in die Notwendigkeiten kommt immer spät,
auch wenn die Argumente deutlich erkennbar waren.

Doch die Kraft, diese Einsichten als allgemein gültig und
gesellschaftlich üblich einzurichten, braucht sehr viel Ei-

geninitiative aller Gesellschaftsmitglieder, eines jeden einzelnen. Einige wenige Politiker und Manager können dies nicht alleine leisten und es ist wohl auch nicht ihre Aufgabe.

In differenzierten, freien, individuell ausgerichteten Gesellschaftssystemen wird es immer schwieriger, einen gemeinsamen Konsens zu finden. In unserer Zeit verändern sich die alten Formen des Zusammenlebens und der Zusammenarbeit immer mehr, differenzieren sich immer mehr, das Individuum stellt seine Interessen für sich als Einzelnen immer deutlicher in den Vordergrund und lässt Grundsätze erzwungener und vorgeschriebener Gemeinschaften fallen. Unsere sozialen Netze erlauben dies; ob es biologisch sinnvoll sein wird, hängt nur davon ab, wie wir damit umgehen werden.

Die oben angedachte Freiwilligkeit und die mit ihr verbundene Bewusstseinserweiterung ermöglichen eine Freiheit, wie sie von vielen klugen Denkern gefordert wurde, aber noch nicht von der so genannten „breiten Masse" gelebt werden kann. Wobei der Begriff der „breiten Masse" sowohl für die Mehrzahl der Individuen als auch für das Volk als solches zutrifft. Die Gravitation hat es da leicht und bremst manche mögliche Entwicklung rascher aus als dem einen oder anderen lieb ist.

Erst die Kenntnis der eigenen Bedürfnisse und das Bewusstsein einer universellen Gemeinschaft in Respekt, Dankbarkeit, Vertrauen - in Liebe, in der die Gesetze der biologischen Grundordnung leben, all dies kann den Einzelnen erst zu einer Freiwilligkeit erheben, die jenseits menschlicher Manipulation liegen und ihn glücklich machen kann. Für ein Leben in Freiheit braucht es *evolutionär orientierte Menschen*, keine Einzelkämpfer, die, von der Vision einer Einheit motiviert, sich erheben und eine Art gesellschaftspolitische Fernbedienung aus der Hand zu legen bereit sind. Entwicklungsschritte kommen dabei wohl nie aus nur einem Impuls, über das kollektive Unbewusste sind wir immer mit im großen Netzwerk des Mitgefühls miteinander verbunden. Es reicht aber für die erforderlichen gesellschaftlichen Veränderungen nicht, dies zu wissen, sondern sich eben im stillen Tun, in der Meditation und im Gebet, miteinander auf gedanklichen und stofflichen Ebenen zu treffen.

Wenn es gelingt, diese Zusammenhänge aus physikalischer Sicht zu betrachten und unseren Geistraum, unseren Bewusstseinsraum als Informations- und Kommunikations-„Raum" zu betrachten, in dem es keine Entfernung zu überbrücken gilt, weil keine physikalisch wirksame Entfernung existiert, dann lernen wir auch am Beispiel Entwicklungsgeschichte immer deutlicher, dass sich nur eines entwickeln kann: unser Gesamtbewusstsein. Und dass wir alleine durch die Synchronisation unserer Gedanken dazu in der Lage sind. Während andere noch mit dem Panzer herumfahren und ums Rechthaben kämpfen.

Ich finde das faszinierend, was die Biologie da erfunden hat: wir können es uns bequem mach und uns alleine gedanklich und emotional mit dem Herzen synchronisieren und schon fahren die Panzer ins Leere. Das ist Schöpfung aus dem Bewusstsein.

Du kennst den Spruch: Stell´dir vor, es ist Krieg, und keiner geht hin... Diese Vision ist lebendiger und realer als je zuvor.

Auf den stofflichen Ebenen hat das alles eine enorme Vielfalt an Erlebnissen, an Gesichtern, an Beispielen.

Will man die Entwicklungsgeschichte vom Einzelbeispiel, vom Einzelerlebnis eines Menschen aus zurückverfolgen und will das Geheimnis von Entwicklung am Einzelbeispiel erklären, geht dies meist nicht.

Das Einzelbeispiel, was wir individuell erleben, beispielsweise einen einzelnen Erkenntnisschritt wie das Erlernen, eine Dose zu öffnen, ist im Kontext einer vollkommenen Vernetzung zu sehen und nicht nur als Einzelleistung. Entwicklungsschritte gelingen am besten, wenn sie in einem angemessenen Um-Feld stattfinden.

Das Beispiel mit der Dose ist direkt mit einer universellen Erkenntnis vergleichbar: in beiden Fällen eröffnet sich dem Betrachter ein Geheimnis, sogar die Dose.

Wir lernen ein „uns verschlossenes Gebilde" zu öffnen und bekommen Zugang zu etwas, was wir für erstrebenswert hielten; ob bewusst oder unbewusst. Ein jedes „Gefäß" ist immer gut für eine Überraschung, und da ist das der Inhalt der Dose doch erheblich konkreter.

Vorbilder

Unsere Vorfahren hatten, wie wir auch, genau die gleichen Fähigkeiten und guten Anlagen. Doch die im Rahmen der unbewussten kollektiven, der gesellschaftlichen Entwicklung und der sich im Außen spiegelnden Rahmbedingungen (Holon, Fraktal, Integral, Rahmen gebendes Gebilde) konnten sie, wie so viele von uns auch, ihre Fähigkeiten entweder nicht erkennen oder nicht umsetzen.

In Anbetracht der Tatsache, was alles unsere Vorfahren in ihren jeweiligen Lebenszeiten zustande gebracht und realisiert haben, bleibt uns nur übrig, in Demut und Dankbarkeit das Haupt zu senken; bezieht man all das Leiden ein, dem sich diese Menschen ausgesetzt haben, sei es unbewusst oder bewusst freiwillig oder gezwungenermaßen, dann dürfen wir erst recht uns vor unseren Ahnen verneigen.

Das kleine Ritual, sich innerlich vor seinem inneren Auge die ganze eigene Ahnengalerie erscheinen zu lassen (herbei zu bitten, zu erinnern), ermöglicht uns, Kontakt aufzunehmen mit unserer biologischen Hierarchie.

Diese natürliche Hierarchie folgt den Grundgesetzen des Zusammenlebens, wie sie im Alten Testament und in der Bergpredigt bereits benannt sind und sie beschenken uns in dieser inneren Begegnung mit dem ganzen Wissen einer Jahrtausende langen gewachsenen Wissensschöpfung, einer *Enzyklopädie der Familie.*

Die Nöte dieser Familiengeschichten gehen wie alles andere auch in diese *Akasha-Chronik* ein und wirken im kollektiven Unbewusstes weiter; Unfriedliches wirkt, bis es in Frieden gewandelt ist. Dann wirkt es friedlich; toll.

Wissenserweiterung

Um Wissen zu erreichen, um wichtige Fragen wirklich (in ihrer ganzen Wirksamkeit) klären zu können, brauchen wir weniger bis keine stofflichen Tests, beispielsweise blutchemische Untersuchungen in einem medizinischen Labor. Dort bekommen wir nur einen kleinen Einblick, mit einer Sekundenaufnahme, die nur bei mehrfacher Wiederholung der Untersuchung weitere kleine Hinweise geben können auf einen Entwicklungsprozess. Die Menge an Substanz, in diesem Falle an Körperzellen, ermöglicht keine vollständigen Aussagen über Körper- oder gar Seelenfunktionen.

Für eine sinnvolle Kommunikation mit allen unseren Ebenen des Daseins, in der Beschäftigung mit Sinnfragen, Verhaltensweisen und Entwicklungen im Feinstofflichen, also im subatomaren Bereich und noch viel feiner, benötigen wir angemessene Methoden. Es wird uns nicht gelingen, mit einem Beil und viel Schwung einen Mikrochip geordnet zu öffnen und auf seine Programmierungen hin zu untersuchen. Logisch. Aber warum machen wir das tagtäglich in der Medizin, ausgerechnet in jenem Bereich, der für unsere Gesundheit und für unseren Frieden von so entscheidender Bedeutung ist? Angemessene Methoden für die Klärung von Fragen in den inhaltlichen und Sinnebenen sind keine der gängigen Methoden unserer Krankheitsindustrie, pardon, unseres Gesundheitssystems.

Methoden der Kinesiologie, der Radionik, der Meditation, des Focusing und vielen anderen können als Vermittler fungieren zwischen den stofflichen und den feinstofflichen Welten. Ärzte mögen wieder Heiler werden, um dem Hamsterrad der Bürokratie zu entkommen. Wir sollten aufhören, in bürokratischen Strukturen zu denken, zu fühlen, zu entscheiden und durch Bürogebäude zu rennen. Mediziner und alle Helfer, jeder, alle sind in der Verantwortung, eine menschenwürdige Gesundheitspflege und Medizin zu leben, so gut ein jeder eben kann. Schimpfen, sich ärgern und gegen sich und andere zu kämpfen ist mega-out.

Wir brauchen ein neues Gesundheitsbewusstsein und werden es bekommen. Es entwickelt sich gerade.

Nun gelangen wir an einen Quantensprung in unserer Menschheitsgeschichte: wir erhalten die naturwissenschaftliche Erklärung und damit erst die angebliche Erlaubnis für etwas, das wir schon immer wussten, dass „wesentliche" Inhalte unseres Daseins nicht mit unseren Greif- und Tastorganen und nicht alleine mit Messverfahren zu erfahren sind, sondern auf einer stilleren Ebene der Kommunikation geschieht. In der Anerkennung einer

Kommunikation jenseits unserer bewussten Kontrolle und einer Erlaubnis durch kirchliche oder medizinpolitische Instanzen gelangen wir auf eine neue und aus meiner Sicht sehr notwendigen Entwicklungsstufe auf der Leiter der nach oben offenen Gesamtentwicklung. Band IV fasst viel wichtige Aspekte zu diesem Themenkreis zusammen und stellt Modelle für die Umsetzung im Alltag vor.

Vielleicht stehen wir wieder an einer Schwelle zu einem Paradies, in dem wir die ganz große Einheit mit allem wieder erleben dürfen. Ein faszinierender Gedanke.

Den einen oder anderen Mauerfall haben wir ja schon erlebt, andere Mauern, stoffliche wie feinstoffliche, werden gewiss folgen. Jeder, der heute schon durch das Training feinstofflicher Kommunikationsmuster, also auf reinen Gefühls- und Gedankenebenen seine Verbindungen zu anderen Wesenheiten erfahren hat, weiß bereits ein wenig von unserem gemeinsamen Entwicklungsziel im „Jenseits", also in einem Bewusstsein jenseits der reinen Stofflichkeit.

Der Begriff „Wesenheit" schließt hier bewusst all jene Elemente ein, welche in der Vergangenheit als mystische und okkulte Wesen beschrieben wurden, beispielsweise Feen, Geister, die Seelen Verstorbener oder sonstige „Wesenheiten", die nach der neuen Physik tatsächlich als diffuse und doch *relativ konkrete Einheiten* oder als *Energiequanten* zu verstehen sind. Dazu gehört letztlich alles, das schon einmal als Energieeinheit existiert hat und existiert, unsere Pflanzen und Tiere, auch unsere Verstorbenen. Und vielleicht auch unsere Zukünftigen.

Für den Menschen nur schwach oder gar nicht wahrnehmbare Veränderungen sind den meisten Menschen unbekannt und sie begegnen oft, wie gewohnt, dem Unbekannten mit einer Verstärkung ihrer Ängste. Aber nicht zuletzt eben diese Ängste sind es, die den Menschen seit Jahrtausenden auf ihrem Lebensweg im Grundsätzlichsten geprägt haben, die unser aller Leben in allen Facetten geprägt haben: Die Angst vor dem *wirklichen* Leben als solchem ist allgegenwärtig und wir können sie gemeinsam überwinden.

Das ist Entwicklung, Auswicklung, Befreiung, Selbsterkenntnis durch Öffnung nach innen, weil es das Außen so gar nicht gibt. Über ein neues Verständnis der Zusammenhänge zwischen Körper, Seele und Geist gelingt es, uns selbst und die Pflege unseres Organismus´ neu zu gestalten: Bioresonanzeffekte werden neu erkannt, bekannt, verstanden, gelernt; Energiearbeit, Meditation, Gebet, Reflexzonentherapien und anderes werden insbesondere als Teil der Gesundheitspflege immer mehr Menschen zugänglich, die gewohnten Versorgungsstrukturen werden immer weniger benötigt und angewendet: aus einer ökonomischen Gesundheitswelle wird eine *ökologische Bewusstseinswelle,* so zusagen *ökologischer Bewusstseinsanbau.* Wichtige Grundmuster in der Biologie sind unsere viel zitierten Fraktale als formaler Teil der Matrix; sie geben Anleitung in diesem Prozess.

Eine theoretische absolute Summe solcher Grundmuster zeigt sich bildhaft auch in einer oft erwünschten und manchmal auch befürchteten Weltformel. Wer die Weltformel gefunden und verstanden habe, heißt es, beherrsche die Welt, sei Gott gleich; die Bilder aus der Bionik und die Bilder von *Dr. M. Emoto* zeigen lebendige Einblicke in die Wirkungen einer universellen Matrix und in die *kristallinen Wirkungsmuster* unserer Existenz. Das ist die Weltformel. Dies sind die äußerlich erkennbaren Wirkungen von Integralen. Und sie zeigen uns die Macht unserer Absichten, Gedanken, Worte und in den Folgen unseres Tuns und Unterlassens. Als Fraktale sind ja grundsätzlich auch angelegt: Unsere Grundbedürfnisse, unsere Grundrechte, unsere Potenziale, unsere Verhaltensmuster und alle Glaubenssätze, die in unserem Unbewussten herumschwirren und die uns dynamisch durch unser Leben führen.

In bewussten Lern- und Trainingsprozessen können wir üben, Fraktale kreativ zu gestalten (erfinden) und zu installieren, auf der Körperebene durch praktische Übungen auch zu verankern: Wünsche, Ziele, Strategien zur Entscheidungsfindung, zur Entscheidungsumsetzung, zur Kommunikation unserer Überlegungen, Ergebnisbetrachtungen, Projektmanagement, Erlernen von Hobbies etc. Visionen entwickeln sich aus solchen Integralen heraus selbst, man kann sie durch die Einhaltung von regeln zwar in ihrer Entwicklung fördern, aber man kann sie nicht durch Willen erzwingen.

Das bedeutet, dass ohne emotionale Fraktale keine Befriedigung, kein wirklicher = wirksamer Frieden in uns entsteht. Visionen sind ein Ziel unserer Sehnsucht.

Sie entstehen aus Gefühlen heraus und sie sind das emotionale Ziel unseres Lebens. Ohne Vision keine Kraft für die Zukunft, sondern Rat- und Orientierungslosigkeit.

Symbole, Zeichnungen, Schriftzeichen, Namen, Nummern und Zahlen, Runen, Mantren und andere Formen sind Integrale. Diese Formen sind Darstellungen von Bedeutungen, die mit einer bestimmten Absicht fest verbunden sind. Kennen wir die Absicht, erkennen wir die symbolische Bedeutung, d. h. die gleichzeitige Wirkung für viele Analogien und Wirkungsebenen. Die Wiederholung von stimmigen Mantren führt zur Manifestation ihrer Bedeutung.

Die Matrix bedingt einen entscheidenden Teil der Holographie: sie vernetzt alles - nach menschlichen Maßstäben - zeitgleich miteinander: alles ist gleichermaßen nebeneinander = ineinander = holographisch wirksam.

Aus der Holographie heraus können wir die biologische Systematik der Entsprechungen erkennen, die sich in der Wirkung der fünf Elemente zeigt: in Steinen, Erden, Wasser, Farben, Tönen, Emotionen, Gedanken, Ideen, Visionen. Alles ist nicht nur mit allem verbunden, alles existiert wohl in einer Art Parallelwelten der Weltphysik: nebeneinander und analog in Formen, Farben, Tönen und vielen anderen Frequenzen, die physikalisch Realität und somit wirksam sind; nützlich sind sie vor allem dann, wenn man sie kennt, zu schätzen weiß und sie gezielt zum Wohle des Ganzen einsetzt.

Hat Evolution ein Ziel?

Was ist biologisch sinnvoll, was wollte denn die Evolution eigentlich entwickeln. In den bisherigen anerkannten Denkmodellen gibt es keine Zielvorstellungen der Biologie in ihrer Gesamtentwicklung und in einem wissenschaftlichen Sinne. Beziehen wir die vorausgegangenen Worte mit ein, erkennen wir sehr wohl einen großartigen evolutionären Sprung: von einer festen Gruppenbildung und steilen Hierarchien, beispielsweise Theokratien und Monarchien, hin zu einem Weltbewusstsein und somit zu einer Weltgesellschaft, in der jeder seine Potenziale auf neue Weise erkennen und aktiv einsetzen kann und darf, um aktiv Teil zu nehmen und seine Teilhabe schöpferisch zu gestalten.

Ein Magazin der frühen 1970iger stellte mal die Frage: „Pardon, wo lassen Sie denken?" Hier können wir diese Frage ergänzen mit der Frage, „Pardon, wer trägt für Sie die Lebensverantwortung?"

Es genügt nicht mehr, mit einem Finger in Richtung Bonn, Berlin oder Brüssel zu zeigen. Denken und für sich selbst Verantwortung übernehmen wird jetzt jeder, so gut er kann, selbst lernen dürfen. Eigenverantwortung bedeutet vor allem, die eigenen Fähigkeiten und Möglichkeiten zu erkennen und in die bereits vielfach beschriebenen Wege zur eigenen inneren und äußeren Freiheit zu beschreiten. Sie beschließen und bestellen, mit dem Ziel, sich dem neuen Zustand zu identifizieren.

Auf die Frage, ob Biologie ein Ziel haben kann, gelangen wir also vielleicht auf diesem Wege zu einer gesamtpolitischen Anschauung. Unsere Beobachtung und unsere experimentelle Kenntnis zeigt, dass unsere Vorstellung vom Universum eine Kreation des menschlichen Geistes ist; das sprengt ohnehin jede normale Denkstruktur, denn, ehrlich, kaum einer kann sich wirklich vorstellen, dass alles, was er erlebt, tatsächlich nur in seinem Kopf stattfindet. Scheint aber doch so zu ein, denn außer unserer subjektiven Wahrnehmung und Wahrgebung bleibt uns nichts Anderes als davon auszugehen, dass es eine rein äußerliche und objektive Wirklichkeit nicht gibt, sondern nur „Weltanschauung".

Biologie hat wohl kein Zielbewusstsein, wie wir dies im funktionellen Sinne verstehen. Biologie ist Schöpfung und sie ist überall und schöpft. Das ist ihre Aufgabe und mehr tut sie auch nicht – aber auch nicht weniger. Sie hat ihre eigene Ordnung, die nur Frieden, Fülle, Wohlwollen, ein freundliches SEIN und Gesundheit kennt und für uns "vorsieht". Wenn es eine „Vorsehung" gibt, dann vermutlich jene Sichtweise (Erkenntnis, Anerkenntnis, Anerkennung) von absolutem Frieden und somit automatisch von absoluter Gesundheit. Der Mensch mit seinem eingeschränkten

239

Bewusstsein und seinem Wunsch nach noch mehr Selbstentfaltung steht manchmal der Erkenntnis entgegen, dass alles schon perfekt geordnet ist.

Aus dem Gesamtbewusstsein dieser göttlichen Ordnung hat sich ein menschliches Bewusstsein entwickelt, abgespalten, gefangen in einer Polarität zwischen ja und nein, gönn' ich mir oder gönn' ich mir nicht, brauche ich und brauche ich nicht, und derlei mehr. Unsere gedachte und identifizierte Polarität ist unser selbst gemachtes Gefängnis, dem nur schwerlich zu entrinnen ist, wenn wir dem lieben Gott, sagen, dass wir das alles *nicht* mehr so oder so wollen.

Bitte: WAS wollen wir? Jetzt hier, erwünscht, bestellt, konkret, gefühlt, erlebt und so weiter? Wenn wir dem lieben Gott immer nur sagen, was er nicht machen soll, weil wir das mit uns auch so machen, fördern wir uns nicht, entwickeln wir uns nicht; wir planen den Stillstand.

Oder gar den Rückwärtsgang.

Das sage mal der Schöpfung ins Gesicht!

Wenn es also - naturphilosophisch betrachtet, ein Ziel der Schöpfung geben sollte, dann sehe ich dieses Ziel in der Überwindung eines gespaltenen Bewusstseins und den Weg in ein großes, gemeinsames, universelles Bewusstsein. Dass dieses, in der Tat, unserer menschlichen Natur gemäß, nicht einfach ist, versteht sich von selbst.

Mit Hilfe der Naturwissenschaften sind wir ja vielen Erklärungen auf der Spur, ob uns das im Verständnis der

Schöpfung wirklich weiterhilft, lasse ich hier mal offen. Vielleicht war ja unsere besondere Neugierde, derlei Dinge herauszufinden, der symbolische „verbotene Apfel" des Paradieses?

Eine wesentliche und für meine Begriffe gute „Idee" der Schöpfung könnte sein, dass es mithilfe eines freien Willens und einer selbst gebildeten Entscheidungskompetenz jeder Mensch die Chance hat, sich sein eigenes Lebensumfeld so angenehm wie nur möglich zu gestalten.

Wenn er den Wert der Einheit in allem zu erkennen und zu schätzen lernt, wird er sich langsam und in offensichtlich kleinen Schritten nach dem ausrichten, was der Gemeinschaft guttut und ihm, also beiden gemeinsam jeden Vorteil erleben lässt, den der Mensch sich in seinem gespaltenen Bewusstsein, entsprechend einem Weltbild des Entweder / Oder, selbst zumutet.

Das ist die gleiche Gemeinschaft, von der der Mensch sich kontrolliert, gegängelt, ausgebeutet und verängstigt fühlt bis er merkt, dass es eben seine individuelle gefühlsmäßige Wahr-Nehmung und das Ergebnis seiner eigenen Ängste und seines Misstrauens ist, die so viele unangenehme Gefühle aufkommen lässt.

Die Biologie kennt primär Informationsketten und Reaktionsketten, Gefühle in unterschiedlichen Ausprägungen und Intensitäten basteln wir uns immer selbst.

Freilich entspringen unsere Gefühle unserer eigenen

Verantwortung und somit ließen sie sich auch problemlos verändern. Theoretisch jedenfalls. Dazu mehr vor allem in Band II. dieser Reihe, besonders in den „Übungen zur emotionalen Balance".

Als Wirkungsfeld betrachten wir dabei ganz konkret unseren Körper, der, bitte, ab sofort nicht mehr nur als ein Körper zum Anfassen verstanden werden will, sondern als ein Energiekörper in verschiedenen Dichtezuständen, von denen man einige Dichtezustände (Energetische Ebenen) wittern, andere schon konkreter spüren kann.

Andere Ebenen kann man sogar hören, manche kann man mit dem so genannten „bewaffneten Auge" betrachten - beispielsweise mit Elektronenmikroskopen - und manche kann man sogar anfassen. Der Mensch braucht halt was zum Spielen und zum Tun. Diese naturwissenschaftlichen Bedingungen sind aus unserem Leben kaum wegzudenken und auszuklammern. Im Gegenteil, sie sind in allen Lebensbereichen bewusst und sinnvoll einzubinden.

Unsere Ideen, Hoffnungen und vor allem eine bewusste Zuversicht sind durch eindeutige und klare Zielvorstellungen sind für unser Leben von grundsätzlicher, von *ganz wesentlicher* Bedeutung. Der Begriff *wesentlich* ist hier ernst gemeint, denn diese feinsten physikalischen Impulse definieren unsere Persönlichkeit, unser Wesen im Grundsätzlichsten. In all diesen Zuständen und in allen Phasen unseres energetischen Lebens sind wir mit allen anderen existierenden Phänomenen verbunden; diese verteilen wir in unserem linearen Bewusstsein auf verschiedene Ebenen, von denen ich die wichtigsten hier nennen will:

- *Das Individuum und seine Beziehungen zu energetischen Anteilen einer früheren eigenen Persönlichkeit (Karma)*

- *Die Ebene der transpersonalen Beziehungen und Projektionen (das so genannte „Außen)*

- *Die archaische Ebene, in der wir ganz ursprüngliche biologische Grundstrukturen erinnern, die zur Entwicklungsgeschichte des Menschen vom Einzeller bis zur heutigen Form*

- *Alle Entwicklungsthemen aus der Stammesentwicklung, Volk und Sippe*

- *Die Ebene der Stammfamilie mit allen in ihr gefestigten Traditionen und Moralvorstellungen, die sich über das Individuum artikulieren*

- *Die Ebene der individuellen Persönlichkeit im Jetzt und ihre energetischen Beziehungen (Astrologische Einflüsse infolge Zeugung und Geburt, irdisches Biotop, soziale Beziehungen, selbst erstellte Gedanken- und Verhaltensmuster)*

- *Bedingungen des Biotops: Klima, Geomantie des Wohnortes und der Umgebung, Baubiologische Bedingungen Ernährungsbedingungen, politische, soziale, religiöse Lebensbedingungen*

Unendlich viele Informationen (In-form-a(k)tionen aus diesen genannten Bereichen sind an der Gestaltung (Entwicklung) unserer eigenen Persönlichkeit beteiligt. Im Laufe unserer inneren Veränderungen erkennen wir immer mehr beteiligte Phänomene und erlernen neben dem Wissen auch die Weisheit, das Wichtige vom Unwichtigen im Leben zu unterscheiden, das sinnvolle vom Unsinnigen zu unterscheiden. In alles denken wir uns hinein, tauchen wir emotional ein, sind wir plötzlich mit etwas innerlich verbunden und identifizieren wir uns mit.

Damit sind wir in einer direkten energetischen Verbindung und einem energetischen *Austausch*, weil wir uns innerlich eben auf diesen Zustand eingeschossen haben, uns oft, mehr oder minder unbewusst, darauf versteifen.

Dies sind wirksame Resonanzen und somit wirksame Impulse für unsere innere Stimme und unsere ganze Wahrnehmung, unsere innere Realität und unsere Entscheidungs- und Handlungsmuster.

Somit gehört ein Grundbewusstsein für diese inneren Verbindungen auch in ein Gesamtbewusstsein von Leben und Zeit und somit von Entwicklung. Unter Entwicklung verstehen wir also letztlich eine ständige Pflege unseres energetischen Zustandes, unserer energetischen Ordnung und erst in dessen Folge einer kontinuierlichen Neuordnung und Weiterentwicklung im Körperlichen.

Die so genannten stofflichen Prozesse beginnen in unseren Betrachtungen von Entwicklung allgemein mit dem

Zeitpunkt der Zeugung, doch wir können sie noch einen guten *Schritt weiter vorn* ansiedeln: in der Geschichte unserer Ahnengalerie und in der Entscheidungsphase für Nachkommen. Denn bereits jene Phase, in der wir als potenzielle Erzeuger eines neuen Menschen an einen neuen Menschen, also an unser „eigenes Kind" denken, erzeugen wir eine konkret wirksame Sammlung von HIEKs (siehe Band I), die physikalisch unweigerlich die Wahrscheinlichkeit steigert, dass ein solches Kind auch auf einer physikalisch dichteren Ebene, also „was zum Anfassen", erzeugt wird.

Die Tatsache, dass wir bei dem Zeugungsakt vielleicht nicht bewusst an ein Kind gedacht haben, bringt unser Unbewusstes freilich nicht sonderlich in Verlegenheit. Es „denkt" sich seinen eigenen Teil und entwickelt weiter seine eigenen „Vorstellungen".

Wir erleben halt nicht immer, was wir wollen, eher das, was wir aus Sicht unserer Seele brauchen. Sagt man zumindest; vermutlich ist es doch nur das, was wir unbewusst „bestellt und eingerichtet" haben.

Durch die Beschäftigung mit Fragen wie „will ich überhaupt Nachkommen und wie sollen sie heißen, ausschauen usw. werden konkret wirksame innere Bilder (Vorstellungen) aufgebaut, die physikalisch als Integrale wirksam sind und über biophysikalische Kettenreaktionen auf den Ebenen der subatomaren Teilchen und der Atome den Stoffwechsel unseres Körpers so oder so definieren, die Baupläne erstellen und das Ergebnis.

Das ist die typische Wirkung von *Integralen,* die auf physikalischen und biochemischen Wegen unseren Hormonstoffwechsel, unsere Emotionen und Verhaltensmuster steuern und eben auch die Art, dass und wie sich Atome bilden und Moleküle zusammentun und einen Körper bilden. Tag und Nacht beschäftigen wir uns dann auch mehr oder minder bewusst mit dem „Thema Kind," spätestens, wenn der erste Schwangerschaftstest positiv ausfällt.

In diese „Beschäftigung" fließen auch wieder alle Erfahrungen, Kenntnisse und vor allem Befürchtungen ein, die energetisch das neue Leben prägen. Immer sind die Resonanzen aus den vorhergehend beschriebenen Ebenen aus dem kollektiven Unbewussten aktiv. Sie sind im Angebot, manchmal drängen sie sich auf und in mancherlei „Beziehung" nennen wir es „Gene".

Immer taucht dabei die Frage auf: nach welchem Plan funktionieren denn nun all die Teile, die sich da zusammenfinden? Nun, die Art, wie sie sich zusammenfinden, ist identisch mit dem, was sich zusammenfindet.

Jedes noch so kleine Teil, das an diesem „Projekt Menschwerdung" beteiligt ist, steht physikalisch mit allen anderen Teilen in einer stillen Kommunikation und im stetigen Versuch einer absoluten Synchronisation, wie wir uns das mit unserem Bewusstsein und Ego nicht vorstellen können. Noch nicht. Und somit „weiß" immer jedes Teilchen, wann und wo es an „seinem Platz" sein soll und seinen Beitrag zum Werden des Neuen einbringen kann.

Wenn keiner drin herumpfuscht. Leistung ist in der Biologie immer mit Authentizität und Identifikation verbunden, nicht mit Anstrengung! Nichts ist authentischer als ein Sauerstoffatom oder ein Elektron. Es käme, wie schon gesagt, nie auf die Idee, etwas Anderes sein zu wollen oder zu können.

Menschen wollen immer etwas *leisten,* sehr oft ohne zu wissen, *wer* sie sind, was sie sind, *was* sie können und *was sie wollen.* Da wird´s jetzt schwierig. Aus all dem schließen wir, dass unsere Existenz, all das, was uns als Individuum ausmacht, sehr viel früher beginnt, als wir es gemeinhin betrachten wollen, weil wir es uns so beschreiben lassen.

Unser Wesen wird aus unendlich vielen feinstofflichen Integralen und Clustern zusammengebaut, verändert sich unentwegt und entwickelt sich beständig weiter.

Aber es bleibt immer das Gleiche Individuum und die gleiche Seele. Diese Prägungen sind zu einem großen Teil in unserer Körperstruktur „gespeichert": Unser Gehirn bildet konkret besonders jene Strukturen aus, die durch unsere Gedanken und unsere Emotionen besonders in Gebrauch sind.

Trainieren wir unsere Hände, werden jene Gehirnregionen besonders aufgebaut und aktiv, die in diesem Training eine besondere Rolle spielen. Wird das Training abgebrochen, findet keine innere emotionale Beteiligung mehr statt, identifizieren wir uns nicht mehr mit einer Aufgabe, die uns vielleicht früher „infiziert" hat, degeneriert dieser

Gehirnanteil wieder. Demenz erscheint unter dieser Beobachtung nicht zuletzt als ein Ergebnis eines chronischen Mangels von Sinn erfüllender Selbst-Motivation. Demente schalten einfach ab, schalten sich aus, entziehen sich aktiv durch innere Kündigung der Reizüberflutung und dem ständigen Zwang, funktionieren zu müssen, wie sich andere das vorstellen. Oder auch, wie sie sich das selbst vorgestellt hatten und nicht erfüllen konnten.

Oft sind es ungünstige Ernährungsbedingungen und bzw. oder ein ungesundes Lebensumfeld, mangelnde Harmonie auf weniger oder gänzlich unbewussten Ebenen, eben auf energetischen Ebenen, die sich der einfachen Beobachtung nicht nur ältere Menschen gerne entziehen.

Diese Menschen sind häufig noch auf der Suche nach wichtigen Fragen und Antworten ihres Lebens sind, die ihre ganze Kraft und Aufmerksamkeit nach „Innen" richten, weshalb die Koordination mit dem „Außen" weniger gut gelingt. Bis alles endlich still steht.

Ich habe viele Menschen kennen gelernt, deren Problem darin lag, in ihrem Leben nicht die richtigen Fragen gefunden zu haben. Sie suchen Antworten auf Fragen, die ihnen nicht bewusst sind und ihre Gedanken kreisen und kreisen. Das Thema Entwicklung ist stets mit den Fragen verbunden: Woher wir kommen, wer wir sind und wohin gehen wir?

Dies führt zur Frage:

Wo kommen wir her, wo gehen wir hin?

Wie beschrieben, sind wir eine mehr oder minder geordnete Sammlung energetisch wirksamer Impulse aus unterschiedlichen Bewusstseinszuständen (Vergangenheit, Gegenwart, Zukunft, Karma...)

Biophysikalisch kann ich folgende Ebenen erkennen:
Die erste und feinste „Ebene" nennen wir gerne oder „String", „Kosmisches Bewusstsein", „Universelles Bewusstsein" und die „Liebe Gottes".

Als nächste Strukturebene erkenne ich eine Matrix, die wir *„Akasha-Chronik"* nennen, *„Geistebene"* und das berühmt berüchtigte *„Nichts"*, das es weder biophysikalisch noch rein mental gibt, weil der Geist unserer Gedanken und Gefühle eben kein Vakuum, sondern Biophotonen oder andere Bausteine der Biologie darstellen, die als Gesamtsystem alle miteinander vernetzt sind, was ja die Unterscheidung von „Ebenen" so schwierig gestaltet. In der Matrix jedenfalls entsteht eine biologische Grundordnung, die ihrem Ansatz entsprechen wirklich gründlich ist und alles ordnet.

Diese Ordnung besteht nach derzeitiger Nomenklatur aus Holons, aus Integralen bzw. Fraktalen, also aus „selbstähnlichen Teilchen eines übergeordneten großen Ganzen".

Aus den verschiedensten Holons wie Überlegungen, Gedanken, Wünsche, Abneigungen, Emotionen und anderes mehr, die wir an anderer Stelle als HIEKs bezeichnet haben, setzt sich nun ein Grundprogramm zusammen, das wir versuchsweise mit dem Begriff Seele bezeichnen wollen. Betrachten wir sie mal als eine Art selbstständiges Netzgitter, das sich jetzt energetisch mit einem passenden Umfeld (Ort auf der Erde, Elternhaus) zusammenfindet.

Unsere Seele hat, sagen manche, mehr oder minder vollständig und mehr oder minder freiwillig, dem Eintritt in diese Inkarnation, Menschwerdung zugestimmt, jedenfalls ist sie eines Tages plötzlich da und wird von Eltern und anderen lieben Anverwandten erwartet oder befürchtet, je nach dem. Die Emotionen dieser Befürchtungen oder das Willkommenheißen mit ganzem Herzen durch beide Eltern gehört zu den besonders prägenden Momenten für die Seele des neuen Individuums. Fühlt es sich nicht willkommen, wird es Schwäche fühlen - und *muss* leben. Fühlt es sich willkommen, *darf und kann* es leben. Manche Kinder ignorieren solche elterlichen Gefühle einfach.

Das ist klug und zweckmäßig und fördert die Wahrscheinlichkeit einer in sich ruhenden Persönlichkeit.

In unseren Therapieeinrichtungen finden sich jedoch vorzugsweise jene Menschen, denen dieser Schritt in die eigene Souveränität nicht gelang und die ein Leben mehr oder minder unbewusst unter diesem Einfluss leiden.

Doch was immer Eltern schenken können oder auch nicht: es sind jene 100%, die sie geben können. Mehr gibt's nicht. Auch wenn wir allzu oft den Verdacht haben, nicht genug von unseren Eltern bekommen zu haben. Oder die Befürchtung haben, unseren Kindern nicht mehr gegeben zu haben.

Nun bekommt die Seele so zu sagen einen Körper, mit Außenansicht, etwas Verdichtetes zum Festhalten, taucht in die Physik der Körperlichkeit ein und folgt umgehend den physikalischen Gesetzen der Materie.

Es sei hier noch einmal der Hinweis erlaubt, dass wir physikalisch von Zeitphasen sprechen, die bei genauer Betrachtung nur unterschiedliche Zustände bezeichnen. Zeit ist nun, wie beschrieben, eine Funktion von Bewusstsein, von Aufmerksamkeit und Emotionalität in einen bestimmten Zustand, beispielsweise in die Vergangenheit, in ein Jetzt oder eine Zukunft. Allerdings mit dem Effekt einer Materialisation, und dies ist in dem neuen Weltbild neu. „Achte auf das, was Du denkst, es könnte Wirklichkeit werden" so ein allgemeiner Satz.

Indessen: wirksam sind alle unsere Gedanken und Sehnsüchte und Wünsche, aber nicht immer bis zur Materialisierung. Dies erfordert viel Aufmerksamkeit, Beharrlichkeit, Treue und anderes mehr. Damit das Richtige, Angemessene, wirklich Gewünschte letztlich auch herauskommen kann.

Stelle ich mir vor, in der Vergangenheit zu sein, orientiere ich mich konsequent in der Vergangenheit und die Erfahrungen, die sich in meinem Feld der Stammfamilie oder in einem anderen Bezugssystem anbieten, zeigen sich in meiner Wahrnehmung und in meinem Gefühlsleben. Alte Menschen und auch Demenzpatienten leben oft primär in ihrer Vergangenheit, Indigo-Kinder und ADHS Betroffene zumeist und eher in der Zukunft. Ein jeder hat zudem seine eigenen Motivationen, dies zu tun und an dieser „Stelle" verschmelzen viele Bewusstseinszustände in einander, wie sie der „normale" Mensch, was immer das auch sei, oft nicht nachvollziehen kann. In aller Regel kann man auf dieser Reaktionsebene die zu Grunde liegenden Erfahrungen im Energiefeld nicht orten, nicht bezeichnen, nicht konkretisieren, doch man fühlt ihre Anwesenheit, ihre Wirkung. Oft genug fühlen diese Menschen sich daher selbst sehr unwohl in ihrer Haut, fühlen sich ihren inneren Impulsen ausgeliefert und fremdgesteuert.

In unserer gewohnten Linearität beschreiten wir einen Weg, der ja stofflich real in unserer Wahr-Nehmung als *indirekte Objektivität* existiert. Kybernetisch, biologisch gesehen halten wir uns immer in dem gleichen Raum auf, der durch ein menschliches Zeitbewusstsein als RaumZeit erlebt wird und in unseren biochemischen Systemen in ein lineares Bewusstsein gewandelt wird. Je nach Konzentration bewegen wir uns mit unserer inneren Aufmerksamkeit in verschiedenen Raumzeiten, nicht selten versuchen wir sogar, in einem Arbeitsgang Vergangenes, Jetziges und Künftiges miteinander zu verbinden und zu be-rück-sichtigen. Letzteres verlangt von der Definition her eigentlich, dass es bereits vergangen sei, denn sonst kann es ja gar nicht be-rück-sichtig werden.

Da beginnt bereits Materialisierung, allerdings auf chemischen Ebenen, die wir nicht so ohne weiteres sehen können. Im Blutlabor beim Doktor können wir bisher die Zusammenhänge nicht erkennen, denen der Aufbau von Blut aus Emotionen folgt. Bei dem Versuch, alle Emotionen und Gedanken intuitiv und gleichzeitig mit einander zu verbinden und unsere eigene, angenehm Wirklichkeit zu schaffen, kann man schon mal gründlich durcheinanderkommen und oft nicht mehr unterscheiden, was uns sinnvoller Weise motivieren sollte, so oder so zu fühlen, zu denken, zu entscheiden, zu handeln, zu leben. Und wir wissen oft nicht zu unterscheiden, ob wir dies im Außen, also stofflich tun sollen, in dem wir uns an einen anderen Ort bewegen bzw. zumindest unsere Haltung und unsere äußeren Bewegungen verändern, oder ob es „nur" um eine Veränderung unserer inneren Aufmerksamkeit geht.

Frei nach dem Motto: Woher soll ich wissen, was ich will, solange ich nicht getan habe, was ich eigentlich nie wollte. Wir sind halt nun mal seit Jahrmillionen geprägt und das Verständnis, Bewegung als äußere Bewegung zu verstehen und umgehend zu realisieren, ist stark.

Wir können uns kaum diesem automatisierten Impuls widersetzen. Einer der wichtigsten Gründe dafür sind tief abgespeicherte Programme, mit unserer intuitiven Witterung rechtzeitig ernsthafte Gefahren zu erkennen und mit Beobachtung oder Fluchtreflexen zu reagieren.

Sie sind es nicht zuletzt, die uns als innere Stimme, als

innere Bilder und als Emotionen ständig begleiten, als unsere Leitbilder wirksam sind und unser alltägliches Verhalten entscheidend mitgestalten. Und uns weitestgehend mit Dingen beschäftigen, die mit unserem eigenen Glück wenig zu tun haben.

Konzentrieren wir uns nun auf die Frage, wohin wir gehen, beschäftigen wir uns einmal mit unseren kreativen Fähigkeiten, denn wir sind immer in der mehr oder minder glücklichen Lage, unseres Weg selbst und aktiv u gestalten, zumindest mehr, als uns oft lieb ist, denn wir legen ja mit dieser Erkenntnis die Verantwortung in unsere eigenen Hände. Für einen glücklichen Weg in seine eigene glückliche Zukunft ist es sinnvoll, sich seiner eigenen Fähigkeiten bewusst zu sein und sich für diese wirklich und *intensiv zu interessieren*. Ohne Bewusstsein für unsere Fähigkeiten halte ich ein Leben nicht für gestaltbar, es sei denn in völliger Abhängigkeit, was manche Seelen durchaus tun.

Es bleibt meist ungeklärt, ob sie mit den Folgen ihrer Entscheidung für ein entsprechendes Desinteresse glücklich leben.

Unsere so genannte *biologische Objektivität* ist das Ergebnis eines tollen Zusammenspieles von Instinkten, von rationalem Wissen, von bewussten wie unbewussten Fähigkeiten bzw. Fertigkeiten sowie der Mut zu eigenen Zielsetzungen, zu einer eigenen Vision und zu einer kontinuierlichen Verbindlichkeit zu sich selbst.

Dies alles bestimmt unseren Weg in diesem weltlichen

Bewusstsein und in unserer ganzen Spiritualität. Am Ende dieses Weges wartet die Transformation des Körpers in die rein „energetischen Zustände", der Weg ins „Jenseits" ist eine Rückführung in die feinstofflichen Anteile, aus denen wir gekommen sind.

Alles, was uns in diesem bewussten und stofflichen Leben ausgemacht hat, was uns auch wichtig war, geht ein in die „Akasha-Chronik", wie manchen diese universelle Bibliothek nennen.

Ich finde, das ist eine schöne Vorstellung, der ich gerne folge. Denn sie ist nur eine andere Bezeichnung für das was die Bibel bereits hält: „Ich bin bei Euch alle Tage, bis ans Ende der Welt".

Transformationsprozesse begleiten uns nicht nur, wir sind Transformation, rund um die Uhr, in allen Teilen und Ebenen unseres Seins. Da kann es einem schon mal schwindelig werden in diesem Karussell, Tinnitus und die Orientierungsprobleme der Menschen werden häufiger, liest man.

Je intensiver unsere Reizüberflutung ist, desto anstrengender wird es für uns, diese wieder zu klären und zu lösen, oder ihr Stand zu halten. Das kostet richtig Kraft und manchmal sind die Batterien leer, weil man die Pausen im Geschehen nicht eingerichtet hat und die Batterien nicht angemessen zu füllen verstand.

Der Tod ist jedenfalls nicht das Ende, sondern nur das Überschreiten einer Bewusstseinsschwelle, das dürfen wir jetzt mal als beruhigende wissenschaftliche Erkenntnis annehmen.

Dieses Ganz Große Theater geht weiter, auch wenn sich die Schauspieler und ihre Kleider immer wieder ändern. Das Theater bleibt übrigens das Gleiche, auch wenn wir immer nur einen bestimmten Raum oder eine Bühne sehen. Im Folgenden erkennen wir vielleicht, dass auch dieser Wandlungsprozess nur eine Bewusstseinsänderung darstellt. Denn alles, was sich hier in diesem Universum oder in manchmal beschriebenen Multiversen – für jeden Menschen eines - abspielt, ist nur Bewusstsein: *Integrales Bewusstsein.*

Unsere lineare Denkstruktur in drei bis vier Dimensionen erlaubt uns, Entwicklung zu erleben. Somit leben wir in einer subjektiven Gewissheit, dass die Dinge sich nacheinander entwickeln. Bestenfalls nebeneinander. Aber kaum gleichzeitig. Unsere menschlichen Nervensysteme arbeiten schnell. Aber die Physik und unsere stillen Kommunikationsmechanismen sind so zu sagen noch viel schneller. Für unsere Betrachtungen ergeben sich mehrere Betrachtungsebenen des Themas Entwicklung:

- *Betrachtungsperspektive: Die Ebene der unbewussten Bezüglichkeiten und Beziehungen*

- *Betrachtungsperspektive: Zeit als Funktion unseres Bewusstseins und unserer Aufmerksamkeit*

- *Betrachtungsperspektive: Die Entwicklung des Menschen vom Einzeller zum Vielzeller mit Betrachtung der Entwicklung von Segmenten und ihrer Bedeutung*

- *Betrachtungsperspektive: Die bioenergetische Kommunikation zwischen Organen, Zellen, subatomaren Energieteilchen in direkter physikalischer Berührung mit der RaumZeit und dem berühmten Nichts*

Unsere gewohnte Art von Ausbildung und Wissenssammlung orientiert sich an der Wahrnehmung und Wahrgebung (Berichterstattung) von Wissenschaftlern und Medien, von Mitmenschen und vielen anderen „Impulsgebern" in unserem „Außen". Diese erzählen uns von Entwicklungsstufen und Phasen, von einer Entwicklung vom Affen zum Menschen und dergleichen mehr. Das alles spielt sich in einer Linearität und somit hinter einander ab, wie wir es in unserem Alltag gewohnt sind.

Das ist aber nur eine Betrachtungsmöglichkeit von Entwicklung als solche von mehreren. Es gibt mathematische Betrachtungen, denen zufolge nur unsere Wahrnehmung uns diesen langsamen Takt als Realität anbietet, die Physik jedoch unendlich viel schneller die gleiche Entwicklung in jeder Millisekunde erneut aufbaut.

Demnach erleben wir möglicherweise in der menschlichen Logik etwas als einmalig und lineare Entwicklung, in der die Geschichte des Menschen in einzelnen Schritten abläuft.

Mathematisch betrachtet gibt es Beweise für die Behauptung: alles baut sich in für uns selbst nicht mehr wahrnehmbaren kurzen Zeit alles komplett neu auf, was angeblich nacheinander langsam geschieht.

Da wir Menschen aber zu solch einer raschen Wahrnehmung nicht fähig sind, nehmen wir nacheinander auf, was sich unendlich viele Male aufgebaut hat, was wir also verzerrt und „in die Länge gezogen" erleben. Daraus entwickeln die einen Wissenschaftler eine Art Gleichzeitigkeit und andere bleiben bei ihrer Entwicklung in einander folgenden Schritten.

Beide Betrachtungen sind korrekt und nebeneinander vertretbar, wenn ich die Geschwindigkeit meiner Beobachtung und mein Tun der jeweiligen Annahme bzw. Behauptung anpasse: stelle ich mir vor, ich könnte so rasch beobachten, wie sich beispielsweise Elektronen oder Quarks „bewegen", könnte ich eben eine sehr rasche Entwicklungsgeschichte beobachten, in der in sehr kurzer Zeit unheimlich viel passiert, sich und alles anderes bewegend. Stelle ich mir etwas in Ruhe fließend vor, beschließe ich, langsam zu beobachten, erkenne ich zweifelsfrei nur langsame Entwicklungsschritte.

Das alles tun wir ohnehin jeden Tag, je nachdem, ob wir in unsere energetischen und emotionalen Erlebniswelten in unserem „Innen" abtauchen und in uns hineinsehen und spüren oder ob wir ein Auto „langsam" den Berg hinab fahren sehen (wollen). Es gibt Kinder, die beschließen einfach, in jedem Auto auf der Straße ein anderes Tier zu sehen - und erleben Entwicklung und Leben als Kette „tierischer" Erlebnisse. Somit ist problemlos jede Vorstellung für uns mit jeder anderen Vorstellung vereinbar: weil es ohnehin nur Konzepte unser eigenen genialen Kreativität sind.

Erlauben wir uns einmal, nur versuchsweise, an dieser Stelle die Vorstellung, dass der Mensch nichts Anderes sei als ein energetisches Phänomen, ein geistiger Zustand, das seine Betrachtungsebenen und Perspektiven immer wieder wechseln kann oder auf allen Ebenen gleichzeitig *anwesend* sei. Von einem festen Körper kann man das nicht verlangen, von einem Wesen schon.

Dann können wir uns vorstellen, dass alles, was wir wahrnehmen und wie wir es wahrnehmen, unserer eigenen Vorstellungskraft entspräche und alles für möglich gehalten würde, dass alles erlebt werden könne, oder sogar schon erlebt wurde, was wir uns vorstellen könnten.

Dies würde bedeuten, dass alles, was wir erleben, das Produkt unserer eigenen Kreativität ist.

Diese Betrachtungsweise hat ihren besonderen Reiz, denn sie erlaubt einerseits, dass wir uns selbst als stoffliche Wesen erleben dürfen, die fühlen, denken, planen, entscheiden und handeln dürfen, die Häuser bauen können und derlei mehr; andererseits können wir uns als spirituelle Wesenheiten anerkennen, die als Energiepakete des Kosmos existieren, gleich, ob es eine Zeit gibt oder nicht. Und wir können uns als einmalige Wesen erkennen, die zwischen allen nur denkbaren Zuständen, irgendwo zwischen völligem Bewusstsein (was immer das auch sein mag) und einem völlig komatösen Zustand wechseln können, frei nach dem Bedarf unserer Seele.

Demnach wären auch viele Zustände, die wir als krank bezeichnen, unter Umständen völlig im Rahmen der biologischen Ordnung, also somit „in Ordnung". Die gänzliche Anerkennung einer absoluten biologischen Ordnung hat den Vorteil, dass wir jenseits unserer menschlichen Ordnungssysteme einen Himmel hätten, der uns versteht und Platz hat für alles, was wir grundsätzlich sogar für nicht möglich halten.

Eine Ordnung, die alles versteht und alles wandeln kann, was wir uns in unserem beschränkten Bewusstsein zwischen die Füße kippen: Moralvorstellungen, Erwartungshaltungen, Illusionen, Fanatismus, Dummheit. Einfach alles. Auch die Liebe.

Ein solches Weltbild würde alles anerkennen, was und wie es existiert, was wir also selbst für uns erschaffen, es wäre reine Transformation und Toleranz. Leitsatz dieser Bio-Logik wäre das Mögliche, nicht das menschlich Verständliche. Keine Einschränkungen, keine Katastrophen, keine Weltuntergänge, nur ständige Veränderung von Zuständen und Konzepten.

Die Schöpfung schöpft und schöpft und erfindet unentwegt Neues. Sie hat auch kaum so etwas wie „Zeit", sich über etwas „Vergangenes" aufzuregen, die schöpft einfach weiter. Auf unseren bescheidenen, langsamen und stofflichen Ebenen können wir dies nur bedingt oder gar nicht so einfach nachvollziehen und eventuell für sinnvoll oder notwendig erklären könnten. Der Begriff der Not-Wendigkeit ergibt sich jedoch auch aus der tiefen, stillen Sehnsucht nach einer Veränderung, weil die bisherigen Betrachtungsarten ganz offensichtlich unsere Wahrnehmungen von Realität nicht mehr erklären können. Oder sich einfach nur schlimm anfühlen, uns zunehmend überfordern.

In der Physik unserer Körperlichkeit gibt es eine Schwerkraft, eine Zeit, eine Genetik und vieles, was wir aus den zuvor angesprochenen Ebenen heraus nicht selten als beschwerlich, lästig, krankmachend und dergleichen erleben. Auch dies ist Realität, aber eben nur ein kleiner und eher unbefriedigender Teil der ganzen Wahrheit.

Die oben beschriebenen neuen Betrachtungsweisen gelten als vorstellbar und somit auch geisteswissenschaftlich als real. Setzen wir diese Überlegungen als Maßstab für unseren Alltag, gelangen wir zu Erklärungen, die uns helfen können, diese unsere Welt, das Zusammenspiel aller Kräfte, besser verstehen, anerkennen und schätzen zu können.

Die Konstellation von Atomen und Molekülen, allesamt nur Energieteilchen, bilden einen Aktionsplan, der auch von ihnen selbst ausgeführt wird. Auch diese wirken in der holographischen Resonanz als Integrale und bilden unendlich viele Rückkopplungsmechanismen zwischen jenen Gebilden aus, die wir „Seele" und „Körper" nennen.

Somit auch eine Art feinstofflichen „Stoffwechsels", in jedem Falle ein Energiefluss, der unsere Biotope entscheidend mitgestaltet. Auch die Luftqualität um uns herum.

Baubiologen sprechen von *Ionisation* im elektrischen Feld und von Stimmungen. Ich rede dabei gerne auch von der „Luft" im energetischen Hause meiner Ahnen, von jenen „Teilchen und Wellen", weil mein Verstand ja immer noch wenigstens eine Analogie zu etwas Stofflichem braucht.

Ich denke also immer wieder auch an jene Träger unserer unbewussten oder teilbewussten Bezüglichkeiten und Beziehungen, von denen wir immer wieder sprechen; denn diese Luft gehört zu meinem Leben dazu, es gibt sozusagen keine andere und so habe ich Gelegenheit, diese gemeinsame „Luft" meiner Sippe, meines Volkes, meiner Stammfamilie zu reinigen, in Frieden zu bringen.

Auf diesem Weg gelingt der kurze und so nachhaltige Sprung vom Unfrieden zum Frieden, vom Kampf und von der Verletzung bis zur Vernichtung hin zur Vergebung im Sinne von Abgeben und Lösen.

Vergebung ist für mich die bewusste und freiwillige Lösung energetisch wirksamer Fixierungen (Dauerverbindungen), die sich der kontinuierlichen Wandlung widersetzen möchten. Für mich ist genau das meine Vorstellung einer „heiligen Wandlung im religiösen Sinne.

Löse ich mich von einer als unangenehm erkannten Fixierung, löse ich sie aktiv in Frieden auf, vergebe ich mir ein entscheidendes Missverständnis und habe es selbst als erster leichter und friedlicher in meiner Selbstempfindung = Wahrnehmung.

Ich behaupte an dieser Stelle nicht, dass dies ganz einfach ist, aber wir lernen in dieser Bücherreihe eine Menge Methoden, mit dem wir unserem Ziel erheblich näherkommen. Verlaufen einige dieser Prozesse zu langsam oder zu rasch, kommt es zu Irritierungen innerhalb unseres gesamten Energiehaushaltes, ich nenne sie hier mal bewusst „Befindlichkeitsstörungen". Halten diese Befindlichkeitsstörungen an, weil die zugrundeliegenden Integrale nicht präzise erkannt und nicht durch eine Rückkopplung auf einer feinen geistigen Ebene korrigiert werden (Veränderung der Wahrnehmung, Veränderung unserer inneren Einstellung, Veränderung durch Lernen etc.), kommt es zu Veränderungen im Körperlichen, die wir mit dem „Beginn einer Erkrankung" bezeichnen.

Grundsätze der Regulation

Grundsätze der Biologie sind Prinzipen, in denen alle miteinander verschalteten Regelkreise der Kybernetik gesteuert werden. Die drei wichtigsten Steuerungsregeln daraus lauten: Der feine Reiz ordnet ein System und ist eher ein angemessener Impuls für die Selbstheilung, der starke

Reiz lähmt einen Regelkreis oder ein System vorübergehend, sehr starke Reize überfordern und blockieren Regelkreise und Systeme. Letzteres führt durch die indirekte Aktivierung von feineren Holons einer höheren Ordnung zu einem Transformationsprozess, wie oben ausgeführt.

Was eine Blockade ausgelöst hat, vermag sie oft interessanterweise auch wieder zu lösen, wenn dieser Impuls präzise benannt wird.

Allerdings nicht nur durch die Wiederholung der gleichen Reizstärke, sondern durch die Erinnerung an das wirksame Prinzip, also durch die Erkenntnis der Information bzw. der HIEKs, die den stofflichen Re-Aktionen zugrunde liegen. Das nennen manche auch gerne Erleuchtung, weil sie die Erkenntnis, wohl gemerkt: die innere feinste Erkenntnis, erhellt.

Wirksam ist, was uns im Innersten prägt.

Es gilt die Devise: Wahrnehmen, was ist und wirkt, nicht was in unsere Theorien passt. In der Homöopathie nennen wir dieses Phänomen „Nosoden", in der Physik „Phasenumkehr".

Der Begriff „Nosoden" umfasst jedoch noch viel mehr, dessen Erklärung den hier gegebenen Rahmen sprengen würde; gleichsam ist es mir wichtig, dass der geneigte Leser sich damit befasst. In Band I gehe ich tiefer auf das Thema *Miasmen* ein, die über Nosoden harmonisiert werden können.

Erfolg ist das, was wir in der Tiefe unserer Seele und in möglichst guter Übereinstimmung mit unserem Tun erleben. Sind wir authentisch, sind die Fraktale zwischen Seele, Hirn und Körper kongruent (übereinstimmend), sind sie optimal wirksam; dann schwingt alles oder doch wenigsten Vieles in Über-Ein-Stimmung. Ohne viel „Zeit" zu verschwenden. Nun müssen wir wirklich aufpassen, wie unsere innersten Absichten und Anliegen lauten und welche Signale wir aussenden.

Wollen wir in der Tiefe unserer Seele wirklich heil werden, gesundwerden, uns selbst aufrichten und wieder fit werden? Oder wollen wir Mitleid, Aufmerksamkeit, Aufrichtung, Entlastung und fallengelassen werden?

Ja, das kommt oft so: wenn wir entlastet werden, „verlieren" wir Mitleid, Anerkennung und Halt.

Manche fallen dadurch in ein großes Loch. Weil sie nicht gelernt haben wahrzunehmen und sich zu identifizieren, was sie wirklich wollen / möchten / ersehnen.

Im Ersten werden wir bewundert über die Fähigkeit, uns selbst aus einem Problemkreis heraus zu ziehen, im andern Falle bekommen wir unsere Schwäche mit einem Krankheitsdokument wie einem Allergiepass oder noch intensiver mit einem Behindertenausweis bestätigt. Amtlich.

Mit Stempel. Das fixiert nachhaltig den Zustand der Hilflosigkeit und kann in unserer Gesellschaft auch kaum mehr rückgängig gemacht werden. Mit solchen Zetteln manifestiert sich die Seele im Rückzug und blockiert ihre Selbstheilung. Bei Nachfrage kommt umgehend: Ich habe doch einen Ausweis. Richtig, der nutzt aber kaum beim gesundwerden. Sicherlich sind da viele gesellschaftliche Zusammenhänge, die oft den Einzelnen blockieren.

Doch letztlich ist die Wahrnehmung solch gesellschaftlicher Aspekte auch wieder nur ein Spiegel unserer eigenen Einstellungen. Mit unseren unbewussten Selbstblockaden stehen wir jedoch nicht nur uns selbst im Wege, auch andere werden von unseren Einstellungen beeinflusst.

Umso mehr sollten wir darauf achten und mit den Tipps im Kapitel Emotionen und Emotionale Balance unsere unbewussten Blockaden erkennen, annehmen und lösen.

Cluster, Keimblätter, Segmente, Organentwicklung

Weiter vorn sprachen wir von Cluster, die ich hier noch einmal aufgreifen will: Ent-Wicklung bedeutet in unserem Falle der Menschwerdung, dass unendlich feine Energiebündel = Holons auf eine Art „Kristallisationskeime" treffen, nämlich Eizelle und Spermium. Cluster wollen sich entfalten, entwickeln und können dies tun, wenn sie in ihre optimale energetische Resonanz gelangen.

Unter anderem an dieser Stelle entscheidet sich, ob sich ein Wunsch, eine Seele, ein energetischer Einfluss „sich manifestieren", „Gestalt" annehmen kann oder nicht bzw. welche Gestalt gefunden wird. An dieser Stelle greifen übrigens bereits energetisch unsere unbewussten Gedanken, Gefühle und insbesondere unsere Ängste und unsere Abwehrhaltungen. Vermeidungsstrategien sind Resonanzen und besonders dann hoch aktiv, wenn wir sie nicht gebrauchen können...

Die physikalische (Selbst-) Beobachtung verändert bereits sowohl die Erfahrung (Energiepakete, Holons).

Dies bedeutet, dass die Bewusstmachung einer Erfahrung und einer Absicht die Qualität einer Erfahrung verändert. Erfahrung und Heilung sind also mit Bewusstmachung von Erinnerungen verbunden, dadurch wird ihr elektromagnetischer Einfluss in unserem „Körper" verändert und Energieflüsse können wieder freier fließen. Das ist gelebte Biophysik! Hier zeigt sich die ganze faszinierende Logik unserer Biologie. Nun kann es aber eben immer wieder vorkommen, dass andere Kräfte im Universum die gleichen Methoden in unserem Dasein anwenden, dann kommt eben auch oft etwas nicht Gewünschtes heraus. Diese Einflüsse lassen sich identifizieren und lösen.

Der Mensch beginnt in seiner körperlichen Entwicklung mit der Ausbildung dreier Keimblätter, die unsere Organe ausmachen und auskleiden, sie in ihrer ganzen Entwicklung begleiten. In der weiteren Entwicklung auf der stofflichen Ebene kommt die Entwicklung eines Urdarmes, eines Urdarmrohres, aus dem nun wiederum fast alle Organe herauswachsen. Die Keimblätter indessen begleiten sie in ihrem Wachstum und in ihrer Differenzierung in bestimmte Gewebetypen: in Bindegewebe, Nervengewebe, Knochen etc. Dieses Wachsen und Differenzieren führt zu einem System kommunizierender Hohlsysteme, die wiederum aus Zellen, aus winzigsten Hohlsystemen bestehen.

Alle Zellen sind, biophysikalisch betrachtet, Resonanzräume, Schwingungsräume, die miteinander in ganz bestimmten Ordnungen und Frequenzmustern schwingen. Diese Frequenzen schwingen zusammen mit Holons, die als Energiestrukturen mit Führungskompetenz alles durchdringen. Sie führen in ihrer extremen Feinheit die kleinsten energetischen und elektromagnetischen Bausteine aller Zellen und aller Zellsysteme und somit alle Organsysteme. Holons sind, wie schon im ersten Kapitel beschrieben, Organisatoren und Führungsinstrumente unserer Entwicklung und unserer Körperfunktionen.

Diese wiederum stehen mit allem anderen in klaren Ordnungsstrukturen in einem ständigen Schwingungsabgleich (Oszillation), was in der Entwicklung eines Gesamtorganismus zahlreiche Impulse aus einem Innen und einem Außen berücksichtigen kann.

Unsere weitere Entwicklung im Mutterleib wird nun vor allem durch Unterteilungen bestimmt, durch Segmente, aus denen einzelne Organe entstehen. Alle Organe enthalten immer Anteile der drei oben benannten Keimblätter bzw. Anteile davon und führen sie in alle „Ecken" unseres Körpers hinein. Das heißt: alle Gewebe sind über die drei Keimblätter (spezifische Schwingungsmuster!), über Segmentbeziehungen (spezifische Schwingungsmuster!) miteinander verbunden – und für angemessene Schwingungstherapien erreichbar. Segmente sind somit, wie jedes Organ und jede Zelle, in definierter Weise (Schwingungsmuster!) miteinander in vielerlei Weise verzahnt, sie stehen in ständiger Verbindung.

Das bedeutet schlicht: ändert sich ein Schwingungsmuster in der Ebene der Keimblätter und Stammzellen, kann dies zu einer Reaktionskette der von ihnen „abhängigen" Schwingungsebenen und Holons führen: das nennt man dann *Energetische Stammzellentherapie, Konstitutionstherapie, Homöopathische Grundbehandlung* mit dem „Simile" – der dem Menschen, seiner Situation, seinem Zustand und seiner Entwicklung „ähnlichste Heilimpuls", der eine

Heilung einleiten kann. Immer sind es Systemwirkungen, die über die Schwingungsmuster der Stammzellen bzw. der Keimblätter angeregt werden und die sich selbst über Schwingungsketten manifestieren.

Dies erklärt einfach und undramatisch so viele Reaktionsketten, die wir jeden Tag an uns selbst beobachten, in unserem ganz normalen Alltag wie bio-logischerweise entsprechend in der Biologischen Medizin und in der Psychotherapie und in allen anderen Bereichen der Medizin. Wenn wir genau hinschauen und diese Reaktionsketten im Sinne von biologischer Ordnung und Selbstheilung nutzen und dem lieben Gott nicht wieder in seinem genialen Handwerk herumpfuschen...

Arbeiten wir mit angemessenen Absichten, mit Achtsamkeit, Geduld und mit authentischem Interesse an den Möglichkeiten und dem Selbstbestimmungsrecht des Patienten, können wir alleine bereits damit in unserem Alltag wie in der Medizin viele alltägliche kleine und größere Wunder geschehen lassen.

Somit finden wir in einem größeren Organismus, übrigens keineswegs nur im Menschen (!) sehr viele innere Verbindungen, die wir ertasten und erfühlen, aber mit den herkömmlichen und verbreiteten Methoden nicht messen können. Mit den Methoden, die diese Energien und Verbindungen erfassen können, gelingt dies relativ einfach.

Wir können ja auch nicht mit einem Beil einen Knopf annähen, also muss man auch nicht versuchen, mit einem Gerät für die Messung von Nervenleitgeschwindigkeiten

Holons zu finden. Das geht halt nicht. Intuitive Kommunikation mit der Erde und den Pflanzen und Tieren funktioniert übrigens prinzipiell genauso.

Zusammengefasst: wir bestehen aus Energiepaketen, die segmental über unseren Körper verteilt sind und jedes Segment hat eigene Erfahrungen und Bedeutungen.

Was nun in die eine Richtung funktioniert, geht oft auch in der anderen Richtung, denn Ursache und Wirkung sind quantenphysikalisch nicht voneinander zu unterscheiden, es gibt eben nur noch Resonanz, nur Bezüglichkeit.

Somit gibt es nicht nur Entwicklung in einen Körper mit Segmenten, es gibt Wahrnehmungsformen und somit auch Behandlungsformen, die die „Erfahrungen der Segmente" abfragen können: und da gibt es Methoden, die uns in die Lage versetzen, die in den Holons der Matrix und somit in den Schwingungsmustern der Zellen und der Gewebe systematisch Konflikte zu identifizieren und sie allein durch eine gezielte und sehr präzise Wahrnehmung und mentale Korrektur korrigieren können. Oft brauchen wir für eine dauerhafte Wirkung einen Anker auf der Körperebene, so wie der Konflikt sich einen Anker im Körperlichen aufgebaut hat, das wir Symptom nennen. Mit entsprechenden Methoden also gelingt eine Korrektur der Schwingungsmuster und Selbstheilungssysteme können geordnet und aktiviert werden. In Band IV kommen wir zum Thema Integrale Medizin wieder darauf zurück.

Trainings

Mit den Mechanismen und den Handwerkszeugen, die wir von der Biologie mitbekommen haben, können wir uns wie jedes andere Tier, ein Vogel beispielsweise, innerhalb unseres biologischen angestammten Terrains, wunderbar orientieren. In dem wir unsere Hände zum Tasten und Fühlen benutzen, erfassen wir zusammen mit unseren anderen Sinnen wie Wittern, Riechen, Schmecken und Sehen unsere Umgebung, wobei die Augen im Vergleich noch die schlechtesten Werkzeuge zu sein scheinen.

Ein gutes und kontinuierliches Training dieser Sinne und unserer inneren Vorstellungen erlauben uns gleichermaßen in fast jedem Lebensalter ein Training, das uns nicht nur unsere Sinne erhält, sondern auch steigert und weitere Fähigkeiten erkennbar macht. Konkret: wer seine Hände in allen ihnen typischen Eigenschaften zur eigenen Entwicklung einsetzt und fühlt, streichelt, fest umgreift, mit den Fingern spielt, die Faust bildet und sie fest schließt, die Hände miteinander bewusst synchronisiert oder auch eigene Wege schickt wie bei einem zweihändigen Klavierspiel, der wird sich über eine ungleich höhere Beweglichkeit der Finger und über eine aktivere Phantasie freuen können.

Trainingseffekte halten auf der Körperebene jedoch meist nicht sehr viel länger, als sie trainiert werden.

Wird ein notwendiges Training nicht ermöglicht, nicht

erlaubt, für dumm oder für kindisch erklärt, verkümmert es, obwohl es oft gebraucht und ersehnt wird.

Eine gute Entwicklung setzt die Fähigkeit und den Mut zur Eigeninitiative voraus, sich für bestimmte Interessen und Trainings zu entscheiden. Die Benutzung unserer eigenen, inneren Bilder steigert rasch unser Lebensgefühl, Zielvorstellungen und Visionen werden von diesem Training genährt, das somit zum Überleben wie zu einer hohen Lebensqualität gehört.

„Ein gesunder Geist lebt in einem gesunden Körper", lautet der alte Spruch. Umgekehrt gilt dies aber mindestens ebenso: wir können uns nur freiwillig gesund ernähren, bewegen, aktiv sein, wenn wir eine klare, selbst bewusste innere Ausrichtung haben.

Der Körper macht viel, aber er ist eher als Ausführungsinstanz der energetischen Ebene zu betrachten. Das ist ein ganz wesentlicher Unterschied in unserer neuen biokybernetischen Weltanschauung: nicht der Körper steuert uns primär, sondern unser Bewusstsein und vor allem die unbewussten Ebenen steuern die Körpersysteme.

Entscheide ich mich für ein Körpertraining, habe ich mich für eine mir sinnvolle Maßnahme entschieden; hier bereits zeigt sich die Bereitschaft zu Veränderung; unfreiwillige Trainings bringen bei weitem nicht die gleichen Effekte wie freiwillige Trainings, es fehlt die innere Zustimmung, das Feuer der Begeisterung. Und die eigene Begeisterung, gleich wofür, lässt sich nicht mehr durch Zwangsmaßnahmen vorschreiben.

Früher gab es halt mehr Untertanen, die ihre Zustimmung über die Identifikation mit einem Pharao, einem Kaiser, einer politischen oder religiösen Gruppierung definiert haben, die ihr Leben aus Loyalität zu hundert Prozent in den Dienst anderer gestellt haben. Wer in diesen Entscheidungen aufgeht, darf das ja tun, aber immer ist es seine Zustimmung, die ihm die Konsequenzen seiner Entscheidung sinnvoll erscheinen lassen. Das ist Freiwilligkeit, selbst wenn sie im körperlichen Tod enden sollte.

Wer geistig fit sein und bleiben will, muss sich bilden. Bilden heißt hier in erster Linie: sich ein konkretes inneres Bild machen, sich ganz klare und erreichbare Ziele setzen, sich eine Vision des Herzens gönnen.

Es gibt zahlreiche Methoden, mit denen man Heilungsimpulse auch „von außen" aktivieren kann, also mit Hilfe anderer Menschen. Oder von Tieren, die uns helfen, unsere innere Stabilität wieder finden zu wollen und zu können, unsere Fähigkeit, die eigenen Entscheidungen zu finden für unsere Selbstaufrichtung und Souveränität.

Die Therapie (Begleitung) mit Pferden, Eseln, Delphinen und anderen Tieren sind bekannt und leider noch viel zu wenig genutzt. Ganz von alleine kommt nichts.

Wer eine innere Vorstellungskraft trainiert und mit einfachen, kleinen Übungen Nachhaltigkeit schafft ist klar im Vorteil bei allen einschneidenden Erlebnissen, die seine innere Kraft und Stabilität erschüttern. Haben wir vorher unsere inneren Lösungsbilder trainiert und sie auf Herzensebene verankert (!), können wir uns aus vielen Krisen wieder herausschaufeln. An dieser Stelle sollten wir überlegen, was alles wir können wollen, damit wir morgen mit einem Training im Herzen, im Kopf und auf allen Körperebenen beginnen können.

Emotionen

Emotionen sind ein Gemisch von Informationskomplexen und vielerlei gefühlten seelischen, geistigen und vor allem körperlichen Komponenten.

Unser Stoffwechsel dominiert vermutlich die Szene unserer Gefühle, was sich auch in dem alten Sprichwort von einem gesunden Geist in einem gesunden Körper wiederfindet. Emotionen entstehen aus einem unendlich komplexen Zusammenspiel so genannter Neurotransmitter, Botenstoffen unserer Nervensysteme, die in alle Zellgebiete hineinwirken und alle oder zumindest viele Gewebefunktionen steuern.

Veränderungen unseres Stoffwechsels und unserer innerer stillen Vorstellungen sind einander in vielerlei Hinsicht analog; verändert sich das eine, verändert sich auch das andere.

Emotionen sind unser Weltbild

Integrale unserer gesamten biologischen Entwicklung und aller Zustandsformen gestalten sowohl in einer, sagen wir theoretischen Planungsphase in der Matrix ebenso wie in der Produktion von physikalisch-chemischen Molekülen (Hormone, Neurotransmitter der Nervensysteme) das, was wir unter Emotionen und Verhaltensmuster einordnen können. Unsere ganze emotionale Entwicklung wird somit, wie beschrieben, von den Informationen und den Energieflüssen in der Matrix komplett um uns herum definiert. Doch wir selbst sind es, die vorgegebene Muster sozusagen anschauen und mitentscheiden, welche Bezüglichkeiten, welche Resonanzen uns Leben mitgestalten werden.

Daraus kann man eine Eigenverantwortung der Seele ableiten, mit der wir auch als Säuglinge energetisch mitentscheiden, wohin unsere unbewusste Aufmerksamkeit geht, mitsamt allen Konsequenzen.

Immer sind wir in der Lage, uns auch unsere Emotionen „anzuschauen" und sie zu verändern. Voraussetzung ist dafür ein Bewusstsein und ein entsprechendes Training, über das wir an vielen Stellen dieser Bücherreihe sprechen. So sind wir also auch in der Lage, die Produktion unserer so genannten Glückhormone ein ganzes Stück weit zu steuern, in dem wir unsere bewusste Aufmerksamkeit zu hundert Prozent auf etwas richten, was uns glücklich macht und die Wirkung der Glückshormone verstärkt.

Dabei sind eben diese 100% Aufmerksamkeit wichtig genauso wie die 100% Kraft, eine positive Veränderung in den eigenen Gefühlen und einen entsprechenden Wechsel der eigenen Wahrnehmung und der Gefühle und der daraus zu entwickelnden Entscheidungen und Handlungen zu beschließen. Unsere Beschlusskraft wird uns dabei helfen, sie ist bei allem Wünschen und angeblichen Wollen der entscheidende Impuls, um aus einer alten bzw. unerwünschten Entwicklung in eine neue Entwicklung zu gelangen.

Im Rahmen unserer emotionalen Entwicklung durchwandern wir alle emotionalen Aspekte, die der Mensch so kennt und die in der Biologie ihre wirksam sind: Insbesondere sind es unsere unbewussten Ängste, gefolgt von Sorgen, Wut und Trauer, die uns auf seltsame Weise den Weg in unsere Selbstbestimmungsfähigkeit und in die Freude zeigen. Alle diese Zustände sind von Erinnerungen geprägt, mit den wir in den oben beschriebenen Ebenen in Resonanz sind. Und eben diese Resonanzen können wir selbst lernen zu verändern. Das ist eine entscheidende Abkürzung zur inneren Freiheit, die immer zunächst die Abwesenheit von unbefriedigenden Resonanzen darstellt.

Emotionale Intelligenz

Der Begriff wurde durch das gleichnamige Buch „*Emotionale Intelligenz*" von *Daniel Goleman* populär. Seitdem sind viele verschiedene und auch verwirrende Begriffsdefinitionen entstanden. Zu dieser Verwirrung trägt unter anderem auch die Verwendung der Abkürzung „IQ" bei, da diese impliziert, dass es sich hierbei um einen mehr oder weniger konstanten Quotienten ähnlich dem Intelligenzquotienten handelt.

Alle unterschiedlichen Definitionen haben jedoch einen Hauptnenner: Die emotionale Intelligenz entscheidet, in welchem Grade man die eigenen Emotionen und die anderer Wesen richtig verstehen, einordnen und handhaben kann. Dabei ist die Fähigkeit der differenzierten Wahrnehmung der eigenen Gefühle eine Grundvoraussetzung der emotionalen Intelligenz: Manche Menschen können ihren momentanen Gemütszustand nicht einmal ungefähr erkennen. Sie sind wütend und schreien: „Mir geht's doch gut!" Vielleicht beschreiben sie ihre Wut sogar als ein befreiendes Gefühl.

Natürlich ist Wut ein rein destruktives Gefühl, das sicher in manchen Situationen seine Berechtigung hat, aber es ist kein gutes bzw. schönes Gefühl. Manche Menschen können ein wenig unterscheiden, ob es ihnen gut oder schlecht geht. Fragt man sie, wie es ihnen geht, werden sie antworten: „Gut." Fragt man sie „Wie gut?", finden sie keine genaueren Beschreibungen.

Andere Menschen bzw. Wesen wiederum sind in der Lage, ihre Emotion und ihre emotionale Verbundenheit genauer zu beschreiben und lebendig darzustellen, auch in genauer Relation zu einem bestimmten Ort und Thema.

Emotionale Intelligenz erlaubt uns, aus mehreren theoretischen Perspektiven unserer inneren Betrachtung heraus unsere Emotion zu wechseln und die Emotion eines anderen wahrzunehmen, andere bleiben bei einer Fixierung ihrer Vorstellung und formulieren unsinnige Parolen, Schuldzuweisungen und Feindbilder.

Je nach unserer eigenen Bewertung dessen, was wir selbst wahrgenommen haben und wie wir es bewertet haben, entstehen unsere Verhaltensmuster. Haben wir eine höhere emotionale Intelligenz, sind wir erheblich flexibler in der aktiven Veränderung unserer eigenen Wahrnehmung, wir lernen also schneller und einfacher, unsere Emotionen zu verändern und unser Verhalten den Umgebungsbedingungen anzupassen. Und den anderen Menschen, das andere Wesen, die andere Umgebung etc. eben immer wieder anders wahrzunehmen. Die Wahrnehmung der Gefühle ist jedoch nur die Basis einer emotionalen Intelligenz.

Erst der bewusste Umgang mit den eigenen Emotionen und den Emotionen anderer entscheidet zum einen darüber, wie sinnvoll man mit sich selbst und seinen Bedürfnissen umgeht, und zum anderen über die soziale Kompetenz, also inwieweit man durch die Berücksichtigung der Gefühle und Bedürfnisse anderer eine für alle Beteiligten gewinnbringende Kommunikation führen kann.

Die Entwicklung von Kulturen und Ländern haben ihre eigene Geschichte. Das weiß auch jeder. Hier möchte ich dazu nur noch einmal anmerken, dass eben keine Abgrenzung auf den energetischen Ebenen der Matrix, schon gar nicht in einem universellen Bewusstseinsraum existiert.

Alle Länder dieser Erde gehören zu einem Globus zusammen und alles reagiert eben miteinander und reibt sich physikalisch auch so lange an einander, bis alle beteiligten Integrale miteinander synchronisiert ist.

Politischer Frieden, sozialer Frieden entsteht dort, wo es zu freiwilliger innerer Abstimmung und Übereinstimmung, zu einem Verständnis für einander und zu Toleranz kommt. Dies erfordert ein schrittweises Verändern unserer emotionalen Einstellungen und dieser Intelligenz. Das nennt man dann eben Erfahrungen, die gemacht werden müssen, um zu einem höheren Bewusstsein und zu einer „besseren" Werteordnung zu gelangen, in der für alles andere außer Achtsamkeit, Respekt und Toleranz so zu sagen gar kein Platz mehr ist. Weltbilder wachsen und verändern sich, um Entwicklung bewusst zu erfahren und integrieren zu können.

In Anbetracht der Gewalt, die wir im Außen erkennen, finden wir heraus, wie viel Aggressionen wir noch nicht ausgelebt haben und wie viele eigene Arbeit wir noch haben, um das Durcheinander und das Unverständnis in unserem Unbewussten verstehen und, möglichst besser, steuern zu können. Unsere individuelle Entwicklung von Kultur bezieht sich ja nun auf viele Lebensbereiche. Entwicklung bedeutet, immer wieder die eigenen Entwicklungsschritte der eigenen Kultur, der Erziehung, der eigenen Wahrnehmung etc. zu hinterfragen. Hinterfragen bedeutet in Frage stellen. Damit wird die Gültigkeit lebenswichtiger oder wenigstens als lebenswichtig erachteter kultureller Güter und Werte zur Diskussion gestellt. In Band I und II gehen bereits auf die Themen *Synchronisation, Emotionen und Emotionale Balance* intensiv ein.

Dabei wird immer wieder ein Unterschied bewusst zwischen einem Früher und einem Jetzt und einem Morgen, zwischen dem, womit ich einverstanden sein und mich gut fühlen kann und womit eben nicht. Jedes kulturelle Erbe ist ein Heiligtum, daher wird es umgehend erst mal verteidigt, wenn es in Frage gestellt wird oder sich angegriffen fühlt. Wir gingen in Band II, Kapitel *„Von inneren und äußeren Heiligtümern"* schon genauer darauf ein.

Entwicklung ist somit immer auch ständiges Infrage stellen unserer inneren Wertekultur und einer äußeren Kultur, bei uns selbst wie bei anderen. Wir brauchen immer wieder eine Erinnerung an unsere eigene Geschichte und Kultur, um aushalten zu können, wenn andere Kulturen unseren eigenen Vorstellungen von Veränderungen und Zukunft nicht bzw. noch nicht folgen können.

Toleranz und Interesse sind hier tagtäglich notwendig, um der Herausforderung gewachsen zu sein. Das Ziel kann nur darin liegen, die kulturellen Errungenschaften zu erkennen, anzuerkennen und als einen wichtigen Teil der gemeinsamen Geschichte zu respektieren.

Als Teilnehmer einer eigenen Kultur müssen wir die anderen in ihrem Anderssein respektieren wollen. Stellen wir den Wert seiner Kultur generell in Frage, versuchen wir ihn und seine Geschichte zu verändern. Ein solches Verhalte ist Teil des Themas „Emotionale Intelligenz".

Religion

„Religio" heißt: ich glaube. Dass der Glaube Berge versetzen kann, hat jeder schon mal gehört, das „Wie" bleibt in den meisten Fällen ungeklärt, weil einfach glauben, das geht ja erst mal nicht. Wir haben da so eine Einrichtung im Kopf, die nennt sich Gehirn, und dieses rattert rund um die Uhr, um Zusammenhänge verstehen zu lernen.

Solange nun die möglichen Zusammenhänge zwischen Glaube und dem Transport von Bergen noch nicht geklärt sind, wird nicht geglaubt. Doch die getroffene Aussage besagt ja zum einen nicht, dass wir keine Maschinen erfinden könnten, um Berge abzutragen und anderswo wieder aufzuschütten. Vom Bergeversetzen mit bloßen Händen hat ja keiner etwas gesagt. Obwohl auch diese Fähigkeit einiger Menschen bewiesen ist.

Ein Teil dieser Aussage will uns ja in der Wahrnehmung unserer Fähigkeiten zum Zweck von Erfindungen und vor allem zu einem gemeinsamen Tun unterstützen, damit wir erfinden, was Sinn und Freude macht, ohne zu schaden.

Der andere Teil ist hier mehr mein Thema: wenn wir die Erkenntnisse der Biophysik und der Kybernetik richtig verstehen und akzeptieren, wenn wir sie sinnvoll und verantwortungsbewusst anwenden, werden wir selbst zu *Mentalisten,* die Kraft ihrer inneren Konzentration und Aufmerksamkeit Gegenstände in die Luft heben können. Was spricht dagegen, außer dass wir dies eben glauben und somit als 100%ige Voraussetzung in unserem Kopf installieren. Wir müssen das ja nicht tun, aber es erscheint nicht angemessen, diese Möglichkeit als Unsinn zu bezeichnen, solange es auch noch jede Menge Beweise dafür gibt.

Wenn jeder, der dies könnte, mal eben einen Berg versetzen würde, entstünde ganz gewiss der eine oder andere Einspruch...

Wir müssen uns die Beweise anschauen, die es gibt, wegschauen ist nicht gut. Es ist in manchen Bereichen wie in der Medizin und in der Psychologie eher verantwortungslos und dies im wahrsten Sinne des Wortes: wir haben eine Verpflichtung, die Ergebnisse zu nutzen, die aus einer zig-Milliarden teuren Wissenschaft entstanden sind.

Die *Psychophysik* hat bewiesen, dass der Glaube an die eigene Macht und natürlich dann die Kunst der eigenen Gedankenführung selbstredend in die Lage versetzt, innere Berge zu versetzen, zu dematerialisieren und zu materialisieren.

Unser Stoffwechsel machts das und um die Uhr.

Dieses Prinzip kann man durch viel Meditation und

Übung steigern und auf alle Lebensbereiche anwenden.

In der Medizin, in der ich nun halt seit Jahrzehnten zuhause bin, ist das Versetzen von Bergen nicht gewünscht; was wäre denn, wenn wir in einigen Jahren wirklich so weit wären, in einem Operationssaal nicht nur Operateure und Helfer, Messer, Elektrogeräte und Medikamente stehen hätten, sondern mithilfe unseres Glaubens an unsere eigene heilerische Fähigkeiten Knochenbrüche heilen könnten oder infizierte Wunden?

Was eigentlich wäre daran so schlecht, insbesondere, wenn mal der Strom ausfällt oder Wasser fehlt oder Medikamente nicht mehr wirken oder einfach kein Personal mehr da ist? Dies vor allem dort in der Welt, wo alle medizinische Annehmlichkeiten fehlen?

Die Weltgeschichte hat noch viele Neuigkeiten für uns bereit; wenn wir unsere eigenen Fähigkeiten erkennen und zu nutzen, immer zum Besten des Großen Ganzen und aller Beteiligten, kann nichts schiefgehen und wir können miteinander aufschneiden, zunähen, geistig heilen und sonst was tun, um miteinander zu einem Superergebnis zu kommen: Zeit, Nerven und Kosten sparend.

Ich garantiere es allen Lesern: die Patienten, insbesondere, die aus Wissens- und Kostengründen mangelhaft oder gar nicht mehr versorgt werden können, wären begeistert.

Und all diejenigen, die an solche Lösungen glauben wollen und glauben, sich aber in unserer Medizin noch nicht oder nicht mehr wirklich verstanden fühlen; nicht zuletzt jene Mitmenschen, die bereits heute ganz konkret in den Kliniken und Praxen oft völlig überfordert sind, all diejenigen würden sich sehr freuen. Unsere Aufgabe ist es, die Möglichkeiten der Menschen und ihre Fähigkeiten endlich ernst zu nehmen, sie zu respektieren und an diese Fähigkeiten und den gemeinsamen Erfolg zu glauben.

Glauben heißt somit letztlich nur: die Wirklichkeit erkennen und anerkennen, nicht mehr, aber auch nicht weniger.

Unser Bewusstsein der letzten Jahre hat sich erheblich verändert. Der Einfluss der traditionellen Religionen ist geschwunden, nicht zuletzt, weil die Mitglieder von Glaubensgemeinschaften den dogmatischen Führungsstilen und der Allmacht der Kirchen sich mehr und mehr entziehen. Sie machen einfach nicht mehr das mit, was ihnen die angeblich von Gott erteilten Gottverwalter weismachen wollen. Glauben findet zunehmend als gesellschaftliches Ereignis statt, das sich mit den realen Bedürfnissen der Menschen verbunden hat, niemand mehr fällt auf die Versprechungen für ein Jenseits herein, das Leben findet hier und jetzt statt.

Die Anweisung zur Bescheidenheit gelingt nicht gut, wenn der Geldmarkt unendliche Dimensionen erreicht hat. In Zeiten, in denen der Geldmarkt begrenzt war, musste man zur Bescheidenheit als soziales Führungsinstrument aufrufen. Mit der Bescheidenheit war auch die Dankbarkeit verbunden, die gewiss lebensnotwendig ist.

Um die Gier nach Mehr, bei allem, zu mindern oder zu beenden, brauchen die Menschen einen neuen Glauben an sich selbst und ihre Eigenverantwortung.

Es geht nicht um böse Kirchen, es geht darum, dass alle Völker lernen sollen, angemessen und aus ihren Fähigkeiten heraus für sich selbst und für einander zu sorgen.

Dazu braucht es ein hohes Maß an Wissen, an Kraft und Bereitschaft: zur friedlichen Kommunikation, zur Veränderung, zum Wachsen, zum Miteinander und zur Lebensfreude, zu einem demokratischen Miteinander und zur Liebe anstatt zu Leistung und zu Konsum.

Bescheidenheit lässt sich nicht verordnen, sie muss freiwillig sein, um authentisch und sinnvoll zu wirken. Die Menschen werden immer ihren Willen durchsetzen, aber es sollte ein freier, bewusst friedlicher Wille sein. Um das in allen Gesellschaften umzusetzen, könnte das noch ein paar Tage dauern ... Aber was ist quantenphysikalisch schon Zeit? Bleibe jeder erst mal bei sich, das ist schon Herausforderung genug.

Alte Muster, Neue Muster

Alte Muster

- *Angst*

- *Überlebensangst*

- Versagensangst

- Feindbilder

- Abwehr- und Vermeidungsstrategien

- Rechthabenwollen

- Kämpfen

- Für das Überleben der Sippe arbeiten

- Um das Überleben der Familie kämpfen

- Polarität erkennen und überwinden, sich in drei Dimensionen und der Linearität zurechtfinden

- Anstrengung

Neue Muster

- *Die Gesetze und Regeln der Biologie erkennen lernen*

- *Sich von einem neuen Weltbewusstsein begeistern und faszinieren lassen*

- *Sich zurechtfinden im Weltbild der Anerkennung*

- *Erkennen der wirklichen Absichten im Universum, sich dem Bewusstsein einer universellen Einheit öffnen und die Einheit im Unbewussten zu einer Einheit im Bewussten machen*

- *Die eigenen und wirklichen Fähigkeiten erkennen und sich von sich selbst begeistern lassen*

- *Die Faszination der Multidimensionalität erkennen: alles immer gleich und überall erreichen zu können – sofern wir die Geistigen Gesetze beachten!*

- *Wahrnehmung und Achtung der Energetischen Ebenen*

- *Die Verantwortung erkennen durch die Kraft (die Macht, das Vermögen) der eigenen Fähigkeiten*

- *Vertrauen in die eigenen Fähigkeiten finden, Selbstvertrauen aktiv aufbauen*

- *Die Kraft und die Macht des eigenen Willens entdecken*

- *Öffnung für Neues auf der Basis neuer Konditionen*

- *Die Angst loslassen können*

- *Liebe entdecken*

- *Anerkennung statt Rechthaberei*

- *Bewusste Verabschiedung alter Erfahrungen und nicht mehr zeitgemäßer Bindungen*

- *Kommunikation neu erfahren lernen: Verstehen lernen wollen, Bereitschaft entwickeln wollen, die guten Absichten im Unbewussten bei allen Kommunikationspartnern erkennen und anerkennen zu wollen, die Bereitschaft dazu entwickeln, verstehen lernen, Abbau von Feindbildern*

- *Teilen lernen*

- *Neue Lern- und Lehrstrategien lernen – Miteinander lernen, nicht Selbstdarstellung nicht führen wollen*

- *Heimat und Geborgenheit in sich finden und anderen schenken*

- *Das Spiel des Lebens lernen, auf einander zugehen und vertrauen lernen, bereit und mutig zu Veränderungen, Frieden lernen und ohne langes Abwägen einfach schenken*

- *Den eigenen Lebenssinn finden, die eigene Vision im Reich aller Möglichkeiten*

- *Die authentischen Inhalte und den eigenen Platz im Gro-ßen System finden: Authentische Ziele identifizieren; sein Hobby zum Beruf machen; Meditation lernen*

- *Wissen sammeln, ordnen, besser verstehen, weiterschen-ken; die eigenen Schalen im Innern aufknacken und sich von limitierenden Einflüssen freimachen; bewusst den Weg in die unbewussten Verbindungen gehen wollen;*

- *Die Einbindung in die energetisch wirksamen Verbindun-gen und Ebenen finden: in die astrologischen, geomanti-schen, baubiologischen, emotionalen, informellen Ebenen*

- *Die Strukturen, die uns tragen, mit im Leben einbinden, sich nicht fassungslos machen und machen lassen, sich nicht hängen lassen, sondern die eigenen Fähigkeiten bewusstmachen und einbringen!*

· *Nicht auswandern, sondern hier am Neuen Weltbild mitarbeiten*

· *Leichtigkeit*

· *Liebe – und tu was Du willst*

Leitlinien

Kommen wir noch einmal zurück ganz an den Anfang: Strings sind Leitlinien, kosmische Leitlinien. Die „Inhalte" dieser Leitlinien sind die Grundlagen aller alten Philosophien, die den menschlichen Kulturen eine Geschichte, eine Form, eine Vergangenheit und eine Zukunft beschert haben: sie sind Freiheit von Bedingungen und reine Liebe, sie enthalten so zu sagen nichts von dem was wir erwartet haben; sie sind das SEIN, von dem so viel die Rede ist und sie sind das Ziel des Loslassens, von dem noch mehr die Rede ist. Die Umsetzung dieser Leitlinien braucht weiterführende Anleitungen (Leitlinien), die eine Vorstellung von Bedingungslosigkeit und Anerkennung von allem was ist, auf unsere alltäglichen Bewusstseins- und Planungsebenen transportieren und uns immer wieder die Botschaft von Dankbarkeit, Wertschätzung, Anerkennung und Respekt in unserem Alltag vermitteln.

Leitlinien müssen die Strukturen unserer Seele, unseres Geistes und unseres Körpers ansprechen, also mit ihnen automatisch und in Resonanz treten und bleiben: Familien- und Unternehmensleitlinien müssen so formuliert sein, dass sie unsere Erlebnisfähigkeit und Emotionale Intelligenz beflügeln, dass sie von unserem Verstand verstanden werden können und dass sie auf den stofflichen Ebenen auch „tatsächlich" umgesetzt werden können, dass ihre Umsetzung auch kontinuierlich von allen Anwesenden anerkannt wird; dies kann zu einem natürlichen Bewusstsein von Gemeinschaft, innerer Verbindlichkeit und einem natürlichen Stolz auf eine selbst gewählte Zusammengehörigkeit in einer Lebensgemeinschaft führen.

Sammeln, Gewinnen, Schenken, Verlieren

In alten Zeiten haben wir fleißig, sehr fleißig (!) gejagt, gesammelt und gehortet; gespart und verzichtet für die Kinder. Wir haben unser Hab´ und Gut anderen anvertraut und sie haben unser Vertrauen nicht immer optimal genutzt. Wir sollten vielleicht ein wenig auf die Abhängigkeit von Hab´ und Gut verzichten lernen: was wir nicht haben, kann man uns auch nicht neiden und wegnehmen.

Respekt, Anerkennung, Liebe, persönliches Engagement unter den Menschen, die einander wirklich brauchen, kann man nicht zur Bank bringen, auch nicht verlieren.

Geld schon.

Entwicklung in Selbstverantwortung

Die Fähigkeit zur Eigenverantwortung gründet auf einer Reihe von Merkmalen, die ich jedem wünsche, die wir ganz sicher alle suchen, nur auf sehr unterschiedlichen Wegen. Diese Fähigkeit geht einher mit einem Lernprozess, mit dem es gelingen kann, die Bindungen an das Prinzip der Polaritäten, der Einseitigkeiten im Weltbild eines Entweder / Oder - Prinzips zu überwinden und sich spielerisch und phantasievoll wie ein Kind auf ein Wechselspiel der Kräfte zwischen allen Polen einzulassen.

Mit solchen Grundfähigkeiten und der Bereitschaft, diese Fähigkeiten zu trainieren kann ein Weltbild der Anerkennung und eine Gesellschaft des Wohlwollens entstehen. Eigenverantwortung bezieht sich auf die freiwillige, achtsame und angemessene Anerkennung und Befriedigung der eigenen Bedürfnisse im Einklang mit den Bedürfnissen aller anderen in einem Bewusstsein von Fülle und einer wirklichen Weltgemeinschaft in einer einzigen Schöpfung, die niemandem gehört und deshalb alle beschenkt.

Vertrauen

Der Schöpfung aktiv vertrauen, auch sich selbst der Schöpfung anvertrauen und sie als oberste Instanz für alle Regelungen anerkennen

Dankbarkeit

Annehmen was ist und wie es gemeint ist, ohne Anmaßung
und Forderung nach der Erfüllung eigener Vorstellungen

Interesse

an allem, was ist und dem, was sich daraus machen lässt
an den eigenen Fähigkeiten und an allem, was andere uns
schenken

Wertebewusstsein

für alles, was wir an Chancen bekommen und an den Regeln, die uns eine Gemeinschaft in Symbiose mit allen anderen Partnern der Schöpfung erlauben: für ein Wertesystem der Achtsamkeit und der Anerkennung

Bereitschaft

- *seine Aufmerksamkeit allem zuzuwenden, das Freude machen kann*

- *Sich bewusst zu freuen*

- *bewusst zu kommunizieren*

- *zur Abstimmung und Synchronisation mit der Umgebung*

Ergebnisse

- *Bewusstheit in Achtsamkeit*

- *Geborgenheit in einer Göttlichen Matrix*

- *Vertrauen in die eigene höhere Führung*

- *Bewusstsein für die unendlichen Chancen in diesem Leben*

- *Gelassenheit*

- *Zielbewusstsein und Visionskraft*

- *Ein sicheres Gefühl für das Angemessene und Sinnvolle*

- *Gute Orientierung mit den eigenen bewussten Fähigkeiten*

- *Glauben an sich selbst und die eigene Führungskompetenz*

- *Wertebewusstsein*

- *Unvoreingenommenheit*

- *Respekt*

- *Toleranz*

- *Friedfertigkeit*

Selbstverantwortung gelingt zu einem ganz wichtigen Teil, wenn wir unsere eigenen Lebensmuster anschauen können, wenn wir sie bewusst betrachten wollen und ihnen nicht ausweichen, wenn wir uns nur auf Hinweise für uns selbst und in uns selbst konzentrieren, statt Fehler bei anderen zu suchen. Können wir unsere eigenen und selbst geschaffenen Gefühle anschauen und uns trotzdem oder gerade wegen dieser so menschlichen Dinge anerkennen und schätzen, gelingt ein weiterer guter Schritt.

Beide Schritte sind Voraussetzung dafür, dass wir uns selbst lieben lernen können. Erkennen wir auch nur einen Teil unserer unbewussten Impulse und Programme, verstehen wir besser, warum wir uns so oder so verhalten.

Wir können unsere angeblichen Fehler und unsere ungeliebten Merkmale nur über uns Verständnis integrieren, aber das genügt oft bereits, um wichtige Veränderungen zu ermöglichen. All dies sind unverzichtbare Schritte, um Freundschaft zu schließen mit dem eigenen Unbewussten. Das Leben ist ein geniales und unerschöpfliches Gefäß der Möglichkeiten. Wir können uns in diesem Sinne alles, was uns die Schöpfung anbietet, als Angebot betrachten lernen, einschließlich uns selbst, und wir können damit lernen, uns aus alltäglichen Überforderungen und Illusionen heraus zu nehmen.

Wir lernen mehr und mehr, unsere eigenen Mechanismen und Verhaltensmuster als Möglichkeiten zu erkennen, die wir frei in unserer ganzen Phantasie - stets natürlich zum Besten der Schöpfung selbst - nutzen, verändern oder verabschieden dürfen.

Niemand ist ernsthaft gezwungen, an seinen Gewohnheiten festzuhalten, auch wenn wir dies so empfinden.

Wir mögen den dahinterliegenden Sinn erkennen und anerkennen, um ein Muster und damit einen Teil der eigenen Gesamtpersönlichkeit verändern zu können.

Unsere eigene Kreativität dürfen und müssen wir bewusst leben; wer dies nicht tut, gelangt rasch in Gefühle von Sinnlosigkeit und Abhängigkeiten, die das Bewusstsein von den eigenen Chancen ablenken und uns rasch in Selbstmitleid versinken lassen. Konzentrieren wir uns bei allem auf die Frage, was wir selbst zu einem Gesamtgeschehen beitragen können, leben wir schon unsere geistige Kreativität.

Wenn wir erkennen, dass auf diesem Wege alles, was wir erleben, bereits in uns mit unseren eigenen Wahrnehmungsmechanismen und unserer eigenen Kreativität selbst erschaffen, können wir unseren Emotionen und dem Leiden in der Welt anders begegnen. Wir können nie behaupten, dass es kein Leid gäbe, weil wir es erleben; doch unsere ganze Wahrnehmung ist eben nur unsere eigene, selbst gebastelte Wahrnehmung, deren Erlebnisqualität wir selbst durchaus verändern können. Wenn wir wirklich möchten. Freude, Leid, Lust, Unlust, Harmonie, Probleme, alles, aber auch einfach alles geschieht aufgrund unserer Programme und unseres daraus resultierenden Denkens.

Wir erhalten Souveränität und über uns selbst, indem wir lernen, unsere Emotionen zu gestalten, zu beherrschen, im neuen Sinne: sie liebevoll zu steuern.

Herrschen wie der Pharao war früher; herrschen wie Christus ist die Zukunft. Unsere tiefe Angst, verletzt zu werden, vor unserer eigenen Verletzlichkeit, kann nur durch unser eigenes Vertrauen in die ersehnte Unverletzlichkeit unserer Seele gewandelt werden; dadurch kommen die gewünschte Gelassenheit und Leichtigkeit von alleine. Nehmen wir diese biologische Grundordnung als unsere einzig wirklich wichtige Obrigkeit an, besiegen wir unsere Egomechanismen und kommen ins Paradies zurück.

Freilich gelingt dies nicht immer und nur und jeden Tag; aber vielleicht immer öfter, wenn wir uns darauf konzentrieren. Die weltlichen Obrigkeiten kämpfen um ihre Macht, lass´ sie doch, lass sie einfach stehen und mach´ deins.

Durch diese Erkenntnis werden wir unabhängig von der Meinung anderer und selbstständiger (eigenverantwortlicher). Schritt für Schritt. Wir können ganz viele Spielchen bleiben lassen, mit denen wir alles Mögliche manipulieren. Wir sind frei, wenn wir uns wirklich von unserer höheren eigenen Realität, unserer Intuition, unserer Achtung von der Biologie und unseren eigenen Möglichkeiten leiten lassen. Dies alles erlaubt uns, unsere alte Identität zu verändern. Die bewusste Loslösung von vielen Einflüssen aus dem kollektiven Unbewussten verbindet sich mit der Kommunikation zu einem dahinter existierenden höheren, universellen Geist, den wir Liebe nennen können und der von den bisherigen menschlichen Vorstellungen und Bedingungen unabhängig ist. Die Matrix kennt, wie beschrieben, keine Bewertung mehr.

Sie hält uns in einer Geborgenheit, die uns Menschen nicht geben können. Aber wir können sie fühlen lernen, ohne andere Menschen zu einem bestimmten Verhalten zwingen zu wollen.

Das ist ein ganz großer Schritt in unsere Selbstständigkeit und Eigenverantwortung. Das Eigene Leben entdecken wollen, Lust auf das eigene Leben entfalten und das eigene Ich entdecken wollen. Alles zu entdecken, was zu einem selbst, auch zu dem höheren Selbst stimmig ist, was in Übereinstimmung ist, was angenehm, vertraut, sich gut anfühlt, was unterstützt, was uns selbst stabilisiert, was unsere Spannung ausgleicht.

Absicht und Beschlusskraft

Unsere Entwicklung ist wachsendes Bewusstsein.

Sie unterliegt den vielfach angesprochenen physikalischen Gegebenheiten und macht uns im Laufe der Jahre mit den Phänomenen bekannt mit unserem Tagesthema „Absicht" und „Beschlusskraft".

Beides sind absolute Voraussetzungen für ein bewusstes, zielorientiertes und erfolgreiches Leben. Beide folgen den Möglichkeiten und den Vorgaben unbewusster Leitlinien, die wiederum im kollektiven Unbewussten verankert sind und veränderbar werden, in dem wir uns ihrer bewusst werden und sie zielstrebig verändern lernen. Neben der Beschlusskraft brauchen wir also auch immer eine möglichst genaue Vorstellung von einem Ziel, das unsere Existenz stabilisiert und mit Lebensfreude füllt.

Dass eine Entwicklung von Bewusstseins, Beschlusskraft und Zielvorstellungen möglich und überlebenswichtig sind, beweisen die Jahrtausende alte Erfahrung, ebenso die modernen Kommunikationswissenschaften, die Psychologie und die *Energetische Medizin* täglich. Jeder Traum, jeder Gedanke an eine schöne Vorstellung, jedes Visualisierungsverfahren hilft dabei, unsere innere Vorstellung, unsere Visionskraft und unsere Zielstrebigkeit zu trainieren.

Die in Band IV vorgestellte SIG-Fragetechnik führt in eine bestimmte Strategie ein, die jeder nutzen kann, der ein wenig spontan ist und Lesen und Schreiben gelernt hat.

Die SIG-Fragetechnik hilft, jene bislang unbewussten Impulse zu erkennen, die den eigenen Alltag steuern und wir finden jeden sinnvollen Lösungsansatz für jedes Problem und jede Frage, die sich uns zeigt. Sie ist die konkrete Umsetzung aller bisher beschriebenen Möglichkeiten.

Ziele, Visionen, Perspektiven

Eine Gesellschaft ohne Perspektiven, ohne Hoffnung auf Veränderung, ohne Heilung der innersten Verletzungen, degeneriert zwangsläufig in Resignation und Depression. Diese Menschen können sich unter den gegebenen Bedingungen für sich selbst keine Perspektiven mehr vorstellen, sie haben die Kraft nicht mehr dazu. Und damit oft nicht mehr die Kompetenz. Sie benötigen unsere ganze Aufmerksamkeit, unseren Respekt und unsere liebevolle Zeit.

Das WIE im Umgang ist, wie immer, entscheidend und wir alle sollten uns darin üben.

Indigo-Kinder sind nicht krank, sie leben unsere gesellschaftliche Orientierungslosigkeit und eine intellektuelle Flucht nach vorn aus, die die Gesellschaft nicht leisten will. Sie sind ja Teil eines großen Systems der unbewussten Bezüglichkeiten und Beziehungen. Aber sie werden eher wie Kranke behandelt, die ruhiggestellt werden müssen.

Dabei sind sie die kleinen Helden einer Zeit, die ihren inneren Widerständen nicht begegnen will und die einer Veränderung der Menschen in Wahrhaftigkeit, Authentizität und Souveränität nur so lange zustimmt, wie sie daran verdienen kann oder ihre Ruhe hat.

Wann werden jene ruhiggestellt, die die Verantwortung dafür zu tragen haben? Das große System des kollektiven Unbewussten kann rein physikalisch nie einer einzelnen menschlichen Stimme = Schwingung folgen, es baut seine Nachhaltigkeit aus der Kohärenz mit Milliarden unbewusster bzw. leiser innerer Stimmen auf. An unserem wirklichen Glück sind nicht wirklich viele interessiert.

Umso öfter und nachhaltiger gilt es, sich die Grundlagen unserer menschlichen Eigenverantwortlichkeit und unsere Fähigkeiten bewusst zu machen, um sich aus unsinnigen und lebensgefährlichen Gewohnheiten heraus zu entwickeln. Und dies müssen wir in Eigenverantwortung und Eigeninitiative gestalten. Da wollen wir gemeinsam hin.

Im Sinne der biologischen Gesetzmäßigkeit „Der feine Reiz heilt, ein starker Reiz dämpft, ein sehr starker Reiz blockiert das Fließgleichgewicht" kann nur eine absolute Schwingung höchster Feinheit und Reinheit des Universums dominieren. Manche nennen es Liebe oder GOTT.

Formen des Zusammenlebens

Die Formen unserer Lebensgemeinschaften werden sich verändern, die Entwicklung ist seit Mitte der 1960-iger Jahre erkennbar. Sowohl zum Thema gleichgeschlechtliche Partnerschaften als auch innerhalb gewohnter Familienstrukturen. Familie ist als Trainingscamp nach wie vor hilfreich und sinnvoll, doch die Aufgabenverteilung und die Wahrnehmung der Eigenverantwortlichkeit aller Familienmitglieder wird eine neue werden.

Außerdem verfallen die großen Familien und neue „Ersatzfamilien" können entstehen, Patchworkfamilien beispielsweise und Lebensgemeinschaften mit älteren Mitmenschen und solche mit Alten und Kindern zusammen. Einige von vielen interessanten Ansätzen, die bereits gelebt werden.

Das Bewusstsein um die inneren Zusammenhänge auch im kollektiven Unbewussten, somit im System der unbewussten Bezüglichkeiten, verlagert die Verantwortung zunehmend von den Eltern wieder auf die ganze Gemeinschaft.

Eltern können nicht versagen, außer sie versuchen in alter Weise, alle Verantwortung und Schuld nur bei sich zu suchen. Sind sie bereit zur Kommunikation und zur Veränderung, zum Erkennen ihrer eigenen Bedürfnisse, Fähigkeiten und Missverständnisse, entwickeln sie sich automatisch weiter und entfernen sich zunehmend von ihrer gewohnten Umgebung, die keine Veränderung will und sie einfach nicht mitgestalten kann, warum auch immer.

Diese zurückbleibenden Menschen trauern sehr und sind wohl immer sehr einsam, sie bräuchten eine Menge Unterstützung, die sie aber oft genug nicht annehmen können; sie werden ihren eigenen Weg finden. Manchmal muss man Menschen alleine lassen können.

Familie als freiwillige Gemeinschaft, in der jeder, spirituell aus freien Stücken in die jeweilige Familie eintrat, wie in einen Club, hat die Aufgabe, gemeinsam in angemessen verteilter Verantwortung ihr Gemeinschaftsleben zu gestalten. Jeder hat darin „seinen" Platz und seine Aufgaben, die wir uns später noch genauer anschauen werden.

Diese Verantwortung muss bewusst gelebt werden, denn nur eine neue natürliche und freiwillige Disziplin kann die innere Bindung in der ganzen Familie halten. Zu dieser Familie gehört in dem neuen transpersonalen Bewusstsein aber nicht nur Eltern und Kinder!

Diesseits und jenseits können bewusst und aktiv miteinander verbunden werden und die Vorstellung von Tod, Trennung für alle Zeit und derlei Unsinn mehr kann Schritt für Schritt in ein Bewusstsein gewandelt werden, dass wir alle immer und überall miteinander kommunizieren können, dürfen, sollen und somit miteinander leben.

Das Märchen von einem Diesseits und einem Jenseits ist zu Ende für den, der einfach nicht mehr daran glaubt. Entsprechend werden sich alle Vorstellungen von Gemeinschaft, in den kleinen Lebensgemeinschaften wie in großen sozialen Systemen, gründlich wandeln.

Manche Mitmenschen glauben an einen Weltuntergang und die große Katastrophe für die Erde. Nein, ich glaube an einen kontinuierlichen Prozess der Wiedergeburt, von Advent zu Advent; ich schließe den ganz großen Wandlungsprozess ein, den wir längst begonnen haben, aber untergehen kann nur, wer in einer linearen Weltanschauung ein „oben" von einem „unten" trennt und nicht die Gemeinsamkeiten der Wesen und der Dinge sehen kann.

Erziehungsmodelle und ähnliche Illusionen

Erziehungsmodelle sind Modelle, mehr nicht. Sie bauen sich auf aus bewussten Absichten, zahlreichen unbewussten Einflüssen aus den unbewussten Ebenen und aus Spekulationen und Hoffnungen.

Stets sind wir bemüht, herauszufinden, ob unsere Modelle in der Realität funktionieren oder nicht. Moral, Ethik, Traditionen, Vorschriften und Zielvorgaben sind in diesen Fraktalen wirksam, die „eigentlich" mit uns selbst oft nur wenig zu tun haben bräuchten, außer dass wir in Kontrollsystemen leben, die auf die peinliche Beachtung dieser Vorgaben achten. Sie zeigen eben diese stillen Vorgaben, die zu ändern sich kaum jemand traut, aus Angst vor der Strafe der Hölle. Dies zeigt sich in aller Regel in dem, was wir Gewissen nennen und dem wir oft nur schwer entrinnen können.

Wir können unseren unbewussten Konditionierungen nicht entrinnen, doch wir können lernen, sie zu erkennen, zu verstehen, zu akzeptieren und zu verändern - hübsch in dieser Reihenfolge. Wir gehen einfach konsequent anders mit ihnen um und transformieren sie durch die Kraft unserer Synchronisation. Je mehr Menschen mitmachen, desto geringer wird die Bedeutung der alten Muster, einfach, weil sich immer mehr Menschen nicht mehr an die alten Vorgaben halten, nicht, weil es sie nicht mehr gäbe ... Oft gehen wir ein Gefühl von Opposition oder gar Trotz und versuchen wir etwas zu verändern, was wir gar nicht genau kennen. Die Vor- und Nachteile von Erziehungsmodellen können auf diese Weise Schritt für Schritt erkannt und verändert werden, immer zugunsten aller Beteiligten und des Großen Ganzen.

Gewohnte Vorstellungen, Normen, Traditionen, Glaubensmuster und Erfahrungen führen zu neuen Erkenntnissen und zu neuen Grundannahmen, sie bekommen einen neuen Kontext und generieren neue Fraktale, neue Integrale, ein neues Weltbild. Nichts und niemand kann so tun, als würden sich mit jeder neuen Erfahrung keine Veränderungen ergeben.

Erziehungsmodelle eigenen sich als Diskussionsstoff für Erinnerungen und weitere Veränderungen, nicht aber als statische, als beweisende und bewiesene Erfolgsmodelle. Das uralte griechische „Panta rei" bedeutet: alles fließt, alles ist immer in Bewegung. Indianer sprachen davon: „du gehst niemals in den gleichen Fluss"; es meint das Gleiche. Auch Erziehungsmodelle müssen sich kontinuierlich und aktiv weiterentwickeln. Dies muss aktiv gestaltet werden durch eine ständige Diskussion und Leitlinien, an denen sich alle orientieren können.

Moderne Erziehungsstile sind Führungsstile, die den

„Zögling" bewusst, mitverantwortlich und engagiert mit allen seinen Fähigkeiten interaktiv einbinden.

Führen durch achtsames und gezieltes gewähren lassen und ebenso durch achtsames und straffreies Üben, Fordern und Fördern durch Bildung. Entsprechend dem Bewusstseinsstand einer Gesellschaft formiert sich ein Sammelsurium unterschiedlichster Erziehungsmodelle, die einem neuen Zeitgeist folgen und in der individuellen Ausprägung die interessantesten Auswüchse zeitigen.

Die Entwicklung gesellschaftlicher Vorstellungen, wie wir einander und insbesondere unsere Kinder erziehen sollten, unterscheiden sich teilweise erheblich und zwar, interessanterweise, vor allem zwischen zwei Generationen. Immer wieder habe ich den Satz in den Ohren:

Aber wie meine Mutter will ich auf keinen Fall werden! Meistens ist es ja auch schon so weit und muss gar nicht erst werden, aber wir merken das erst, wenn unsere Kinder oder andere Leute uns darauf aufmerksam machen.

Das erscheint uns peinlich und wir wollen das gerne immer wieder verstecken. Und doch kommt oft irgendwann eine Zeit in unserem Leben, wo wir diese Merkmale irgendwie anders betrachten lernen, erkennen lernen, wie diese Merkmale zustande gekommen sind und wertschätzen lernen.

Soziale Gemeinschaften entwickeln sich, werden aus einander gerissen, gehen freiwillig aus einander, werden fremdbestimmt. Die inneren Bande bleiben und führen, wenn sie nicht als angenehm, als nährend, als liebevoll und verbindlich erlebt werden, zu einem stillen Leidensprozess, der sich auf den organischen Ebenen zeigt.

Man nennt das „psychosomatische Beschwerden".

Psychosomatische Erkrankungen sind oft die Folge, und biologisch gesehen, völlig normal und korrekt.

Was in der Seele von Sippe, Volk und Familie nicht in Frieden ist, kann auch in unseren Körpern nicht auf Dauer in Frieden und Ordnung sein und nicht immer nur gut funktionieren. Und so sind unsere Erziehungsmodelle in erster Linie von dem bestimmt, was als dramatische Grunderfahrung wirksam ist; bis sie erkannt, verstanden, akzeptiert, integriert und als wertvolle Erfahrung anerkannt und verbessert wird.

Unsere Erziehungsmodelle sind vorzugsweise der Versuch von Vermeidungsstrategien, die immer in Erinnerung und somit in Resonanz behält, was es zu vermeiden gilt, was sich nie wieder wiederholen darf. Und sich genau deswegen wiederholt; mühsam, sehr mühsam, ist der Schnitt und der Wechsel unserer Aufmerksamkeit in eine klare, schöne, erfreuliche Zukunft, weil unsere ganze Entwicklung bestimmt ist von den schlimmen Erfahrungen unserer Erzieher.

Insbesondere haben hier unsere Mütter einen Anteil, die in ihrer ganz besonderen Kunst, die Familie zusammenzuhalten, für eine enorme Nachhaltigkeit solcher schlimmen Erziehungsimpulse sorgen. Mütter ersticken oft förmlich in ihrer Sorge um das Wohl der Familie im oben genannten Sinne und „sorgen" im wahrsten Sinne des Wortes dafür, dass die Aufmerksamkeit der Zöglinge möglichst lange bei den schlimmen Ereignissen bleibt.

Dies nicht aus bösem Willen, niemals, auch wenn es manchmal so erscheinen mag, sondern weil sie seit Jahrtausenden in einer rigorosen Überlebensherausforderung und Kultur der Angst und der Bedrohung leben und in völliger Abhängigkeit von den Entscheidungsträgern eines Patriarchats. Bislang konnten sie auch nur indirekt, sagen wir einmal, durch den stillen Versuch einer Art von hintergründiger Kriegsführung die Kontrolle über manche Mechanismen und Entwicklungen erringen.

Im alten Weltbild der Gewaltenteilung lag der Entscheidungsbereich eben innerhalb des „Tipi", des Familienzeltes, im direkten wie im übertragenen Sinne. Und immer ging es um Gewalten, um Naturgewalten, um die Amtsgewalt von Theokraten, Kaisern, Kirchen- und Amtmännern mit der Entscheidungskompetenz über Leben und Tod.

Außerhalb dessen war „der starke Mann", bzw. männliche Fähigkeiten gefragt. Frauen oblag es, zuhause die Verantwortung für die Nachkommenschaft zu übernehmen und Kinder zu hüten und zu erziehen. Ein starkes und stilles, somit immer auch nachhaltiges Kontrollbedürfnis gegenüber den männlichen Entscheidungen erscheint mir verständlich, denn zu oft waren und sind Frauen von Männern alleine gelassen.

Die erzieherische Kompetenz wurde stets primär bei dem weiblichen Geschlecht angesiedelt, warum auch immer, und bequem war es für die Männer allemal.

Insofern müssen sie sich jetzt nicht beklagen, dass die Frau als solche sich ganz besonders viel Mühe gab in jenen Kompetenzen, die sie primär hat: Sich Sorgen machen um andere, um das Wohl der Familie und aller Ahnen.

Das zwingt dazu, die ganze, hundertprozentige Aufmerksamkeit, auf die Harmonie und die friedliche Kommunikation der Ahnen zu richten und alles, wozu sie fähig ist, auch sich selbst, ganz und gar zu investieren, um auch eine Chance zu haben, dieses Ziel zu erreichen. Doch sie selbst steht ja auch unter dem emotionalen Druck ihrer Vorgängergenerationen, in dieser hohen Verantwortung alles richtig zu machen und Weitsicht, Klugheit, Effektivität und anderes mehr zu leben.

Die meisten Menschen sind in dieser Herausforderung maßlos überfordert und überhaupt nicht angemessen begleitet. Die wichtigsten Begleiter innerhalb der Familien und der Sippe sind gestorben oder, schlimmer noch, durch die Gewalt der Männer in kriegerischen Auseinandersetzungen aus dem Familienverband herausgerissen worden. Wie soll man denen trauen?

Wo soll man die Kraft dazu hernehmen?

Aus dem Glauben an einen Gott, der mit den Menschen klarkommt, der als unantastbare Instanz und als absolutes Heiligtum verteidigt wird bis in den Tod?

Manche Opferhaltung wird durch die verzweifelte Suche

nach dem Halt bestimmt, der letztendlich alles in einem Einverständnis zusammenführen möge.

Damit geht der Glaube an eine menschliche Kompetenz vergleichbarer Qualität immer mehr verloren, denn eine Männerwelt, die das Unglück der Familien in erster Linie zu verantworten hat, wird der Frau an sich nicht erlauben, sich einer anderen Instanz zu unterwerfen, außer, man besetzt alle wichtigen religiösen und politischen Ämter mit Männern...

Die hohe Verantwortung der Frau als Sicherungsgarant für die Einheit und die Lebensqualität der Familie führt nicht selten zu Einmischung, auch Übertreibung; eigentlich ist es anders gar nicht möglich, denn in diesem ewigen Dualismus zwischen männlicher Dominanz und weiblicher Fürsorge blieb bisher nur wenig Spielraum für Diskussionen, neue gemeinsame Zielsetzungen und eine neue Rollenverteilung. Das ändert sich aber mit dem zunehmenden Bewusstsein um den Reichtum, in dem wir leben und die Chance, unseren altgewohnten und durchaus verständlichen Neid und Geiz und alle anderen Todsünden, zu überwinden. Im Rahmen unserer ganzen Bewusstseinsentwicklung wird uns dies gelingen. Damit wird noch einmal deutlich, in welchen Geburtswehen eines neuen Weltbildes wir alle stecken, was wir eigentlich erleben und gestalten dürfen.

Der Wandel, der diesbezüglich nun eingesetzt hat, verändert unsere Vorstellungen von Erziehung erheblich.

Wissenschaftliche Erkenntnisse haben zu einem neuen Verständnis von Zusammenhängen geführt und machen deutlich, dass die ursprünglichen Kompetenzverteilungen aufgelöst und sehr variabel gestaltet werden können.

Aus dem Kampf der Geschlechter versucht man hier und, jedem Geschlecht, neuerdings alle Fähigkeiten zuzumuten, was biologisch nicht funktionieren kann.

Doch es erscheint wichtig, in eine fließende und faire Diskussion zu gelangen, die Erziehung vor allem als einen Prozess des gemeinsamen Wachsens und der Übung von Eigenverantwortung aufzeigt, als ein gemeinsamer großer Lernprozess, den es gemeinsam zu gestalten gilt.

Jeder, der früher erzogen werden musste oder einfach aus Gewohnheit erzogen wurde, kann in diesen gemeinsamen Prozess eingebunden werden und dies weitaus früher als bisher angenommen. Aus einem allein verantwortlichen und somit auch immer potenziell schuldigen Erzieher kann somit ein Lebenspartner werden, der nicht immer und für alles zuständig ist, sondern der sich mit gutem Gewissen auf Teilbereiche des Lebens und Teilkompetenzen wieder konzentrieren kann.

In jedem Falle werden alle Erziehungsprozesse, in den Familien wie in den Betrieben und auch in dem Verhältnis Therapeuten / Patienten, neugestaltet. Es gilt, alle Beteiligten in ein für sie machbares und sinnvolles Maß an Mitverantwortung zu führen. In Band IV des Kolibri-Plans erfolgt eine Projektvorstellung von einem „Netzwerk Gesunde Familie"; in diesem Modell erhalten Städte und Gemeinden wieder die Gelegenheit, Gesundheitsversorgung im Bereich der Familie, ganzheitlich betrachtet und selbstverantwortlich mit zu gestalten.

Die Einwohner einer Gemeinde beispielsweise bekommen auf diese Weise ihre Verantwortung für die aktive Gestaltung ihrer eigenen Gesundheitsbedarfe zurück, das enthält auch viel erzieherische Unterstützung.

Die Verknüpfung mancher Institutionen zur Gestaltung der Gesundheitspolitik hat zu etlichen Verwerfungen geführt, welche dem Bürger seine Eigenkompetenz in Sachen Gesundheit ziemlich abgenommen hat; in andern Bereichen fühlen sich Familien, vor allem alleinerziehende Mütter als Teil einer zerrissenen Familie, oft alleine gelassen. Die in diesem Zusammenhang geschaffenen Probleme und Abhängigkeiten führen zur Auflösung der Selbststeuerungsfähigkeit unserer Gemeinde und Städte und damit zu einer existenziellen Abhängigkeit von globalen Märkten.

In solchen Händen hat unsere Gesundheit nichts zu suchen, das Ergebnis ist ein Ausverkauf unserer Integrität und souveräner Existenz. Diese Unternehmen sind jedoch nicht zuletzt entstanden, weil die Politik eine Öffnung eingerichtet hat in „Märkte", von denen sie sich Errungenschaften versprochen hat, die die Märkte nie leisten wollten. Erhoffte Einsparungen hatten nicht die Bürger, sondern ausschließlich ortsfremde Unternehmen.

Leider schwärmt uns die Politik noch immer die angeblichen Vorzüge von Gesellschaften vor, die sich „um alles kümmern werden". Dass diese Unternehmen dies natürlich ausschließlich in ihrem Sinne tun, konnte man sich an einem Finger abzählen, doch die Politik hat sich in ihren eigenen Vertragsverstrickungen restlos verfangen.

Nur Bürger, die sich ihrer Eigenverantwortung bewusst sind, die ihre Erziehung schlicht und einfach in ihre eigenen Hände nehmen und als Aufgabe eines Gemeinwohles verstehen wollen, dazu auch in der Lage sind, vermögen die Lage wirklich verbessern.

„Wir sind das Volk" habe ich noch in meinen Ohren. Wo ist das Volk, das demokratisch und kompetent seine Verantwortung für die eigenen Geschicke übernimmt, übernehmen will? Wie will sich dieses Volk lebensfroh, zielbewusst, menschenfreundlich Ziel führend und zukunftsweisend, also friedlich und gesund organisieren, wenn die politischen Gruppierungen, in denen wir groß geworden sind, aus einander gefallen sind und die Organisation des Landes nicht mehr steuern können?

Nur, in dem jeder Einzelne immer mehr die Verantwortung für seine eigene friedliche Reifung übernimmt und in den kleineren, steuerbaren Einheiten der Gemeinden und der Stadtteile eine neue lebendige Demokratie entsteht. Das Volk kommt, so zu sagen nicht mehr an sich selbst vorbei. Und, der zweite Aspekt dieser Entwicklung: um etwas Besseres ins Leben zu rufen, um eine bessere" Gesundheitspolitik einzurichten, braucht es BürgerInnen, die mit einem hohen Maß an Eigenverantwortung und Eigeninitiative ihre eigene Gesundheitspolitik gestalten wollen.

Erziehung ist für das, was wir wirklich brauchen, eigentlich das falsche Wort. Erziehungsmodelle stammen aus Jahrhunderten, in denen die Menschen nur Fremdbestimmung kannten und nur bedingt in der Lage waren, kleine Freiräume zu gestalten. Heute sind manche Freiräume sehr groß geworden, es gilt sie gemeinsam nutzen zu lernen.

Manche Leute langweilen sich schier zu Tode, weil sie mit ihrer Freiheit nichts anfangen können. Erziehungsmodelle haben immer zum Ziel, den Menschen Orientierungshilfen zu geben und man nutzt hat nun mal die Erfahrungen und die Werkzeuge dazu, die man kennt. Wir träumen, auch in diesem Buch, viel von wünschenswerten Veränderungen, ob sie wahr werden können, hängt nicht zuletzt davon ab, ob andere Menschen unseren Traum teilen wollen.

Ob sie von unserem Traum auf ihre Weise profitieren wollen und können.

Merkmale zukunftsfähiger Begegnungsmodelle

- *Verständnis für innere Zusammenhänge*

- *Freiwilligkeit*

- *Eigeninitiative*

- *Zeit und Muße*

- *Ein Wertesystem, das allen dienen will und dienen kann: Toleranz, Achtsamkeit, Respekt, Ehrlichkeit*

- *Eine gemeinsame Vision*

- *Gemeinsam getragene Umsetzungsstrategien*

Gruppen, die in der Lage sind oder in die Lage versetzt werden, sich selbst im oben genannten Sinne zu organisieren Entscheidungsfreiheit in der Entwicklung von Zielen: Wissensziele, Reifungsziele, Ergebnisziele verschiedenster Art.

Flexibilität

Unsere Anpassungsbereitschaft und Anpassungsfähigkeit ist überlebenswichtig und biologisch notwendig. Unsere Not besteht in unseren Klammereigenschaften aufgrund
unserer Ängste und Erfahrungen. Diese kann gewendet
werden, Flexibilität wird immer von unseren biologischen
Bedingungen trainiert.

Widerstand ist nur bedingt wirksam, ab einem nicht zu
bestimmenden Punkt aber zwecklos. Erziehungsmodelle
müssen flexibel gehandhabt werden und in sich flexibel reagieren können, damit es nicht zum Ausbruch kommt, was
sich biologisch entfalten will und muss.

Der Begriff *Erziehung* wird zunehmend dem Begriff der
Führung mit Achtsamkeit und Anerkennung weichen, damit
wir mit unseren Kompetenzen, nicht mit unserer blinden
Folgsamkeit unsere inneren, seelisch-geistigen und unsere äußeren Räume (Baubiologie, Bauplanung, Siedlungsge-
wohnheiten) den neuen gesellschaftlichen Zielen und Herausforderungen angepasst werden.

Führen heißt, mit sanften Anreiz leiten, Ziele schenken,
anbieten; gegebene Potenziale erkennen und an ihr Ziel
führen, mit Ehrlichkeit und Respekt vor dem Recht auf
Selbstbestimmung der Menschen.

Klugheit impliziert Bereitschaft zur Veränderung und zu
einem hohen Maß an Flexibilität. Klugheit ist notwendig,
um das Grundbedürfnis nach Entfaltung sinnvoll = freudvoll = effizient in einer Gruppe (Familie, Unternehmen)

als gutes Werkzeug zu seiner eigenen Wirkungskraft und Vielfalt zu führen. Führung braucht ein Bewusstsein für den angemessenen Impuls, für eine Achtsamkeit, die nicht ständig auf Gefahren und Probleme aufmerksam macht, sondern auf Chancen und Fähigkeiten und durch angemessene Aktivierung mit sanften Reizen zum Ziel geleitet. Das widerspricht keinesfalls einem Bewusstsein von klaren Grenzen für Kinder und Erwachsene, gilt aber eben für alle in der Gesellschaft, nicht nur für Kinder. Auch für Unternehmen.

In der Erwachsenenwelt gilt noch das Gesetz des Stärkeren und des Konsumrausches. Das ist kein sinn- = freudvolles Vorbild, das unseren Kindern einen Weg zeigt, der letztlich allen dienen soll. Das ist Betrug, Missbrauch, Verrat. Zuerst erzählen wir unseren Kindern etwas von einem Leben in Glück und materieller Fülle im Diesseits und vom emotionalen Glück im Jenseits. Warum nicht beides im Hier und Jetzt, wo doch beides zusammengehört?

In der Geburtsphase eines neuen Weltbildes ist natürlich die eine oder andere Druckwelle schmerzhaft. Man wird sehen, wie wir damit umgehen. Doch uns selbst und unsere Kinder um ihre Zukunft zu betrügen gehört zum Hinterhältigsten, was Menschen sich ausdenken können.

Das ist wirklich das gelebte Alte Testament; wer auf der Strecke bleibt, hat halt Pech gehabt. Das ist Meineid, kein Versehen. Ich hoffe und bete um jeden Erkenntnisschritt auf dem Weg zur Ablösung dieses Wahns durch Dankbarkeit, Bewusstsein der Gnade, Sanftmut, Barmherzigkeit, Führen durch Verständnis, Einfühlung und Mitgefühl, mit Kompetenz und einem Bewusstsein der immerwährenden Verbindung in der universellen Matrix.

Ich erhoffe von den Regierungen und von allen beteiligten Organisationen den Mut, unser Bildungssystem neu zu gestalten und jeden in seine Eigenverantwortung zu bringen, der mitmachen kann. Insbesondere bei all jenen, die einen Bildungs- und einen Ausbildungsauftrag haben und das Volksvermögen verwalten.

Gemeinsame Zielsetzungen und Erziehung

Es gilt, in jeder Gruppe die Gemeinsamkeiten, die Fähigkeiten, die Kompetenzen und den Platz eines jeden Teilnehmers in einer Gruppe, also in der Familie wie im Unternehmen zu erkennen und dieses Wissen der Teilnehmer einer Gruppe auch verbindlich als Basis der Gemeinschaft einzufordern. Dies ist die Aufgabe der Pädagogik und wir alle brauchen immer wieder ein pädagogisches Training, denn wenn Erwachsene nicht trainiert werden, wie sollen sie dann den Reifungsprozess bei ihren Kindern biologisch vernünftig gestalten?

Es kommt, wie immer, auf die angemessene Mischung verschiedener Führungsstile an, denn niemand kann einfach mal eben ein System wechseln, das über Jahrtausende selbstverständlich war und ist. Solange Erwachsenen-Trainings noch keinen festen Platz in der Erwachsenenbildung haben und nicht oder nicht ausreichend stattfinden, bleiben wir bio-logischerweise in unseren gewohnten Mustern egoistischer Führungs- und Erziehungsstrategien stecken, was sollen denn die Menschen sonst tun?

Eine gute Führungskraft basiert auf Achtsamkeit, Güte, Mitgefühl und Kompetenz, die bewusstgemacht, gesellschaftlich erlaubt und trainiert werden müssen. Hier ist eine Integrale Gesundheits- und Bildungspolitik gefordert, wie an anderer Stelle dieses Buches ausführlich mit entsprechenden Umsetzungsstrategien beschrieben.

Inneres und Äußeres Heiligtum

Innere Heiligtümer sind alle Erlebnisse und Beziehungen, die einem ans Herz gewachsen sind. Diese müssen keineswegs einer Ordnung entsprechen, die andere Menschen von außen sehen. Sie entstehen tief in unserem Innersten und basieren auf den Konditionen, die wir einerseits aus unserem Kollektiven unbewussten mitbekommen, andererseits über unsere physikalischen und biochemischen Anpassungsprozesse an unsere so genannte Umwelt erfahren haben. Diese Vorstellungen bestimmen unsere Art der Begegnung mit unserem Außen.

Es sind somit auch immer wieder Erfahrungen, die wir für unser emotionales wie für unser körperliches Leben bzw. Überleben für unersetzbar, nicht austauschbar, kaum veränderbar halten. Sie definieren somit unsere existen-zielle Substanz und stehen somit nur bedingt oder gar nicht zur Diskussion im Rahmen eines Kaffeekränzchens.

Wenn wir wirklich bereits sind, uns mit den Grundlagen unserer Erfahrungen achtsam und in einer angemessenen Umgebung angemessen zu beschäftigen, sind wir bereit auch zu Veränderungen, die manchmal sinnvoll oder gar notwendig erscheinen. Aber gerade dies gilt es auch be-wusst anzustreben: Die eigenen inneren Ordnungen der Gefühle, der Gedanken und der eigenen Meinungen im-mer wieder anzuschauen und auf ihre Stimmigkeit für uns selbst zu überprüfen.

Tun wir dies nicht, laufen wir Gefahr, uns in unangemes-senen Gewohnheiten zu verfestigen, in Scheinargumenten zu verlieren und in unseren äußeren Diskussionen Stand-punkte zu vertreten, die unserer eigenen inneren Realität nicht mehr entsprechen. Dies baut Widerstände auf, mit denen wir uns selbst so zu sagen im Wege stehen.

Heiligtümer sind Erfahrungen, die man gerne für sich behält, damit sie nicht durch erzieherische Maßnahmen von andern abgewertet und verändert werden können.

Ordnungssysteme, mit denen man für sich alleine zu-nächst gut klarkommt, alle innere Ordnungen, die man sich selbst geschaffen, gehören dazu; Ordnungssyste-me sind ein wichtiger Teil unserer Persönlichkeit, die wir selbst entwickelt haben, sind Teil unserer Geheimnisse, die wir ungern kommunizieren. Wer immer an uns herantritt, gelangt in eine Art Vorhalle unserer inneren Heiligtümer, und wir nehmen Witterung auf, prüfen, ob und wie weit ein anderer für unsere Integrität oder gar für unser innersten Heiligtümer gefährlich werden könnte.

Alle Erfahrungen, denen wir einen besonders hohen Wert beigemessen haben, insbesondere jene aus der Kindheit und aus besonderen Phasen von Beziehungen: mit der ersten Freundin im Kindergarten beispielsweise oder später die erste Angebetete in der Schule, das erste Fahrrad oder Moped oder Auto, die Uhr vom Patenonkel zur Kommunion, vielleicht auch nur ein Augenblick, der uns besonders berührt hat, ein Blick von einem besonderen Berg herab oder auf einen heiligen Berg, ein unsagbar schönes Meer oder Gebirge, oder Sonnenuntergang, der erste Eindruck von einem Flug oder eben auch nur die Erkenntnis von der Bedeutung, Eltern und ein Zuhause zu haben und gesund zu sein.

Es gibt unendlich viele Beispiele für Erlebnisse, die uns ausmachen und uns wichtig sind. Kaum etwas verletzt uns mehr, als wenn ein anderer sie angreift und mit einer angeblichen Logik degradiert. Nicht immer bemerkt man das gleich, wir sammeln oft solche vielen kleinen Verletzungen und merken uns dies. In der Regel prägen sie automatisch unsere Intuition, mit wem wir gerne zusammen sind und mit wem nicht, welche Orte wir aufsuchen und welche wir meiden. Es ist wichtig, in der eigenen Erfahrungswelt immer wieder nach Hinweisen zu suchen, die unsere aktuellen Verhaltensmuster bestimmen und nicht nur davon ausgehen, dass in diesem Augenblick die entscheidenden Impulse für unser Verhalten wirksam seien

In aller Regel prägt unsere Erfahrung mehr als der Augenblick. Es gibt unendlich viele solcher Beispiele und sie alle gehören als ein wesentlicher Teil unserer Erfahrungsschätze zu unserem „Inneren Palast", zu unserer inneren Schatzkammer. Nur selten geben wir einen offenen Einblick in unsere inneren Heiligtümer und es ist eine besondere Ehre, in das Heiligtum geführt zu werden, an den inneren Geheimnissen teilnehmen zu dürfen, die in einem Menschen wohnen.

Jede Einladung dazu ist ein besonderer Vertrauensbeweis, der mit großer Achtsamkeit und Wertschätzung beantwortet werden muss. Wer in die Heiligtümer eines anderen Menschen eingeführt wird und sich ungemessen laut, kritisierend oder gar meckernd und verurteilend darin benimmt, wird zum Verräter dieses Heiligtums. Ihn erwartet die angemessene Reaktion, er wird weggeschickt, ausgegrenzt, bestraft und aggressiv abgewehrt.

Soziales Bewusstsein im Wandel

Die Würde des Menschen wird mit Füßen getrampelt. Wer die Ernährung und Bildung kontrolliert, kontrolliert alles. Unser Weltbild ersäuft im Kontrollwahn und in den Machtansprüchen einiger geistig Entarteten. Und die meisten

Völker schauen zu. Schlimmer noch, sie machen mit und gewähren Freiräume für diesen Wahnsinn.

Die soziale Schere wird größer und größer und die eine Gruppe ruft: da kann man nichts machen, die 2. Gruppe ruft: ja, was soll man denn da machen?

Eine 3. Gruppe sagt: da braucht man nichts zu machen, das regelt der liebe Gott von sich aus und lehnt sich in den bequemen Sessel zurück.

Eine 4. Gruppe sagt: die Menschheit muss untergehen, das ist schlimm, aber notwendig.

Allen 4 Gruppen ist gemeinsam, dass sich nichts wirklich zum Besseren verändert. Wir alle müssen unseren feigen, ängstlichen und oft auch faulen Hintern in Bewegung bringen und unsere Verantwortung wahrnehmen, jeder einzelne für sich.

Dazu brauchen wir alle den Mut, Eigenverantwortung kennenlernen zu wollen und eine neue Gemeinschaftsverantwortung zu erkennen und nutzen zu lernen. Dieses Bewusstsein muss von Freiwilligkeit, von Fairness und von Vertrauen zu einander geprägt sein, sonst wird sich nichts verbessern. Basis dieser Eigenschaften ist die Anerkennung unseres Lebens als Geschenk und als Chance, nicht als Ergebnis von Ansprüchen.

Und alle gesellschaftlichen Gruppen sind aufgerufen, alle Vereine, alle angeblich politischen Parteien, sich aus den Verhaltensmustern der Herdentriebe heraus zu arbeiten und ein jeder hat seine individuelle Verantwortung zu erkennen, um die Gemeinschaft nicht weiter zu verraten und in ihrem sozialen Gefüge zu gefährden. Ein jeder muss seine Faulheit, seine Ignoranz und sein Desinteresse abbauen und sich zum Ziel machen, die Egozentrik des Alten Testamentes endlich zu verlassen und den Gesetzen der Gemeinschaft und einer wirklichen = wirksamen Sozialisierung zuzustimmen.

Ich „kämpfe" für eine Erwachsenenwelt, die sich nicht gegenseitig ausbeutet und mit einer unglaublichen kriminellen Energie und Dreistigkeit sich anmaßt, Kinder zu erziehen, ohne auch nur annähernd bereit zu sein, den Menschen in seinen biologischen Dimensionen anerkennen zu wollen. Regierungen überlassen die Erziehung der Menschen einer angeblich freien Marktwirtschaft und den Kräften eines freien Marktes, in dem vorwiegend Wettbewerb und Konkurrenz unseren Hass, Neid oder Resignation fördern.

Alle diese Regierungen haben nach dem 2. Weltkrieg ganz bewusst diese und die folgenden Generationen nach Strich und Faden an die Raffgier von Wirtschaftsbossen verkauft und ihnen das Feld der Wertebildung überlassen.

Die Kanzler haben ihre Verantwortung, die Richtlinien der Politik zu gestalten, durchaus aktiv wahrgenommen. Vielleicht sollten wir den Job abschaffen.

Die Politik hat ihre Verantwortung, das Volk in Gesundheit und Frieden zu führen, nicht wahrgenommen: sie haben sich in ihrer Mutlosigkeit und in ihrer eigentlichen politischen Dummheit, schlicht auch Unwissenheit, in jedem Fall im Übergehen lebenswerter Werteordnungen den Machtgierigen im Lande gebeugt, sie haben kein politisches Profil mehr und überlassen das Volk mehr und mehr sich selbst.

Es hat Vorteile, wenn das Volk endlich aus seinem Jammern aufsteigt und sich seiner Eigenverantwortlichkeit bewusstwird und sich selbst aus diesem Dilemma herausentwickelt. Und dies in allen Lebensbereichen.

Geht ein Volk nicht durch die Weisheit der Führungsequipe oder nicht aus eigener Weisheit in die Selbstverantwortung, zerstört es sich selbst.

Zum Streiten gehören ja immer mindestens zwei: die politischen Führungskräfte und das Fußvolk. Das Volk, das die Demokratie gewählt hat, kommt an seiner eigenen Pflicht zur Selbstbestimmung nicht vorbei.

Die beste Führungsequipe nutzt nichts, wenn die Menschen im Lande nicht mitmachen. Neben aller Kritik an den angeblich Starken im Lande muss laut formuliert und zur Kenntnis genommen werden: nur wenn ein Volk bereit ist zur Eigenverantwortung, kann die Politik die Grundrichtungen gestalten. Ein Volk, das sich einer selbstverantwortlichen und wirklich gelebten Demokratie immer noch verweigert, kann nicht in eine bessere Zukunft geführt werden.

Es wird an seinen eigenen Widerständen scheitern.

Ich wünsche uns ein Ende der legalisierten und gesetzlich geförderten Sklaverei, sich selbst gegenüber und gegen einander. In dem alle gesellschaftlichen Gruppierungen aufhören, ständig die eigene kleine Umgebung zu manipulieren und sich stattdessen aufmachen, einander mit wirksamer Ehrlichkeit, mit Toleranz und Fairness zu begegnen, können wir den Mut gewinnen, unsere wirklichen Bedürfnisse und nicht nur unsere Bedarfe kennen und achten lernen.

Unsere Ängste sind verständlich, aber sie helfen uns nicht weiter. Nur gemeinsam und in gemeinsamem Vertrauen zu uns selbst und zu einander können wir aus unseren Ängsten in eine sinnvolle freiwillige Verbindlichkeit zu uns selbst und zu einander gelangen.

Ich will an dieser Stelle nicht so sehr über die bösen Menschen herziehen. Das bringt keine Freude.

Aber wir müssen uns allesamt darüber im Klaren sein, dass es um das Überleben aller geht und niemandem steht es mehr zu, nur zu warnen, ohne Lösungsangebote zu benennen; niemandem steht es mehr zu, abzuwiegeln und weiter zuzuschauen, wie täglich zigtausende Menschen verhungern und ihnen das Wasser zum Überleben weggenommen wird, nicht biologischerweise fehlt.

Dieses Verhalten ist asozial und die Biologie wird es auf ihre Weise ausgleichen. Nicht aus Rache, nein, sie wird solche Verhaltensmuster und ihre Anwender unter den biologisch angemessenen Umständen ganz gelassen einfach auslöschen.

Ideen fürs Überleben, fürs Leben und fürs Neugestalten

Was muss geschehen, damit die Menschen Eigeninitiative aufbauen können? Wie erreichen wir Bewegung in den Menschen? Was motiviert, bewegt uns wirklich?

- *Ängste der Menschen erkennen und bewusstmachen: Angst vor der eigenen Erfahrung bewusstmachen und nehmen (Ich kann nichts falsch machen, nur Erfahrung sammeln)*

- *Den Anfang nutzen, jeder kleine Schritt ist notwendig (Not wendend)*

- *Interesse und Neugierde wecken*

- *Ideen aufbauen und frei äußern*

- *Dummheit lähmt - Wissen ist Macht. In einer lebendigen Demokratie ist Nichtwissen durch Desinteresse selbst verursachter Machtverzicht*

- *Wir wollen unsere Zukunft in die Hände nehmen: Was brauchen wir dazu? Hände, Herz, Fachwissen, einen gemeinsamen Plan für den gemeinsamen Erfolg*

- *Was hilft den Menschen wirklich - jenseits ihrer Begehrlichkeiten?*

- *Die Sehnsucht nach Unabhängigkeit kann nur durch*

sinnvolles gemeinsames Tun erfüllt werden

- *Angst und Scham bewusstmachen und überwinden helfen*

- *Grundlagen des gemeinsamen Erfolges nennen*

- *Den gemeinsamen Erfolg für möglich halten*

- *Bereitschaft zur Veränderung erzeugen*

- *Bereitschaft für Win-Win-Strategien aufbauen*

- *Gewohnheiten bewusstmachen und ändern helfen*

- *(„Allem gewohnten Pessimismus und der Schwarzmalerei zum Trotz… Was motiviert den Menschen zur Schwarzmalerei?)*

Schwarzmalerei hat manchmal eine gute Absicht, kann aber auch zum Wahn werden. Wo sie keine reale Grundlage hat, wird sie manchmal zum gefährlichen Hobby. Lassen wir uns von (professionellen) Hobbyschwarzmalern keine Angst mehr machen.

Wer sich und anderen Angst macht, gefährdet aktiv und ohne Grund in verantwortungsloser Weise seine Lebensgemeinschaft, seine Lebensgrundlage und seine Mitmenschen.

Was brauchen wir?

- *Teamfähigkeit*

- *Auf einander hören wollen – Gebot des Gehorsams richtig verstehen*

- Hör auf dich zu schämen, im Voraus wie im Nachhinein

- Todsünden ansprechen – Sünden wider die soziale Kälte, wider den sozialen Tod

- In Bildern und Gleichnissen arbeiten

- Die Dinge liebevoll und klar zu benennen

- Das Angemessene Maß finden

- Weniger Passendes benennen ohne zu verletzen.

Streitkultur

Veränderungen unserer Emotionen durch eine bewusste Veränderung unserer Gedanken und Vorstellungen („jetzt stelle ich mir nur noch vor, was mir Freude macht...") führen automatisch auch zu Veränderungen unseres Verhaltens und somit auch zu einer Veränderung im Verhalten zu unseren Kommunikationspartnern.

Dabei muss meine Absicht: jetzt freue ich mich ... natürlich authentisch, wirklich ehrlich, sein; nicht selten kann man aber auch bereits durch die laute und bewusste Wiederholung seiner Absicht zu einer Veränderung im Unterbewusstsein erheblich beitragen oder diese sogar auslösen: Das Gebet, Mantren, das Sprechen von Affirmationen verändert unser Bewusstsein, unsere Einstellung und ganz rasch unsere Emotionen. Die innere Stimme muss dabei nicht nur zu Wort kommen, die Absicht soll auch so geradlinig wie möglich gelebt werden, damit sie im „Außen" auch als „Realität" erlebt werden kann.; hier muss aus Respekt vor der Schöpfung und einem jeden Individuum (Erde, Pflanze, Tier, Mensch) der Satz stehen: „Ich gestalte alles stets zum Besten des Ganzen".

Dies ermöglicht eine ständige Veränderung unserer geistigen Haltung und unserer innersten Absichten und HIEKs (Holographisch wirksame Informations- und Emotionskomplexe, siehe Band I) und somit der daraus erlebten Re-Aktionen; dies erlaubt einen ständigen Abgleich mit unserem Innersten und unseren Mitmenschen; dies kann zu einer sofortigen Änderung unserer gesamten Kommunikationsqualität führen.

Absicht ist wohl auch stets mit Emotionen verknüpft; so entsteht aus einer „reinen" Absicht ein Wirkungskomplex, der kontinuierlich ungewissen Einflüssen durch unbewusste Muster - Tradition, Moral, Erwartungshaltungen, Familiengewissen u.a.m. - unterliegt.

Immer wieder entstehen neue „HIEKs", die uns irritieren und die Umsetzung unserer Absichten und Ideen immer zäher, langsamer und undurchsichtiger werden lassen, gelegentlich sogar unsere ganze Persönlichkeit bis zur Unkenntlichkeit verzerren.

Emotionen „stören" unbewusst gewissermaßen unsere Absichten, weshalb sie uns so lange beschäftigen, bis es gelingt, durch Fokussierung und Konzentration auf das Wesentliche und die liebevolle gute Absicht ganz im Hintergrund, weit hinter allen Emotionen und anderen „Geräuschen", die Primärabsicht wieder zu entdecken: sie heißt immer Liebe, Sehnsucht nach tiefstem inneren Respekt und Frieden.

Auch wenn unsere äußeren Verhaltensmuster oft keinerlei spontane Auskunft geben über unsere eigenen wahren Absichten, können wir uns diese immer wieder selbst bewusstmachen und dies sollten wir uns täglich gönnen.

Dies verstärkt unsere sinnvolle Beteiligung am Tagesgeschehen, in den gelebten Prozessen der Gemeinschaft, unsere Erfolgswahrscheinlichkeit und unsere Lebensqualität erheblich. Ebenso gilt es bei allen Menschen, denen wir begegnen, stets die gute Absicht in ihrem Verhalten zu suchen, zu finden, auch zu unterstellen; wir sollten immer wieder auch unsere Kommunikationspartner bitte, uns ihre gute Absicht zu benennen.

Nicht selten sind die guten Absichten bis zur völligen äußeren Unkenntlichkeit verborgen. Insbesondere in der Medizin erlebe ich sehr häufig, wie die Menschen nach der eigenen Motivation für ihr Denken, Fühlen und Handeln suchen. Ein wichtiges Kennzeichen der alten Weltanschauung, die im Wesentlichen durch Aristoteles geprägt ist, dass wir in einem ständigen Zwang zu Entscheidungen und zu Bewertungen leben, die wir seiner Meinung nach nicht auflösen können. Er beschreibt also vor allem das Problem der Polarität, was ja nach wie vor gültig ist.

In den bisherigen Kapiteln haben wir erkannt, dass

nichts in unserem Leben wirklich fest, sozusagen in Stein gemeißelt ist, aber sehr vieles *unveränderbar* erscheint. Heute kennen wir viele Möglichkeiten, vermeintlich unüberbrückbare Gegensätze zu überwinden.

Durch die Angst vor unerwünschten Konsequenzen kommt es oft zu Blockaden in unseren unbewussten und auch in den bewussten Entscheidungsprozessen, weil es uns schwerfällt, unsere hintergründigen Emotionen (HIEKs) zu erkennen und unangenehm erscheinende Emotionen in freundliche, konstruktive Energien zu wandeln. Wir bleiben somit „in einem Gemisch von Emotion hängen" und geraten seelisch-geistig-körperlich in Dauerstress, wir werden krank.

Die biologische Folge: Angst blockiert, macht krank, macht irr -sinnig, tötet die Kommunikation und die Vernetzung im sozialen System, mindert unsere Lebensqualität bis zur Selbstaufgabe. Wer lernt, die Zusammenhänge zu erkennen und sich aus der emotionalen Fixierung heraus zu bewegen, gewinnt an Leichtigkeit und Freude - und einer besseren Erfahrung.

Dies ist einer der wichtigsten Veränderungen auf unserem Weg aus alten Vorstellungen und dem alten Weltbild. Wir lernen zunehmend, das Leben in seinen Strukturen zu erkennen und anzunehmen, was existiert. Dann lernen wir zunehmend, die Wirkung unserer eigenen Emotionen zu erkennen, anzuerkennen und zu vergeben.

Vergebung ist einer der wichtigsten Vorgänge zur inneren Wandlung, ja kann sogar als das Prinzip der Wandlung betrachtet werden, auch im religiösen Sinne.

Die Heilige Wandlung ist die Einsicht in das ganze Spektrum von Realitäten des Menschseins, Vergebung ist die Anerkennung der Missverständnisse, die mit unserem Menschsein unmittelbar verbunden ist.

Vergebung bedeutet die Bereitschaft zur Veränderung unserer Einstellung zu uns selbst, zu Gott (Schöpfung) und somit zu der Welt, in der wir leben. Vergebung ist das Geheimnis einer Zuwendung zum eigenen Glück, in dem wir uns selbst endlich erlauben, so zu sein wie wir sind und uns nicht ein Leben lang damit quälen, unangemessene Erwartungshaltungen anderer zu befriedigen. Vergebung bedeutet für mich Erkenntnis der Gleichheit und der Einheit hinter allen vermeintlichen Vordergründigkeiten und Eitelkeiten.

Vergebung ist die bewusste Verabschiedung biologisch nicht erfolgreicher Einstellungen aus unserem eigenen Weltbild, die zu Widerstand und Trauer und Wut und nicht zur Freude beigetragen haben.

Das Erkennen und die Anerkennung unserer eigenen, individuellen Bedürfnisse und der Entschluss, diese aus freien Stücken, mit gutem Gewissen und in eigener Verantwortung zu leben, ist ein ganz wichtiger Schritt in das Neue Weltbild der Anerkennung.

Die Wirkung von Polarität wird dadurch nicht aufgehoben, sie erhält ein neues Gesicht, sogar viele neue Gesichter; wir finden endlich die Abstufungen zwischen den einzelnen Polen und erleben, dass vieles mit einander vereinbar ist, was früher unvereinbar schien und in der Regel dann auch war. Dies gilt in erster Linie für unsere gewohnten Bewertungsmuster. Wir erkennen zunehmend, wie sehr unsere unbewussten Erwartungshaltungen, Moralvorstellungen und Traditionen Einfluss haben auf unseren Alltag.

Wir erkennen zunehmend, welche - in der Regel, guten Absichten hinter diesen Einflüssen standen und stehen; wir erkennen zunehmend unsere Möglichkeiten der Verwandlung unserer Emotionen und lernen es, dies miteinander zu üben.

Damit gelingt einer der wichtigsten Schritte in eine Zukunft, die von Anerkennung und Wohlwollen geprägt ist und uns Gesundheit und Frieden schenken kann.

Unser Erfolg in diesem Sinne ist also auch hier die biologische Folge unserer Bereitschaft zur Veränderung und zur Vergebung. Die Schuldfrage, wie sie in den Religionen der Welt oft eingebunden ist, wird hier nicht durch Unterwerfung im unangenehmen Sinne gelöst, sondern durch die Anerkennung unserer individuellen Werte und Fähigkeiten. Wir erleben und gestalten bewusst den Aufschwung unserer eigenen und individuellen Bedeutung und erst dieses erleichtert den Weg aus Abhängigkeiten und Bevormundung. Wichtige Voraussetzungen für ein gesundes Selbstbewusstsein und Authentizität.

Die vollkommene, *bedingungslose* Liebe ist eine vollkommene Freiheit von Emotionen und bedeutet Freiheit von jeglichem Bewertungszwang. Liebe ist ein Zustand der „Bedingungslosigkeit", in dem wir, so oft wie möglich, auf das Gewohnheitsrecht zur Bewertung von Menschen und ihrem Verhalten verzichten. Dieser Verzicht ist mit dem Wort „Verzeihen" und seiner Wirkung im Tun verbunden; der Mensch hat kein Recht zu richten, und die Schuld, die er im religiösen Sinne auf sich geladen hat, ist verbunden mit der Anmaßung, zu bewerten und zu richten, was sinnvoll, richtig, Gut und Böse sei.

Unter Richten kann man auch Ordnen verstehen. Ein Ordnen nach den Maßstäben eines eng begrenzten menschlichen Geistes anstatt biologischer Maßstäbe verhilft dem Menschen zwar zu einer gewissen Orientierung, schränkt ihn in der Entfaltung seiner Fähigkeiten jedoch auch gewaltsam ein. Rechtsprechung und Gerechtigkeit sind menschliche Begriffe, die die Biologie nicht braucht, denn dort findet alles immer seine gleichwertige Anerkennung und Chance auf eigenen Ausdruck.

Wenn wir dort angekommen sind, brauchen wir keine Streitkultur, dann gibt es nichts mehr zu streiten.

Spiritualität

Spiritualität ist ein Versuch der Sinnfindung, für das Leben allgemein wie für den eigenen Weg durch diese unbegreifliche Fülle der Möglichkeiten in diesem Universum. Spiritualität ist eine „Not-Wendigkeit", in der wir einen

Halt finden in naturwissenschaftlichen Erklärungen und Vorstellungen für unseren Alltag. Auf dem Weg nach nüchternen Zahlenbelegen für die so genannten Realitäten des Universums begegnen wir immer wieder dem Phänomen GOTT, GEIST, ENERGIE & Information, somit BEWUSSTSEIN.

Mit diesen „Erfahrungen" aus der ganzen Menschheitsgeschichte gestalten versuchen wir eine lebens- und liebenswerte Gemeinschaft zu gestalten, und dies fast automatisch, ob wir wollen oder nicht; wir bewegen uns unaufhaltsam aus dem Alten Testament in ein Neues Testament, in vielen Schritten vom Entweder-Oder zum Sowohl-als-Auch als Voraussetzung des Weges vom Ich zum Du und weiter zum Wir.

Im Außen dauert das vielleicht noch ein paar Tage oder Jahrhunderte, im Innen sind aber schon ganz viele Menschen am Ziel. Und wir wissen ja nun, dass Zeit auch nur ein Konzept in der Multidimensionalität ist.

Spiritualität ist für mich, den Wahnsinn des Alltag mutig, konstruktiv und mit freundlicher Gelassenheit zu gestalten. Das ist schon viel.

Gemeinsame Ziele in einem Weltbild der Anerkennung

· Erkennen einer wirklichen Gleichberechtigung des Menschen mit allen anderen Teilen der Schöpfung und aller Menschen miteinander

· Der Mensch ist Gestaltungsbeauftragter eines „Unternehmens Welt", ihm und allen anderen Partnern im Unternehmen „Welt" sind individuelle Mittel im Geistigen und im Materiellen geschenkt, er lerne damit angemessen und eigenverantwortlich umzugehen

· Jedes Denken, Fühlen und Handeln hat Wirkungen, für die er verantwortlich ist. Durch das Bewusstsein der tatsächlichen Wirkungsnähe entsteht eine neue Qualität von Verantwortungsbewusstsein im Einzelnen und in der Gemeinschaft: der Weg vom ICH zum DU und zum WIR ist quasi Null.

Unsere Lebensqualität und die der Umgebung wird auf natürliche, ehrliche und unkomplizierte Weise durch unsere liebevolle Aufmerksamkeit auf das DU bestimmt, unser Charisma und unser Freude bestimmen die Wirkung im Umfeld, unser eigenes Glück beschenkt alle anderen.

Die Auflösung des Widerspruchs-Paradigma erlaubt die Auflösung von Schuld; dies ist emotional eine große Entlastung für alle und vollzieht die Bedeutung der Erlösung im Christentum von aller Schuld: Freude wird zum gemeinsamen Lebensziel. Jeder kann und darf im Neuen Weltbild SEINES denken, wollen, fühlen - und tun, aber eigenverantwortlich! Die Kunst des Zusammenlebens und der Menschenführung liegt in der Anerkennung der natürlichen Rechte, der wirklichen Bedürfnisse und der Potenziale eines jeden als entscheidende Grundlage der Selbstanerkennung und der „gegenseitigen" Anerkennung, die immer nur eine Anerkennung „füreinander" sein kann, wenn sie konstruktiv wirken soll.

Planvorgaben aus einem vermeintlichen Bestimmungsrecht heraus sind ein künstlicher und inadäquater Machtanspruch; er führt niemals zu der gewünschten Gelassenheit und Nachhaltigkeit in einem gemeinsamen Ziel.

Eine wichtige Voraussetzung scheint die Lösung der inneren und meist unbewussten Aufmerksamkeit zu sein von den Problemen aus der eigenen Herkunft und die Sammlung aller Kräfte und Fähigkeiten auf die eigenen Bedürfnisse und Ziele. Gelingt es, die ganze liebevolle Aufmerksamkeit auf die innere Vernetzung zu lenken, auf die Gleichwertigkeit aller Partner in der Schöpfung, dann bekommen wir ein neues Gefühl der Geborgenheit und der Leichtigkeit: in der Welt des Vertrauens braucht es kein Misstrauen und gibt es keines!

Wir leben zu allen Zeiten in einem anstrengenden und auch wunderbaren Umbruch: wir erkennen immer mehr die Kommunikationsmechanismen der Biologie und erhalten eine Anleitung für alle unsere Verhaltensmuster: Leitlinien, die nur nutzen. Wir bekommen einen Zugang zu einer bewussten Freiwilligkeit jenseits von Zwang und Machtgebärden; wir entdecken unsere wirklichen und urmenschlichen Bedürfnisse und lernen sie miteinander zu respektieren und zu gestalten.

Eigenverantwortung braucht Wissen, Kenntnisse, wie die Zusammenhänge zwischen einem Ich und einem Du und einem Wir gestrickt sind. *Sinnvoll wollen* kann im biologischen Sinne nur, wer sein Überleben und seine Bedürfnisse gesichert sieht und keinen Überlebenskampf mehr braucht. So lange sich die Menschen sich selbst nicht 100%ig sicher sind, dass ihre überlebensstrategischen und emotionalen Bedürfnisse geachtet werden, solange werden sie darum kämpfen, solange wird es Kampf geben. Nur die Gleichberechtigung des Menschen mit allen anderen Teilen der Schöpfung öffnet wieder das Tor zum Paradies.

Zum Heilen braucht es keine Lizenzen, keine Erlaubnis, außer von sich selbst, vom eigenen innersten Selbstbewusstsein; ich nenne ihn gerne „der innere Pharao".

So ein Pharao hatte ja alle Macht eines Gottes. Der „äußere Pharao" ist längst tot. Es braucht ein neues und hohes Bewusstsein der eigenen Fähigkeiten, Verantwortungsbereitschaft, Teamfähigkeit, Demut und Mut, es einfach zu tun, was man in Abstimmung mit dem großen Ganzen (Gott, Schöpfung) für sich zu entscheiden beabsichtigt.

Heilung findet in der Resonanz zwischen Partnern statt, die einander vertrauen und energetisch als Ordnungssystem zur Verfügung stehen. Unsere Medizin lebt noch in dem Dilemma, mit den alten und überholten Erklärungsmustern nur Ausschnitte des Lebendigen beobachten, zeigen, messen und am besten verschweigen zu wollen.

Noch immer werden unsere Patienten gezwungen, an ein rein stoffliches Weltbild zu glauben. Eigentlich lebensunfähig.

Bewusst blendet das geltende Paradigma dabei den entscheidenden Wirkungsanteil nichtstofflicher oder feinstofflicher Phänomene aus und bescheinigt sich dabei eine Objektivität und Naturwissenschaftlichkeit, wie sie in den klassischen Naturwissenschaften Physik und Mathematik sowie in ihren Differenzierungen kaum vorhanden sind. Alles sind Modelle, Kopfkino, Konzepte.

Fragen

· *Wer und was ist an meiner Erziehung beteiligt?*

· *Welche energetischen Einflüsse, welche Glaubensmuster kommen aus den vorangehenden Generationen?*

· *Auf welche Weise haben die Glaubensmuster meiner Vorfahren Einfluss genommen*

· *auf mich*

· *auf meine Enzwicklung*

- *auf mein Weltbild?*

- *Welche Glaubensmuster will ich leben?*

- *Wie kann ich mich freiwillig von jenen Glaubensmustern verabschieden, die im kollektiven Unbewussten meiner Familie wirksam sind?*

- *Wen alles in meiner aktuellen Familie kann ich mit diesen Trennungsschritten entlasten? Wer in meiner Familie und in meinem Lebensumfeld (Arbeitsumfeld, Freizeitbereich u.a.) steht ebenfalls unter dem Einfluss meiner alten Glaubensmuster?*

- *Wer fordert mich in meiner Umgebung zu Veränderungen auf, die ich selbst noch nicht verstanden habe?*

Es gibt viele Möglichkeiten, sich Einblick und Übersicht zu verschaffen über diese Einflüsse auf unser eigenes Leben und auf die Veränderungsmöglichkeiten.

Familienstellen und Organisationsstellen in vielen Variationen sind für mich eine der wunderbarsten Entwicklungen der neuen Zeit, um ganz gezielt die besten Antworten auf diese Fragen zu finden. In wenigen Minuten und Stunden lassen sich komplizierteste Zusammenhänge erkennen, klären und in Frieden bringen.

Vielleicht gelingt es sogar hier und da einem Team im Geschäftsbereich, die Herausforderungen und die Konflikte im Unternehmen mit Organisationsstellen im betroffenen Team darzustellen und alle Konflikte miteinander zu lösen. Das könnte bedeuten, dass die in einem Unternehmen Betroffenen auch bewusst in ihre Verantwortung der Konfliktlösung gehen und nicht alleine der Unternehmensführung oder externen Beratern die wichtigen Konfliktlösungen eines Unternehmens zumuten.

Grundannahmen des Lebens

Im diesem Kapitel stelle ich einigen interessante Grundannahmen vor, die mir so aufgefallen sind. Auf dem Weg zur Menschwerdung passiert ja so Einiges, unter anderem auch die Entstehung tief im Unbewussten verborgener Glaubenssätze. Die Schöpfung hat uns in allem zusammengesetzt, was wir sind und wie wir sind.

Unsere Reise ist uns im Beginn unserer eigenen Menschwerden nicht bewusst und doch unserer Seele angeblich bekannt. Im Augenblick der Zusammensetzung erhalten wir mit dem Akt der eigenen Schöpfung ein Drehbuch des Lebens, in dem steht, was wir zu lernen haben. Wie wir dies tun, entwickeln wir aus unseren Verhaltensmustern und deren Wirkungen in uns und in unserer stofflichen Umgebung.

Unsere eigene Existenz ist durch Zeugung und Geburt in einem universellen System unbewusster Bezüglichkeiten und Beziehungen an biologische Bedingungen geknüpft, die wir zum Beginn unserer Reise nicht kannten.

Das Leben ist eine Reise durch die Erfahrungswelt, was alles unsere Existenz ausmacht, wie unser eigener Wille entsteht und was wir mit ihm bewirken können.

Unserem Bewusstsein ist der Verlauf der Reise in diesem Universum nicht bekannt. Die Angst vor dem Unbekannten begleitet uns mehr oder minder und in vielerlei Weise.

Unsere Erfahrungen und ihre Verankerung als Glaubensmuster sind die Leitlinien unseres Daseins.

Wir benutzen unsere Erfahrungen, um unsere Wahrnehmung zu trainieren, unseren Wissensschatz und unser Bewusstsein zu erweitern und zu entfalten.

Glaubensmuster sind Bausteine unserer Persönlichkeit. Sie definieren unser Fühlen, Denken, Planen, Entscheiden und Handeln. Jede Veränderung eines unserer Glaubensmuster verändert zeitgleich und automatisch unser Verhalten. Es macht viel Sinn, diese Grundbausteine geordnet zu betrachten, um lebensverneinende oder lebenseinschränkende Glaubensmuster zu erkennen und aufzulösen und lebensbejahende Einflüsse zu unterstützen.

Glaubensmuster entstehen vor allem auch durch unbewusste Vorgaben aus Informationsfeldern, die wir den Erfahrungen von Sippe, Volk, Stammfamilie und Glaubensgemeinschaften zuordnen. Diese Bereiche oder Felder, mit den wir unbewusst intensiv verbunden sind, wirken in uns und definieren zahlreiche Vorgaben, die wir uns bewusst machen können, um auch hier mit unserem freien Willen entscheiden zu können, welche Erfahrungen unserer Ahnen wir nutzen wollen und auf welche Weise wir diese Erfahrungen (Moral, Traditionen ....) nutzen wollen.

Das Zusammenleben unserer Vorfahren war immer auch von der Erlaubnis bestimmt, die von Führungspersönlichkeiten erwartet bzw. erhofft wurden. Ohne Erlaubnis für alles angeblich Mögliche konnte und durfte das Leben nicht stattfinden. In diesem Zeitalter erleben wir eine enorme Erweiterung unseres Wissens und unseres Bewusstseins, wir lernen die Kommunikationsmechanismen der Biologie kennen und verstehen. Dies macht die ständige Orientierung an irgendeiner Erlaubnis von irgendjemandem immer mehr überflüssig.

Dies führt automatisch zu neuen Formen des Zusammenlebens und der Zusammenarbeit. Wir dürfen zunehmend das Wissen, was wir haben, auch in Eigenregie anwenden und leben lernen.

Allerdings führt dies auch zu neuen Herausforderungen in der Bereitschaft, eigene Verantwortung zu übernehmen. Kinder übernehmen durch die Missverständnisse auf ihren ersten Lebensetappen oft eine Verantwortung für vieles, mit dem sie sich selbst in Bezug gesetzt haben, was aber so nicht hätte sein müssen. Dieses Verantwortungsbewusstsein wird durch das „Denken" des Kindes in einem „Alles-oder-Nichts-Gesetz" oft übertrieben: diese Kinder erleben, wenn sie nicht darin erkannt und daraus befreit werden eine kontinuierliche Überforderung, weil die mit dem Maß ihrer vermeintlichen Verantwortung nicht in Frieden leben können.

Viele Menschen stimmen ihrer Menschwerdung nur unter großem Vorbehalt zu. Sie unterschreiben oft nicht mit aller seelisch-geistigen Kraft und Zustimmung ihren Inkarnationsvertrag und versuchen, sich auf anstrengende Weise irgendwie durchs Leben hindurch zu winden, oft auch zu mogeln. Wer das Leben unbewusst als anstrengende Bürde bewertet und nicht oder nicht mehr als Geschenk auffassen kann, kann nicht mit ganzer Lebensfreude dabei sein und seine natürliche Kreativität leben.

Der Glaubenssatz, das Leben sei anstrengend, mindert die grundsätzliche Lebens- und Entwicklungsbereitschaft und damit auch die alltägliche Beschlusskraft in allen Prozessen der Entscheidungsfindungen.

Damit entstand auch in unserem Ego der Glaubenssatz, „man hätte mich fragen müssen, ob ich zu dieser Reise überhaupt bereit sei". Viele sind überzeugt, für diese Reise überhaupt nicht geeignet gewesen zu sein und halten an dieser Grundannahme ein Leben lang fest. Der Glaubenssatz dazu heißt: „Ich kann nicht, ich bin nicht vorbereitet und überhaupt hat mich nie jemand gefragt". Dies wäre unseren Eltern vor dem Zeitpunkt der Zeugung auch kaum möglich gewesen. Sie haben gelernt, in Ergebenheit zu dienen so gut sie konnten.

Denken und Fragen in jenen Themen, über die wir heute nachdenken und darüber philosophieren können und dürfen, ist erst den jüngsten Generationen dieses Planeten möglich und erlaubt. Seit Jahrtausenden gilt eine steile Hierarchie, in der vorgegeben wurde, was zu denken und zu äußern erlaubt ist. Zuwiderhandeln war und ist heute noch oft mit dem Tode bedroht: mit dem sozialen Tod durch Missachtung, Ausschluss aus einer Gemeinschaft, mit psychischem und körperlichem Leiden durch Folter oder mit dem körperlichen Tod. Unser heutiges Bewusstsein von Freiheit im Denken, Fühlen, Beschließen, Äußern und Handeln erlaubt nicht, den gleichen Anspruch an vorhergehende Generationen zu formulieren, wir würden Unmögliches fordern.

Die natürliche Entscheidungsfreude eines Kindes wird oft durch Verhaltensweisen beeinträchtigt, die die Beschlusskraft der Kinder und des inneren Kindes im Erwachsenen lähmen. Letztlich kann dieser Mensch nicht wirklich erwachsen = frei werden, denn für die freie Entdeckung der eigenen Bedürfnisse, des eigenen Willens und der eigenen Möglichkeiten braucht jeder Mensch die ganze innere, durch Weisheit und Liebe und nicht durch Angst geführte Beschlusskraft.

Eine Seele kommt aus dem Universum in dem Bewusstsein, dass immer alles und zeitunabhängig (sofort) möglich und realisierbar sei, dass alles in diesem Universum nur diesem eigenen werdenden Leben diene und alles immer sofort zur Verfügung stünde. Mit der „Verdichtung" der Seele auf dieser Erde ist die Erfahrung von Begrenztheit in jeder Weise und Dimension verbunden: die Begrenztheit des Uterus führt zur Wahrnehmung einer Begrenzung, die einerseits als Schutz, andererseits als angeblich unveränderbar und absolut begrenzend wahrgenommen wird.

Mit der Geburt entsteht der Glaubenssatz, dass dem Menschen nun ein lebenswichtiger Schutz fehle.

Die Abnabelung führt den Menschen in die Erfahrung, dass die körperliche Nähe der Mutter und auch des Vaters nicht das entscheidende in seinem Leben sein wird.

Kinder fühlen oft, nicht willkommen zu sein, das ist jedoch zumeist ihr eigenes Gefühl, nicht das der Eltern.

Oft bezieht das werdende Kind auch Gedanken und Emotionen aus seinem Umfeld auf sich, ohne gemeint zu sein. Menschen basteln sich grundsätzlich immer und immer wieder selbst Zusammenhänge und Bezüglichkeiten und daraus emotionale Bewertungen. Sie speichern diese Erfindungen als Erfahrungen ab, die mit der Außenrealität nicht zu tun haben. Viele Glaubensmuster spiegeln in erster Linie die eigenen Ängste, Befürchtungen, Sorgen und Kümmernisse und sind keineswegs immer die Aktionen der Umgebung.

Missverständnisse sind an der Tagesordnung und gestalten aktiv als *Erfahrungsschatz* unsere Reise durch das Universum. Sie sind die Impulse, die es als selbst gewählte Einschränkungen unseres Daseins zu erkennen und in Freiheit zu wandeln gilt. Auf diese Weise basteln sich diese werdenden Menschen oft auch eine Schuld für den Tod geliebter Menschen, vor allem von Familienmitgliedern und verzichten in ihrem Dasein auf eigene Bedürfnisse. Sie dienen zumeist anderen zuerst und opfern sich für andere auf, anstatt die eigenen Bedürfnissen zu erkennen, anzuerkennen und diese angemessen leben zu lernen.

Kinder, die sich in der eigenen Entstehungsphase nicht geliebt und genügend anerkannt fühlen, bleiben in der Regel in einem existenziellen Defizit an Lebenskraft stecken. Es beginnt ein Leidensprozess mit dem Glaubensmuster: ich bin nicht willkommen, ich habe hier nichts zu suchen, ich bin hier fremd, ich muss meine Heimat suchen, ich habe keine Heimat, ich bin herrenlos, machtlos, unfähig zur Eigeninitiative, zur Kreativität, zu eigenen Lösungen, zu einer eigenen Lebensplanung, zum eigenen Erfolg.

Viele Menschen glauben somit auch fest daran, ihnen stehe kein Erfolg zu, weil sie alleine durch ihre Existenz anderen geschadet hätten.

Oft haben Menschen den Glaubenssatz, ein anderer Mensch hätte durch einen Verdrängungswettbewerb auf sein Leben verzichten müssen. Nicht selten hat diese andere Seele aus ganz eigenen Gründen nicht genügend Kraft gehabt zu einer eigenen Lebensfindung.

Manche Kinder machen freiwillig Platz im System ihrer Familie, sie sterben oder werden sehr krank, damit andere Seelen auf die Welt kommen können.

In unserem begrenzten und polaren menschlichen Bewusstsein glauben wir oft, dass nur der eine oder der andere Mensch auf die Welt kommen dürfe; solche Empfindungen schleichen sich gelegentlich in der Schwangerschaft ein. Betrachten wir das ganze Universum als unser Zuhause, haben wir nur viele unterschiedliche Manifestationen des Lebens und wahrlich Platz genug im Universum.

Wichtig ist die Anerkennung einer jeden Manifestations-
form von Leben, auch wenn wir sie noch nicht oder nicht
mehr sehen und anfassen können. Tod ist nicht endgültig,
genauso wenig das Leben auf dieser Erde alleine.

Die Erwartungshaltungen der kindlichen Seele an Mütter
und Väter ist teilweise irrational und nicht erfüllbar.

Das Göttlich-Weibliche wird mit der Mutter identifiziert,
der Geist nimmt eine transzendentale und geistige Vorstellung ins Irdische hinein und hält alles für möglich und für
selbst verständlich. *Es kann gar nicht anders sein, als dass*
immer alles für mich möglich ist. Hieraus kann die Überzeugung entstehen, dass die ganze Welt nicht ohne diese eine
(eigene) Persönlichkeit existieren und funktionieren könne.

Und dass alle eigenen Illusionen (energetischen Licht-
bilder) gefälligst auch in der Stofflichkeit zu realisieren
sein müssten. Gelingt dies nicht automatisch, so wie wir es
durch unsere Bestellungen beim Universum heute wieder
üben, erlebt das Kind Widerstände, der tatsächlich auch
im Außen gegeben ist und erst damit die Umsetzung einer
Vorstellung unmöglich machen kann.

Nicht das Kind hat das Primärproblem, sondern die angeblich Erwachsenen, welche die innere Schau des Kindes
nicht für möglich halten. Noch nicht. Dies führt nicht nur
zu Widerstand im Erwachsenen, sondern auch zum Trotz
des Kindes, das nicht verstehen kann (will), warum etwas

nicht in Erfüllung gehen solle, nur, weil die „doofen" Erwachsenen dies nicht wollen.

Mit der Geburt übernimmt eine reifende Seele die Führung und bindet Erfahrungen des Körpers mit dem eigenen Wachstum und den Begegnungen mit einer Außenwelt in die innere Vorstellungswelt. Das „Innere Kind" wächst und reift an den Umwelterfahrungen. Umwelterfahrungen und Körpererfahrungen fließen mit den Erfahrungen der eigenen Phantasie und den Interpretationen des Kindes zusammen, bestimmen die Vorstellung des Kindes von sich und seiner Welt.

Das Sammeln von Erfahrung wird von den unbewussten Vorkenntnissen und Erwartungen der Seele abgekoppelt und immer mehr durch antrainierte und übernommene Bewertungen durch Erziehungspersonen ersetzt. Eltern und andere Bezugspersonen schaffen eine Wertordnung im Individuum, die mit den unbewusst verankerten Wertesystemen und den ursprünglichsten Persönlichkeitsmerkmalen oft kollidieren.

Dies führt immer wieder zu ganz neuen Erfahrungen, welche Erwartungshaltungen, Maßstäbe, Hoffnungen und welches Geschehen innerhalb des kindlichen Unbewussten im Alltag bestehen, was alles aus der Sicht des Kindes als möglich erachtet wird, was von dem Kind - gegen alle Erwachsenenlogik - ersehnt wird, was jeweils aus der Sicht des Kindes und aus der Sicht der Erwachsenen als erlaubt gilt, wer angeblich Verantwortung trage für das erlebte

Geschehen und was biologisch möglich und was biologisch angemessen sei.

Eltern verhelfen einem Menschen in seine Körperlichkeit, das Leben als solches beginnt schon früher und verläuft oft sehr viel länger. Die Entscheidung zur Menschwerdung obliegt vielen Faktoren, nicht nur den Eltern. Die Eltern haben alleine in der Regel nicht die Macht der Götter, die über Leben und Tod alleine entscheiden. Eltern haben sicher einen entscheidenden Teil der Verantwortung, aber auch sie sind eingebunden in Aktions- und Reaktionsmechanismen, von denen ihnen die wenigsten wirklich bekannt sind.

Eltern sind somit nur im Rahmen ihrer menschlichen Begrenztheit gegenüber dem „eigenen" Kind verantwortungsfähig. Es ist nicht wichtig, ob die Mutter eine Schwangerschaft wollte oder nicht, entscheidend für einen jeden Menschen ist, dass das göttliche System dieses Leben geschaffen hat und ihn einbindet in eine unsichtbare, aber immer fühlbare Geborgenheit des göttlichen Systems, unabhängig von der Meinung einzelner Mütter oder anderer Personen.

Wichtig ist, dass jeder Mensch das Geschenk des eigenen Lebens begreift und sich nicht auf das Verhalten von Vorgesetzten (Mütter, Väter, Obrigkeit) fixiert.

Jede Mutter bekommt ein Kind, weil sich der Wille der göttlichen Schöpfung darin zeigt. Jede Mutter ist „nur" eine Magd dieser Schöpfung. Wenn die Mutter sich als die einzig wichtige Bezugsperson ihres Kindes betrachtet, bleibt sie in der gleichen Emotion der Bedrohung und der Verlustangst gefangen, nämlich verlassen, abgelehnt, missverstanden ... werden zu können.

Die Geburt selbst ist eine Befreiung der Mutter von ihrer Funktion als *Geburtsgehilfin*. Mit der Trennung der Nabelschnur übernimmt sie nur die Pflicht, nach ihren Möglichkeiten das Kind zu begleiten und ihm Vertrauen für die Gestaltung des eigenen Lebensweges mit Wissen und Intuition, mit einem festen Glauben an sich und mit Integration in den Familienverband zu schenken.

Der Vater soll an ihrer Seite eine gleichberechtigte Rolle in seiner Verantwortung übernehmen, die Mutter soll ihm auf ihre bestmögliche Weise durch Achtung und Unterstützung im gemeinsamen Lernprozess diesen Platz sichern.

Das erste vermeintliche Selbstbestimmungsrecht von Kindern führt zu einem großen Missverständnis: sie wählen die Mutter als die einzig wichtige Bezugsperson auf der Erde und die Mutter bedient sich ihrer eigenen Kinder, weil sie als Mutter (großes Kind) immer noch dem gleichen Missverständnis und dieser eigenen ersten falschen Annahme folgt. Unsere Annahme, verlassen worden zu sein, führt oft zu dem Missverständnis, die Nähe der Mütter und Väter nicht verdient zu haben.

Die eigene und selbst gewählte Annahme, die Mutter und nicht das Universum / das Göttliche in uns selbst sei das Wichtigste, führt zu dem Missverständnis, ohne eine anwesende Mutter (Bezugsperson) nichts selbst ständig entscheiden zu können. Solange wir uns von Einzelpersonen als Bezugspunkt abhängig machen, sind wir in der Abhängigkeit der körperlichen und einer vordergründigen, oberflächlichen Aufmerksamkeit. Das Kind darf das Geschenk des Lebens als Zeichen des göttlichen, universellen Willens annehmen lernen. Dies zeigt sich an jedem Tag im Leben des Kindes, dass es grundsätzlich eigenes Vertrauen in die Anwesenheit aller Menschen schenken darf; es lernt, in allen Mitmenschen und allem, was existiert, eine tiefe gute Absicht zu erkennen; es lernt, somit jedem und allem die Chance zu geben, seine inneren Werten zu erkennen, zu zeigen und diese vertraulich und offen zu leben.

Niemand muss sich hinter Maskierungen verstecken. Die Möglichkeiten der Mutter sind begrenzt. Die Mutter ist nicht die weibliche Göttin, die Kinder in ihrer Grenzenlosigkeit und somit in ihrer Maßlosigkeit erwartet und für selbstverständlich hält. Die Mutter hat Rechte, die Mutter und Kind gleichermaßen anerkennen müssen.

Die Mutter darf sich nicht "mit Haut und Haaren" ausschließlich diesem Kind (v)ergeben, sonst verzichtet sie auf ihre Liebe und ihren Respekt sich selbst gegenüber und sie begrenzt andere Familienmitglieder in ihren natürlichen Rechten innerhalb der Familie.

Väter und Mütter gehören nur sich selbst. Sie können sich stets widmen, wem immer sie mögen, wann, wie oft und wie intensiv. Mütter und Väter bekennen sich zu 100% zu ihrem Kind im Zeugungsakt, in der Schwangerschaft, in der Geburt und in den ersten Lebensjahren in der Erziehung der Lebensgrundlagen. Ihre Liebe ist grundsätzlich in der Empfängnis „bewiesen" und diese innere Beziehung zu uns kann nicht mehr verloren gehen, wenn wir uns dieses Geschenkes stets und tagtäglich bewusst sind.

Väter, Mütter und Kinder sind einander Begleiter, mehr nicht. Niemand gehört einem anderen.

Kinder gehören nicht ihren Eltern und Eltern gehören nicht ihren Kindern.

Alle Väter und Mütter begleiten uns immer im kollektiven Unbewussten im System der unbewussten Bezüglichkeiten. Sie unterstützen uns nach ihren Kräften und Fähigkeiten, nicht nur nach den Wünschen und Vorstellungen ihrer Kinder oder anderer Menschen. Eltern sind da, um den Kindern das Leben zu schenken. Zudem zeigen sie den Kindern den Umgang mit den täglichen Begriffen und Methoden des Überlebens und der Entwicklung.

Großeltern und Anverwandte dienen sowohl dem zeitintensiven Training von mechanischen Fertigkeiten, aber auch in besonderes Maße dienen sie einer spirituellen Entwicklung, der Entwicklung besonderer Einsichten und einem Verständnis von Zusammenhängen in größeren Dimensionen, jenseits der Erfordernisse des täglichen Überlebens. Auch das Anleiten in Diskussionen über gesellschaftliche, politische und historische Zusammenhänge sind eher Aufgabe von Großeltern und Paten.

Die Annahme, von der Mutter nicht oder nicht ausreichend gestillt worden zu sein, führt zu dem Glaubenssatz, die Liebe der Mutter nicht verdient zu haben und führt zu der Grundannahme für alle Lebensbereiche, auf die Erkennung und Erfüllung eigener Grundbedürfnisse verzichten zu müssen, keinen Anspruch auf ein Lebensrecht und Lebensglück zu haben. Dies führt zum Verzicht auf Erfolg und Freude. Kinder übernehmen oft die Verantwortung für erlebte Situationen, weil sie ihren Platz in dem universellen Zusammenspiel und in der Polarität zwischen der eigenen Person und der Mutter bzw. einer anderen Primärperson nicht kennen. Das Kind kennt bislang nur sich selbst und die Mutter (bzw. eine primäre Bezugsperson) als die entscheidenden Teilnehmer im universellen Spiel.

Aus der Überbewertung der Bedeutung dieser beiden Personen leitet das Kind oft ab, entweder die geliebte Mutter oder es selbst sei an irgendeinem Erlebnis ursächlich beteiligt (verantwortlich, schuld). Bevor die geliebte Mutter oder der geliebte Vater als schuldig bewertet wird, auch einer Beschuldigung durch Dritte ausgeliefert wird, übernimmt das Kind die Verantwortung = die Aufgabe, alle Antworten zu finden auf die grundlegendsten Fragen, die mit einem Erlebnis verbunden sind. Damit überfordert das Kind sich erheblich, hat aber aus seiner Perspektive keine andere Chance. Um die über alles geliebte Muttergöttin in Schutz zu nehmen, wird gelegentlich eine vermeintliche Verantwortung oft auf den Vater projiziert. Aus dieser Konfliktsituation heraus entstehen manchmal Maßlosigkeit, Orientierungslosigkeit, ein Mangel an Bezug zur angemessenen Verantwortung, die vom Kind allein wirklich getragen werden kann.

Solche Konstellationen sind nicht selten der Ursprung von Gewalttaten, die auch aus der Verzweiflung und der Ratlosigkeit des Kindes über lange Zeit und eine lange Kette weiterer Verstrickungen ergeben kann.

Dies führt unter anderem zur Erkenntnis, dass vieles, was in einer Lebensgemeinschaft nicht toleriert werden kann, dennoch in der Liebe zu den Eltern und zur ganzen Familie entsteht. Auch wenn sich diese oft bis zur Unkenntlichkeit verkleidet... Es ist immer wieder unfassbar, was Kinder für ihre Eltern / Familie leiden und aushalten und zu korrigieren versuchen. Biologisch gesehen gehört dies zu den häufigsten Missverständnissen mit den schlimmsten Folgen, und doch ist der Ursprung Liebe.

Die Aufgabe wird im Laufe der Entwicklung dieses Menschen sein, zu erfassen, welche Aufgaben für diese Menschen angemessen sind und welche Lebensstrategie somit erfolgreich sein kann, weil sie im Rahmen der angemessenen Verantwortung bleibt.

Es gibt Menschen, die in ihrer kindlichen Wahrnehmung verbleiben, dass im Universum grundsätzlich alles möglich sei, und leiten daraus ein vermeintliches Recht zu einer uneingeschränkten Herrschaft in der stofflichen Welt. Sie haben es oft schwer, zwischen Traum und physischer Realität zu unterscheiden und sind oft ungeduldig oder gar zornig, wenn ihre Visionen nicht oder nicht gleich umgesetzt werden können. Augenblicksituationen, Erlebnisse, die nur einen sehr kleinen Moment dauern, können aus der Sicht eines Kindes in seinem Entweder/Oder-Weltbild zu einer Bewertung dieser Situation führen, die seine ganzen späteren und grundsätzlichen Bewertungsmuster mit einer Grundangst verbinden und lebenslang seine Verhaltensmuster prägen: Versagensängste u. a. führen oft zu Halbherzigkeit in den Entscheidungsfindungen. Oft entsteht ein Schuldbewusstsein und / oder die Einschränkung der Erlaubnis an sich selbst, zu leben.

Die unterbrochene Kommunikation zu den Eltern führt gelegentlich zu der irrigen Annahme, nicht ohne Angst vor fatalen Fehlern kommunizieren zu können und zu dürfen. Gelegentlich werden sogar die eigene Menschwerdung und die Berechtigung zum eigenen Leben in Frage gestellt, weil die innere absolut sicher und bedingungslose Verbindung zu den Eltern fehlt.

Eine der wichtigsten und schönsten Erfahrungen für den Menschen ist, wenn seine Basisbedürfnisse ohne Pflicht zur Gegenleistung gesichert sind und er im biologischen und ethischen Sinne dazu ein grundsätzliches Recht fühlt.

In so genannten modernen Gesellschaften wird dieses Recht auf die selbstverständliche Erfüllung dieser Basisbedürfnisse zwar gesetzlich geregelt, jedoch moralisch und faktisch oft in Frage gestellt.

Die Grundangst der Menschen, lebensnotwendige Zuwendungen der Umwelt verlieren zu können, versagt zu bekommen, wird oft mit der Annahme verbunden, dieses Grundrecht auf dieses eigene Leben gar nicht erst verdient zu haben. Auch hier übernimmt das (innere) Kind oft eine Verantwortung, die es der Umgebung abnimmt und mit einer Eigenschuld verbindet. Es gilt, Verantwortung grundsätzlich als Verantwortung eines jeden Menschen nur für selbst zu erkennen (jeder kehre vor einer eigenen Tür...) und die Verantwortung der Gemeinschaft darin zu sehen, dass sie jeden in dieser reinen Selbstverantwortung von Beginn des Lebens antrainiert.

Aus ungeklärten Fragen zur Eigenverantwortung entsteht nicht selten ein Mangelbewusstsein. Dies kann dazu führen, dass sich ein Mensch das Grundrecht zu leben bzw. dieses Leben zu führen und in seinen Entwicklungsmöglichkeiten zu genießen, streitig macht bzw. verweigert.

Die Aberkennung der eigenen Berechtigung zum Leben führt zur Ablehnung und Ausgrenzung der eigenen Bedürfnisse, Sehnsüchte, Wünsche, Hoffnungen und fördert ersatzweise Begehrlichkeiten.

Die Seele des Menschen braucht grundsätzlich aber die vollkommene Selbstanerkennung und die Gewissheit, sicherer Bestandteil des Universums zu sein.

Das Ziel ist, dass jeder sich ein Lebensrecht gönnt, weil er lebt. Jeder Mensch verkörpert bereits sein Existenzrecht. Da braucht es keinerlei Diskussionen mehr um Berechtigungen durch Menschen, wenn die Schöpfung sich bereits längst für das Individuum entschieden hat.

Unsere eigene frühkindliche Annahme und Bewertung, abgelehnt, nicht geliebt, verurteilt worden zu sein, führt zu dem Gefühl und damit zu der vermeintlichen Erfahrung, nicht geliebt und abgelehnt zu sein, schwach zu sein, wann immer wir uns allein fühlen.

Unsere eigene Bewertung, nicht geliebt worden zu sein, führt uns zu dem Missverständnis, Glück nicht verdient zu haben, nicht glücklich sein zu dürfen (nicht glücklich sein zu können). Im kindlichen Bewusstsein der Polarität (Alles oder Nichts ...) entsteht ein Zwang zur Bewertung zwischen Gut und Böse, hilfreich und nicht hilfreich, Erreichen-Können und Nicht-Erreichen-Können, zwischen Freiwilligkeit und Zwang, zwischen Sehnsucht und Ablehnung und vielen anderen Aspekten, die unvereinbar erscheinen.

Im neuen Weltbild lernen alle Menschen, immer mehr diese vermeintlichen Gegensätze zu erkennen und aufzulösen, Lösungen zu finden, welche die Bedürfnisse aller Beteiligten eines Lebens und einer Gesellschaft angemessen berücksichtigen können. Interesse, Toleranz und Kompromissbereitschaft werden immer mehr möglich durch eine bewusste und vorsätzliche Vertrauensbildung, weil wir immer mehr verstehen lernen, in welchen Sackgassen und Unvereinbarkeiten wir durch Angst und Misstrauen geraten sind.

Das Göttliche System, das Universum bedient sich der Menschen zur Erfüllung seines Lebensgeschenkes; wir sind nicht Opfer, sondern seine wichtigsten Helfer, seine Schöpfung mit seinem Leben und seiner Kraft zu füllen.

Kann unser Unbewusstes wie unser Bewusstsein das lebensnotwendige Gefühl der selbstverständlichen Integration im universellen System nicht entfalten, fühlt es sich nicht bedingungslos im Universum angenommen, kann es das Leben nicht unbeschwert genießen und lenkt seine Aufmerksamkeit auf unbefriedigende Äußerlichkeiten, Ersatzbefriedigungen und Materialismus.

Je nach der Situation, in die eine Seele hineingeboren wird, nimmt die Seele unendlich viele unterschiedliche emotionale Schwingungen wahr und lässt sich von ihnen entscheidend prägen. Die Seele übernimmt „Erfahrungen" anderer Wesen aus dem ganzen System der Bezüglichkeiten: dem Universum, aus der Entwicklung einer Familie als Stamm, Sippe, Volk.

Unendlich viele stumme Prägungen fließen in die unbewusste „Festplatte" eines Menschen mit ein. Insbesondere die Grundemotionen der Angst, der Ohnmacht, der Enttäuschung, der Wut und Sorge des Familienfeldes fließen als „Gewissen" in die Entwicklung eines jeden Menschen ein. Je nach „Laune der Natur" (Seelenplan?) ist die Zusammensetzung der Grunderfahrungen von Aspekten aus dem Universellen System der Bezüglichkeiten, der Freude, der Trauer, der Sorgen und vor allem des Zorns geprägt. Alles, was wir erleben, erleben wir aus einem Kontext heraus, in dem wir unsere Vorerfahrungen und unsere Umgebung als Abhängigkeit erfahren bzw. interpretiert haben.

Wir erleben, wir selbst bewerten und interpretieren, auch wenn es uns nicht immer bewusst ist.

Wir haben uns zu jedem Zeitpunkt unseres Seins für eine persönliche Wahrnehmung entschieden.

Unsere Seele lernt bzw. wird darin trainiert, dem Zustand, in den es hineingeboren wurde, 100% Zustimmung zu schenken; jeder Mensch hat ein stilles und lebenszentrales Bedürfnis, die angeblich disharmonischen Emotionen und Erfahrungen seines Familienfeldes in Frieden zu bringen. Dies ist eine der wichtigsten guten Absichten aller Menschen, die es hinter den unterschiedlichsten Verhaltensmustern zu erkennen gilt.

Erst im Laufe des Lebens erkennen wir die gute Absicht aller Menschen und lernen die Missverständnisse und tiefen Verletzungen in unserer Herkunftsgeschichte zu erfahren und zu heilen. Diese guten Absichten sind immer vorhanden, wenn auch sehr oft bis zur völligen Unkenntlichkeit verborgen.

Das geborene Kind ist mit dem Universum auf eine Weise verbunden, die es ihm manchmal unverständlich macht, dass der „logisch" denkende Erwachsene seinem Verständnis nicht folgen kann. Es fühlt sich oft nicht verstanden und es wird auch oft nicht verstanden.

Insbesondere jene Kinder fühlen sich nicht, werden nicht verstanden, die ihre unbewusste Aufmerksamkeit in die transpersonalen Ebenen und in die Vergangenheit der Familiengeschichte richten. Das Kind erwartet aber ein vollkommenes Verständnis seitens seiner Eltern für sein „universelles Weltbild", das der anerzogenen Erwachsenenlogik nicht entspricht. Die meisten Erwachsenen kriegen das alles nicht mit, weil sie es nicht wissen und nicht danach fragen.

Manche Kinder bleiben mit einem Teil ihrer Seele in dieser Erwartungshaltung, ihr inneres Kind trauert um eine Beziehung, die es nicht versteht, in der es sich „nicht abgeholt fühlt, wo es steht". Manche Kinder verbleiben in der Erwartungshaltung / Anmaßung, dass sie in ihrem Erdendasein das gleiche Gesamtverständnis, die gleiche Übersicht, den gleichen Durchblick beibehalten müssten wie während der Schwangerschaft, in der sich das Kind um so vieles keinerlei Gedanken machen musste und vermutlich auch nicht konnte.

Das Kind ist mit seiner Abhängigkeit von System der Mutter zufrieden, doch mit der Geburt ändert sich alles: das Leiden beginnt, die Erwartungshaltung auf friedliche Kommunikation wird durch das Erlebnis von Fremdbestimmung u. a. in Misstrauen geführt, das Urvertrauen wird eingeschränkt oder geht gar verloren.

Es entsteht Angst vor Fremdbestimmung, Abhängigkeit und Missbrauch führt zu Fremdbestimmung, Abhängigkeit und Missbrauch. Diese Gefühle werden oft auf die neue Umgebung projiziert und der Vorwurf entsteht rasch, vorsätzlich fremdbestimmt und missbraucht worden zu sein...

Unbewusste Erwartungshaltungen bzw. Befürchtungen erfüllen sich nach den Erfahrungen der Quantenphysik und der Erfahrungswissenschaften immer selbst. Aus einer ersten selbst gewählten Falsch-Annahme resultiert oft Angst vor Entscheidungen insgesamt und sehr oft die Angst, falsch und unangemessen zu entscheiden. Dies vermindert das freie Wachstum eines schuldfreien Selbstbewusstseins, weil die Angst vor jeder *möglichen* Fehlentscheidung dominiert. Die Folge sind Selbstzweifel, Zweifel an Entscheidungsprozessen überhaupt, Selbstbestrafung, Selbstunterdrückung und Verzicht, Selbstmitleid und Selbsthass.

Störungen des Urvertrauens „geschehen" besonders in existenziellen Zeitfenstern: Das Energiefeld der Eltern und die Struktur des kollektiven Unbewussten im Familienfeld prägen wesentlich das Lebensfeld des Kindes; unbewusst erlebte Gefährdungen der Mutter und die unbewussten Ängste der Mutter prägen oft die Vorbereitungsphase für den ersten Schritt auf den Durchtritt durch den Geburtskanal und die Ungewissheit für die Zeit danach.

Je mehr die Liebe der Eltern, auch anderer Familienmitglieder, *gefordert* wird, desto weniger kann sie freiwillig geschenkt werden, desto mehr grenzt sich das Kind selbst aus; Liebe kann nur wirksam sein, wenn sie bedingungslos ist und aus reinster Liebe und Freude heraus geschenkt wird.

Liebe kann man nicht einfordern und nicht kaufen, ganz gleich, was man in einem solchen Tauschhandeln zwischen Kind und Mutter (Eltern, Familie) als Gegenleistung anbietet, gleich, wie sehr es ersehnt ist.

Das Kind darf dabei lernen, dass es nichts erwarten und nichts befürchten muss, keine Forderungen zu stellen braucht, um geborgen zu sein, um mit der Zeit Zugang zu finden zu den eigenen Grundlagen und Potenzialen seiner letztlich gewünschten Eigenständigkeit.

Basisbedürfnisse gehören zu unseren existenziellen Grundrechten. Zuerst müssen diese authentisch und vollständig befriedigt sein. Dann erst können wir auf einer nächsten Entwicklungs- und Bewusstseinsebene erfolgreich sein und in Gelassenheit leben. Sind unsere Basisbedürfnisse nicht gewiss und selbstverständlich gesichert, helfen uns Übersprunghandlungen, materielle Ersatzbefriedigungen und kompensatorische Verhaltensmuster auf einer „höheren" Ebene nicht weiter.

Sie führen zu Verhaltensmustern, die keine angemessene Antwort auf die unbefriedigten Basisbedürfnisse sein können. Ersatzhandlungen führen nicht zum Ziel. Wir gelangen dann nur über (oft zahlreiche, langwierige, schmerzliche und teure) Umwege zu der Erkenntnis, dass eben nur die Basisbedürfnisse zuerst befriedigt werden müssen und in welcher Reihenfolge.

Unser Entwicklungsprozess beginnt mit der Gewissheit, dass alles im Universum ein Ganzes ist.

Im Laufe der bewussten Beschäftigung mit unserem Menschsein verdrängen wir oft dieses Bewusstsein so weit, dass wir unsere natürliche Sehnsucht in der gewohnten angeblichen „Realität des Lebens" nicht mehr wahrnehmen und wir somit dafür sorgen, dass immer weniger im Alltag mit unserer tiefsten Sehnsucht nach Einheit und Frieden konfrontiert werden. In Verbindung mit unserer Neigung, unangemessene Verantwortlichkeiten leben zu wollen und mit dem daraus folgenden Glaubenssatz, dass uns Erfolg und Reichtum nicht zustünden, führt dies oft zur rigorosen Ablehnung einer friedlichen Kommunikation als Reaktion der Selbstverurteilung und der eigenen Hilflosigkeit, der gefühlten Ohnmacht.

Jedes Individuum will anerkannt sein. Die Geborgenheit in der Familie ist die Voraussetzung, um einen inneren Schutz und eine Stabilität der eigenen Persönlichkeit des Kindes aufzubauen. Zweifel an der Integration in der Familie unterstützen ein Opfer- und Krankheitsbewusstsein; dann fühlt sich das Kind ausgegrenzt oder von Ausgrenzung bedroht. Dies führt oft zu der Grundannahme, hilflos und schutzlos zu sein.

Aus der Angst, etwas nicht zu können oder nicht zu dürfen, kann eine ganz besondere Angst vor Bevormundung entstehen, die zudem den eigenen Willen fördert, vermeintliche Widerstände alleine überwinden zu wollen, den eigenen Willen zu fördern wo immer es geht und in dieser bewussten Absicht bis an die Grenzen des Möglichen zu gehen: Es gilt der Grundsatz: Ich will und ich will können. Nicht immer führt dies zum erwünschten Ziel, das im Übrigen ja eben oft nicht bekannt ist; immer aber geht um den Gewinn einer neuen Erfahrung.

Daraus folgen oft Grundhaltungen der inneren Abwehr und Vermeidungsstrategien. Manchmal auch eine Haltung eines übertriebenen Gehorsams, um endlich die gewünschte Anerkennung zu erhalten für Dinge, die schon lange vorbei sind bzw. die nicht mehr bewusst sind.

Die Absicht, *endlich* ein bisschen Anerkennung in der Familie zu haben, führt entweder in eine Aktivität oder gar Überaktivität oder in eine Zurückhaltung bis zur Depression und zur Regression. Kinder wollen eine eigene Meinung aufbauen, eine eigene Persönlichkeit entfalten, die sie alle schon angelegt haben, aber von Erwachsenen oft nicht erkannt oder nicht ernst genommen werden.

Die Liebe der Eltern ist wie alles in der Polarität. Sie zeigt sich in einem liebevollen Umgang mit dem Kind ebenso wie in einem strafenden Verhalten. In beiden Fällen haben Eltern Angst um ihr Kind und sein Wohlergehen, oft vermischt mit den eigenen unbewältigten Gefühlen und Erfahrungen. Der Wunsch nach Rat und Hilfe und Unterstützung in der Erziehung stößt dennoch oft auf den Widerstand im eigenen Stolz der Eltern, die keine Hilfe annehmen können, um nicht als unwissend und dumm in ihrer Gemeinschaft degradiert zu werden. Dies provoziert naturgemäß das, was vermieden werden sollte.

Die Angst, das Ansehen der Familie könnte darunter leiden, führt die Eltern oft in eine schwierige Lage, die erst durch eine Zuspitzung der Begebenheiten in eine lebensbedrohliche Situation gelöst wird. Die Scham der Eltern für ihre eigene Unsicherheit, Angst, Ratlosigkeit, Entscheidungsunfähigkeit aus vielerlei Gründen ist oft so groß, dass lieber das Kind geopfert wird als eine gefühlte Schande einzugestehen.

Eltern haben ein anderes Denken, Fühlen und eine andere Sprache als Kinder. Missverständnisse können erkannt und ausgeräumt werden. Vermeiden kann man sie sehr oft nicht, weil die Möglichkeiten, eine Botschaft anders zu verstehen, vielfältig sind und eine weitergegebene Botschaft daher nicht falsch sein muss. Kinder empfinden Spannungen immer und reagieren auf ihre Weise darauf.

Oft können sie auf diese Weise die Erwachsenen anders und besser zu Verständnis und Harmonie führen als Erwachsene dies unter einander könnten.

Kinder machen die Erwachsenen oft auf die wirklichen Werte unseres Zusammenlebens aufmerksam.

Kinder glauben oft, nicht so sein zu dürfen wie sie sind, weil sie nicht wirklich wissen, wie sie sind.

Zudem wollen sie einfach nur angenommen sein, wie sie sind und nicht ihre Persönlichkeit schon aufgeben, kaum dass sie eine solche komplett ausgebildet haben.

Dazu brauchen sie die Geborgenheit der Familie, nicht ihr Gemecker und ihren Tadel. Andersartigkeit ist ein Angebot, in dem alle Beteiligten reifen können; sie mögen die Chancen darin erkennen.

Familie und die Jahreszeiten des Lebens

Familie ist entwicklungsgeschichtlich ein Zweckverband, um Erfahrungen zu sammeln, bewusst zu machen, zu formulieren und weiter zu tragen. Manche nennen das „zum Erwachsenwerden", was immer das auch sei...

Familie ist ein natürlicher Teil des Lebens für ein Training von Beziehungsfähigkeit und Beziehungsmustern, zur Übung von Nähe und Distanz, von vertrauen in allen Variationen. Erfahrungspool. Selbstständigkeit in den Basiswerkzeugen des Alltags und in dem Erkennen und im Training der Fähigkeiten, die in allen Kindern schlummern und geweckt werden wollen. Eltern haben einen Anspruch auf Unvollständigkeit in ihrem Erfahrungsschatz und wir alle lernen immer weiter, mit dem zufrieden zu sein, was wir haben, nicht jammernd über all das, was angeblich noch fehlt.

Der Rahmen, in dem Familie stattfindet, ist immer von einem unüberschaubaren Gemisch von Emotionen geprägt und dominiert. Immer sind es die Ängste der Mütter, die den Wirkungsbereich für die Potenziale der Menschen definieren: nicht der Mut der Menschen gestaltet unsere Reifung in der Familie, sondern Angst, Trauer, Wut, Unsicherheiten und andere Emotionen mehr. Alles äußert sich in einem Lebensbewusstsein, das sich als pure Überlebens- und Versagensängste und als Mangelbewusstsein zeigt, bis hin zu dem Gefühl völliger Ohnmacht wie in Depressionen und Burnout. In diese Betrachtungen gehören auch die sehr häufigen und versteckten Schwangerschaftsdepressionen, die Angst vor dem eigenen Erfolg, der eigenen Selbstständigkeit und der selbst gewählten Trennung von allem, was nicht zur eigenen Identität gehört, sondern von anderen einzelnen Menschen oder von gesellschaftlichen Gruppen übernommen war. Großeltern haben, idealerweise, für die Kinder ihre eigenen Geschenke: Zeit, liebevolle Aufmerksamkeit, Barmherzigkeit, Gelassenheit, Zuversicht Hoffnung und Mut, ganz gleich, was passiert. Jenseits eines Überlebenskampfes, den sie meist hinter sich haben, können sie Weisheit anbieten im Umgang mit vielem, was über das Grundsätzliche hinausgeht und wofür Eltern zumeist keine Zeit mehr haben. Großeltern sind auch Reiseführer in die Vergangenheit und Botschafter zum kollektiven Unbewussten und dem Universum, zu Gott und der Welt er Phantasie und anderer Realitäten. Eltern können meist nur Märchen erzählen…

Wir Kinder, die kleinen wie die großen, die gefühlten inneren Kinder wie die erwachsenen Kinder im Außen, brauchen Großeltern, eigene oder Stellvertreter, zum Rumtoben und zum Schabernacktreiben, zum Liebhaben und Verständnishaben für unsere inneren und die äußeren Kinder, für das Nicht-Erwachsen-Sein-Müssen, einfach nur für ein Kind-Sein-Dürfen.

Das klingt vielleicht albern, zeigt sich doch immer wieder als lebensnotwendig und auch überlebensnotwendig für unsere Integrität von Seele, Geist und Körper, für unseren inneren Frieden und unsere Gesundheit. Eltern geben sich dafür manchmal noch sehr viel Mühe und auch viele Großeltern ersticken in ihrer Angst um die Kinder, weil der für die Leichtigkeit und reine Lebensfreude angemessene Lebensraum dazu verloren ging oder weitgehend geopfert wurde für angeblich Wichtigeres...

Die guten Absichten, die einen Menschen immer ausmachen, ist oft genug in den Kriegen zerrieben worden.

Ich wünsche uns ein Projekt, in dem Menschen, die von Mitgliedern ihrer Familie auseinandergerissen wurden, wieder lernen können, mit anderen Menschen wieder zu einer neuen „Familie" zusammen zu wachsen.

Die Fachkompetenz in allem, was zum Leben gebraucht wird, ist bei manchen Eltern heute nicht mehr gegeben, weil die Lebensumstände mehr erfordern als Eltern als solche wissen können. Insofern werden Vertrauen und Kompetenz immer wieder verwechselt. Die Folge: Überforderung und Überschätzung sich selbst gegenüber und gegenüber den anderen Familienmitgliedern führen über emotionale Verstrickungen zu Verschiebungen in den Vertrauensbeziehungen. Unsicherheit und Zweifel lassen oft ein Vakuum an Gefühlen und Entscheidungskraft entstehen, es wachsen Angst, Trauer, Ohnmacht, Misstrauen, Pessimismus u.a.

Manche Mitmenschen berufen sich gerne auf eine Zuständigkeit der Eltern, die Kinder sich zwar wünschen, die aber nicht erfüllbar ist. Um sich und die Kinder nicht zu enttäuschen, haben Eltern leider oft genug den Anspruch, alles wissen zu müssen und sie tun deshalb oft so, als wüssten sie alles. Für die Kinder sind Eltern Götter und auch von Menschen geschaffene Götter schämen sich, wenn sie zugeben müssen, dass sie etwas nicht wissen... und wer schämt sich schon gerne? Diese kleinen selbst produzierten Geheimnisse werden meistens umgehend gelüftet: die Kinder finden bei der nächsten Gelegenheit heraus, dass Mamma oder Papa „gelogen" haben.

Eltern brauchen in der Mitentwicklung ihrer Kinder eine angemessene Unterstützung durch Kindergärten, Schulen, Ärzte, Politik, weniger von den Medien. Kinder warten auf verbindliche Vorbilder. Eltern auch. Diese müssen aus dem kulturellen Kontext kommen und mit den gelebten Werten der Arbeitswelt übereinstimmen. Hier klaffen in unserer Gesellschaft riesige Gräben, die einen Kontext prägen, der kaum lebenswerte Leitbilder zeigt, geschweige Wege durch das tägliche Dickicht.

Unsicherheit, Einsamkeit, Ratlosigkeit und konsequente Überforderung der Familien sind allzu oft die Folgen.
Familie ist ein gewachsenes System, in dem die Verhaltensmerkmale zusammengehören, zusammenpassen, bekannt und vertraut sind, weil sie aus einander entstanden sind und einander bedingen. So klingt jedenfalls das Ideal. Es gibt ein tiefes inneres Verständnis für einander, weil im Unbewussten jeder alles vom anderen Familienmitglied

kennt und, im Idealfalle, respektiert. Familie verfügt über Grundprägungen, denen sich der Einzelne nicht entziehen kann. Dazu gehören in erster Linie viele nicht ausgeheilte Verletzungen und Schuldmuster in den vorangegangenen Generationen und in Bezug auf die Einzelperson alle dramatischen Ersterlebnisse der ersten Lebensjahre.

Die wachsende Überforderung der Eltern zeigt sich insbesondere in einem Alter um die Lebensmitte, wenn die eigenen Kinder in eine Eigenständigkeit gelangen wollen, in der sie die Eltern nicht mehr wirklich authentisch anleiten können. Erst, wenn die Enkelkinder ankommen, kann hier wieder der Anschluss gefunden werden in eine Lebensschule, in der die wichtigsten Kenntnisse vorhanden sind bzw. wieder erinnert werden können.

In jedem Lebensbereich und in jedem Alter brauchen wir ein Training im Erkennen des Notwendigen, des Sinnvollen und Nützlichen, des Schönen und Angenehmen.

Dazu brauchen wir uns und einander in einer vertrauten Gemeinschaft und der Begriff für diese „Vertrauensgemeinschaft" ist „Familie". Ziel und Wunsch aller Eltern der ganzen Welt ist wohl, ihren Kindern viele Einsichten vermitteln zu können, die etwas mit den Vordergründigkeiten des Lebens zu tun haben, mit „Essen, Trinken, Lesen, Schreiben und Pippi machen", wie ich es gerne nenne.

Die Ängste der vergangenen Jahrhunderte stecken noch zu viel in ihnen und in Band II lernen wir manchen Tipp, wie wir gemeinsam da herauskommen können.

Es gibt viele Erkenntnisse, die man erst im dem Augenblick gewinnt bzw. erinnert, in denen man von Enkelkindern gefragt wird; die Beziehung zu den eigenen Kindern ist nun mal anders und die Fragen eines Enkelkindes klingen wohl auch irgendwie anders als die manchmal drängenden Fragen der eigenen Kinder.

Leider wirken die Unannehmlichkeiten vergangener Tage auch bei Oma und Opa länger als viele fröhliche Erlebnisse, einfach, weil die Aufmerksamkeit aller in der Familie dort stärker verweilt und weil der starke Reiz des Traurigen und Schlimmen die elementare und universelle Lebensfreude dämpft. Daraus leitet sich eben auch die Kunst des Vergessens als eine Kunst des Verzeihens ab, die aus einer ganz feinen und absolut ehrlichen Herzensenergie heraus entsteht; nur sie ist in der Lage, die „knallharten" Prägungen und „Realitäten" einer feindlichen Weltanschauung zu harmonisieren.

Frieden zu schaffen gelingt nur mit außerordentlich feinen Impulsen, insbesondere, wenn sie mit barmherziger Regelmäßigkeit und Kontinuität ausgesendet werden, während die anderen Realität bildenden Impulse mit unbarmherziger Regelmäßigkeit dazwischenfunken.

Alle Erfahrungen unserer gewachsenen Familien über Jahrtausende sind, wie beschrieben, im Energiefeld der Familienseele eingespeist und steuern still und doch so nachhaltig viele unserer Verhaltensmuster. Viele dieser Muster lassen sich mit geeigneten Methoden erkennen und korrigieren. Ein Ziel unseres Lebens besteht darin, unsere

Wahrnehmung zu trainieren für diese Muster und die Bewertungen kennen, wertschätzen und korrigieren zu lernen: das Leben als Spiel zu erfassen, nicht als Straflager.

So können wir in fast jedem Alter einen positiven Selbstwert mit gutem Gewissen aufbauen und die Wertschätzung für einander einfacher und liebevoller gestalten lernen, unabhängig von Leistung. Jede Erfahrung, die wir konstruktiv in unserer Familie gemacht haben, jede Erfahrung, die wir, auf welchem Pfad der Schwierigkeiten auch immer, zu einem konstruktiven Ergebnis führen konnten, erspart uns oft die Wiederholung einer solchen Erfahrung mit Menschen in anderen Lebensbereichen.

Wenn Kinder mehr wissen als Erwachsene, verlieren die letzteren auch ihre Verpflichtung, in allem gut oder gar top zu sein. Es kann enorm entlasten, wenn tiefes Vertrauen zu den Kindern vorhanden ist. Somit sind wir wieder bei der Vertrauensfrage angekommen. Vorbilder können wir Erwachsene sein, wenn wir daraus keine Vor-Herrschaft im klassischen Sinn und mit den alten Feindbildern ableiten.

Erwachsensein ist mit Rechten und Pflichten verbunden, die wir abkoppeln dürfen von der Verpflichtung, alles (besser) wissen zu müssen. Verantwortung wird neu in diesen Tagen definiert und geteilt. Die Gesetze der Biologie lassen keinen Zweifel daran, dass die unsichtbare Information, die stille Erfahrung im Unbewussten des Familienverbandes, der entscheidende Impuls ist für die Verhaltensmuster der Familienmitglieder. Auch wenn unsere bewussten „guten Absichten" uns weismachen wollen, dass eine bewusste Absicht für jeden Erfolg ausreichen müsse bzw. sollte.

Physikalisch ist es das Geheimnis der feinsten „Obertöne", der unbewussten und doch erfahrbaren Anteile, denen wir eine besondere Wirksamkeit zuordnen dürfen und sollten, insbesondere im Rahmen der Medizin.

Zu den wichtigsten Lehr- und Lerninstrumenten innerhalb einer Familie gehören somit Zeit, Muße und Aufmerksamkeit für die Erlebnisse des Kindes. Je klarer und je ehrlicher einem Kind unsere Welt vermittelt werden kann, je mehr Verständnis das Kind für sich und die Zusammenhänge in seiner Familie bekommt, desto mehr Zusammenhänge erkennt er in seinem späteren Leben wieder, desto einfacher, leichter und effizienter wird es für ihn und seine Umgebung. Orientierung ist eine Kunst, die man nur mit Geduld und Achtsamkeit lernen kann, auch mit dem Mut zu vielen eigenen Erlebnissen in einem geschützten und straffreien Raum.

Mangelndes Verständnis der Umgebung führt zu einem mangelnden Verständnis der Kinder und dies führt oft zu einer Flut von Missverständnissen, Ängsten, Übersprungshandlungen. Diese produzieren einen enormen Stau hinderlicher Emotionen: in erster Linie wieder Wut, Angst, Trauer und Sorgen und so setzt sich die Linie fort, bis sie durch Geduld, Zeit und Liebe überwunden werden.

Wir brauchen kompetente Omas und Opas, damit wir in dieser Welt endlich wieder unsere Zeit für etwas Sinnvolleres einsetzen, beispielsweise für die Kinder.

Familien leben in erster Linie von der Gemeinschaft und diese braucht Zeit und Muße, aber auch Wissen, das es miteinander zu lernen gilt.

Und dann brauchen wir alle ein bisschen was zum Essen, Trinken und Wohnen. Und feiern!

Ich will ja gar nicht verhehlen, dass ich lange genug auch auf so seltsamen Vorstellungen von Geldverdienen und Selbstverwirklichung geritten bin; aber mit dem Älterwerden kommt die Weisheit. Die Aufmerksamkeit dafür kommt durch die Familie selbst, woher sonst.

Für das neue Bewusstsein, was ich persönlich dafür brauche, habe ich mich übrigens auf meinen inneren „Camino" mit diesem Buch und den anderen Schriften gemacht.

Selten habe ich mehr gelernt als in diesen Jahren der Entstehung dieser Bücher und mancher Ausbildungsunterlagen, die ich vorbereite.

Kinder übernehmen aus Liebe zu ihren Elterngöttern auf ihrem Weg sehr viel Schweres, um den Eltern tragen zu helfen, was sie spüren, dass diese es alleine nicht bewältigen können. Die Kommunikation der Erwachsenen ist nicht immer und primär geprägt von jener klaren und liebevollen Friedfertigkeit, Orientierung und Eindeutigkeit, die Kinder brauchen. Kinder haben einen absolut entscheidenden Grundanspruch, der immer mehr geopfert wird: genug Zeit. Eine Gesellschaft, die sich keine Zeit mehr für ihre Lernprozesse gönnt, bestraft sich selbst.

Eltern glauben auch gerne, ihre Kinder bekämen dieses oder jenes nicht mit, man könne ihnen irgendetwas verheimlichen. Die Intuition der Kinder ist grenzenlos.

Die Phantasie und das Gespür von Kindern geht nur weit über die Vorstellungskraft und über den Vertrauensspielraum von Erwachsenen hinaus; das wird manchmal schlicht übersehen, somit auch nicht genutzt; entsprechend zahlreich sind die Gelegenheiten für Missverständnisse.

Es gibt viele unwissende Kinder im Erwachsenensinne, aber kaum wirklich „dumme". Die Kinder möchten uns vermitteln, dass alle Mitglieder einer Familie in einem Familienbewusstsein, im Familiengewissen, im kollektiven Unbewussten so vernetzt sind, dass niemand auf Dauer so tun kann, als wüsste bzw. spüre er Dissonanzen und emotionalen Stress anderer Familienmitglieder nicht.

Aber auch jene, die um dieses gemeinsame Grundgefühl und intuitive Wissen innerhalb der Familie wissen, mögen sich erinnern, dass alle Ahnen, die uns vorausgegangen sind, in dem Familiengewissen energetisch eingebunden sind und dass alle Erlebnisse unserer ganzen Familiengeschichte, die nicht in Frieden sind, als Störfeld wirksam sind. Das ist, als wenn in einem hermetisch abgeriegelten Raum jemand seinen Darm entlüftet hat; alle, die in diesem Raum (Stammhaus, Stammfamilie), wittern umgehend diesen Furz und in aller Regel wird er totgeschwiegen.

Der Duft bleibt aber eine gewisse Zeit für alle wahrnehmbar, bis etwas geschieht, das diese Markierung wandelt. Frischer Wind zum Beispiel, frisches Wissen und Vergebung. Der Einfluss solcher Ereignisse kann in einem verschwindend kleinen oder in einem größeren Umfange geschehen, doch fast immer kann man sie mit geeigneten Methoden identifizieren.

Ursachen unfriedlichen Familienlebens

Zu den häufigsten Ursachen zählen die allgemeinen menschlichen Fehlprägungen aus der alten Zeit:

Gier

Vor allem Neugierde. Die Gier nach dem Neuen, nach dem angeblich Besseren und dergleichen mehr führt oft zu einer Beschleunigung in der Entwicklung von Ereignissen und zu ständigen Einmischungen in Angelegenheiten anderer Menschen, die wir gerne auch als ein Thema des Zeitgeistes und der spirituellen Entwicklung der Menschheit betrachten. Das Problem liegt nicht in der Zeit, sondern in der Gier der Menschen nach „mehr" und dem daraus folgenden Zeitmangel. Diese Gier wird biologisch durch Überforderung limitiert, Entschleunigung und Ausmisten des Gerümpels unseres Alltags ist angesagt.

Angst

Die Sorge der Mütter und Väter um die Gesundheit der Familie führt seit Jahrtausenden zur Bildung von Abwehrstrategien: Misstrauen im Dualismus mit Neugierde und

Einmischung als Ausdruck unserer Sucht nach Souveränität, über einen oft harten und ehrenvollen Weg „zum Sieg", einem damit oft verknüpften Kontrollzwang auf dem schmalen Pfad zu Anerkennung und Selbstbestimmung für die zugrundeliegenden Absichten. Aufgabe der Eigenverantwortlichkeit bis zu bedingungslosem Gehorsam, Abwehrhaltungen bis zum Verrat.

Viele alltägliche Verhaltensmuster sind von ihrer inneren Beziehung zur Angst geprägt und führen daher nicht direkt und auf „leidlichen" Wegen zu Harmonie und Frieden.

Das ist aber eher die Hoffnung als die Regel.

Wut

Die Wut tief in uns drinnen, aus den verschiedensten Gründen, blockiert den Energiefluss zum Herzen und zur Lebensfreude. Das Spiel der unterschiedlichsten Kräfte und Emotionen führen zu der kontinuierlichen Herausforderung, angemessene und richtige Entscheidungen zu finden für Gottweißwas im Alltag.

Die Wut über die eigene Ohnmacht gegenüber einer übermächtigen Obrigkeit, gegenüber der eigenen Ratlosigkeit, den eigenen Zweifeln und der eigenen Angst, auch über die Ungerechtigkeiten, wenn man endlich ein Ziel erreicht zu haben glaubt und schon wird es wieder streitig gemacht: Neid und Eifersucht sind die Folge eines Weltbildes, in dem es stets nur einen Gewinner geben kann, in dem der Blick auf das Gemeinsame verloren geht und geradezu inbrünstig geopfert wird.

Trauer

In der Regel das Ergebnis von Verletzungen, Mord und Totschlag, die tief im kollektiven Bewusstsein, somit in der Familienseele stecken und sehr oft lange vor der körperlichen Erscheinungsform eines Menschen stehen, also noch aus der Welt der Gedanken und Emotionen vorhergehender Generationen stammen.

Alle Erkrankungen sind in diesem Kontext psychosomatischer Art, heute sprechen wir gerne auch von „psychoneuroimmunologischen" Krankheiten. Wir dürfen akzeptieren lernen, dass die *entscheidenden* Realitätsebenen nicht im Körperlichen, nicht im Stofflichen liegen, sondern im Emotionellen und Geistigen.

Wer gelernt hat, seine Grundemotionen Angst, Wut, Trauer, Sorge und andere wirklich anzunehmen, weil er die dahinterstehenden Lebensereignisse kennen lernen *mag* und kann, sie bewusst wahrnehmen und verstehen lernen *mag*, hat eine gute Chance zur friedfertigen Kommunikation mit sich und somit mit seinem ganzen Organismus.

Dies ist die erste Voraussetzung für Frieden und Gesundheit in der Familie und in allen selbst gewählten Gruppenbindungen.

Lösungsansätze

- *Zeit schenken. Sich und allen anderen Menschen, dem eigenen Entwicklungsprozess und der Entfaltung der eigenen Talente und Möglichkeiten den angemessenen Raum schenken. Zeit und Muße sind Grundaspekte von Rhythmik, ohne die wir kaum etwas in unserem Leben sinnvoll miteinander gestalten können;*

- *Aktiv Vertrauen lernen, in dem die bislang unbewussten Verletzungen des inneren Kindes bewusstwerden dürfen und die emotionalen Konflikte gelöst werden dürfen. Wenn ich mir die Wahrnehmung und die Lösung meiner unbekannten Konflikte erlaube, habe ich eine Chance, Hilfe anzunehmen;*

- *Strukturiert Hilfe annehmen lernen, wie dies in einer natürlichen und innerlich freien Familie selbstverständlich ist. Wer dies in der eigenen Familie nicht gelernt hat, wird dies auf anderen Wegen tun. Bewusstsein erlauben und aktiv schaffen für die inneren Verbindungen zwischen Absicht und Geschehen im Außen und die Kommunikationsmechanismen zwischen der eigenen Persönlichkeit und der so genannten Umwelt;*

- *Die eigenen Bedürfnisse, die Persönlichkeitsstruktur und die eigenen noch nicht befreiten Konflikte kennen lernen wollen und auflösen.*

Aus unserer Herkunft kann eine enorme Kraft freigesetzt werden, die mit der bewussten Re-Integration des Einzelnen in den Familienverband einhergeht.

Wer sich wieder in vollem Einverständnis mit seiner Familie im Einklang befindet, hat die beste Chance auch auf individuellen Erfolg. Familienstellen, Festhaltetherapie, NLP, Organisationsstellen, Planetenstellen, klassische Psychotherapieverfahren, Kinesiologie und Metakinesiologie®; es gibt eine große Zahl effizienter Methoden, mit denen dies gelingen kann: wenn man es sich erlaubt, gönnt und die Zeit dazu einrichtet.

Familie hat einen extrem hohen Stellenwert in jeder Art und Weise, den es zu erkennen und zu schützen gilt, bis etwas Besseres installiert ist. Wirtschaftsunternehmen in der Geld- und Warenwirtschaft können dabei als analog zum inneren Unternehmen unseres eigenen Lebens und den feinstofflichen Waren und Werten betrachtet werden. Erfolg und Misserfolg im äußeren Unternehmen hängen von der Qualität unserer Kommunikationsfähigkeit ab, die wir in unserer Familienstruktur gelernt haben, in welcher Qualität auch immer.

Nicht immer können wir unsere wichtigen und freudvollen Erfahrungen in einer harmonischen Familiensituation machen. Die Erfahrungen der Geschichte vergangener Generationen lassen sich auf den unbewussten Ebenen nicht wegdiskutieren oder löschen, aber wir können lernen, freundlicher und konstruktiv damit umzugehen.

Kennzeichen der Familie

Die Kennzeichen einer Familie sind immer vorhanden, manchmal jedoch etwas sehr versteckt. Familie

- *beabsichtigt grundsätzlich nur das Beste aller Beteiligten*

- *baut auf, vernetzt, regelt, sichert, vermehrt, integriert, publiziert*

- *schenkt die Grundlagen für eine Lebens- und Unternehmensphilosophie, die für alle verständlich, nachvollziehbar und lebenswert ist*

- *bietet einen geschützten Raum für Wissensvermittlung und Kommunikationstraining*

- *ist Grundlage für Anerkennung, Lebensfreude und Zuversicht und Zielorientierung*

- *ist eine Gemeinschaft, die immer existiert und nicht verloren gehen kann. Was oft verloren geht und weitgehend verloren ging, ist die Wertschätzung dieses Gebildes Familie. Aber bis ans Ende der Zeit werden wir das Familienmitglied bleiben, als das wir geboren wurden, auch wenn wir schon lange nicht mehr stofflich sichtbar sind*

- *soll uns helfen, eben dieses Spiel zu erkennen und leben zu lernen; die Angst vor dem Tod aufzulösen, weil es einen wirklichen Tod nicht gibt, nur eine Veränderung des Sichtbaren*

- *Familie bietet Raum für lebensnotwendige Erfahrungen: Erkennen der Grundwerte einer schützenden, kreativen und zukunftsorientierten Gemeinschaft*

- *Talente erkennen und trainieren, miteinander teilen lernen; Achtsamkeit, Ehrlichkeit, Respekt, Toleranz, Vertrauen, kommunizieren und leben lernen; Unternehmungen und Projekte miteinander planen und gestalten*

- *Politik gestalten lernen; Krankheiten in ihrer Struktur und Bedeutung kennen und als biologischen Prozess erkennen, akzeptieren und steuern lernen*

- *Lebensordnung lernen: Grundbedürfnisse erkennen, anerkennen, respektieren, leben; ein bewusstes Leben anstreben in einer möglichst natürlichen Gemeinschaft in möglichst natürlichen Regeln und Gesetzmäßigkeiten; dazu bedarf es der Mitteilung an die Gemeinschaft und die gesellschaftliche Anerkennung dieser Grundregeln (Bildung).*

- *Das Leben kann als Regelwerk komplexer Regelkreise verstanden werden, die holographisch in einem universellen Regelwerk integriert sind und unbewusst ablaufen; dies führt zu einem natürlichen Verständnis biologischer Mechanismen in einer lebenswerten Ordnung (= Lebensordnung). Das naturwissenschaftlich gewonnene Wissen dazu gilt es rasch und verständlich aufzubereiten und zu dokumentieren*

- *Verantwortung für sich und die Gemeinschaft übernehmen lernen*

- *Gute Ernährung kennen und aktiv gestalten lernen: Lebens-Mittel-Anbauformen und soziale Verteilungsstrukturen sind die Voraussetzung für eine soziale Weltordnung, in der jeder jeden mit genügenden Ressourcen begleiten (therapieren) kann. Die Einstellung des Individuums zu jenen Lebensmitteln, die ihm grundsätzlich und in einer bestimmten Situation zur Verfügung stehen, ist von entscheidender Bedeutung des Nährwertes; Kalorien oder analoge Zählsysteme sind sekundär oder irrelevant: die Lebensfreude, das angemessene Maß und die Dankbarkeit sowie die angemessene Integration des Lebensmittels in die Lebensordnung sind entscheidend für den „energetisch-psychosomatischen" Nährwert eines Lebens-Mittels – sofern es diesen Namen noch verdient hat*

- *Frieden schaffen und genießen lernen.*

Familie lebt immer bewusst oder unbewusst einen Verhaltenskodex und vertritt bestimmte grundsätzliche (Zauber-)Werte einer idealen Lebensgemeinschaft; oft wird der Blick auf diese Zusammenhänge durch Verstrickungen erschwert oder gar unmöglich gemacht wie beispielsweise Tötungsdelikte.

Doch fast immer lassen sich gute Grundabsichten, Scham und Angst als Ursache von Verstrickungen entdecken und die Wirkungen schlimmer Erfahrungen auflösen. Das muss man nur auch wirklich wollen und nicht in Angst vor den vielen möglichen und guten Veränderungen erschrecken.

Reiseführer zu unseren Ahnen

Früher saßen viele Kinder bei Oma oder Opa auf dem Schoß und bekamen Familiengeschichten erzählt.

So erfuhren sie vieles, was für ein Bewusstsein von Liebe und Zusammengehörigkeit innerhalb unseres Rudels von großer Bedeutung ist, was die Kinder stolz macht auf „ihre" Familie und „ihre" Kultur.

Diese Erzählungen förderten die Aufmerksamkeit für die gefühlten Verbindungen, die ein Leben innerhalb einer familiären Gemeinschaft so wertvoll machen können – den *Schatz im Silbersee* der eigenen Familie, der von niemandem anderen außer von Oma und den Kindern gefunden werden kann... Nicht einmal Opas kommen da oft heran. Eltern können wir ganz vergessen, die haben ja Wichtigeres zu tun.

Die Reise zu den Wurzeln unserer eigenen Geschichte sollte von Hochachtung und Liebe und Dankbarkeit geprägt sein, nicht von Dummheit, Hass, Neid, Eifersucht, Verletztheit und anderen Bewertungen, die Kindern nicht helfen, sich und ihre Geschichte so zu lieben wie sie waren und wie sie geformt wurden.

Die Kraft, die aus unserer Herkunft kommt, jeden Tag und jede Stunde, ist gewaltig. Wir sollten sehr darauf achten, dass wir nach zwei Weltkriegen endlich wieder eine Geschichte formen, auf die wir selbst und unsere Kinder stolz sein können und wollen. Dies hilft sehr, auch die Ungereimtheiten und die Ausnahmen in Verhaltensmustern zu akzeptieren, das schenkt Dankbarkeit und Toleranz für das eigene Leben und eine Menge Guter Beiträge für das kollektive Unbewusste. So lernen wir wieder, eine angemessene und tragbare = sinnvolle Verantwortung für unsere natürlichen und gewachsenen Lebensgemeinschaften zu erkennen, das macht Lust, die Verantwortung auch für andere in unseren Partnerschaften und in Familien zu übernehmen und diese Lebensgemeinschaft vor ungerechtfertigten Angriffen zu schützen.

Familie trainiert, wenn sie gut gestaltet wird, jedem seinen Platz zu zeigen und diesen zu schätzen. Die Reihenfolge heißt: Papa, Mutti, Erstgeborene(r), zweitgeborene(r) usw., wir hatten das schon. Es gibt da wohl eine biologische Rangordnung, eine natürliche Hierarchie, die nicht durch fremde Personen oder durch unangemessene Personen ersetzt werden kann. Dieses Bewusstsein ist für einen freundlichen, unkomplizierten Umgang mit Hierarchien und Autoritäten sehr wichtig. Entsteht ein Rollentausch zwischen den Eltern oder zwischen Eltern und Kindern; entsteht eine Verwechslung zwischen Großeltern und Eltern oder Angeheiratete bzw. neue Partner in einer zweiten Ehe oder vergleichbaren Situationen, entstehen fast immer auch Verwerfungen in der Hierarchie.

Die Orientierung in für Kinder biologisch eindeutigen und klaren Verhältnissen erleichtert den Umgang mit uns selbst und mit unseren Mitmenschen in vielen Kommunikationsfeldern und Lebensbereichen, aber nicht immer ist das machbar. Aber wir können mit den Kindern darüber reden lernen, wir können sie sehr wohl darüber informieren lernen, sofern wir uns dieser Verschiebungen selbst bewusst sind und uns nicht für Dinge schämen, die wir alleine nicht bewusst zustande gebracht haben. Auch vertrackte Lebensgeschichten sind wichtige Erfahrungen auf unserem Weg und unersetzlich für höhere Einsichten. Jeder in einem Familienverband trägt immer seinen eigenen unbewussten Teil zu einer Situation bei, auch wenn er sich bewusst nicht daran erinnern will oder nicht kann.

Schockwirkungen

Überrascht ein intensiv wirksamer Impuls das System Familie, wird das System erschüttert, geschockt.

Es gerät in eine biologische Unordnung, in der Angst und Schrecken die andere Polarität von Frieden und Gelassenheit besetzt. Ein solcher Schock kann so intensiv sein, dass die energetische Struktur, das Holon, das Intergral einer Familie verloren geht: dies geschieht beispielsweise, wenn Familien durch Krieg und Erdbeben zerstört werden und das Zusammenleben der Menschen keinen friedlichen Abschluss finden kann bzw. überhaupt keinen Abschluss, wenn also natürliche Gemeinschaften durch Unachtsamkeit, Unwissenheit oder Gewalt auseinandergerissen werden.

Auch bei tiefen Freundschaften finden wird dies sehr oft, was häufig zu nachfolgenden Bindungs- und Anpassungsstörungen führt. Insbesondere, wenn Freundschaften noch im Wachsen sind, wenn wir von der „besten Freundin" oder dem „besten Freund" getrennt werden, können lebenswichtige Prozesse nicht weitergeführt werden.

Die augenblickliche Ratlosigkeit, Hilflosigkeit auf einer bestimmten Ebene des Lernens und des Vertrauens führen sehr oft zu einem „Entwurzelungssyndrom", zu einer tiefen Trauer und Orientierungslosigkeit. Da brauchen wir keine Diagnosen wie „Depression", Konzentrationsschwäche", „Anpassungsstörung" oder „Borderline-Syndrom" oder derlei Schwachsinn! Hier sind Psychopharmaka als Erstmittel Psychoterror und Verrat an Abhängigen, Schutzbefohlenen und den eigenen Familienmitgliedern, sofern nicht auf die zugrunde liegenden Themen eingegangen wird.

Durch die Unterscheidung von Körper, Geist und Seele und die Abwertung unserer Gefühle durch Mediziner entsteht ein oft viel zu großer Zeitraum, bis endlich auf diese Themen eingegangen wird!

Hier braucht es Eltern, Lehrer, Politiker als Freunde, die mutig überflüssige Trennungen verhindern, sie zumindest angemessen vorbereiten und begleiten, die sich mit Verstand und Verständnis liebevoll und mit Zeit den Betroffen widmen. Das Seltsame ist ja, dass oft sehr viele Leute unter solchen Trennungen leiden, doch anstatt sie in ihrem Wert angemessen zu erkennen und sich und anderen jene lebenswichtige Trauer und die angemessene Überwindung der Trauer zu gönnen, malträtieren sie sich und andere mit dummen Sprüchen. Sie produzieren bewusst, schamhaft und feige mehr Schaden als sie verkraften und verantworten können. Eine erforderliche soziale Grundleistung wird gegen eine sinnlose (psychisch gewalttätige, schizoide und menschenfeindliche) Strategie getauscht.

Erzieher nennen das gerne so: das muss man nicht so ernst nehmen, da muss man sich zusammenreißen - und vor allem: da kann man halt nichts ändern, das ist halt so. Das ist die allenfalls Stimme einer resignierenden Masse, die immer noch nicht begriffen hat, dass soziale Verant-

wortung eine Gemeinschaftsleistung ist und die Verantwortung für Frieden und Gesundheit delegieren will.

Das ist vielleicht doch nicht genug für gesunde Beziehungen und Partnerschaften. Leider wollen immer noch einige unter uns "stark" sein und sich selbst und andere dis-
ziplinieren; sie leugnen einfach den Bedarf an Verständnis
für einander und benutzen Sprüche, die nur dazu dienen,
das natürlichste Bedürfnis der Menschen nach Verständnis
und Geborgenheit zu missachten.

Disziplin hat aber weder mit Masochismus noch mit Sa-
dismus zu tun oder einer der vielen gesellschaftsfähigen
Mischungen, sondern nurmehr mit der Beachtung biologischer Grundbedürfnisse; es geht um das, was im Alten
Testament und im urchristlichen Sinne als „Gehorsam"
verstanden werden kann: es geht um das Horchen auf das,
was unsere eigene innerste Stimme sagt, die dem Universum und allen Göttlichen Systemen absolut vertraut, was
man aus den Symbolen der Quantenphysik heute recht gut
ablesen kann. Es geht um den Gehorsam gegenüber dem eigenen Gewissen, das nur sich selbst und dem eigenen Got-
tesbild folgt und immer nur zum Besten des Großen Ganzen
und aller Beteiligten existiert und „arbeitet".

Das ist die „Essenz" aller Diskussionen, die von den „Es-
senern" bereits hinreichend beschrieben und gelebt wurde
- Christus war wohl einer von ihnen. Er kannte die Geheimnisse des Universums und unserer Bio-Logie.

Die Menschen um ihn herum konnten sie nicht akzeptieren und so blieb den meisten Menschen das Wissen um die spirituelle Kraft des Menschen verborgen. Der Anteil derer, die davon wissen wollten und der Anteil jener, die sie nicht verstanden haben und auch nicht akzeptieren konnten, ist heute gerade umgekehrt im Vergleich zu damals.

Doch in der Polarität der Dinge wird es immer zwei Gruppen geben: Die einen können nicht und wollen und die anderen wollen und können oft nicht, was ihre innere Stimme „eigentlich" erlaubt.

Zurück zu den Belastungen, die durch die Ignoranz unserer seelischen Grundbedürfnisse nach Sorge, Trauer, Zorn, Angst, Freude, Verständnis und Spontaneität und einen angst- und straffreien Lebensraum entstehen.

Die Angst vor Trennung lässt uns Trennung befürchten und somit oft erst auch erleben. Scheidungen und die Last der Scheidungskinder sind oft analoge Situationen.

Sie hinterlassen energetisch Chaos, Unordnung, Angst und mindern unsere innere und äußere Belastbarkeit.

Sind konkret Menschen aus dem Familienverband verloren gegangen, ermordet worden im Krieg gefallen, sind die Schockwirkungen schon schlimm genug; noch schlimmer ist die systemische Wirkung, wenn geliebte Menschen verschwunden sind, nicht aufgefunden werden und verschollen bleiben, wie dies in allen Kriegen und vor allem in Bürgerkriegen immer wieder an der Tagesordnung ist, ebenso in angeblichen Friedenszeiten in Terrorregimes.

Gelingt die geordnete Kommunikation mit einzelnen oder mehreren Personen im Integral der Familie bzw. des selbst gewählten sozialen Verband wie Freundschaften oder im Verein und dergleichen nicht mehr, wächst die Angst um den möglichen Verlust weiterer Verbündeter. Eine erbarmungslose Angst macht sich nach und nach in allen Lebensbereichen breit, bis die Selbstregulation Einzelner oder der ganzen Familie soweit gestört ist, dass wir von Krankheiten wie Burn-Out-Syndrom oder Nervenzusammenbruch sprechen.

Spitzt sich die Situation weiter zu, bleibt die angemessene Hilfe im Sinne der „Barmherzigkeit" aus, vielleicht auch weil sich viele Beteiligte ihrer eigenen Hilfsbedürftigkeit schämen, kommt es nicht selten zum Abbruch lebenswichtiger Beziehungen, weil die Voraussetzungen für eine unkomplizierte und sichere Kommunikation nicht mehr gegeben erscheinen. Das ist eine typische Situation, in der beispielsweise die kindliche Seele, auch das innere Kind des Erwachsenen, einen totalen Zusammenbruch erlebt, ohne dass im Außen die Veränderungen sichtbar sein müssen.

Diese Prozesse verlaufen oft ohne laute äußere Symptome ab oder sie verstecken sich hinter vielen möglichen Körpersymptomen: Stimmungsschwankungen, Befindlichkeitsstörungen, Infekte, Muskelverspannungen, Bluthochdruck, Wirbelsäulen- und Gelenkschmerzen, insbesondere Magen-Darm-Symptome und Kopfschmerzen geben dem geübten Therapeuten entscheidende Hinweise über den emotionalen Hintergrund. In aller Regel werden diese Symptome aber verdrängt oder durch die Umwelt und geltende Benehmensregeln unterdrückt und tauchen in späteren Spannungssituationen unvermittelt wieder auf.

Langfristige Trauer und unbeantwortete Fragen bzw. ungeklärte Beziehungen zeigen sich nach den Regeln der Traditionellen Chinesischen Medizinphilosophie, kurz TCM genannt, typischerweise in langsam steigenden Fehlreaktionen im Bereich Atemwege und Magen-Darm-Trakt; alle inneren Höhlensysteme und Häute sämtlicher Organe zählen zu einem Reaktionssystem. Kommunikationsprobleme zeigen sich regelmäßig in den Organbereichen Haut, Schleimhäute, Knochenhaut und dies vorzugsweise in jenen Gebieten, die am empfindsamsten agieren bzw. reagieren: Gesicht, Hals-Nasen-Ohren-Bereich, Halswirbelsäule und Brustwirbelsäule sowie alle kleinen Gelenke im Rahmen so genannter rheumatischer Erkrankungen.

Die innere und auch die äußere Aufmerksamkeit unserer Seele beschäftigt sich so lange mit der Frage, wie Heilung der alten Verletzungen Möglichkeit sei, bis wir rational und emotional eine optimal befriedigende Lösung gefunden haben. Der Weg dazwischen ist von Leid und Mitleid, auch von sehr viel Selbstmitleid gekennzeichnet.

In diesem Zustand ist Vertrauen in die Gegebenheiten im Jetzt oder gar in die Zukunft schwierig bis unmöglich.

Hier braucht es eine Umgebung, die einfach und rechtzeitig präsent ist und immer wieder den Weg der Betroffenen in die eigene Mitte und Balance begleitet.

Das braucht oft wenig Worte, sehr oft einfach den Mut zur angemessenen Berührung, zum Streicheln, zum Festhalten, und immer die Möglichkeit zum Kontakt. Weggehen aus Feigheit bringt wenig.

Auch die Ratlosigkeit anderer müssen wir auszuhalten lernen; ist sie doch zumeist nur das Spiegelbild der eigenen Ratlosigkeit. Doch auch gemeinsame Ratlosigkeit verbündet. Hauptsache, wir verbünden uns miteinander in guter Absicht und mit einem guten Ziel. Das ist dann wohl Trost.

Der Zeitpunkt, wann und von wem schlimme Erfahrungen gemacht wurden, spielt in der gesamten Dynamik oft kaum eine Rolle; *entscheidend für die Veränderungen der Reaktionsmuster ist die Qualität der Empfindungen und das Thema.* Dieses Thema und somit die Heilung der unbewussten Verletzungen der Stammfamilie Familie wiederum steht mit dem so genannten *Innersten Anliegen* eines jeden einzelnen Menschen in einem sehr starken Bezug; mindestens eine Person der Familie hat sich zur Aufgabe gemacht, mit den ihr zur Verfügung stehenden Mitteln diese seine Familie heilen zu lernen, es fehlt ihm zu oft die Kompetenz und das Vertrauen.

Ich wage die Behauptung, dass dies eine der spannendsten Gründe ist, warum Menschen in einen sozialen Beruf drängen. Doch dahinter steht eine ehrliche soziale Motivation, die Bereitschaft, soziale Verantwortung zu übernehmen und zu helfen, dass die Wunden der großen und der täglichen kleinen Kriege heilen können und aufhören; zumindest in ihrem kleinen Wirkungsbereich.

Und ich bin gewiss: jeder noch so kleine Beitrag ist auf diesem gemeinsamen Wege unverzichtbar, jeder gute Gedanke, jede gute Absicht, jedes gute Gefühl, jedes Gebet und jede kleine Entscheidung für Frieden und Gesundheit wirkt so, wie die Absicht angelegt ist.

Jeder und alles hat seinen Platz

Jeder hat in seinem System einen bestimmten Platz, und nur im Verständnis dieses Platzes sowie in einem geeigneten Umfeld kann ein Mensch seine Fähigkeiten leben und für alle nutzbringend einsetzen, ohne andere von ihren Aufgaben zu verdrängen. Ein Erstgeborener in einer Familie hat zweifelsfrei bestimmte Aufgaben, die im System seit jeher definiert sind und so lange Gültigkeit behalten, bis sie in Frieden und vollständig eigenverantwortlicher Übereinstimmung aller Familienangehörigen verändert wird.

Dies gelingt nur ganz selten. Normalerweise kennen die Familienmitglieder ihren Platz nicht und leben irgendetwas, nur weder ihr eigenes Leben noch ihren „Auftrag".

Ein Erstgeborener hat einen Bildungs- und Führungsauftrag gegenüber jüngeren Geschwistern.

Dazu muss man ihn in seine für ihn machbare Verantwortung, in seine Rolle einführen und ihn mit seinen eigenen

Fähigkeiten vertraut machen. Ich spreche nicht von Forderungen, die er noch nicht verstehen kann; hier braucht es vielleicht wieder mehr die Großeltern, die den Kleinen das zeigen können, wozu Mütter und Väter der ersten Riege keine Kenntnisse, keine Lust, keine Nerven haben.

Die Reihenfolge der Geschwister hat in allen Lebensbereichen sinnvoller Weise eingehalten zu werden, wobei sich jeder „Vorgesetzte" (Ältere) bewusst sein sollte, dass er etwas ganz Wichtiges, etwas nicht Ersetzbares mit in diese Familienbande einbringen kann, das nur er schenken kann. Schenken sage ich, nicht leisten. Doch leider hat unsere Kultur dieses Familienbewusstsein weitgehend verschüttet und durch eine neue Ordnung der äußerlichen Besitzverteilung zu ersetzen versucht.

Aber auch der Wille des Einzelnen, möglichst alles in seinem Leben alleine erkennen, ausprobieren, entscheiden und tun zu wollen, hat seine Tücken offenbart: wer die Weisheit seiner Familie, seiner Gruppe, ablehnt, muss alleine und ein Stück weit einsam und ohne sie aus- und vorwärtskommen. Das kann den Kopf kosten. Zumindest die Position, die ihm in der Hierarchie des Familienstammbaumes zugewiesen war.

Wer seine Chancen, seinen Auftrag, seine innerfamiliären Gegebenheiten nicht kennt, kann sie nicht anerkennen und nutzen. Er kann auch nicht zu echten Kompromissen fähig sein, weil er mit seinen Kenntnissen, die er hat und aus seinem übrigen sozialen Umfeld zu gewinnen sucht oder aus sich selbst heraus entwickeln muss, die Kenntnisse nicht ersetzen kann, welche wir uns oft von allen Eltern wünschen, die sie aber aus vielerlei Gründen nicht haben.

Schon gar nicht kann er den Heilungsprozess, den die Eltern, aus welchen Gründen auch immer, nicht einrichten konnten, alleine weiterführen, ohne selbst seine ganze Aufmerksamkeit auf das Familienproblem zu richten.

Wir erinnern uns: wir sprechen hier in erster Linie von unbewusster Aufmerksamkeit, die jedoch oft zu einer erheblichen Minderung der vordergründigen bewussten Konzentration auf das Lebensglück dieses Menschen führt:

Dieser Mensch übernimmt in seinem Leben die Schuld, die Ratlosigkeit, die Erkenntnisse, das ganze emotionale Leiden der Eltern und seiner ganzen Sippe (Sippenhaft), bis ihm bewusstwird, dass dieses Mit-Leiden und die Übernahme wohl gar nicht oder nur zu einem kleinen Teil „erforderlich" gewesen wäre. Er nutzt seine eigene Lebenskraft, um etwas zu harmonisieren, das er nicht kennt und alleine in der Regel nicht lösen kann. Zumindest nicht zu einem frühen Zeitpunkt seines Lebens.

Wir dürfen in diesem neuen Zeitalter lernen, dass wir das Leiden unserer Ahnen erkennen und auflösen sollen und können; mitleiden führt nicht den Weg der Lebensfreude und verhilft unserer Weltgemeinschaft nicht weiter.

Wir dürfen und können miteinander alles Leiden auflösen, um unsere ganze liebevolle Aufmerksamkeit endlich unserem eigenen Lebensglück zu widmen, wenn wir bereit sind zu erkennen und zu vergeben = zurückzugeben, woher wir unsere Leiden auch immer genommen haben mögen.

Wenn es gelingt, die guten Absichten hinter all diesen Leidensprozessen in den Vordergrund zu setzen und abzugeben = zu vergeben, was wir in unserer Körperlichkeit durch noch so viele Kriege und stille Feindschaften nicht lösen können, wenn uns diese Anerkennung der guten Absichten gelingt, sind wir freier von den „Altlasten".

Für alle diese Prozesse gelten die Allgemeinen Geschäftsbedingungen der Biologie, die sie in einer Werteordnung des Wohlwollens und der konsequenten Friedfertigkeit ausdrückt.

Jenseits von Geiz, Neid, Angst, Zweifel und den anderen Hindernissen. Wenn wir nicht jeden Tag wieder neuen Seelenmüll produzieren, wird es langsam heiter und freundlich auf diesem Klumpen Erde... Gelingt dies nicht, folgen immer wieder die gleichen Verhaltensmuster:

Das Bewusstsein für die Schönheiten des jetzigen Lebens verschwinden in der Depression, die umso mehr wächst, je weiter weg eine Lösung der hintergründigsten Heilungsabsichten eines jeden Menschen erscheinen.

Nun schwinden zunehmend die Aufmerksamkeit für das Jetzt, die Wahrnehmung der Außenrealität, das Vertrauen in die Zukunft, die innere Verbindlichkeit zu sich selbst und den eigenen Fähigkeiten, zu den Familienmitgliedern; der Halt in sich selbst mit Entschlusskraft, Kreativität und einer gewissen Zielführung und Selbststeuerung wird geopfert.

Oft wird das eigene Leben einem Gott anvertraut, der sich nicht nur um alles kümmern kann, sondern vor allem auch kümmern soll, denn er ist schuld an der Existenz dieses Menschen. Dieser Einstellung begegne ich als Arzt erschreckend oft. Dies ist die Aufgabe der eigenen Selbstverantwortungsfähigkeit; die Arbeit mit diesem Menschen im Alltag hat aber weniger der liebe Gott als vor allem die lieben Mitmenschen, die ganze Gesellschaft, die mit dieser Einstellung nicht wächst, sondern zugrunde gehen könnte.

Umso wichtiger ist es, dass wir alle miteinander lernen, miteinander für diesen innersten Frieden aktiv etwas zu tun. Sie alle stehen, wir alle stehen, gleich wie wir uns benehmen, in dieser Selbstverantwortung, unsere Selbststeuerung anstreben zu wollen und anzustreben, wo immer es geht. Und unser Umfeld, unsere Familie, mag einen jeden darin unterstützen.

Jeder von uns hat seine Grenzen, an die er fest glaubt – und sie damit auch hat; es liegt nicht zuletzt seinen Gewohnheiten und seiner Einstellung. Ich denke, es ist nicht sinnvoll, die eigenen Grenzen immer weiter nach unten zu ziehen und andere dafür verantwortlich zu machen.

Dies ist in der Biologie mit endgültiger Transformation verbunden; da dies ein aktiver und Energie auf den körperlichen Ebenen verbraucht, sollte die ganze Gesellschaft es einrichten, dass die Ursachen für diese Entwicklungen harmonisiert werden und dass jede Verantwortung dafür beim Individuum angesiedelt wird.

Wer nicht mitmacht, schädigt sich selbst und seine Mitmenschen. Der biologisch zivilisierte Mensch zieht sich zum gegebenen Zeitpunkt zurück und ist zur Transformation, zum Sterben bereit; in modernen „Zivilisationen" wird die Krankheit gepflegt, die Abweichung vom biologischen Weg gefördert wo immer es geht und warum auch immer.

Bei uns wird Selbstmitleid vermarktet und in einer Mediengesellschaft um Verständnis gebuhlt für weitgehend destruktive Verhaltensweisen, anstatt sich der Biologischen Gesetze und Möglichkeiten bewusst zu werden und sie zu nutzen. Letzteres bedeutet, sich bewusst aus dem „Teufelskreis" von Mitleid und Selbstmitleid heraus zu bewegen und sich einer Lebens- und Unternehmensphilosophie zu widmen, die in der Entwicklung des Einzelnen wie der Gemeinschaft nach vorne führt in eine Gesellschaft des Vertrauens und Wohlwollens und nicht des Sich-Gehen-Lassens und des Ausnutzens. Und, die möglichst jedem zur Verfügung steht.

Bei allem Verständnis für die Emotionen des Menschen habe ich zunehmend weniger Verständnis für eine Gesellschaft, die sich darauf auszuruhen beginnt und die Regeln der Biologie missachtet. Die politischen Verstrickungsmuster, die wir eingerichtet haben und als soziales Netz bezeichnen, sind biologisch betrachtet, immer mehr ein unsoziales oder gar asoziales Netz, weil sie die Eigeninitiative der Menschen einerseits immer weiter unterbindet, ihre Abwesenheit mit Phrasen entschuldigt und somit der Fremdbestimmung durch übergeordnete Autoritäten in der Welthierarchie alle macht an die Hand gibt. Kurzum:

Jeder Einzelne, der zu viel jammert statt sich seiner Fähigkeit bewusst zu werden und sie zu nutzen, gleich in welchem Lebensalter (!), gibt seine Souveränität aus der Hand – und erreicht das ursprünglich Zielt der Heilung alter Verletzungsmuster nicht! Ganz im Gegenteil, er entscheidet sich für Resignation und Erfolglosigkeit. Das kollektive Unbewusste aber wird dadurch nicht friedlicher und nicht gesünder.

Zerstörung von Gemeinschaften

Die fahrlässige und die mutwillige Zerstörung von Lebensgemeinschaften, die freiwillig gewählt und gebaut wurden, ist schlimm. Die vorsätzliche Zerstörung von Familien und das Zulassen einer solchen Entwicklung, wie sie in allen Terrorregimes vorkamen und vorkommen, ist ein Verbrechen gegen die Menschlichkeit. Das bewusste Verschleiern der Geschichte, von Menschenrechtsverletzungen vergangener Tage und das vorsätzliche Verhindern einer Aufklärung solcher Straftaten, die unendliches Leid über alle Menschen gebracht haben, ist ebenfalls ein Verbrechen. Alles ist in unserem kollektiven Unbewussten hoch aktiv und gestaltet die Gewalt, die wir mit Spannung in den Nachrichten berichtet bekommen.

Bei allem Verständnis für die Polarität und die Dualität des Lebens: in einer humanen Gesellschaft sind wir in der existenziellen Verpflichtung zur einer Bereitschaft in der Weiterentwicklung unseres Bewusstseins, einen und viele Schritte weiter heraus aus den Vorstellungen vergangener Jahrhunderte und Jahrtausende.

Jeder Bürger, jeder Politiker, alle Helfer in allen Berufen, insbesondere all jene, die einen Amtseid für die Menschlichkeit geleistet haben und wenig oder nichts für eine Wiedergutmachung tun, machen sich im Sinne des natürlichen Rechtes, des Familienrechts und des Völkerrechts schuldig. Wir alle sind in einer gemeinsamen Verantwortung, jeder für sich, den alten Spruch zu verlassen: das kann man halt nichts machen, das ist vorbei. Nein, jeder Schaden, der vorsätzlich nicht geheilt wird, bleibt wirksam.

Dem einen oder anderen von uns mag das zu weit gehen und auch ich selbst bin in diesen Herausforderungen immer wieder peinlich berührt; dennoch bin ich überzeigt von diesen Herausforderungen.

Die unglaubliche Arroganz und Leichtfertigkeit, mit der Verantwortliche über ihre eigenen Verbrechen hinweggehen und oftmals den Opfern auch noch in aller Öffentlichkeit die Schuld geben, übersteigt meine gewöhnlichen humanistischen Vorstellungen von Zynismus und meine Fähigkeit, jenen zu vergeben, die keinerlei Anlass sehen zu einer Entschuldigung für die völlig sinnlose Gewalt, die sie ausgeübt haben.

Das Schweigen, die unsagbare Feigheit und Unfähigkeit, Verantwortung zu übernehmen für das Leiden, das man gesät bzw. geduldet hat, kann man zwar erkenntnistheoretisch, philosophisch, soziologisch, psychologisch und anderweitig erklären, doch es bleibt die Forderung nach dem, was der gesunde Menschenverstand als Gerechtigkeit bezeichnet. Der Leser wird schon verstanden haben, dass der Autor als Mensch, als Vater dreier Kinder und als Arzt und Heiler das Ziel hat, neben dem Verständnis auch das Verzeihen anzustreben, Vergebung zu schenken.

Und doch bleibt mir eine Forderung nach Erklärung, nach ehrlicher Reue für das bewusst zugefügte Unrecht irgendwie an der Zunge kleben. Erklären und Verstehen kann man vieles, und doch erwarte ich als kleiner Mensch einen Anlass dazu, der mir die Kraft geben kann zum Verzeihen.

In der systemischen Arbeit wie im Familienstellen wird keine Vergebung erlaubt auf Anordnung ohne Freiwilligkeit; sie wirkt nicht Frieden schenkend. Wer bewusst trotz Offenlegung aller Schandtaten nicht bereit ist, der Schande ein Ende zu setzen, sie aufzulösen, verhindert Frieden.

Das muss jedem klar sein, der Aufklärung von Wahrheit verzögert, verhindert, verbietet oder gar der Wahrheit widerspricht. Wir sind uns auch einig, dass Wahrheit unendlich viele Facetten hat und trotzdem bleibt unter Menschen das Recht auf die offene Darstellung der Wahrheitsfacetten. Ich bin mir gewiss, dass speziell in unserem Lande erst ein deutscher Frieden einkehren kann, wenn wir alle zu dieser Wahrheit in allen Facetten bereit sind.

Es erscheint manchmal grotesk, wie manche Wahrheit geleugnet wird, die in allen Teilen absolut eindeutig ist.

Ich habe jene Anwälte noch nicht verstanden, die für die Täter, die wir im Sinne der Resonanz immer auch als Opfer verstehen sollten und umgekehrt, freies Geleit geben für die Wiederholung oder die Verschleierung ihres Tuns. Es geht an dieser Stelle nicht um ein Eingeständnis von Schuld, sondern nurmehr um die faire Darstellung der Wahrheit.

Wer dazu nicht fähig ist, hat in öffentlichen Ämtern nichts zu suchen und keinerlei Aussagen „im Namen des deutschen Volkes" zu tätigen. Das wäre für mich immer noch Meineid. Zu keinem Zeitpunkt in der Weltgeschichte hat jedes Mittel jeden Zweck geheiligt. Das ist nur der abstruse Versuch, Unrecht zu rechtfertigen.

Ich schreibe diese Worte ganz bewusst, weil 30 Jahre nach der innerdeutschen Wiedervereinigung Lügen und Verschleierung immer noch an der Tagesordnung sind und ich immer wieder Patienten erlebe, die nie eine Entschuldigung, sogar noch Verhöhnungen erleben müssen für die Jahre der Knechtschaft und der widerrechtlichen Inhaftierung, für ihre weggenommenen Kinder und ihre Entehrung.

Noch immer muss man den Eindruck gewinnen, dass die Regierungen selbst an der Wahrheit nicht wirklich interessiert sind. Und sie zeigen mit dem Finger auf andere Staaten, anstatt sich den Balken aus den eigenen Augen zu lösen. Damit hätten sie Arbeit genug.

Dazu kann man politisch stehen, wie man will - Frieden und Gesundheit schafft man nicht durch Verdrängung, Unehrlichkeit, Verweigerung. Man entzieht damit dem eigenen Volk vorsätzlich die Anbindung an seine Wurzeln, an sein sozialpolitisches Grundvertrauen, das die Basis darstellt für jede Art von Wachstum in Bezug auf Gemeinschaften und Vertrauen zu einander sowie Vertrauen in eine Führungsmannschaft und in eine funktionierende Demokratie.

Neben den Verletzungen der Vergangenheit kommt die Verweigerung der Familienehre und die Verweigerung der Heilung des inneren Heiligtums dazu. Dies wirkt wie eine Bestätigung der ursprünglichen bewussten Zerstörung des Heiligtums. Und das ist es letztlich auch aus meiner Sicht. Ich erkenne keinen Anlass, dem länger Raum zu geben.

Wer Frieden und Gesundheit in unseren Lebensgemeinschaften will, hat die Pflicht, seine Verweigerungshaltung aufzugeben und muss Wahrheitsfindung öffentlich unterstützen, wo immer dies geht. Es geht beileibe nicht um Hetzjagden, nicht um Pogrome, nicht um Schändung, nur um Ehrlichkeit und Wahrheit. Mehr nicht, aber auch nicht weniger. Wer diesen Frieden bewusst nicht will, begeht Volksverrat.

Lösungsansätze

Interesse an einer Lösung ist das erste, was uns alle weiter bringen kann in unserer Bewusstseinsentwicklung.

Es gibt Hilfen, durch das Dickicht der Möglichkeiten belastender Beziehungsmuster im kollektiven Unbewussten hindurch zu finden. Ein ganz wichtiges Thema in all unseren Überlegungen betrifft den Begriff „Respekt".

Jede Entwicklung in uns selbst und in allen Geschäftsbereichen hat biologischer Weise zum Ziel, den Wert von Respekt und Anerkennung für uns selbst und für einander zu erkennen und lebbar zu machen. Der Respekt und nur dieser, vor dem Leben an sich, vor der Integrität des Menschen an sich, vor den Bedürfnissen eines Menschen innerhalb seiner Integrität erlaubt einen sinnvollen und freudvollen Schritt in Richtung partnerschaftlichen Miteinander und verhindert, dass wir einander weiterhin als Werkzeuge und Sklaven benutzen. Die Rede ist von *Menschenwürde.*

Die Zehn Gebote sind wichtige Leitbilder in dem Kräftespiel zwischen Ego und Bewusstsein, zwischen Ego und unkontrolliertem Planungstrieb als Vermeidungsstrategie gegen Misserfolg. Unsere Seele braucht Anerkennung und eine Überwindung jahrtausender alter Verhaltensmuster, in denen das Leben als solches respektlos benutzt wurde; es gilt, das Geschenk des Lebens und das Recht auf eine eigene Lebensgestaltung als Natürliches Recht zu erkennen und anzuerkennen. Niemand verfügt über das Recht, über die Lebenszeit eines andern zu verfügen.

Jeder, der sich in einem solchen Prozess zur Verfügung stellt, darf lernen, dass dies nicht unbedingt seiner natürlichen Bestimmung folgen muss, aber kann. Jedoch, nur er selbst ist verantwortlich für das, was er entscheidet. Jeder Unternehmer hat das Recht und die Chance, sich der Zusammenhänge zwischen seiner Herkunft in der Familie, seiner Sippe, seinem Volk und seinen Verhaltensmustern bewusst zu werden. Jeder Mensch, auch der Unternehmer kann es *sich gönnen lernen,* gewohnte Strategien seiner Entscheidungsfindung und seiner Kommunikation mit sich und seiner Umgebung zu prüfen und neu zu gestalten; aus Gewohnheiten herauszukommen, die regelmäßig und oft vorsätzlich übersehen werden, nur um die Gewohnheit nicht verändern zu müssen, ist nicht gut.

Wer sich nicht ändern will, wird über Spiegelprozesse und die Konsequenzen aus seinem Verhalten unwiderruflich in diesen Bewusstseinsprozess gezwungen werden. Die Herkunftsfamilien von uns allen, also auch Herkunftsfamilien der Unternehmer, von MitarbeiterInnen und die Herkunftsfamilien der Kunden bilden die Kernzellen der Politik, die sich ein Master-Sklaven-Verhältnis auf Dauer kaum leisten kann und „nicht darf".

Ob diese Vision für uns zur Wahrheit wird oder nicht, liegt einzig und alleine an jedem Einzelnen von uns selbst. Unsere Mitmenschen und alle Mitarbeiter jedenfalls warten darauf, dass sie als Partner in „ihrem" Unternehmen (Familie, Unternehmen) wieder respektiert werden und müssen ihrerseits in einem Lernprozess zur Eigenverantwortung begleitet werden.

Heilung und Frieden

Wer mit Hilfe geeigneter Methoden die wichtigsten Ereignisse aus seiner Herkunftsfamilie erkannt hat, kann ihre Wirkung sehr oft verändern oder gar auflösen.

Dies ist meist Beginn einer neuen Lebensqualität, innerhalb der eigenen Person, der Familien und innerhalb der Unternehmen. Vertrauen und Selbstvertrauen, Optimismus und Großzügigkeit wachsen. Heilung beginnt mit Bewusstwerdung.

Es geht um die Kenntnis der Zusammenhänge und um das innere Verständnis der Emotionen. Haben wir diese vermeintlich rein privaten Dinge verstanden, können wir auch im Unternehmen anders miteinander umgehen.

Weil wir unsere Persönlichkeit eben nicht aus dem Unternehmen heraushalten können.

Das Training unserer intuitiven Wahrnehmung und Entscheidungsfindung entbindet uns von zahlreichen langwierigen und Ressourcen zehrenden Entscheidungsstrategien.

Der längste Weg im Universum ist der vom Kopf zum Herzen; der umgekehrte Weg, jener vom Herzen zur Bauchentscheidung und dann zum Kopf, ist möglicherweise einer der kürzesten.

Stets werden, nach langem Hin und Her, die wichtigsten Entscheidungen doch vom Herzen und vom Bauch getroffen. Wozu das lange Vorspiel?

Wir kennen zahlreiche einfache und effektive Wege zu den gewünschten Erkenntnissen und Lösungserlebnissen; strukturiert und zielorientiert arbeiten sie sich mit bestimmten Testmethoden durch die Lebenszeit eines Menschen und identifizieren Stressoren und ihre Wirkungen. Die Bewusstwerdung eines Konfliktes in einer solchen tieferen Biographiearbeit erlaubt bereits oft die freiwillige Lösung eines inneren Konfliktes: es gilt die Erfahrung: Wahrnehmen was wirklich = wirksam ist.

Die Identifikation unserer Potenziale gehört zu den ganz wichtigen Themen, die uns einen besseren Weg in eine selbst bestimmte und erfolgreiche Zukunft ermöglichen. Von hundert Menschen, die ich kenne, haben mindestens 40 Personen die Überzeugung, keine Fähigkeiten zu haben. Ein solides Bewusstsein der eigenen Fähigkeiten und Fertigkeiten erscheint mir jedoch unabdingbar für den Beginn eines jeden Projektes.

In Band IV der Kolibri-Reihe beschreibe ich im Buch „Integrale Unternehmensgestaltung" zusammenfassend viele wichtige Punkte für den Unternehmensbereich.

Der Schlüssel zu einer friedfertigen Kommunikation und zur Überwindung alter Kommunikationsblockaden und ihrer Konsequenzen

· *im Erkennen der absoluten Subjektivität unserer Wahrnehmung*

- im Erkennen von Übernommenem (Projektionen) und selbstproduzierten „Realitäten"

- im Erkennen der damit verbundenen Missverständnisse anderer Erfahrungen

- im Erkennen von Not und Angst als Auslöser zahlreicher Veränderungen und Wahrnehmungen

- in der Anerkennung der eigenen Subjektivität, Individualität, Kreativität und somit der eigenen Vollkommenheit

- in der konsequenten Orientierung auf positive Inhalte und eine positive, zielorientierte, lösungsorientierte Sprache in unserem Leben

- in der Ablösung ehemaliger Konflikte durch eine angemessene Begleitung mit den angemessenen Unterstützungsmaßnahmen, die ehr einfach und sehr unterschiedlich sein können

- Familien- und Organisationsstellen, Affirmationen, EMDR, Hypnose und Klopftechniken können helfen, sich von alten Bewertungsmustern zu befreien.

Partnerschaften und Familie

Partnerschaft beginnt oft, wenn beide am Ende sind. Wenn beide in ihrer erkannten Menschlichkeit einen Kampf aufgeben, den niemand gewinnen kann. In unserem ewigen Bestreben, in der Spannung der Polaritäten die ganze Aufmerksamkeit von Menschen, das ganze Verständnis aller Menschen nur für sich zu gewinnen, nur für die eigene Angelegenheit zu werben, die ganze Zuneigung und Hochachtung anderer Menschen, anderer Institutionen und angeblich höherer Autoritäten zu erarbeiten, muten wir uns und unseren Mitmenschen schon Einiges zu.

Die Voraussetzung für ein Gelingen von Partnerschaft ist der Frieden in unseren Familien. Die Kraft, eine eigene Familie zugründen und angemessen zu pflegen, kommt aus einer friedlichen Herkunft, selten aus einer unfriedlichen.

Insofern gelten die vorhergehenden Aussagen auch im Thema Partnerschaft. In unseren „Partnerschaften", die auch zumeist nur Bastelstuben sind wie Freundschaften und andere Verhältnisse, versuchen wir all das auszuleben und anzuwenden, was wir früher noch nicht durften und später vermutlich nicht mehr leben können.

So haben jede Zeit und jede Phase einer Ehe oder reiner eheähnlichen Gemeinschaft ihre eigenen Themen und sie bietet immer wieder die Chance, sich zu orientieren, zu schauen, wer oder was stärker ist: eine eingeforderte Vernunft, die Liebe oder die alten Instinkte.

Immer und immer wieder können wir - wie bei Freundschaften - unsere eigene Kompromissbereitschaft finden, wenn uns klar ist, dass wir heute in einer Situation sind, in der wir auf nichts Überlebenswichtiges verzichten müssen. Dies bezieht sich freilich in erster Linie auf jene Menschen, die in guten wirtschaftlichen und sozialen Verhältnissen leben. Meinen wir oft.

Stimmt aber gewiss so nicht ganz, denn die Zufriedenheit, die innere Ausgeglichenheit und Harmonie, der innere Frieden mit sich und Gott und der Welt, scheint mit etwas ganz anderem als mit der Wirtschaft alleine zusammen zu hängen: mit der Befriedigung unserer Basisbedürfnisse, wie wir sie in einem eigenen Kapitel genauer betrachten werden. Die haben sehr viel mit der Versorgung mit allem Lebensnotwendigen zu tun, aber Geld und wirtschaftliche Sicherheit, wie wir sie im Westen erleben, sondern nicht der Schlüssel für mich zur Befriedigung der Basisbedürfnisse, sondern die Bereitschaft zum Teilen und die Freude darüber, dass wir geben dürfen, dass unser Beitrag angenommen wird zu einer Gemeinschaftsbildung, die den Namen verdient.

Ziel ist es, die offenen Fragen unseres Lebens erst einmal zu finden und diese in ihrer Entstehung zu hinterfragen, diese mit uns selbst und mit anderen zu beantworten, die mit diesen Fragen so oft verbundenen emotionalen Verletzungen und Missverständnisse bewusst zu machen und in Frieden zu bringen, fast gleichgültig mit welcher Methode. Wenn wir erfahren und in allen Dimensionen erfassen können, was im Unbewussten abgelaufen ist, wenn wir unsere eigenen Rollen und die Rollen die anderen Beteiligten in der Entwicklung eines Konfliktes verstehen gelernt haben, werden wir ruhiger und gelassener, friedlicher und gesünder.

Dabei lernen wir vor allem, unseren wirklichen Konfliktpartnern in friedlicher Absicht zu begegnen und nicht mehr auszuweichen, wir lernen zu unterscheiden zwischen den ursprünglichen Konfliktpartnern und jenen Stellvertretern, die wir uns ausgesucht haben, um mit anderen Menschen als den ursprünglichen Konfliktpartnern Lösungsansätze zu finden. Doch allzu oft bleibt dieser Versuch in langen Verletzungsreihen stecken, weil eben Ehepartner nun wirklich nicht geeignet sind, die Therapeuten zu spielen für unsere frühkindlichen oder jugendlichen Missverständnisse und Fehlleistungen.

Dieses Grundverständnis gilt es bewusst anzustreben und der Begegnung mit den Konfliktpartnern nicht auszuweichen. Auf diese Weise kann es zunehmend gelingen, unsere eigenen hintergründigsten Bedürfnisse zu erkennen und zu befriedigen und unsere Mitmenschen im Alltag, die Stellvertreter für so unendlich viele alten Spielchen, in eine entspannte und friedliche Kommunikation zu entlassen. Geheilt sind wir alle, wenn wir unsere Verhaltensmuster und somit die der anderen biologisch verstehen können, das heißt mit unserer menschlichen Logik und mit unserer ganzen Intuition. Kommunikation ist Heilung. Man muss halt mit einander reden wollen und können.

Beziehungskrisen

Das Wort Krise deutet auf eine schwierige Situation, eine bevorstehende bzw. notwendige Entscheidung, eine Wendung, eine Trennung und ähnliches hin. Krisen sind Heilkrisen, weil sie uns Wege anbieten, die für uns wichtig sind, denen wir aber absolut nicht begegnen wollten, meist aus Angst, zu oft aus Unwissenheit.

Krisen erleben wir immer dann, wenn wir nicht weiterwissen, wenn Emotionen und Verstand nicht unter einen Hut zu kriegen sind, wenn wir ratlos sind oder uns doch wenigstens so vorkommen. Es gibt akute Krisen und solche, die sich langsam aufbauen.

Ursachen dafür sind immer Verschiebungen oder Blockaden innerhalb unserer biologischen Transformationsschichten, die sowohl rein elektromagnetische als auch stoffliche, also molekulare Ebenen einbeziehen.

Was immer wir unter Seele und Körper verstehen wollen, beide sind hier an ihrer Leistungsgrenze bzw. an ihrer Selbstordnungsgrenze angelangt. Somit sind sowohl rein energetische als auch molekulare Veränderungen Ursache und Wirkungen psychischer Reaktionen, die wir als Fehlreaktionen anschauen, wenn sie uns aus unserem Gleichgewicht der Regelkreise werfen. Dazu zählen auch mentale Transformationsprobleme, wenn unsere Kapazität der Informationsverarbeitung überfordert wird.

Krisen sind als besondere Herausforderungen zu verstehen, in denen die Gefahr von körperlichen wie rein mentalen Entgleisungen immer gegeben sind. Ausrasten und Amoklaufen als Entlastungsreaktionen sind an der Tagesordnung, allerdings und Gott sei Dank in vielen Variationen und Abstufungen.

Die meisten dürften sich in unserem Alltag wenig dramatisch auswirken, alle aber bleiben sie in den Speichern unseres Organismus und stehen als Erfahrung zur Verfügung. Sie gehen neben den unbewussten Impulsen aus dem kollektiven Unbewussten in unsere Persönlichkeit ein und sind dort nur mit energetischen Methoden wieder abrufbar.

Somit tauchen Krisen in unserem Leben auf als akute Entgleisung, weil wir in der Transformation energetischer Prozesse gestört sind, was den Einfluss technischer Einrichtungen als Auslöser in den Vordergrund unserer Betrachtungen bringen muss.

Was wir als mentale oder seelische Störung einordnen, ist immer zu einem erheblichen Anteil mit der Energiestruktur unserer Umgebung verbunden. In diesen Krisen ist somit aus meiner Sicht immer auch ein Systemwechsel anzustreben, das bedeutet eine komplette Änderung des Umfeldes und dies so rasch wie möglich.

Eine rasche und vollständige Wiederherstellung der Gesundheit bedarf neben einem angemessenen Verständnis für die energetischen und die thematischen Zusammenhänge immer auch eine möglichst natürliche Umgebung, die alleine schon ganz erheblich zur Regeneration beiträgt: Ruhe, frische Luft, geordnetes Klima oder sanftes

Reizklima, emotionale und körperliche Geborgenheit und Sachlichkeit sind wichtige Voraussetzungen für Erholung, ebenso eine angemessene Ernährung: jeden Tag ein paar Stunden Reha.

Daneben braucht es zwingend Klarheit über Ursachen und die Aussichten, wie es nach der Krise besser und stressfrei weitergehen kann. Ratlosigkeit und Ohnmacht sind existenzielle Überreizungsphasen.

Lernblockaden bzw. Blockaden während Prüfungen sind fast jedem hinreichend bekannt, weil unbewusste Erinnerungen wach werden an zahlreiche Situationen, die ausweglos schienen oder waren. Nichtwissen und Ratlosigkeit ist „eigentlich" keine Schande, wird aber immer noch allzu oft verurteilt und bestraft. Das bringt das Problem der Angst vor Strafe mit sich. Daher fühlen sich Menschen mit Lern- oder Schreibblockaden eigentlich in existenziell bedrohlichen Situationen, die leider nicht als solche verstanden werden.

Manchmal gibt es keine ernsthafte aktuelle Bedrohung, doch unsere Erinnerung und unsere Angst kreieren mögliche bedrohliche Situationen und mögliche unangenehme Konsequenzen und Strafen, die uns in der Angst davor bestärken. Und die Erwachsenenwelt spielt oft mit Andeutungen, die oft schlimmer wirken als eine ausgesprochene Drohung oder eine real drohende Strafe. Häufig gibt es handfeste Drohungen, in unseren Schulen sind sie selbstverständlich. Soziale Strafen sind an der Tagesordnung, wenn die Dinge nicht so laufen, wie andere das wollen...

Oft genug wissen es die Drohenden selbst nicht, was zu tun und zu lassen wäre und wie der Rat für den andern eigentlich aussehen müsste. Auch diese Menschen schämen sich oft ihrer eigenen Ratlosigkeit.

Die Kette schien kaum ein Ende zu nehmen, bis jemand das Internet erfand. Das lindert ganz gewiss die Unwissenheit, aber der richtige bzw. der angemessene Umgang mit Wissen bleibt für viele immer noch ein Geheimnis. Kommunikation ist und bleibt eine Kunst der lebendigen Gemeinschaft.

Nun mag man sich die Angebote der üblichen Alltagsmedizin anschauen, die hier Abhilfe schaffen soll und nicht kann. Die üblichen Methoden im allgemeinärztlichen Bereich sind beim besten Willen nicht geeignet, um das Verständnis von Ursachen und Wirkungen oder gar Zusammenhänge zu erfahren.

Daran hat anscheinend auch kaum jemand ernsthaftes Interesse, denn wir sollen ja alle lernen, oberflächlich Situationen zu managen, von Problemlösungen spricht ja kaum jemand. Psychopharmaka sind an der Tagesordnung, weil unsere Gesellschaft Stressmanagement nicht trainiert und selten wirklich gute und funktionierende Lösungsangebote macht, sondern von Scheinlösungen und Verdrängungsmechanismen lebt.

Für tiefer gehende Lösungsstrategien haben wir angeblich keine Zeit. Lebenskrisen sind somit auch Ausdruck einer mangelnden Wissensvermittlung in Kindergärten,

Schulen und Betrieben. Auszubildende und Unternehmer haben kaum oder gar keine Ausbildung für einen angemessenen Umgang mit Krisen, zumindest wird dies immer wieder berichtet und vor allem erleben wir zunehmend Konsequenzen aus der Überforderung derer, die ausbilden wollen, sollen und oft genug nicht können bzw. nicht dürfen.

Unsere Bildungseinrichtungen scheinen suboptimal ausgestattet und kaum in der Lage, unsere Gesellschaft zu Toleranz, auch zur Stresstoleranz, auszubilden.

Auch hier müssen wir lernen, für uns selbst zu sorgen und die Verantwortung für unseren Alltag ganz neu in die eigenen Hände zu nehmen.

Vielleicht ist es doch sinnvoller, sich für die Ausbildung von Ausbildern sehr viel mehr Zeit zu gönnen und vor allem mehr Übung im Umgang mit den lebendigen Menschen zu geben als jahrelang Theorien zu trainieren, von denen vermutlich die allerwenigsten geeignet sind, den Menschen den angemessenen Umgang mit Fähigkeiten, mit Entscheidungsfreiheit, mit normalen Lebensthemen und normalen Krisen konstruktiv zu begleiten.

Ein Geheimnis für Lösungen heißt: Interesse.

Interesse an einander macht Mut, neue Prioritäten im Alltag zu setzen und gerne die Verantwortung für alle Konsequenzen zu übernehmen, weil auf der Beziehungsebene Interesse, Geborgenheit, Verständnis, Klarheit und viele andere Unterstützung erreicht wird.

Lebensqualität beginnt beim Interesse an einander. Manchmal ist es schon schwierig, sich selbst Ratlosigkeit einzugestehen und dann auch noch, Rat einzuholen.

Oftmals holen wir uns gerne Rat bei Omi oder bei der Nachbarin, leider immer wieder bei jenen, die uns am wenigsten helfen können, schlicht, weil sie in bestimmten Themen inkompetent sind.

Doch diese Menschen haben unser ganzes Vertrauen und das ist ganz gewiss das Wichtigste. Omis und Opas sind als Vertrauenspersonen unersetzlich! Aber es reicht halt manchmal nicht, wenn der Betreffende einen völlig unsinnigen Rat gibt, der niemandem weiterhilft.

Omis und Opas, vor allem die Nachbarin mögen sich ihre Unkenntnis nicht eingestehen; alles ist lieb gemeint und bestens geeignet, um die weniger erfolgreichen Tipps herauszufinden.

Der Fragende bekommt damit wiederholt Gelegenheit, einer besseren Antwort auf die Spur zu gelangen.

Das dauert zwar länger als geplant und das Vertrauen in die Oma oder in die Nachbarin wächst auch nicht unbedingt, aber dafür der eigene Frust.

Krisen lassen sich nur wirksam und nachhaltig mit Menschen bewältigen, die mehr wissen als wir und die Übersicht haben über die an unserer Krise beteiligten Faktoren und all die offenen Fragen. Das kann durchaus die eigene Familie sein, manchmal auch eine einzelne Person.

Wir müssen aber vorher fragen, welche Kompetenz der Befragte hat und ob er unsere Fragen beantworten kann und mag. Wir sollten rechtzeitig herausfinden, ob wir während unserer eigenen Krisenzeiten auch unsere Mitmenschen genauso überfordern wie uns selbst.

Lebenskrisen sind Zeiten, in denen wir geliebte Menschen verloren haben oder deren Verlust wir befürchten; beides Situationen, in denen wir diese Menschen innerlich nicht erreichen konnten und dies oft nur für wenige Augenblicke. Doch dieser Augenblick wirkt unter Umständen so intensiv, dass sich Menschen nicht mehr trauen, eine Beziehung aufzubauen, weil sie deren Verlust wider befürchten müssten...

Viele Menschen haben nur noch wenige oder gar keine Vertrauenspersonen mehr. Sie neigen am ehesten dazu, in ihren Sinnfindungskrisen und stecken zu bleiben.

Oder auf Wanderschaft und auf die Suche zu gehen, von einem Wohnort zum anderen, von einer Arbeitsstelle zur anderen, von einem "Partner" zum anderen, von einem Land zum anderen, von einem Projekt zum andern ...

Oder sie resignieren und katapultieren sich in eine Situation, aus der sie selbst nicht herausfinden müssen, weil andere ihr Suche limitieren. Diese Situation entspricht einer absoluten Verzweiflung, die von vielen Menschen falsch verstanden und nur als kriminelle Energie abgetan wird. Das wird den Absichten, die mancher so genannte Kriminelle hat, nicht gerecht. Wir müssen uns immer gewahr bleiben: jeder ist immer und überall zu allem fähig, wenn er sich nur intensiv und lange genug provoziert fühlt.

Immer ist eine solche Provokation auch gegeben, nur ist sie selten oder nie rechtzeitig bewusstgeworden, damit noch genügend Zeit und Raum bestünde, um Unannehmlichkeiten und Schlimmes zu verhüten.

Vertrauensmangel ist wohl eine der häufigsten Ursachen für Sinnkrisen: da stellt man fest, dass plötzlich ein Halt, eine innere Bindung zu zerbrechen droht oder verloren gegangen ist und es folgt die bangen Fragen:

- *Bin ich daran schuld?*

- *Wie soll ich das wieder richten?*

- *Wie kann ich gegenüber mir selbst und gegenüber meiner Lebensgemeinschaft mein Gesicht wahren?*

- *Wird mich meine Lebensgemeinschaft dafür bestrafen und wenn ja, wie?*

- *Was muss / kann ich jetzt sofort tun, um die Situation aus der Welt zu schaffen?*

Krisen geben immer Gelegenheit, die noch nicht gefundenen und die noch nicht beantworteten Fragen seines Lebens zu erkennen und die nächsten guten Antworten zu finden. Nun gelangen wir entweder zu einer Lösung, die wir annehmen können und die uns wenigsten einen Schritt weiterkommen lässt. Oft sind wir damit, leider, schon zufrieden, weil wir nicht konsequent bei einem wichtigen Thema am Ball bleiben, sondern mit der ersten gewonnenen Ruhe innerlich zur Ruhe kommen wollen.

Krisen kommen gerne zyklisch, das heißt regelmäßig zu den Zeiten, in denen die Menschen ihre großen Entwicklungssprünge machen wollen: in Kleinkinderjahren fast stündlich, mit zunehmendem Training etwas seltener, aber nicht unbedingt weniger intensiv...

Beziehungskrisen sind völlig normal, sie sind nichts anders als eine Menge Fragen an unsere Geschichte über das warum, woher, das wie etc. Immer sind wir in unserer Befindlichkeit auch eingebettet in eine weltweite Bewusstseinsentwicklung, der sich der Einzelnen nicht entziehen kann.

Krisen sind immer Heilkrisen, und wenn wir uns am meisten belastet und krank und unverstanden fühlen, sind wir oft unseren besten Lösungsansätzen am nächsten.

Wir Menschen können erst auf unserem Weg eine neue Richtung einschlagen oder gar umkehren, wenn wir nicht mehr weiterwissen.

Das ist nicht Ausdruck unserer Dummheit, das ist ein biologisches Programm, das es erlaubt, aus Krisensituationen neue Lösungsansätze zu finden, die für unsere individuelle wie für unsere Gesamtentwicklung wichtig und überlebenswichtig sind. Krisen sind die wichtigste Voraussetzung für Entwicklung überhaupt, nur Herausforderungen machen erfinderisch. Gelegentlich ist es sinnvoll, sich ganz bewusst ratlos zu stellen und mit Brainstorming, Phantasiereisen, Diskussionen in der inneren Tafelrunde und im Freundkreis, in der Familie oder im Seminar, in Rollenspielen, Familienstellen, Organisationsstellen u. a. heraus zu finden, welcher Weg für einen denn der bessere ist.

Das lässt sich oft mit jenen Methoden herausfinden, in denen wir in eine innere oder äußere Diskussion gehen können, um neue Situationen und die mit ihnen möglichen Veränderungen ausprobieren zu lernen.

Krisen entstehen insbesondere durch unsere unbewussten Ängste und durch unsere Scham, als dumm und unfähig zu gelten. Wir tun gerne so, als wüssten wir alles, und wenn nicht, wollen wir es wenigsten alleine herausfinden.

Kritik wird spontan immer noch eher als Angriff bewertet, weil es Millionen Jahre lang so bewertet und erlebt wurde. Das ist ein Hauptproblem unserer Teamunfähigkeit und oft unangenehm, dennoch biologisch korrekt.

Es gibt in unseren Unbewussten zahlreiche Gründe dafür und immer ist es zunächst einmal eine Überlebensstrategie. Ein archaisches Grundprogramm in der ersten Ebene der Bezüglichkeiten. Diesen Programmen können wir uns nicht entziehen, wir können nur lernen, immer wieder neu damit umzugehen, und genau hier liegt die Chance in der Weiterentwicklung unseres Bewusstseins, der kleine Unterschied zwischen selbstähnlichen Fraktalen als biologische Vorgaben und unveränderbaren Wahrheiten der Biologie. Letzte sind absolut verbindlich, Fraktale schenken straffreie Räume = Freiräume, die wir nutzen dürfen - biologisch gesehen. Eben diese Chance zur Neubewertung unseres aktuellen Verhaltens, das bewusste Trennen aktueller Situationen von uralten Erfahrungen und somit die Auflösung von Verwechslungen und Missverständnissen ist das erste und wichtigste Ziel unseres Krisenmanagements.

Dabei kann uns, mit entsprechender Unterstützung von Profis, jener Kreis am meisten helfen, mit dem wir immer noch am meisten Stress haben: mit unserer Familie und jenen Lieben, die uns unsere unbewussten offenen Fragen und Problemthemen am intensivsten spiegeln.

Der eigenen Familie und ihrem Erziehungsdruck kann man schwer oder gar nicht ausweichen. Wir verlagern unsere Probleme dann zwar gerne in andere Lebensbereiche, sind damit auf Dauer aber nicht wirklich glücklicher und erfolgreicher

So sind die Klärungen unserer Persönlichkeit umso wichtiger, weil wir damit alle Lebensbereiche, privat und geschäftlich, entstressen können. Ich halte es für interessant, mit der SIG Fragetechnik (siehe Ausbildung in der Systematik Integrale Gesundheit, Band IV) möglichst viele Faktoren, Stressmomente und natürlich auch Lösungen herauszufinden, damit möglichst viele unserer Fragen innerhalb von Krisensituationen und möglichst viele einfache Lösungsansätze ans Tageslicht kommen.

Doch Vorsicht: die Menge der Fragen und Lösungen macht es nicht, die konsequente Bearbeitung eines Themas schon eher. Und da gehört schon sehr viel Mut dazu.

Die SIG mag auch dabei helfen, dem einen oder anderen Ausbilder Anleitung geben, auf die eigene Weise Lebensthemen zu bearbeiten und das System unserer inneren Kommunikation und Bezüglichkeiten bewusster zu machen.

Möglichkeiten und Notwendigkeiten der Krisen- intervention

- *Ruhe, emotionale Distanz, inneren und äußeren Abstand vom Problem einrichten*

- *Das Thema, die Emotionen, die Motivationen und Ziele des Betroffenen herausfinden, die hinter der Akutsituation liegen und den Betroffenen darin ernst nehmen*

- *Unterscheidung finden, ob es sich um ein „normales" Lebensthema oder ein existenzielles Problem handelt*

- *Eine oder mehrere Personen finden, die das eigene Vertrauen genießen und als Ansprechpartner Verständnis und Lösungsansätze finden helfen*

- *Den kürzesten Weg aus der eigenen Angst herausfinden, ohne das Problem ohne das Thema zu verwischen, zu verniedlichen oder gar zu entwerten*

- *Keine Beschwichtigungen und Überredungsversuche für Lösungsansätze, die nicht absolut authentisch und ehrlich gemeint sind*

- *Herausfinden, was die Beste der augenblicklich erreichbaren Lösungen für den Betroffenen darstellt, einen für den Betroffenen realistischen Weg finden und umgehend einleiten*

- *Die kompetentesten Personen finden und ansprechen, die das Vertrauen der Betroffenen haben, ohne nicht erfüllbare Versprechen zu geben (!)*

Begleiter auf dem Weg zur Einheit

Unsere Entwicklung kann, soll und muss in der neuen Eine-Welt-Philosophie ein Integrales Bewusstsein fördern. Kennzeichen dieses „integralen" Bewusstseins sind

- *Die Wahrnehmung der Inhalte und der Grenzen der eigenen Person und Persönlichkeit: Bewusstwerdung der eigenen Fähigkeiten und der Macht des eigenen Bewusstseins*

- *die „Substanz" der eigenen Persönlichkeit erkennen, erspüren lernen: Respekt und Wertebewusstsein für die eigene Existenz für sich selbst entwickelt lernen*

- *Die Erkenntnis von Sinn und Notwendigkeit zur Unterscheidung zwischen einem Ich, einem Du und einem Wir: Die Erkenntnis, was wir aus eigenem Antrieb und aus eigener Kraft erkennen und in diesem Leben gestalten können und wo wir die Gemeinschaft brauchen, um zu unserem eigenen Erfolg in Frieden und Gesundheit zu gelangen*

- *das Erkennen und der angemessene Umgang mit den eigenen Kräften für eine optimale Umsetzung der eigenen Ideen: wir wollen wissen, was zu uns selbst gehört und was zum andern, sonst können wir das auch nicht auseinanderhalten*

- *Bewusstsein schaffen und pflegen für die eigenen Fähigkeiten, die als Bausteine für jede Umsetzungsstrategie sinnvoll und notwendig sind*

- *das Erkennen des eigenen und angemessenen Platzes innerhalb unserer Lebensgemeinschaften und das Erkennen des besten (sinnvollsten, freudvollsten) Weges zu unseren eigenen Zielen und Visionen. Wir dürfen uns als Kinder Gottes ja auch alles für unser eigene Leben wünschen, wir trennen das aber dummerweise immer noch in Erfüllungen, die entweder dem einen oder dem anderen möglich sei und das hat immer wieder fatale Folgen.*

Die Reise des Kranich

In meinem neuen Seminar, *Die Reise des Kranich*, findet das Wirksamkeitsstellen einen neuen systemischen Ansatz: die Teilnehmer begeben sich in die Rolle eines Kranich und nehmen sich weitestgehend aus den gewohnten Verstrickungen der Menschenleben und den typisch menschlichen Entwicklungs- und Erziehungsproblemen und manchen schmerzhaften Erfahrungen heraus; in der Rolle eines Vogels kann er neue Aspekte erfahren, die ihn von den dominanten Wirkungen belastender bisheriger Menschseins-Erfahrungen ent-fesseln kann.

Daraus folgt große Chance, alleine durch die Wahrnehmung des neu Erfahrenen und das Genießen des tatsächlich Möglichen überholte und unangemessene Traditionen zu überwinden, sich über eine neue Identifikation bzw. das innere Bündnis mit einem gewählten Krafttier (Kranich) seine Probleme des menschlichen Alltags zu lösen; es gelingt, eine ganz neue Perspektive auf das Leben zu gewinnen und manches loszulassen, was noch so an einem klebt. Die Befreiung ist groß; nichts *Schlimmeres* kann passieren, als dass der Teilnehmer als Mensch sich mehr und mehr unabhängig macht von gewohnten Vorgaben, heil wird von vielem, das therapeutisch dann nicht mehr anstrengend bearbeitet werden muss.

Mit der *Reise des Kranich* beginnt eines neue Welt des Erlebens, der Mensch kann legitim und therapeutisch anerkannt in die Lüfte aufsteigen und sich von dem Schlamm der Angst, der Trauer, der Wut und der Hoffnungslosigkeit auf seine eigene Reise zwischen Himmel und Erde machen. Immer ist er dabei unter seinesgleichen, den Kranichen; denn ihnen fällt es leicht, sich auf die Reise in neue Heimaten zu begeben. Er erfüllt die Natur des Menschen, sich flexibel dort einzubringen, wo es ihm gut geht.

Fragen zum Thema „Kommunikation in der Familie"

Wie erkenne ich die guten Absichten meiner Kommunikationspartner und die wirksamen Muster in meiner Familie?

- *Welche Muster sind wichtig für meine Persönlichkeitsentwicklung, für mein inneres und äußeres Wachsen? Für meinen Frieden in mir und in dieser Welt?*

- *Welche Muster stören eine friedfertige Kommunikation in meinem Leben und sollten durch Einsicht und Verzeihen gewandelt werden?*

- *Wie verhelfe ich mir und meinen Mitmenschen zu mehr Konstruktivität in unseren Umgangsformen, mit denen jeder seine Bedürfnisse erkennen und befriedigen kann?*

Die Kraft unserer Herkunft bestimmt unsere Teamfähigkeit und unsere unternehmerischen Qualitäten.

Erfolg ist unternehmerisch wie in jeder anderen Lebensgemeinschaft immer ein gemeinsamer Erfolg, jedenfalls, wenn wir die Lektionen der Teamfähigkeit in der Stamm-familie gelernt haben. Wenn nicht, benutzen wir in unseren weiteren Beziehungen, oft „Partnerschaft" genannt und unsere Mitarbeitermenschen als Spiegel und Stellvertreter für all jene, mit denen in der Stammfamilie ein natürlicher (oder zumindest gewünschter) Vorbereitungsprozess nicht erfolgen konnte.

Dies geschieht oft trotz - oder gerade wegen - der aller-besten Absichten; in jeder Familie finden wir günstige Ge-gebenheiten, den inneren und äußeren Reifungsprozess zu gestalten; aber wir verstehen diese Bedingungen oft völlig unangemessen.

Jede Geburt von Menschen hat vier wichtige Phasen:

·   *Eingangsphase*

·   *Durchgangsphase*

·   *Austreibungsphase*

·   *Erholungsphase*

Jede Phase hat für alle Beteiligten, im kollektiven Un-bewussten, ihre eigenen emotionalen Belastungen, die in die Gefühle, insbesondere in den Schmerz der Mutter und in die Ungeduld der Wartenden eingeht. Wir könnten mehr über eine angemessene Begleitung in diesen Phasen nach-denken und unsere Ideen sammeln, mutig unsere Fragen dazu stellen und um Antworten bitten, wo sie gegeben werden können. Wir sollten darüber reden.

Die Sprache der Kinder gilt es gemeinsam erkennen und verstehen lernen. Das ist eine besondere Aufgabe, in der wir gerne den Rat bestimmter Pädagogen schätzen lernen würden, wen sie denn anwesend wären...

Pädagogen haben, wenn ich den Ansatz „Päd-„ richtig interpretiere, ein Wissen, wie man mit Kindern umgeht. Dazu muss man die Kinder verstehen. Meine Beobachtungen unterstützen dies nicht immer so, wie ich das gerne als Arzt und Vater erleben möchte...

Ich fahnde noch nach den richtigen Pädagogen im Alltag, zu einem Zeitpunkt greifbar, bevor unsere Kinder seelisch und körperlich am Abgrund stehen. Ich finde, es ist an der Zeit, Pädagogik systematisch in den Alltag von Eltern zu bringen, auch in Schulen und in medizinischen Einrichtungen.

Der Beginn des menschlichen Daseins wird durch Erfahrungen und Überzeugungen im unbewussten Wissensfeld der Sippe und der Familie geprägt und mit individuellen Erfahrungen und vor allem Emotionen einzelner Mitglieder der Familie verbunden: Das Familienbewusstsein, das Familiengewissen.

Je nachdem, wie die unbewusste Aufmerksamkeit eines werdenden Kindes ausgerichtet ist, je nach dem, wohin „das dritte Auge" des Kindes schaut, sieht es andere Erfahrungen, Prägungen, Muster.

Dies ist der Bereich, in dem die Wahrnehmung eines neuen Individuums hingeht. Dabei „spürt" es ganz genau seine ganz eigenen Prägungen, die nur zu ihm gehören zu scheinen. Jede Seele spürt ganz tief in sich selbst diese ICH BIN, in vollkommener Abstimmung und Harmonie, in absolutem Frieden mit GOTT. Nun muss sich das Individuum mit jedem kleinsten Entwicklungsschritt immer wieder, sein ganzes Leben lang, neu entscheiden, "wohin es guckt", welchen inneren Leit- (Leid-) -bildern es folgen könnte.

Folgt dieses ICH-BIN Bewusstsein dem *einen* Gott und Schöpfer, kann es viele alte Geschichten übersehen, die das Familiengewissen als beachtenswert verkaufen will, gelingt ein wirklicher eigener Neuanfang.

Diese Menschen sind jene beneidenswerten Lebenskünstler, die alles um sich herum wahrnehmen, aber nicht alles für sich selbst für bedeutsam erklären. Sie nehmen diese Erfahrungen vielleicht wahr, lassen sich aber nicht davon einschüchtern. Andere lassen sich beeindrucken und irritieren. Die eigene kleine ICH-BIN-Seele verkümmert nach und nach in dem, was angebliche Erwachsene für wichtig und richtig halten. Negative Haltungen und emotionale Konflikte, auch unbewusste (!) konditionieren, sie machen unser Göttliches Biotop, unser Paradies auf Erden zum Gefängnis von Angst und Wut und Trauer, zur Hölle.

Die Hölle ist mitten in uns und unter uns, sonst nirgends. Sie macht unsere Kinderseelen oft gefügig durch Angst, Manipulation und leere Versprechungen.

Nicht immer in böser Absicht, aber immer aus Angst, Unwissenheit und durch die Wirkungen der emotionalen Belastungen aus alten Erfahrungen.

Darum ist Erkennen und Vergebung für sich und alle anderen so unendlich wichtig. Kindheit und vor allem unsere Jugendzeit (Pubertät) ist damit beschäftig, einen eigenen Weg zu finden heraus aus diesen Prägungen, aus alten emotionalen Abhängigkeiten. Im Erwachsenendasein versuchen wir mehr oder minder verzweifelt, aus den eigenen Erkenntnissen noch rechtzeitig vor dem Tod etwas Sinnvolles zu machen und zu hinterlassen.

Mit Lebensfreude, mit der Freude über das Geschenk des Lebens hat das weniger zu tun. Ehe mit der wachsenden Anzahl Überforderter und depressiver bzw. organisch kranker Menschen, die in diesem Kampf ihre Kräfte aufreiben. Es folge noch manche Kapitel mit Lösungsansätzen; im Band II sind bereits viele Übungen enthalten.

Der Weg der Kinder

Die Grundstruktur unseres Menschseins und somit des werdenden Kindes wird aus den Prägungen (Holons, Integrale) im System der Unbewussten Bezüglichkeit zusammengestellt.

Bei einem Computer könnte man dies mit dem „Mother"-Board und einer formatierten Festplatte vergleichen: Grundprägungen aus dem kollektiven Unbewussten, inclusive der astrologischen Determinanten, fließen in die Strukturinformationen für ein Kind ein.

Als „Betriebssystem" gelten dann in diesem Vergleich vor allem die Merkmale des Biotops, in das wir hineingeboren werden; auch die Gene, die nach dem heutigen Stand der Wissenschaft ebenfalls in einer Veränderung begriffen und keinesfalls so fest ist, wie früher angenommen.

Gene ist für Feinstoffliche Impulse veränderbar, was uns unsere Verantwortung für den Umgang mit uns selbst, mit unseren Lebensbedingungen und mit einander bewusster machen kann.

Die Merkmale der Familie selbst, in die ein Kind hineingeboren wird, verhalten sich wie Programme. Sie definieren grundsätzlichen Verhaltensmuster und körperliche Konstitution, Möglichkeiten und Fähigkeiten, die wir bewusst erkennen und trainieren lernen können.

Das nennen wir Entwicklung.

Das besondere an Wesen ist ihre holographische Vernetzung mit allem anderen, das existiert. Dies ist in einem Computer auch gegeben, was ihn sehr oft zu allerlei seltsamen und unplanmäßigen Verhaltensweisen „animiert". Dies erlaubt einmal, eine Art Grundbestand von Fähigkeiten aus der Familientradition zu übernehmen, die wir, bleiben wir einmal bei dem Gedanken, über die Gene vermittelt werden.

Darüber hinaus aber bietet unsere feinstoffliche Vernetzung mit dem Universum in der ganzen Entstehungsgeschichte und somit lange vor dem Zeugungsakt eine Einbindung in ein universelles großes Ganzes, das mit den körperlichen Sinnen von Vater und Mutter und den lieben Anverwandten nicht bewusst überschaut werden kann; in der Regel wird es aber gut gefühlt und das neue Kind als ein „Geschenk des Himmels" angenommen und somit in einer ganz herausragende Verantwortlichkeit aller verfügbaren Mütter eingebunden. Dies jedenfalls im Idealfalle.

Doch die Logik, mit der Computer arbeiten, ist Spezialisten bekannt und somit nachvollziehbar. Dem Laien nicht. Und genau so gehen wir mit einander um: wir sind Anwender. Ohne gelernt zu haben, wie wir funktionieren.

Zumeist erfinden wir eine Logik, nach der die Abläufe unseres Lebens sich gestalten sollten - doch sie tun das immer nur kurz oder gar nicht und nur unter bestimmten Bedingungen.

Unser Leben ist somit in eine Logik eingebunden, die immer auch an Bedingungen geknüpft ist; somit sind Entwicklung und Lernen in diesem physikalisch dichten Teil der Welt, also im ganz vordergründigen Hier und Jetzt, immer ein Ergebnis von Reiz und Antwort, von Wunsch und Wirklichkeit, von Bedarf und Befriedigung im ständigen Spiel von Polarität und Dualität.

Die Gesetze und die Regeln, die wir im Leben benutzen, die uns unser Leben in diesem Bewusstsein überhaupt erst erlauben, sind wichtig: es sind unsere Werte und unser Wertebewusstsein, es sind unsere Moralvorstellungen und Leitlinien.

Das Wesen eines Menschen hat also stets und rund um die Uhr und überall Kontakt zu allen Begebenheiten, Erlebnissen der Familie und der Weltgeschichte. Seine natürliche Sensitivität wird unter dem Eindruck seiner Verdichtung in energetisch dichte Strukturen, die wir Körper nennen, wesentlich geprägt.

Ein großer Teil seiner Bindungskräfte und Aufmerksamkeit des neuen Kindes richtet sich zunehmend auf den Prozess der Stofflichkeit und auf die Entstehung der eigenen, ganz individuellen Gefühle im Austausch mit einer Umwelt, die sich völlig anders als das Geistige ganz konkret zum Anfassen und körperlich erlebbar ist.

Merkmale des Körperlichen werden dem neuen Leben in eigener Weise rasch bewusst. Dies wird auf allen Ebenen seiner Wahrnehmung und seines Wachstums primär mit der Mutter synchronisiert und über die Mutter mit allen anderen Teil der neuen Lebensumgebung.

Diese Synchronisation wird nun geprägt mit dem, was wir oben schon Motherboard nannten, weil es eben ein solches ist. Die Mutter bietet für das neue Leben alles, was das Kind für seine gesamte Lebensentwicklung braucht.

Sehr viele Mütter fühlen sich zeitlebens in dieser Verpflichtung und sie können daher so schwer von ihren Kindern loslassen, können ihnen oft so schwer das Vertrauen für die eigenen Entscheidungen geben, weil sie biologisch in dieser Verantwortlichkeit sind.

Im Laufe der Zeit können sie lernen, diese emotionale Nabelschnur länger werden zu lassen und sie irgendwann zu trennen. Väter und andere Anverwandte spielen in dieser Entwicklung in die Selbstverantwortung des Kindes ihre eigenen Rollen. Sie sind zunächst einmal nur Begleiter und Ernährer. Ein Tausch dieser Positionen erscheint biologisch erst mal nicht vorgesehen.

Verschiebungen

Wird der Stellenwert eines Kindes von der ersten Bezugsperson falsch, emotional belastend definiert, zeigt sich das oft in einer unangemessenen Erwartungshaltung von Großeltern, Eltern, Geschwistern, Anverwandten und emotional nahestehenden Menschen, die diesem Kind wichtig erscheinen. Die Erwartungshaltungen der „Vorgesetzen" in der Familienordnung sind diesen selbst ja in der Regel gar nicht bewusst, allenfalls wünschen sich die Eltern ein Kind mit diesen oder jenen Merkmalen.

Das genügt aber bereits, um ein Holon zu installieren, das wirksam werden kann.

Je intensiver ein solches Gefühl ist, desto mehr wird sich das Kind diesem Holon folgen, versuchen, unbewusst wie bewusst, aus reiner Liebe und Hingabe dieser Emotion des Herzens zu folgen. Solche Vorgaben sind Leitlinien, die das Kind ja seinerseits nicht diskutieren kann, sie werden stumm erlebt, als selbstverständlich und als real eingestuft.

Eltern wünschen sich immer etwas für die Kinder und Omas und Opas erst recht. Eigentlich wollen sie sich damit einen eigenen Wunsch erfüllen, aber das sehen sie freilich anders. Eine besondere Rolle in diesem Kontext spielt hier die Umgebung der Familie, weil sie in einer größeren Anzahl von Personen die Kraft der installierten Erwartungshaltungen erheblich verstärken können.

Der Einfluss der Lebensumgebung: Freund, Vereinsmitglieder, BerufskollegInnen etc. haben die Chance, einen kleinen Wunsch der Eltern zu einem großen Wunsch zu machen und somit die Wahrscheinlichkeit einer kraftvollen Umsetzung ihrer Wünsche durch das Kind sehr zu fördern.

Dies liegt nicht immer im wirklichen und ursprünglichen Interesse der Eltern, die sich dem emotionalen, manchmal auch wirtschaftlichen Druck von außen nicht erwehren können. Die Umgebung reagiert gerne beleidigt, wenn die Eltern die ach so „gut gemeinten" Wünsche der Umgebung nicht aufnehmen und unterstützen Dies wiederum führt häufig zu einem Konstrukt von Ängsten und Sorgen und Reaktionen seitens der Eltern, die diese in aller Regel gar nicht wollten. Das sind unbewusste emotionale Spielchen und nicht selten auch handfeste Machtspielchen, mit der die Umgebung sich eine Anerkennung schaffen will, die ihr nicht unbedingt zusteht.

Doch zumeist mischen sich aus allerlei Egoismen heraus andere in den Tagesablauf der jungen Familie in einer Weise ein, inklusive der Medien, die die natürlichen Grenzen der Integrität hemmungslos überschreiten.

Die Unterstützung der Familie wird nicht selten in Abhängigkeiten gebracht, die eher einem tragischen Erpressungsspielchen ähnelt als dem, was von der jungen Familie gewünscht wird.

Wie Affen werden viele Kinder konditioniert, bis sie ihre Sehnsucht nach dem Urvertrauen in eine vertrauenswürdige Gesellschaft entweder auf eigene und egoistische Weise klären und regeln können oder bis sie in ihrer Halbherzigkeit ersticken. Letzteres hat mindestens genauso viele unangenehme Konsequenzen wie das erstere, denn die Halbherzigkeiten führen im Alltag in unendlich vielen „kleinen" Situationen zu Wirkungen, die das Misstrauen der Menschen in sich selbst und zu einander erheblich verstärkt; diese Mitglieder einer Gesellschaft können immer weniger sich selbst zielorientiert bewegen, ihre Entscheidungskraft wird oft weiter gemindert.

Ein Heer von Therapeuten aller Art versuchen mehr oder minder erfolgreich und zahlenmäßig schlicht völlig überfordert, die Fähigkeit zur Zuversicht und zu einer friedlichen und erfüllenden Selbstbehauptung der Menschen zu stärken. Unsere Gesellschaft versinkt mithin in Angst und Schrecken, die Entscheidungsfähigkeit und die Handlungsfähigkeit einer ganzen Nation zerbricht zunehmend.

Gelingt es uns nicht, ein eigenes Anliegen eine Frage, eine Entscheidungsmöglichkeit spontan, einfach, eindeutig, friedlich und klar zu beantworten, bleiben wir immer wieder in dem Gefühl, vollkommen von der Gunst unserer

Umgebung abhängig zu sein, kann die erwünscht Entscheidung sich nicht an unseren eigenen Fähigkeiten ausrichten.

Wir entscheiden immer wieder nach den Bedürfnissen und Begehrlichkeiten anderer, was unsere Situation im Grund immer schwieriger und verzweifelter macht.

Die Anstrengungen, diese Verstrickungen zu überwinden, sind so groß, dass bis zu zwei Drittel der Bevölkerung in einer großen Depression landen.

Burn-out, alle amtlichen Depressionen, Asthma, Hauterkrankungen und alles, was an Diagnosen unsere allgemeinmedizinischen Praxen durchwandert, sind die Folgen einer völlig falsch verstandenen Art, dieses Leben miteinander zu gestalten.

Das amtlich verordnete Bewusstsein einer angeblich freien und sozialen Marktwirtschaft haben den Kampf ums Überleben nur gefördert, wir sind von einer wirklich sozialen Gesellschaft so weit entfernt wie vor 2000 Jahren.

Nur: damals wussten es die Menschen einfach nicht besser und das kann man heute, 2000 Jahren nach Christi Geburt, nun wirklich nicht mehr sagen...

Auf dem Weg vom Ich zum Du und zum Wir müssen wir innerhalb der Gesellschaft und somit auch in der Tagespolitik begreifen, dass Bankencrashs und Brexits eine biologische Folge ist unserer eigenen Ohnmacht zur Selbststeuerung.

Finden wir in den kleinen und persönlichen Lebensbereichen keine wirklich befriedigende Lösung für unsere Probleme, ist unserer aller Angst, unser aller Unsicherheit und die egoistischen Kompensationsversuche im Geschäftsbereich auf die Ebenen der hohen Politik verschoben.

Doch *global-playing* funktioniert nach den identischen biologischen Gesetzen und Regeln, das darf allenthalben allen klarwerden. Das entspricht einer Logik, die es als positive Schöpferkraft wahr zu nehmen gilt und nicht als Strafe. Es gibt da keine Strafe, unser Schicksal ist unsere Heilkrise auf dem Weg zur biologischen und spirituellen Besinnung, ein wichtiger Schritt in unserem Bewusstseinsweg vom Ich zum Du und zum Wir.

Wir gestalten unseren Leidensdruck selbst: jede Gesellschaft ist ihre Glückes Schmied und genauso der Schmied ihres Unterganges. Es reicht nicht mehr, wenn Einzelne sich für Glück und Zufriedenheit entscheiden sollten, jetzt geht es in den nächsten Jahren um die ganze Wurst.

Haben wir eine Demokratie, so muss sie wirklich erlaubt werden und es müssen neue Ordnungen des Zusammenlebens, des WIR erlaubt werden, gelebt werden dürfen.

Dann können wir weiter lernen, die Veränderungen an der Basisumzusetzen. Wir müssen nicht Buh-schreiend auf andere Länder zeigen, wir müssen das erst einmal selbst hinkriegen!

Auf dem Weg von einem Ich zu einem Du und einen Wir erscheint es mir unabdinglich, das sich unsere Gesellschaften endlich den Mut gönnen, diese Keimzelle einer biologischen Überlebenssicherung jenen unbedingten Schutz und jene bedingungslose Unterstützung zu geben, die sie brauchen: personelle Unterstützung durch pädagogisch wirklich kompetente Menschen und vor allem durch eine ernst gemeinte und funktionierende materielle Absicherung.

Mit politischen Versprechen von 10 Euro hin oder her ist das alles nur eine Farce und legitime Heuchelei.

Die Anzahl der Familien, die in Armut, Elend und in emotionalen Verstrickungen versinken, steigt unaufhaltsam.

Es ist unser aller moralische Verpflichtung, dies zu ändern und nicht weiter herumzuschwafeln.

Unsere Regierungen unterstützen den Handel mit Waffen und die Subventionierung anderer Länder immer noch mehr als die strukturierte Überlebensfähigkeit unserer eigenen Familien. Doch hier würde sich jede „Investition" für die soziale Stabilität weit mehr lohnen als fremde Länder befriedigen zu wollen. Daran sind schon ein Cäsar und ganz andere Mächtige gescheitert. Diese alten Kaiser hatten ihre Fäden noch in der Hand und somit eine Chance, ihre Art von Friedenspolitik umzusetzen.

Zurück zur Familie und den stillen und doch so wirksamen Erwartungshaltungen, die in aller Regel dazu beitragen, dass die Kinder alles lernen können, nur nicht ihr eigenes Leben zu leben. Das ist im alten Weltbild ja auch gar nicht erwünscht. Die Kinder sollen gefälligst denken, fühlen, entscheiden und vor allem tun, was die Hierarchie von ihnen verlangt und die Prügelstrafe ist in vielen Köpfen immer noch das Erziehungsmittel Nummer eins.

Hilflosigkeit und Zweifel der Eltern führen somit oft zu mehr Gewalt, als sie selbst wollen, kaum eine Mutter ist wirklich gewalttätig, sondern ihr Verhalten ist das Ergebnis eines noch sehr gewaltbereiten Feldes.

Immer wieder führen die vielen schwierigen Situationen der Erzieher zu dem Problem der Drohung: es wird mit Erziehungsmaßnahmen gedroht anstatt sie anzuwenden; unter beidem leiden die Eltern und Kinder. Erstere haben doch kaum gelernt, bestimmte Konflikte auszuhalten, auszutragen und eine Streitkultur in eine Friedenskultur zu führen. Dazu hätte es einer ehrlichen Verarbeitung möglichst aller im kollektiven Unbewussten wirksamen Missverständnisse und Verletzungen bedurft, doch an diese Aufgabe trauen wir uns erst in einem notwendigen Umfang, wenn die gesellschaftliche Last der Verdrängung nicht mehr tragbar ist.

Illusionen sind eine Art Erleuchtung. Das Erwachen aus der Dunkelheit des Unwissens ist eine Art Erleuchtung, bei der deutlich wird, wie sehr man sich selbst getäuscht hat. Die Täuschung entsteht im ersten Schritt durch einen unsinnigen Glauben an die Loyalität einer Regierung gegenüber den Bürgern und zweitens aus dem zumeist völlig widersinnigen Vertrauen der Bevölkerung, dass eine Regierung in der Lage sei zu unterscheiden zwischen guten Ratgebern und falschen.

Die Scham über die eigene Machtlosigkeit und Unwissenheit zum einen und die Angst vor der Bestrafung durch Mitmenschen bzw. durch Amtsanordnungen hält alle in einem stockenden Atem und die Wahrheit wird unterbunden, bis sie sich von alleine Luft macht.

Drohungen lösen Verunsicherung und Zweifel aus.

Damit entstehen immer mehr Zweifel bei allen Beteiligten, insbesondere bei den Kindern, weil sie nicht wissen, wovon die anderen reden. Die kindliche Phantasie kommt mit Zweideutigem nicht in die Eindeutigkeit, die es so dringend braucht, um sich eindeutig zu orientieren und sich lebensbejahend zu entfalten. Schmerz und Freude sind dabei gleichwertige „Belohnungen" auf der Suche nach einer gefühlten und verstandenen Reizantwort. Führt eine Reihe von Versuchen, Eindeutigkeit und Orientierung zu gewinnen, nicht zum Ziel, werden fundamentale Erlebnisse und Erfahrungen nicht gewonnen, wie sie in der *Bedürfnispyramide* (Band II) benannt sind.

Wer sein Ziel mit Freude nicht erreichen kann, versucht es mit Schmerz, mit Gewalt, mit Druck, mit Widerstand, Abwehr, Trotz. Das sind nicht nur Reaktionen auf die erlebten Enttäuschungen, das ist ein traditioneller Ritus, um in die Mystik von Freude und Erfolg zu gelangen.

Dahinter stehen Inhalte, die sich dem allgemeinen Wissen entziehen, weshalb man auch von Mystik sprechen kann; beide Wege zu dem Kick, den wir alle anstreben, sind Teil der Polarität, die zu erkennen und zu überwinden wir auf unserem spirituellen Wege sind.

Immer sind beide Anteile in unserem Denken, Fühlen und Handeln integriert: Freude und Schmerz. Da ist auch niemand schuld dran! Das ist gelebte Biologie, die uns, wann immer wir unsere Freude nicht erreichen können, einen Ausweg über die Mystik des Schmerzes anbietet.

So entsteht Jahrtausende altes Leid.

Können wir unser Ziel nicht mit Freude erreichen können, wird unsere tiefste Sehnsucht nach Orientierung, Klarheit, Bewusstsein, Erkenntnis und Macht über uns selbst nicht befriedigt. Immer, wenn wir ähnlichen Situationen in unserem Leben begegnen, ertönen in uns sämtliche Alarmglocken und eine Menge Reflexe werden ausgelöst, die entweder zur Resignation und somit in die Zustimmung zum eigenen Untergang führen oder zu einer überdimensionalen Fluchtanstrengung.

Amoklaufen ist so eine Anstrengung, die nur entstehen kann, wenn der emotionale Druck nicht mehr auszuhalten ist. Amoklaufen ist für uns übrigens alle eine Selbstverständlichkeit: wir teilen das nur in viele kleine Teilstücke auf, die nennen wir dann „schwarzer Humor, Sarkasmus, Zynismus" und dergleichen mehr. Meistens haben wir Spaß daran und dann gleich wieder ein anständiges schlechtes Gewissen.

Der durch Drogen und / oder durch eine entsprechende Stimmung enthemmte Mensch kann diese beiden Polaritäten in seinem diffusen Zustand nicht mehr steuern; er gibt die Energie frei, von der er am meisten hat bzw. die Energie verschafft sich in der Tat selbstständig ihren Freiraum zur Transformation. Das unterliegt schon lange nicht mehr dem bewussten Willen und der Steuerung eines Menschen in einer solchen Situation, das läuft von alleine.

Wer seine eigenen biologischen Möglichkeiten und Grenzen gar nicht oder unzureichend erlebt oder wer seine gefühlten Grenzen einfach nicht mehr akzeptieren kann, hat einen erheblichen Mangel an Klarheit, an Zielsicherheit, an Vorstellungskraft und Zielsicherheit, er kann zunehmend weniger unterscheiden zwischen den aufgezeigten Wegen aus seinem Dilemma und sich nicht zu Schritten entscheiden, die von außen angeboten sind. Er hat kein Selbstvertrauen mehr. Doch ohne geht es nicht und so sind die Themen *Urvertrauen, Selbstvertrauen* und *Selbstermächtigung* überall zu finden.

Immer noch erklären Eltern fatalerweise ihre Kinder für doof. Und nicht zuletzt aus diesem Grund ist sehr häufig mit dem Schritt in das große WIR im Kindergarten und andere Einrichtungen mit einem erheblichen Glaubenszusammenbruch verbunden: Kinder sind allzu oft mit falschen und zumeist mit unangemessenen Erwartungshaltungen und Glaubenssätzen vorbereitet worden.

Wir sollten auch nun eine Gesellschaftsordnung finden, in der das Wachsen in einer Familie den gleichen biologischen Gesetzen folgen darf wie „im wirklichen Leben". Solange hier noch ein Unterschied gemacht wird zwischen Theorie und Praxis, belügen wir uns selbst und alle anderen.

Doch die Leitlinien dürfen nicht heißen: Das Leben ist Kampf ums Überleben und um eine höhere Position in einer steilen Hierarchie, sondern der Leitsatz muss heißen:

Alle Menschen haben zwar unterschiedliche Fähigkeiten

und Aufgaben, davon unabhängig sind aber ganz gewiss alle Menschen gleich viel wert.

Arbeit macht nicht frei, schon gar nicht, wenn sie uns als Leistungsprinzip verkauft wird. Leistungsdruck macht uns abhängig in einem Weltbild der Aberkennung, sie macht krank durch ein sinnfreies verheizen unserer Lebenszeit.

Arbeit mag schnellstmöglich wieder als ein natürlicher Beitrag zum Ganzen verstanden werden und aus dem Wirr- warr von Wertvorstellungen befreit werden, nach denen der eine unterstützt wird und der andere nicht.

Nicht Leistung im betriebswirtschaftlichen Sinne mag der Maßstab werden, sondern die Leistung als Beitrag im sozialen Sinne.

Der nächste Abschnitt unserer Gesellschaftsentwicklung könnte kein *Informations-Zeitalter*, kein *Wellness-Zeitalter* und kein *Gesundheits-Zeitalter* sein; es muss im Interesse unseres eigenen Überlebens und im Sinne von Frieden und Gesundheit ein Sprung sein in ein höheres soziales Be- wusstsein, in ein Zeitalter *der Anerkennung und der begrün- deten Zuversicht.*

Kontradiev, ein weltweit anerkannter Wirtschaftswissen- schaftler, weist auf einen neuen Zyklus in der Weltwirt- schaft insgesamt hin, in dem das Recht auf Arbeit gleich- bedeutend ist mit dem Recht, als selbstverständlicher Teil eines *natürlichen Lebensgebildes* betrachtet zu werden, das wir Gesellschaft nennen.

Daraus resultiert auch, dass Vollbeschäftigung nicht mehr das höchste Ziel einer Weltwirtschaft ist, sondern dass Zufriedenheit der Menschen und Arbeitsqualität einen höheren Stellenwert bekommen, ebenso ganz neue Verteilungsmuster von Arbeit. Niemand hat das Recht, seine Mitmenschen nach einem Leistungsprinzip auszunutzen, auch nicht sich selbst.

Machen wir nach diesen Betrachtungen noch einmal einen großen Schritt zurück in die Keimzelle, in die Familie selbst. Die innere Aufmerksamkeit, die Liebe, die eine Mutter vergibt, wird von Menschen normalerweise als eine sehr menschliche, weil viel zu vordergründige Rechnung betrachtet. Die Mutter scheint „nur" 100% Liebe zu haben, die sie nun auf die Familie und die verschiedenen Positionen innerhalb der Familie zu verteilen habe.

Väter glauben gerne, dass sie nun im Konkurrenzkampf gegen die Kinder verloren hätten und sie fühlen sich degradiert, sind es auch oft genug.

Doch die Liebe aller Mütter reicht aufgrund ihrer unbewussten Verbindungen *zum Himmel, zum Energiefeld der Familien und Sippen*, weit über das Verständnis von Männern hinaus. Meist verschanzen sich Mütter hinter allen möglichen Rollenspielchen und Forderungen, anstatt den Vätern das Verständnis zu erlauben und zu ermöglichen, das sie sich so sehr ersehen. Das läuft so, wenn Zusammenhänge der Biologie nicht vermittelt werden, besonders vor der Zeugung von Nachwuchs.

Auch Mütter unterliegen immer wieder den eigenen Sehnsüchten und Versuchungen, den eigenen inneren Kämpfen mit tausend Erlebnissen, die sie nicht zu Ende gelebt haben, die sie als stille Fragen und Konflikte mit sich herumtragen. Das Problem ist dann meistens, bei Weiblein und Männlein gleichermaßen, dass es so schwerfällt, eine eigene Hilfsbedürftigkeit und oft auch Ohnmacht zuzugeben und sich dort jene Hilfe dort abzuholen, wo sie auch tatsächlich herkommen kann. Die hausärztliche Ebene in der Medizin kann sie nicht auffangen und will dies auch oft nicht. Hilfe zu benötigen und zu erbitten wird immer noch verwechselt mit Unterlegenheit, Schwäche, Abhängigkeit, sogar mit der Gefahr von Verrat und Vernichtung durch andere.

Daraus resultieren immer wieder die seltsamsten Verhaltensmuster, insbesondere zwischen Müttern und Vätern, die die Kinder vor einander beschützen wollen als wäre der Teufel persönlich hinter ihnen her. Bedenken wir, dass diese Erfahrungen Jahrtausende lang der Alltag gewesen sind und noch sind. Sie rechtzeitig aufzufangen, könnte eine wichtige Funktion sein im „Netzwerk Gesunde Familie (Band IV).

Immer wieder überschätzen wir uns selbst und einander im Alltag, überfordern uns selbst und einander massiv, weil wir ernsthaft glauben, dass die Liebe, der Jugendschwur oder ein Eheversprechen ausreichen in diesen Situationen ausreichen würde; andere ersticken in ihrer Scham über ihr vermeintliches Versagen vor der Gesellschaft,

Kirchliche, religiöse Sakramente bewirken manchmal mit, dass wir uns in eine Verbindlichkeit manövrieren, die dazu führt, dass wir nicht beim ersten Missverständnis auseinandergehen und nicht beim ersten Krach einander umbringen, sondern Seite an Seite bleiben, durch gute und durch schlechte Zeiten, leider auch im Sinne einer Abhängigkeit und Koabhängigkeiten bis kurz vor das eigene Ende und nicht selten auch darüber hinaus.

Ehen und andere Partnerschaften sind immer Abhängigkeiten, auch fast immer selbst gewählt, und immer in Liebe, auch wenn manche Zusammenhänge nicht erkannt und verstanden werden. Aber um dies zu lernen, sind wir ja zusammen...

Mütter sind Kämpferinnen, sie kämpfen meist an mehreren Fronten gleichzeitig und rennen gerne aus oben benannten Gründen in ihre geschlechtsspezifischen Sackgassen. Doch die Umgebung versteht oft nicht den Kampf der Mütter und nur selten gelingt es wirklich, die typisch weiblichen Wertesysteme den Vätern der Welt zu vermitteln. Wir versuchen es hier in diesem Buch einmal mehr gemeinsam. Väter sind nun mal keine Mütter, da können sie sich noch so sehr darüber aufregen; und der Spieß lässt sich halt auch herumdrehen...

Polarität und Dualität als solche teilen sich auch in den geschlechtsspezifischen Unterschieden mit, immer und überall. Aber das macht das Leben ja gelegentlich auch heiter, wenn man es nicht allzu ernst nimmt.

Mütter sind ein Leben lang mit dem Wesen ihrer Kinder in einer Einheit verbunden, die Männer nur schwer nachvollziehen können.

Somit setzen sie in der Hierarchie der Familie unweigerlich ihrem eigenen Fleisch und Blut ihre ganze Liebe, und in aller Regel sind sie stolz auf sich und den, dem sie das Kind zu verdanken haben. Doch nicht immer gelingt es ihnen, dieses einzugestehen, weil hier bereits der Kampf der Geschlechter wie in vielen weiteren Folgen dieses Dramas das oben beschriebene Eingeständnis von Abhängigkeit und Hilfsbedürftigkeit nicht über ihre Lippen kommen kann. Jedenfalls in bestimmten Situationen nicht, wenn es um die Verteidigung ihrer Kinder geht und dies oft in Momenten, in denen diese gefühlten Zusammenhänge nicht dargestellt werden können.

Das alles ist auch in einer kontinuierlichen Abhängigkeit der weiblichen hormonellen Abläufe zu verstehen, die im Hintergrund mit solchen Grundbestimmungen im Zusammenhang stehen und die nur schwer oder auch gar nicht verständlich sind. Und die Männern normalerweise völlig unbekannt sind.

Viele Frauen scheinen sich mit ihren Erklärungsversuchen zu bemühen, aber sie erkennen oft genug die Ausweglosigkeit dieser Versuche, weil Männer einen anderen Hormonhaushalt haben. Außerdem hüten Mütter ihr ganz persönliches Unverständnis dieser Zusammenhänge als ihr persönlichstes Geheimnis, das sie manchmal nicht einmal mit ihrem Ehemann zu teilen bereit sind.

Unsere Bildung hat da schon lange Zeit erhebliche Lücken. Wie soll sie denn auch Geheimnisse kommunizieren, die sie selbst nicht versteht? Das ist schon machbar, aber nur mit dem Risiko, dass der Partner wieder in langen Diskussionen verstrickt eine eigene Ratlosigkeit erkennen und mitteilen muss. Das macht beide nicht klüger und nicht fröhlicher.

Die meisten Geheimnisse sind aber nach meinen Erfahrungen zu diesem Thema schlicht nur ganz viele offene Fragen, die nicht bewusstgeworden sind und Fragen, die zwar bewusst sind, aber im Glauben der Mütter nie geklärt werden können.

Hier haben Männer und Frauen eine große Gemeinsamkeit: beide haben so ihre Themen, von denen sie ganz sicher sind, dass ihnen sowieso niemand und nichts helfen könne: Trauer über unbewusste Erlebnisse im Familiensystem oder über verloren gegangene Beziehungen im eigenen Leben (!), über Gefühle, Erinnerungen, unerfüllte Sehnsüchte und innere Bindungen, für die man sich schämt und sie nicht ordnen kann und vieles mehr.

Väter haben zu diesen Themen üblicherweise wenig Kompetenz. Warum in aller Welt und wie sollte es gelingen, sie in Geheimnisse einzuweihen, mit denen sie nichts anzufangen wissen?

Erinnern wir uns: die Mutter schützt auf diesem steinigen Weg nicht nur ihr Kind, sie schützt die energetische Einheit Mutter-Kind, die anfänglich oft kaum aus einander zu dividieren ist. Und sie werden ganz gewiss aus dieser biologischen Identifikation mit dem Kind das Kind an die erste Stelle ihrer inneren und äußeren Werteordnung setzen und die Väter an die zweite Stelle.

Das hat die Biologie längst entschieden, bevor ein Vater merkt, dass er seinen entscheidenden Beitrag zur Existenz des Kindes im Zeugungsakt gerade erledigt hat. Bis zu diesem Zeitpunkt, an dem Väter dies merken, spielen sie eben die zweite oder dritte Geige, denn die innere Verbindung einer Mutter zu allen anderen Müttern in ihrer Stammfamilie und Sippe führt zu einer Gruppenbildung, gegen die ein Vater naturgemäß nicht ankommt. Ihm ist bisher mehr die Rolle des Hl. Josef zugeordnet: in Demut und Hingabe auf seine Weise zu dienen, auch wenn er wenig versteht. Und die meisten Männer tun dies auch.

Die weiblichen Mitglieder einer Familie dienen bereits ab dem Zeitpunkt der Zeugung eines neuen Lebewesens in einer für alle Frauen und Mütter typischen Verbindung und sie hüten unbewusst das neue Leben und verteidigen es bis aufs Messer gegen die andere Polarität, die ihr Kind irgendwann in die Fremde, in das Fremde und Weite einer feindlichen Welt mitnehmen wird.

Diese biologische Konstruktion muss sich ausleben, diese Energie strebt bio-logischerweise nach Transformation und dazu muss sie zuvor eine bestimmte Höhe erreicht, eine bestimmte Spannungsamplitude aufgebaut haben. Kinder kann man nicht einfach loslassen, also jedenfalls nicht Mütter. Die Selbstständigkeit des neuen Lebewesens beginnt, vielleicht sogar spätestens, mit der Trennung der körperlichen Nabelschnur. Innerlich beginnt sie mit dem Bewusstsein der Schwangerschaft, denn dort beginnen die Gedanken und die Gefühle, die wir im TCM-Element „Erde" unter den Themen „Gebären, Fürsorge, in das Leben und Sterben begleiten" verstehen.

In der Empfängnis liegt der Mythos von Transformation und Tod begründet und jede Mutter weiß um diesen eigenen Leidensprozess und verschenkt sich selbst dennoch aus ganzem Herzen. Nicht immer wird das im Außen erkannt, doch ich bin mir für mich selbst gewiss: auch eine Mutter, die ihr Kind tötet, will es vor noch Schlimmerem bewahren und in ihrem Innersten mit ihm vereint bleiben.

Menschen bringen sich sogar selbst um, weil sie Angst vor dem Tod haben. Mit ihrem mutigen Schritt in die Tat beweisen sie den Mut, ihrem ganz persönlichen „Feind" zu begegnen.

Zahlreiche Verhaltensweisen im Alltag sind die Vorboten davon, Teilaspekte wie Gehässigkeit und Tendenzen zur Selbstzerstörung können darin begründet sein, dass ein Mensch völlig unsicher ist im Umgang mit dem Thema Leben und Tod. Die befürchtete Trennung also von Kind und Familie bedeutet für eine Frau etwas anderes als für einen Mann, nicht unbedingt mehr, aber anders.

Männer konnten in klassischen Gesellschaftsstrukturen theoretisch leichter eine neue Familie gründen, heute ist das anders.

Die innere Verbindung vieler Mütter ist bis an den Tod und nicht selten darüber hinaus prägend für die äußere Kommunikation innerhalb der Familie; die innere Kommunikation zwischen *Familienmitgliedern* ist interessanterweise oft mehr von der Beziehungsqualität zu den Vätern in einer Familie geprägt.

Kinder in der Schwangerschaft sind in ihrer direkten Verbindung (Bezüglichkeit) mit dem kollektiven Unbewussten und versuchen, diese Grundbezüglichkeiten in ihr völlig neues Körperbewusstsein einzubinden. Damit ist es in einer Orientierungsphase, in der ständig geprüft wird, was mehr Gültigkeit hat: die Informationsebenen, die schon mehr bewussten, weil gefühlten Erfahrungen, Leitemotionen aus dem Unbewussten in ihrer allgemeingültigen Wirkung, Wirkungen aus dem neuen Umfeld oder die aktuelle Körperempfindung.

Kontinuierlich wird abgeglichen, was nun wichtiger sei: ein Impuls aus einem energetischen oder einem körperlichen Bewusstsein, beides wird in einem ganz eigenen Geflecht integriert und formt sich zu einem wichtigen Anteil dieser neuen individuellen Persönlichkeit.

Je nachdem wie groß die Grundängste im Unbewussten sind, kann das Kind nun mehr oder minder seine Aufmerksamkeit von diesen Ängsten und anderen schwächenden Prägungen wegnehmen; je weniger Ängste vorhanden sind, desto mehr Energien steht für die Aufmerksamkeit auf die eigene Körperentwicklung zur Verfügung. Angst und Sorgen machen schwach, klein und hemmen den neuen Menschen in einem kraftvollen und zielstrebigen inneren und äußeren Wachstum. Diese Menschen stehen nicht in ihrer ganzen Kraft, die ihnen – theoretisch – möglich wäre, sie sind oft weniger entscheidungskräftig und neigen aus Unsicherheit zur Halbherzigkeit.

Die Betrachtung des kollektiven Unbewussten der Familie gehört somit bereits vor der Schwangerschaft und natürlich innerhalb der Schwangerschaft zu den wichtigsten Themen für die ganze Familie. In der Klassischen Homöopathie nach Hahnemann gibt es das Prinzip der *Eugenischen Kur.* Im Rahmen einer solchen Behandlung werden bestimmte und sehr bewährte Mittel gegeben, um die Prägungen durch Dissonanzen im Energiefeld vieler Generationen der Stammfamilie zu harmonisieren und typische Prägungen durch Altbelastungen zu eliminieren.

Damit sind deutlich bessere Voraussetzungen für eine weniger eingeschränkte Entfaltung aller Möglichkeiten eines neuen Kindes gegeben.

Ideen zum Thema: Die Schwangerschaft kann eine Zeit der Vorbereitungen der Familie auf das neue Familienmitglied sein. Mit den Kindern bereits im Mutterleib angemessen reden lernen, es erspüren lernen, die Anatomie und die Bewegungen mit den eigenen Händen und der Nase erfassen lernen, das Baby finden und streicheln lernen.

Das ist wichtig und für alle in der Familie immer wieder eine spannende Begegnung. Es trainiert den Mut, einem „unbekannten Objekt" begegnen zu lernen und ihm zu vertrauen, es anzunehmen als Teil des eigenen (Familien-) Lebens und es vollkommen zu akzeptieren.

Seine Rhythmik erfassen lernen, genau hinschauen und hinfühlen, wenn das Baby etwas macht, wann der Bauch der Mutter sich regt und in der Familie mit dem Baby plaudern lernen, was es machen will, was es braucht und was nicht. Das ist spannend und schön.

In dieser Begegnung gilt es, die Intuition für das Angemessene zu trainieren und manches für möglich halten zu lernen, was der Verstand ausgeblendet hat oder einfach noch nicht versteht. Unser Verstand ist halt auch nur das, was wir verstanden haben und die Bereitschaft zur Kommunikation, zur Begegnung mit den bisher Unbekannten schafft Wissen. Das erscheint mir eine angemessene Neugierde. Die werdende Mutter und alle anderen brauchen Raum, Zeit und Schutz, in der sie sich mit den anderen und er Familie auf den neuen Menschen vorbereiten kann.

Die Mutter sollte dies nicht zu sehr allein tun, sie braucht ein Stück weit alle anderen Familienmitglieder, sie braucht aber auch eine RaumZeit zum Alleinsein. Um mit dem Baby in Ruhe zu plaudern, um ihre Fragen zu erkennen und die dazu gehörenden Antworten. Um ihrer Verantwortung bewusst zu werden, um also ihr Wissen zu erkennen und zu sortieren, damit sie dem Baby und allen anderen Familienmitgliedern mit ihren eigenen und für sie wichtigen Fragen und Antworten begegnen kann.

Väter sollten sich in dieser Zeit der Schwangerschaft mehr Freiraum einräumen, um ihren eigenen Prozess in die so spannende Familienerweiterung gehen zu können. Dabei brauchen sie die angemessene Unterstützung: weniger durch einen biergetränkten Stammtisch als vor allem durch die eigene Bereitschaft zur kompetenten Begleitung. Männer haben, ähnlich wie Frauen, da einen ganz besonderen Ehrgeiz, vieles und vor allem das Unmögliche alleine zu schaffen, sich Erfahrungen zu erarbeiten, die sie sogar geschenkt haben könnten.

Die angemessene Begleitung geschieht im Idealfalle durch die werdende Mutter, aber vor allem auch wieder durch die Mitglieder der eigenen Stammfamilie, also durch Großeltern, mit denen man in die neuen Aufgaben wachsen kann. Ohne dass jeder besser wissen will, wie alles richtiggemacht wird und tödlich beleidigt ist, wenn nicht gerade *er* zu eben einem bestimmten Thema gefragt wird.

Ich vermisse in meinen Beobachtungen allenthalben eine Art von Selbstverständlichkeit, Ruhe, Gelassenheit, Vorfreude und Für-Freude anstatt Sorge um schlimme Dinge der Vergangenheit. „Hoffentlich hat das Kind nicht ...die dummen Angewohnheiten vom Opa, die Frechheiten der Tante, die Faulheit von... geerbt."

Es ist unfassbar, worüber sich Mütter alles Gedanken machen anstatt Kindern und Enkelkindern einfach das Beste zu geben und zu wünschen: Frieden und Gesundheit zum Beispiel, ohne irgendwelche Einschränkungen oder die ewigen Erinnerungen an schlimme Zeiten.

Aus all den oben genannten Gründen wünsche ich mir für alle Familien und vor allem für jene Menschen, die eine Familie gründen wollen, ein Training, das ihnen den Weg helfen mag, ihren Weg durch das Labyrinth des Möglichen zu finden. Beispielsweise in einem „Netzwerk Gesunde Familie".

Kardinalfehler

Um sich der gegebenen Situation unseres eigenen inneren Kindes und unserer anvertrauten äußeren Kinder noch bewusste zu werden, erlaube mir der Leser eine Zusammenfassung der mir wichtig erscheinenden Kardinalfehler, in die wir alle miteinander irgendwie verstrickt sind.

Nicht als Vorwurf, als Beschreibung, was wir besser machen wollen.

- *Falsche + unvollständige Ausbildungen + mangelnde Weiterbildung*
- *falscher oder gar kein Führungsstil*
- *Egoismen und Dogmatik durch die Sucht nach Anerkennung auf dem falschen Weg*
- *Falsche Vorbildfunktionen*
- *unangemessene Zielvorstellungen + unangemessene Zeitvorgaben*
- *sinnloser Leistungsdruck sich selbst und den Kindern gegenüber*
- *Unruhe, Überforderung, Instabilität der Persönlichkeit + der Gruppe*
- *Unzureichendes Integrationsverhalten*
- *Unzureichende Fähigkeiten zur Selbstführung und zur Begleitung anderer*

Das wünsche ich allen großen und kleinen Kindern

Betrachtung der Familienstrukturen und Auflösung
der erkennbaren Konflikte

Ängste und Nöte rechtzeitig erkennen und mitteilen
wollen

Dankbarkeit für das neue Leben, für die Fähigkeit,
Leben zu schenken

Einseitige Positionen erkennen, anerkennen und
Brücken bauen

Gemeinsam die Positionen aller Beteiligter in einer
Familie besprechen: wer ist wofür zuständig, wer hat
welche Kompetenzen, wer möchte sich in welche
Themen einarbeiten?

Begleitung in allen Fragen der Schwangerschaft:
nicht nur Ultraschalluntersuchungen anstreben und
auf die Organentwicklung achten, sondern mit dem
Kind kommunizieren und seine seelische Entwicklung
beobachten

Die Begleitung eines Babys begleite die ganze Familie.
Dabei Hilfe anzunehmen ist kein Zeichen von Schwäche,
sondern von Stärke

Rechtzeitig die verschiedenen Phasen der Schwangerschaft in einem Kreis von Müttern und mit Hebammen sowie mit einem psychologisch geschulten Menschen führen.

Vorbereitungen treffen nicht primär nur für einen Krankheitsfall, sondern für eine neue Normalität im Umgang miteinander, für Austausch, Wissenswachstum ohne Angstmacherei!

Vorbereitung eines der Mutter und dem Kind angemessenen Raumes für den Rückzug aus dem Lärm des Alltag; ein Raum mit viel Ruhe, freundlicher Ausstrahlung

Erwerb von Möbeln aus dem biologischen Holzbau

Teppiche aus natürlichen Materialen mir rutschfesten Unterlagen!

Baubiologische Untersuchung der Wohnung

Ausschaltung technischer Strahler

Erwerb von Mitteln zur Körperpflege ausschließlich Bioprodukte

Erwerb einer Hausapotheke, vor allem einer homöopathischen Hausapotheke und Biomineralien nach Schüssler (siehe auch Band IV)

Einen Bekanntenkreisaufbauen für alle Antworten auf die Fragen, die immer kommen: im Haushalt, in der Finanzwirtschaft, in Reinigungsangelegenheiten, in Themenbereichen für die Hebammen und einen vertrauten Arzt, der sich möglichst mit Kindern und natürlichen Therapiemethoden auskennen sollte

Vorbereitung zum Thema Impfungen (siehe auch Band IV)

Hilfsmittel

Von und mit Kindern lernen

Mit Kindern lernen, fällt Erwachsenen oft ganz schwer. Eltern, vor allem Großeltern, haben wohl immer Angst, ihre Position und Unkenntnis zu verraten, die das Kind längst „kennt". Wollen wir nun einfach mal ein paar Begriffe betrachten, die uns weiterhelfen können; mal schauen, was uns dazu einfällt:

- *Anschauen, mit Liebe beobachten*

- *Schlaf*

- *Verarbeitung des Tages*

- *Unruhe*

- *Kindergarten*

- *Wollte mitarbeiten*

- *Ich brauche Dich aber woanders...*

- *Kind will etwas Wichtiges beitragen und wird an diesem Punkt nicht angenommen...*

- *Soll etwas Anderes tun als es kann als das worauf es stolz sein kann und will...*

- · ...

Kinder wollen schenken und dieses Geschenk muss angenommen werden wie es aus dem Herzen kommt, auch wenn das jetzt gerade mal nicht gebraucht wird.

Kinder wollen teilen, sie wollen Anteil nehmen und schenken - im ständigen Aus-Tausch und miteinander. Kinder wollen nicht funktionieren, sondern geliebt und angenommen werden, so wie sie sind und mit den Grundabsichten und Fähigkeiten, die sie haben.

Das ist nicht immer gleich verständlich, aber dennoch berechtigt. Um die verborgenen Dinge zu erfahren, braucht es die hohe Intuition und Ehrlichkeit eines andern, der mit den Familienangelegenheiten vielleicht nicht direkt verbunden ist. Immer gilt es einen offenen Raum zu bilden, in dem Kinder sich, gut geführt, entfalten können. Kinder ordnen alles auf ihre Weise. Heute weiß ich, wie wichtig es ist, diese Ordnung anzuerkennen - und dann mit anderen weiter zu entwickeln.

In der ersten Schwangerschaft weiß man als „Erwachsener" oft alles nicht unter einen Hut zu bringen; doch gemeinsam könnte das besser gelingen. Wo sind die Pädagogen und die *FamilienbegleiterInnen?*

Kinder sind kompetente Lebenspartner, geradezu *Evolutionsberater*; sie haben in ihrem jeweiligen Bereich viel zu sagen, zu erzählen, mitzuteilen. Wir Erwachsene brauchen Unterstützung darin; Mut, unser Leben wieder danach auszurichten und die Kinder nicht nur in Ganztagsschulen zu fahren, wo sie dann aufgehoben sind.

Was nicht gegen das Prinzip Ganztagsschule spricht, wenn diese Zeit gut ausgefüllt ist, eher gegen die Absicht, die Kinder zu deponieren.

Enttäuschungen prägen. Sie befreien von Täuschungen. Wir täuschen uns und einander zu oft. Ich wünsche mir und unseren Kindern mehr Gemeinschaft, mehr Begleitung, mehr miteinander. Herzlichkeit und Ehrlichkeit sind dazu wichtige Voraussetzung. Man trifft sie nicht überall.

Mamma und Papa waren auch mal klein?

Kinder können sich nicht wirklich vorstellen, dass Mama und Papa auch mal klein waren - oder doch?

Erinnerungen sind eine Bewusstseinsfrage, ein Objekt unserer inneren Betrachtungen. Zeitlos, ohne Raum, nur im Gefühl. Kinder begleiten heißt immer auch und vielleicht sogar vor allem, Erfahrung mit einander teilen und erinnern, die man selbst schon gemacht hat - oder noch braucht. Es gilt, miteinander die Vorstellungen von kleinen und großen Kindern zu vergleichen, Unterschiede erkennen und schätzen zu lernen: jeder darf so sein, wie er ist und wie mal war.

Wir sollten weniger Forderungen stellen, wie wir oder die Kinder sein und leben sollten. Kinder sind nicht unsere Erfüllungsgehilfen, auch nicht in der Erfüllung dessen, was wir ihnen selbst wünschen, weil wir es selbst nicht hatten. Vielleicht brauchen sie ja etwas anderes?

Das alles ist schwer, das weiß ich, auch für mich.

Doch immer wieder erkenne ich darin die Herausforderungen für uns Großen und unsere gemeinsame Zukunft. Wir sollten das gemeinsam üben.

Kinder können sich sehr vieles einfach nicht vorstellen, was für uns Großen wichtig ist, was wir für sinnvoll halten. Wir überschütten sie in gerne in hoher Geschwindigkeit mit Anforderungen, die sie weder für die Zukunft angemessen bilden noch glücklich machen.

Immer noch und vielleicht sogar zunehmend stehen unsere Kinder in einem späteren Alter vor einem Schulden- und Scherbenhaufen und erfahren, dass vieles Gelernte eher wirklich nur für die Köpfe von Theoretikern war und für eine lebensfeindliche und menschenfremde Schule, nicht für das wirkliche Leben.

Zu Vieles in der Schule scheint mir immer noch dazu da, damit der Schüler der Schule dient, wie der Patient der Wissenschaft und der Medizin, aber nur selten umgekehrt.

Solange Schule im Grundprinzip ein Beschäftigungs-

und Bestrafungssystem ist und mit gesetzlichen Mitteln das angebliche Recht hat, durch persönliche Beleidigung und Verletzung, mit Ignoranz, Verleumdung und Bestrafung Menschen zu formen, solange führen wir Krieg gegen unsere Kinder.

Eine wirklich humane, kindgerechte und familiengerechte Gesellschaft versteht Pädagogik ganz anders:

sie schenkt Raum, Zeit, Aufmerksamkeit und begleitet. Sie fordert nicht nur, sie verbietet keine Kinderarbeit zum einen und zwingt zum andern Kinder nicht gleichzeitig bis zu 10 Stunden und mehr täglich in einen Lernzwang.

Das ist gelebtes Sklaventum und hat mit Pädagogik nichts zu tun.

Dänische Schulen stellen so gut wie keine Hausaufgaben, maximal für 15 Minuten. Lernen findet gemeinsam in der Schule statt, dafür ist sie ja auch da.

Meine Aufgabe als Vater und Arzt sehe ich auch darin, konstruktiv gegen diesen Unsinn vorzugehen: durch Ausbildung, Aufmerksamkeit, Angebote und Einladungen und vieles andere mehr, was uns gemeinsam aus unserer Ratlosigkeit und unseren Ängsten herausführen könnte.

Das ist vielleicht nicht viel, aber alles, was ich mit einbringen kann. Leserbriefe sind vielleicht doch zu wenig.

Was Kinder wirklich brauchen

Eine Umgebung,

- *die ihre Basisbedürfnisse kennt und anerkennt, die liebevolle und bewusste Berührung erlaubt und fördert*

- *die angemessen kommunizieren will und kann, die Hören und Sehen und Tasten und Schmecken erlauben und nicht mit Verboten zu unterbinden suchen*

- *die selbst bewusst ihrer Fähigkeiten und Kompetenzen, auch ihrer Bedürfnisse und Bedarfe bewusst, sich anbietet und einbringt und nicht behauptet, alles zu wissen und zu können*

- *die Schmusen kann und mag, die Zärtlichkeit tauschen, Geborgenheit schenken kann, Tragen, Zuhören, Wiegen, Trösten und Verzeihen mag und kann*

- *mit der Gewissheit von Sicherheit durch vertrautem Geruch und vertrauten Stimmen*

- *Sicherheit und Geborgenheit ohne Leistung*

- *den Kindern ihren angemessenen Platz in der Familie zeigen können und mit ihren alles trainieren, was die Kinder an diesem Platz erfolgreich macht*

- *mit einem festen Platz in der Gesellschaft (als Kind, Schwester/Bruder, Vorschulkind, Schüler usw.)*

- *die sie ernst nimmt*

- mit unkompliziertem Verständnis

- zuversichtliche Eltern, die mit Herz und Verstand gerne Vorbild sind, die Sicherheit ausstrahlen

- mit Großeltern und spannende Geschichten von guten Dingen aus deren Kindheit

- mit Selbstbewusstsein und Selbstvertrauen der Eltern und Großeltern und der weiteren Begleiter

- mit positiver Aufmerksamkeit, Hören, Sprechen, Erzählen, Singen, Zuschauen, Unterstützung, Kontakt mit der Natur

- einfallsreiche Mitmenschen, die gerne spielen und sich das Spielen angemessen im Herzen bewahren wollen.

-

Was fördert unsere Kinder?

- Aufmerksamkeit schenken

- Achtsamkeit für- und miteinander lernen, auch achtsame Beobachtung des körperlichen Wachstums

- Ängste erkennen

- Ausgiebiges Training der persönlichen Fähigkeiten aus persönlichem und authentischen Interesse am Kind als lebenswichtiger Teil der Gesellschaft

- Authentische Anleitung zu sozialem Verhalten und Diplomatie: Soziale Kompetenz vorleben, nicht fordern.
  Wir alle müssen und dürfen dies immer wieder miteinander lernen, jeden Tag

- Bestätigung und Ermunterung zur Selbstbestätigung

- Beten, Meditieren

- Dabei sein, mitmachen, teilnehmen, integriert sein und Verantwortung übernehmen, so gut sie können: Tisch decken, Dekorieren, Putzen, Wäsche aufhängen, malen, Autofahren ... fast alles, es sei denn, man vermittelt ihnen Ablehnung und Überforderung

- Das Vertrauen der Mutter/ des Vaters
  (ich kann das schon)

- Den angemessenen Umgang mit Bedürfnissen kennen lernen und angemessen trainieren, auch die Bedürfnisse aller anderen erkennen und als gleichwertig erkennen lernen

- Die eigenen Grenzen lernen lassen

- Durch Verständnis, Kompetenz, Mut und Zuversicht der Erwachsenen und der Kinder

- Ehrliche Aufmerksamkeit beim Zuhören und gestalten

- Eigenverantwortung vorleben

- straffreie Übungsräume, für alles, für Eltern und Kinder, ohne Vorwürfe

- *Entlastung der Eltern, insbesondere der Alleinerziehenden, nicht durch Behörden (!!!), sondern durch das authentische Interesse unserer Gemeindemitglieder in einer freiwilligen Lebensgemeinschaft*

- *Erlerntes weiterentwickeln und verfeinern*

- *Ernst genommen werden; sie haben ihre eigenen wertvollen Wahrheiten*

- *Essen und Trinken aus biologischem Anbau*

- *Familiäre Gemeinsamkeiten
(z.B. zusammen am Tisch essen)*

- *Farben (z.B. aus der Natur wie: Himmel, Gras, Blumen usw.)*

- *Feindbilder auflösen lernen*

- *Freiraum (zum Krabbeln, Klettern, Springen, Laufen, Hüpfen, Toben usw.)*

- *Freude über Geschaffenes erleben*

- *Freude über unsere Umwelt: Tiere, Schmetterlinge, ein Tier streicheln zu dürfen (wieso beruhigt sich unser Puls, wenn wir ein Tier streicheln) und auch der richtige Umgang – Tieren wird kein Leid zugefügt (z.B. Katze treten, Tiere anbrüllen oder schlagen); Kastanien sammeln, Regenwürmer, Käfer, Blumen, Regenbogen, schönen Seiten der versch. Jahreszeiten*

- *Freunde, Freundschaften*

- Freundliche, verständnisvolle Vorbilder, gleich, was passiert

- Geräusche z.B. aus der Natur wie: Vogelgesang, Rauschen der Blätter, des Baches

- Gerüche (z.B. aus der Natur wie: Blumen, Heu, Erde, Nadelbäume usw.)

- Geschichten vorlesen

- Gesunde Ernährung

- Gesunde und glückliche Eltern

- Glauben an das Kind und seine Liebe

- GÜTE

- Gute Beobachtung schenken

- Heimische Blütenessenzen sammeln lernen, den Sinn erkennen wollen und die Pflanzen hegen und pflegen wollen

- Interessante Aufgaben

- Keine Lösungsansätze nach mathematischem Schema

- Kinder brauchen keine Aufmerksamkeit für das, was sie nicht können und den, der sie nicht sind, das wissen sie selbst

- Kinder kennen keine Zeit, zwar wissen sie, es ist hell, jetzt muss ich aufstehen, es ist dunkel, jetzt gehe ich ins Bett; doch mit „gleich" und „später" oder nur noch „5 Minuten" können sie wenig anfangen

- Kinder wollten als Lebenspartner geschätzt und behandelt werden, sie wünschen sich die gleiche „Augenhöhe"

- Klare und feste Grenzen, einfache Regeln

- Kleine Zeitfenster für eine angemessene Aufmerksamkeit: Erwachsene hören sich 20-Minutenreferate an und brauchen eine Pause: Kinder sollen immer noch regelmäßig bis zu mehreren Stunden ruhig und konzentriert arbeiten

- Konstruktiver Umgang mit Krankheiten, besprechen was im Menschen bei Krankheiten anders ist

- Kontakt zu anderen: Kinder, Großeltern, Urgroßeltern, Tanzen, Onkel, Paten ...

- Kontakt zu Tieren

- Kreativität ausleben dürfen

- Kreativität und Nicht-Stille-Sitzen ist biologisch korrekt! Jeder Zwang zum Stillhalten ist, biologisch betrachtet Psychoterror, wenn nicht Stille und Bewegung in einem biologischen Verhältnis zu einander stehen

- Lachen und Begeisterung

- Leichtigkeit

- Lernen in angemessenem Rahmen und mit viel Zeit und Geduld

- Liebe

- Lob

- Miteinander rechtzeitig um Hilfe bitten lernen
- Mut zu einer kindgerechten Zeiteinteilung mit Abweichungsmöglichkeiten
- Neue Situationen in straffreien Raum trainieren lernen
- Rhythmus (essen – schlafen – spielen – ruhen)
- Schutz vor Gefahrenquellen wie Giftschrank, Steckdosen, Treppen ...
- Schutz vor Reizüberflutung
- sinnvolle Beschäftigung
- Spielen
- Streicheleinheiten (auch nach Anweisung und Wunsch des Kindes, z.B. jetzt bitte den Rücken die Arme usw.)
- Talente erkennen und fördern
- Tiefe innere Freude schenken
- Über Fragen und Probleme sprechen und gemeinsam Lösung finden
- Verständnis für einander aufbauen lernen
- Vor- und Rücksicht für- und miteinander lernen
- Zeit schenken
- Zufriedene Eltern, die gerne und entspannt in eine lebenswerte Zukunft blicken können, dies erlaubt faszinierende Qualitäten und Freiräume.

Das brauchen Kinder wirklich, die kleinen wie die großen, die inneren Kinder und die äußeren. Und ein Bisschen was zum Essen, Trinken, Wohnen.

Es ist fast unglaublich, wie wenig Kinder oft „eigentlich" brauchen, um glücklich zu sein, um freiwillig gesellschaftsfähig zu werden und um ihr ganzes Herz und Können den Erwachsenen wieder zu schenken.

Es ist unglaublich, was Kinder aushalten können, nur um uns „Großen" ihre ewige Liebe schenken zu können.

Es ist unglaublich, welche Risiken Kinder einzugehen bereit sind, nur um ihren Eltern dienen zu können.

Es ist immer wieder unfassbar, wie Kinder leiden, nur um uns lieben zu dürfen und um ein klein wenig Anerkennung zu bekommen für diesen Dienst an der Menschheit.

Warum nur fällt so vielen Menschen es so schwer, sich „nur" darauf einzulassen?

Was Kinder nicht brauchen

Erwachsene,

- *die sich und anderen einen Leistungsdruck aufbauen, den niemand braucht, der einfach nur leben will*

- *die sich den ganzen Tag Sorgen machen, trauern, wütend und hilflos sind und sich keine Hilfe holen bzw. angebotene Hilfe nicht annehmen wollen*

- ErzieherInnen und LehrerInnen, die in Kindergärten und Schulen sich selbst und ihren Schutz- und Bildungsbefohlenen ihre eigenen Ideologien und Kampfmuster aufzwingen

- die ihre eigenen Bedürfnisse nicht leben und ihren Frust an ihren Schutzbefohlenen auslassen

- die an ihren alten Glaubensmustern gewaltsam festhalten, weil sie nicht bereit und fähig sind, ganz normale Reifungsprozesse mit Kindern lebendig und biologisch zu gestalten

- die sich gegenseitig - im wahrsten Sinne des Wortes - ausbeuten und fertigmachen, um ihre eigenen Ängste zu übertünchen und sich wichtigmachen mit Dingen, die keiner wirklich braucht; Kinder sollten keine Blitzableiter sein für den Frust der Großen; die „Erwachsenen" brauchen sehr viel mehr Freiräume und Unterstützung, damit die klassische „Hühnerleiter" keine Grundlage mehr hat - oder doch zumindest sehr viel weniger

- ... Da fällt dem Leser sicher noch Einiges ein ...

Lied, für kleine und große Kinder

Sind so kleine Hände, winz'ge Finger dran.

Darf man nie drauf schlagen, sie zerbrechen dann.

Sind so kleine Füße, mit so kleinen Zeh'n.

Darf man nie drauf treten, könn' sonst nicht geh'n.

Sind so kleine Ohren, scharf, zum Horch'n erlaubt.

Darf man nie zerbrüllen, werden davon taub.

Sind so schöne Münder, sprechen alles aus.

Darf man nie verbieten, kommt sonst nichts mehr raus.

Sind so klare Augen, die noch alles seh'n.

Darf man nie verbinden, könn'n sie nichts versteh'n.

Sind so kleine Seelen, offen und ganz frei.

Darf man niemals quälen, geh'n kaputt dabei.

Ist so'n kleines Rückgrat, sieht man fast noch nicht.

Darf man niemals beugen, weil es sonst zerbricht.

Grade klare Menschen, wär'n ein schönes Ziel.

Leute ohne Rückgrat, hab'n wir schon zuviel.

(Bettina Wegner)

Kindergarten und Schulen mögen

- *angemessene Ziele setzen*

- *durch angemessenes Fordern fördern, nicht überfordern*

- *Aufmerksamkeit und Respekt für einander trainieren*

- *Ein Bildungsinstitut sein für Kinder und LehrerInnen, keine Aufbewahrungsanstalt für unwillige und überforderte Menschen*

- *Bildung muss endlich straffrei sein und ohne Bestrafungssysteme arbeiten, wo es geht. Unangemessenes Verhalten soll durch Erklärung, Hilfe und Korrektur aus der Gruppe heraus erschwert werden*

- *Kindgerechte Bedingungen und Räume schaffen*

- *Kleine Gruppen, die sich unter Anleitung aus sich selbst heraus entfalten können, die ihre Rhythmik und ihr angemessenes Tempo für unterschiedliche Lebens- und Arbeitsbereiche definieren lernen kann*

- *Schule soll Trainingscamp sein mit einem kreativen System, einem Open Space Training ohne starre Vorgaben*

- *Die Kinder fragen, wie sie sich das Leben selbst gestalten wollen, damit es gemeinsam gelingen kann*

- *Ein Wertebewusstsein vermitteln, das die Bildung von*

Gemeinschaften auf natürliche Weise fördert und nicht zu erzwingen versucht

- *Ein Zeitmanagement, das dem biologischen Prinzip von Entwicklung folgt und nicht irrationalen Planvorgaben*

- *Kinder brauchen Begleitung, keine Sklaventreiber. Dies setzt aber eine Kompetenz bei den Begleitern voraus, die die Bedürfnisse von Kindern und Auszubildenden wirklich kennen und die mittelalterlichen Vorstellungen von Führung endlich aufgeben können: dieses zu wollen ist toll, reicht aber noch nicht*

- *Wichtige Bildungsinhalte schenken:*

- *Wie funktioniert Biologie wirklich?*

- *Gesundheitsbewusstsein, Ernährungsbewusstsein*

- *Vorstellungen über das System der Beziehungen und Bezüglichkeiten, das unsere Wirklichkeit ausmacht*

- *Kommunikationstraining, Rollenspiele: Leben in straffreien Zeiten und Räumen trainieren, Konditionierung über Lob und Aufzeigen von Konsequenzen ohne Drohung und Vergewaltigung*

- *Projektarbeit im Hause wie in der freien Natur und in den Betrieben: Auflösung der starren Ausbildungsebenen: Bildung kann oft und teilweise unternehmensübergreifend gestaltet werden, ohne den Schutz der Schule aufzugeben.*

Die Realitäten des Lebens müssen aus der Theorie in die tägliche Praxis wandern, vernetzt werden.

- *Ernährungsbewusstsein gestalten: gerade in Ganztagsschulen bietet sich die Integration der Kinder in den ganzen Betriebsablauf einer Küchenorganisation an: Kinder müssen nicht abgespeist werden, man kann sie zu einem Selbsternährungsbewusstsein anleiten*

- *Sinnvolles Zeitmanagement, das den eigenen Zielen angemessen ist und durch den eigenen Erfolg automatisch die Ziele des Teams unterstützen*

- *Win-Win-Win-Strategien: Strategien des gemeinsamen Erfolgs*

Sonnenkinder

Die Erwartungshaltung bei Sonnenkindern ist durch die Abwesenheit von Schatten auf Sonne und Lebenskraft programmiert: alles ist prinzipiell gut und vertrauenswürdig. Wenn etwas passiert, das eine andere Energie zu haben scheint als reine Sonne, erschrecken Sonnenkinder.

Sie fühlen sich schwächer, obwohl sie nicht nur mitten im biologischen Licht stehen, sondern aus Licht bestehen. Wir alle sind Sonnenkinder. Unser Gefühl und unsere eigene Annahme (Unterstellung) von Schwäche macht uns

Glauben, schwach zu sein, wir fühlen uns schwach, sind es aber nicht. Immer steht uns allen alle Sonnenenergie zur Verfügung, wir nutzen sie nicht immer optimal.

Aus dem Gefühl der Schwäche und der Ohnmacht entsteht eine Reaktionskette, die sich auf den Körperebenen in seiner Körpersprache zeigt. Es folgen Blockaden und Funktosminderungen, unser Abgleich mit der Umwelt gelingt schlechter, unsere Sensitivität wird eingeschränkt, unsere Wahrnehmung wird eingeschränkt, es folgen „dumme Zufälle", „Unfälle" und körperliche Leidensprozesse.

„Ich habe Angst vor der Dunklen Seite, ich will in der hellen Seite bleiben!" Vermeidungsstrategien gegen das Böse, Dunkle funktionieren nicht, wir brauchen sie auch nicht wirklich mehr. Unser Bewusstsein lernt nun verstehen und zu akzeptieren, dass wir diese Bewertung nicht mehr brauchen, auch wenn wir sie immer noch manchmal aus Gewohnheit benutzen. Das ist nicht wirklich schlimm, wenn wir die Absicht haben, das angeblich Böse und Dunkle verstehen und annehmen zu wollen, so wie wir uns selbst und einander komplett annehmen wollen und sollten, so wie wir sind. „Dunkle Flecken im Leben" haben eine Menge konstruktiver Botschaften.

Behaupte ich, dass ich Böses in mir tragen würde, behaupte ich, schuldhaft zu sein, habe ich ein Weltbild von Gut und Böse, das ich aber nicht sinnvoll einsetzen kann; wer will sich denn schon annehmen, wenn er sich selbst etwas Böses unterstellt?

Dunkelheit als Analogie von Mangel an Selbstbestimmung, Orientierungslosigkeit, Angst vor dem Unbekannten und einem möglichen feindlichen Übergriff gibt es nur in meinem religiös und kulturell geprägten Bewusstsein, sonst nirgends in der Biologie.

Die Verwechslung von Dunkelheit mit Ohnmacht schwächt mein Gefühl von Selbstbestimmungsfähigkeit. Ich glaube, durch die Dunkelheit schwach zu sein, weil ich mich in meinen Fähigkeiten als Lichtkörper nicht mehr erkenne. Das Universum ist alles andere als dunkel, es besteht nur aus Licht!

Vermeidungsstrategien drücken meine Angst vor dem angeblich Falschen aus. Wir wollen nicht zu den Bösen gehören. Wir wollen doch alle nur Gut ein. Dann sollten wir uns als grundsätzlich als gut betrachten.

Bin ich bereit, mich als Lichtkörper unter Lichtkörpern zu betrachten, kann ich nicht mehr im Dunkel stehen! Das Geheimnis meines Friedens beginnt an der Stelle, an der ich bereit und in der Lage bin, mein anerzogenes und gewohntes Weltbild von Gut und Böse und von Licht und Dunkel abzustreifen. Dann unterstelle ich mir nicht mehr selbst, zu einem unbestimmten Anteil Böse und Dunkel und ohnmächtig zu sein.

Dann brauche ich auch vor mir selbst keine Angst mehr zu haben und scheue mich nicht mehr so zu sein, so wie ich bin. Alle Sonnenkinder wollen so angenommen werden wie sie sind. Wir alle. „Sonnenscheinchen" ist nicht nur ein Spitzname, sondern Programm.

Sonnenkinder entwickeln unter dem Einfluss unverständiger Erwachsener rasch den Eindruck, nicht verstanden zu werden. Kinder dürfen voraussetzen, dass sie verstanden werden. Immer setzt unser Inneres Kind voraus, dass es selbstverständlich verstanden wird.

Urlaub machen wir nicht im Dunkel der Höhle, Erholung gewinnen wir zumeist nur in der Sonne. Da tanken wir auf. Das Gefühl der großen Heimat, das Gefühl, in der Sonne zu baden und dort unsere Herkunft und Heimat zuerkennen, hilft uns, eine tiefe Einsamkeit und Verlassenheit zu überwinden. Wir selbst können unser Gefühl von Einsamkeit abgeben und auflösen = loslassen, wenn wir uns der Sonne in unserem Herzen bewusst sind.

Die Homöopathie und Essenzenkunde bieten zu Themen der „Grundängste" einen wunderbaren therapeutischen Schatz, den ich selbst aus über 40 Jahren Anwendung kenne und nicht missen möchte!

Beschluss für Sonnenkinder

Jetzt betrachte ich mich und mein Leben um mich herum nur als Lichtspiele, als ein riesiges Theater von Lichtsignalen nach einer liebevollen und biologisch geordneten Regie. Dies erlaubt mir jede Freiheit von Angst und Ohnmacht und nur noch das Spielen im Licht und mit Licht.

Jetzt erlaube ich mir, alles so mit Lichtbausteinen so zu gestalten, wie ich es als Sonnenkind eigentlich schon immer wollte. Jetzt erkenne ich alle meine eigenen guten Absichten und alle anderen Menschen können mich darin erkennen, was ich bin: ein Sonnenkind. Als Kind der Sonne kann ich alles und erlaube mir selbst als Licht, so zu scheinen, so zu sein, wie ich will. Die anderen machen ihres. Wenn ich als Kind der Sonne scheine, erschaffe ich meine lichtvolle Realität.

Die Annahme, dass es nur noch Licht in unterschiedlichen (anderen) Stärken, löst unseren Konflikt von Hell und Dunkel auf. Es geht nicht darum, den so genannten negativen Pol auszuschließen oder auszutricksen, das geht nicht; ich kann ihn in seiner Wirkung biologisch nicht verleugnen. Aber ich kann ein Weltbild nutzen in dem dieses Dunklere *als Negatives* nicht mehr existiert!

Es gibt kein Falsch, es gibt nur ein Anders, eine Graduierung, unendlich viele Mischungen zwischen Schwarz und Weiß.

Alles Fremdartige und Ungewohnte braucht nicht mehr in ein Feindbild gepresst zu werden, sondern kann als Teil eines natürlichen Ganzen eingeordnet und als solches anerkannt werden

Jeden Tag dürfen wir aufs Neue unsere eigenen Ziele erschaffen und dabeibleiben. Das sind gute Schritte in freiwillige Selbst-Verantwortung.

Sage Dir: ich bin so o.k., wie ich jetzt bin, der andere / das andere auch.

Vertrauen aufbauen mit Infirmationen und Fragen

- *Ich bin mir in jedem Augenblick meiner guten Absichten präzise bewusst*

- *Ich beschließe, in meine 100%ige Beschlussfähigkeit zu gelangen und in ihr zu verbleiben*

- *Unter allen Bedingungen gönne ich mir ein klares, einfaches und durch meine Souveränität erreichbares Ziel*

- *Jeden Tag will ich diese Beschlusskraft spüren, will ich mich ihrer Anwesenheit und ihrer Wirkung immer wieder ganz bewusst sein, damit mich alle meine Kräfte (Ressourcen) auch ganz gewiss zu meiner Lebensvision bringen können und werden*

- *Ich will alle Bedingungen des Erdendaseins voll und ganz akzeptieren, dann leide ich nicht mehr unter jener Polarität, die mich täglich zwingt, mich zu entscheiden, ob ich diesen Tag oder eine bestimmte Situation erleben will der nicht*

- *Ich fasse nun meinen Entschluss in meinem Herzen und meinem Geist und beschließe, ihn optimal zu kommunizieren, ich bitte die Schöpfung um eine angemessene Unterstützung*

- *Wenn ich beschließe, glücklich und zufrieden und in mei-*

ner eigenen Zielsetzung zu sein und zu bleiben, werde ich erfolgreich sein

- Ich beschließe, immer ein positives Ziel zu haben und mich von allem Schweren zu befreien, mit dem ich mir mein Leben schwergemacht habe. Nun gebe ich all das an dorthinab, woher ich es genommen habe

- Emotionen helfen uns, einander einzuschätzen

- Wir müssen wissen, instinktiv oder plastisch ganz konkret: in welcher Stimmung sind wir und in welcher Stimmung ist der andere, damit ich angemessen auf ihn zugehen kann.

- Was ist angemessen?

- Was will ich kommunizieren?

- Wie verstehe ich mich und den andern?

- Wie kommuniziere ich mit meinen Mitmenschen, damit ich mich verstehen lernen kann und verstanden werde?

- Wenn ich mich selbst nicht verstehe, versuche ich umso mehr von anderen verstanden zu werden, damit sie mir zeigen, wie ich mich selbst verstehen könnte und kann...

- So hole ich mir bei Mitmenschen Rat, wie ich mit mir selbst kommunizieren sollte.

- Ich danke allen meinen Mitmenschen, dass sie mir Ratgeber sind, ein jeder auf seine Weise.

Vom Kindes- ins Jugendalter

Der Weg aus der Kindheit ist spannend.

Die Sicherheit und Geborgenheit der Kinderzeit im Elternhaus wird zunehmend in Frage gestellt und die Sehnsucht nach Eigenständigkeit und Selbstverständnis wird von ungezählten Fragen begleitet.

Oft genug und scheinbar auch in unserer so genannten Zivilisation haben immer weniger Kinder diese Geborgenheit und lernen die Konditionen einer kinderunfreundlichen Welt immer stärker kennen.

Wachstum und Reifung bedeuten, diese Konfrontationen mit den vielen unbekannten Größen als das Ergebnis eigener unbewusster Entscheidungen zu erkennen und anzuerkennen und sich freiwillig, soweit dies geht, einerseits Hilfe zu gönnen und zu suchen und andererseits die Gegebenheiten des eigenen Lebens nicht länger zu beklagen, sondern als Chance zu begreifen.

Es ist Aufgabe der Erwachsenen, ihnen dabei zu helfen und das eigenwillige Verhalten der Kinder weniger als störend zu empfinden, so schwer das manchmal auch ist. Umso mehr sollten die Erwachsenen in ihren Bildungsprogrammen den angemessenen Umgang mit Kindern und Jugendlichen besprechen und üben.

Erwachsene sollten sich einen straffreien Übungsraum gestalten, den sie erst nach erfolgreichem eigenen Erleben ihren Kindern und Jugendlichen vermitteln können.

Familienstellen, Organisationsstellen, Brainstormings, Klopftechniken und viele andere Methoden, die auch spielerisch und nicht krankheitsbezogen und dramatisch genutzt werden können, gestatten allesamt, das Interesse an und mit Kindern authentisch werden zu lassen und gewohnten Erziehungsmodelle weiter zu entwickeln.

Besserwisserei hat in aller Regel keine sinnvollen und angenehm wirksamen Inhalte, die klammern in der Regel an alten Vorstellungen, die zu anderen Menschen, zu anderen Zeitinhalten und anderen Herausforderungen passten und weniger oder gar nicht in die Zeit unserer Kinder und Jugendlichen.

Was Jugendliche brauchen, ist unser Verständnis.

Dass sie kein Verständnis haben können für Doppelbödigkeiten, auch stille „Hinterhältigkeiten", für einen kontinuierlichen Vertrauensmissbrauch und die Verlogenheit ihrer selbsternannten Vorbilder, ist bio-logisch.

Kinder und Jugendliche besitzen einen natürlichen und überlebensnotwendigen Widerstand gegen Widernatürlichkeit und die Unglaubwürdigkeit.

Kinder und Jugendliche brauchen ein Höchstmaß an Ehrlichkeit, das uns im Alltag oft reichlich abhandengekommen ist durch die ewige dumme Trennung zwischen Theorie und Praxis, zwischen Wunsch und Wirklichkeit, zwischen biologischem Anspruch und Realität, zwischen angeblichen Pflichten und einem Leben aus Freude am Sein.

Wichtig und machbar erscheint es mir, unsere Kinder und Jugendliche viel mehr als bisher aktiv in die Entwicklung von Erziehungsmodellen einzubeziehen und sie, wie schon bei den Gedanken zur Kommunikation und zur Disziplin, aktiv mit in die Gestaltungsprozesse von Lernen und Lehren und Teilen im positivsten Sinne einzubinden, mitverantwortlich so gut es geht.

Die Jugend hat einen natürlichen Bezug zu natürlichen Bezugssystemen, die von einer natürlichen Werteordnung mehr geprägt ist als wir Erwachsenen oft wahrhaben wollen. Sie haben ein Bewusstsein von Freiheit und Toleranz, von Dankbarkeit und Selbstverständlichkeit = Bedingungslosigkeit, die wir durch die Verhaltensmuster der Erwachsenen der vergangenen Jahrhunderte und Jahrtausende ein großes Stück verloren haben.

Ich wünsche uns allen mehr Mut zu Ehrlichkeit, Authentizität und Verantwortungsbewusstsein im Umgang miteinander. In den vorausgehenden Seiten wurden viele Tipps gegeben, die schon vor der Geburt eines Kindes miteinander gelernt und geübt sein könnten und im Jugendalter gemeinsam nur gepflegt werden brauchen.

Wir haben als Erwachsene kein Recht, grundsätzlich von andern zu verlangen, was wir „Großen" selbst nicht leben wollen; ihnen Unterschiede einzuhämmern zwischen einem offiziellen Status und einem privaten Denken und Fühlen ist vorsätzliche Irreführung, Nötigung, Betrug, Manipulation und Ausnutzung.

Ich bin fest davon überzeugt, dass einfachste biologische Lebensbedingungen sehr viel eher von Kindern und Jugendlichen akzeptiert werden als die Behauptungen der Erwachsenen, die den einfachsten Überprüfungen nicht standhalten. Vielleicht fällt es uns Erwachsenen leichter, sich auf Jugendliche einzustellen, wenn wir immer wieder den Rollenrausch üben und uns in die Position der Kinder und Jugendlichen auf Augenhöhe begeben.

Die Begleitung durch fachlich geschulte Begleiter macht in dieser spannenden und oft auch anstrengenden Übung viel Sinn. Letztlich haben wir das Elterndasein ja alle nicht wirklich gelernt, Väter schon überhaupt nicht.

Sie bekommen regelmäßig ein in weiche Tücher eingewickeltes Etwas in die Hand gedrückt mit der Bemerkung: Achtung: Jetzt bist Du Vater, jetzt mach´ bloß nichts verkehrt! Ich bin sicher: damit ist keinem Mann wirklich geholfen.

Und dem Rest der Familie auch nicht.

Eine angemessene Begleitung in die Rolle der Eltern kann viel Spaß machen; Elternsein mit Sozialpädagogen und anderen Übungsleitern können *Kindsein* vermitteln, in Rollenspielen übend, erkennend und fühlend, wenn es klar, einfach, fair und ehrlich zu geht. Kinder, auch unserer aller stillen *Inneren Kinder und Jugendliche* werden dies sehr schätzen, wenn sich Eltern mit ihnen auf eine solche spannende Reise machen.

Sie entlarven sich nicht vor ihren Kindern, sie nehmen in diesen Übungen endlich die Hilfe an, die ihre eigenen, auch inneren, Kinder ihnen schenken wollen.

Dieser Prozess muss authentisch und spielerisch, auch früh genug beginnen. Erwachsene sind schnell überreiz, allemal Väter, die es erheblich schwerer haben, sich auf Kinder und Jugendliche einzustellen; fordert man doch von ihnen im Alltag eine Rollenperfektion, die noch konsequent gegen die Natur des Inneren Kindes arbeiten.

Die innere Rund-um-die-Uhr-Beziehung aller Menschen mit dem kollektiven Unbewussten macht Kinder und Jugendliche zu phantastischen Beratern, denn sie können uns ganz authentisch aus allen nur vorstellbaren Positionen des Seins berichten. Es liegt an uns, ob wir sie respektieren und ihre Botschaften ernst nehmen wollen oder ob wir sie weiterhin als dumm und unwichtig erniedrigen.

Unsere Erziehungsjahre für die Kinder und Jugendlichen sind Erziehungsjahre für uns selbst. Da haben Unehrlichkeit, Ignoranz, Besserwisserei und andere Unarten nichts zu suchen. Sie enden letztlich im Selbstbetrug, weil wir selbst die Hilfe unserer eigenen, anvertrauten Kinder ablehnen und dumm bleiben wollen...

Wir könnten lieber schauen, wie wir gemeinsam mit ihnen unser Leben aktiv gestalten und zur gemeinsamen Freude und Wohlwollen finden können.

Die Liste der Werte, die wir in dem Kapitel Werteordnungen, Wertedisziplin fanden, kann uns helfen, den Umgang mit unserem eigenen inneren Kind und dem eigenen inneren Jugendlichen friedfertiger zu gestalten.

Ich bin sicher, unsere Kinder im Außen werden dies erkennen und uns folgen.

Thema Pubertät

Das Wachstum der Anzahl von Zellen und Organen vergrößert unsere biologischen Antennensysteme und Kommunikationssysteme, und dies rasch und nicht immer im Verständnis dessen, was da abläuft.

Es ist wichtig, unsere Kinder mit diesen anatomischen Grundlagen unseres Lebens früh vertraut zu machen und ihnen keine mittelalterlichen Märchen mehr zu liefern. Unsere neugewonnenen oder erinnerten Kenntnisse in dieser Bücherreihe können eine kleine Anleitung sein.

Die vielen kleinen und oft sehr raschen Entwicklungsschritte in der Pubertät führen zu einer kontinuierlichen Umstellung unendlich vieler körperlicher Funktionen, auch der PsychoNeuroImmunsysteme, die einem Organismus scheinbar kaum noch Zeit lassen auf ihrer Reise durch die Biologie und die Jahreszeiten des Lebens. Alles muss unendlich rasch und perfekt „fertig" werden bzw. sein.

Dass alles „seine Zeit braucht", in der es reifen kann und darf, hat unser Verbildungssystem längst verdrängt und aus der Welt geschafft. Es geht um Effektivität, Effizienz und Nutzen. Kinder und Jugendlich wollen sich etwas Besseres vorstellen als ein Schulsystem, in dem Sie alles Mögliche lernen nur nicht das Leben in seiner schönstmöglichen und besten Form?

Die Medizin ist völlig machtlos gegen eine staatlich verordnete Überforderungskultur, in der tagtäglich von unseren Schutzbefohlenen Dinge erzwungen werden, die man kaum einem Erwachsenen zumuten würde.

Die Kids geben sich mehr als Mühe und werden bei jedem kleinen menschlichen Ausrutscher abgestraft.

Wo ist hier noch Menschlichkeit?

Von Kindern, Jugendlichen und Auszubildenden wird meist verlangt, auf sehr seltsame Forderungen von Behörden zu lauschen. Das nennt man Bildungsverantwortung? Ich nenne es laut und deutlich Missbrauch und Diebstahl wichtiger Lebenszeit.

Eine kontinuierliche Reizüberflutung, die in vielen Familien bereits während der Schwangerschaft existiert und nach der Geburt des Kindes oft noch viel intensiver wird, zeigt ebenfalls ihre Früchte. Immer häufiger führt sie zu einer Verweigerung einer biologisch lebensnotwendigen Ruhe, Zentrierung und Gelassenheit, die für Erwachsene in ihrer gewohnten Hektik und Gedankenunruhe kaum mehr vorstellbar ist.

Zu viele Erwachsene erkennen in ihrer Freizeit nurmehr einen Sinn, wenn sie (über-) aktiv sind. Ruhe, Entspannung und Meditation werden oft gar nicht mehr ausgehalten.

Der Hintergrund liegt in einer völlig überzogenen Erwartungshaltung, die zu vielen Erkrankungen im Erwachsenenalter beiträgt. Kranke Eltern und Großeltern dienen wirklich nicht der Familie.

Statistisch läuft in jeder bundesdeutschen Familie der Fernsehapparat mindestens 8 Stunden am Tag.

Ich selbst wüsste nun wirklich niemanden in meinem weiten Bekanntenkreis zu benennen, der so viel fernsieht; um wie viel mehr sind jene belastet, die ich nicht kenne? Nun kommen da noch angebliche 6 Stunden für den Computer dazu und ich wundere mich, dass wir zusammen mit anderen Belastungen wie Schule, Arbeit, Autofahren und Schularbeiten nicht auf mehr als 24 Stunden kommen. Soweit die Statistik...

Und wo bleiben Freizeit, Selbstfindung, Geduld, Freiheit, Spielen u. a.

Ich dachte, Kinder- und Jugendarbeit sei verboten. Meine tägliche Erfahrung lehrt mich konsequent anderes.

Ich denke manchmal, wir Erwachsenen haben überhaupt keine Vorstellung mehr, wie ein Leben ohne die meisten biologisch völlig überflüssigen Dinge aussehen könnte.

Diese Themen greifen tief in das Thema Pubertät und Reifung. Bio-logisch normale Bedingungen sind die beschriebenen Phänomene eher nicht.

Kinder sind da der Lösung wieder mal etwas näher: sie spielen und erfinden einfach drauf los. Doch freilich nur, wenn man sie dazu anleitet und nicht nur vor Monitoren oder Schulbüchern hocken lässt. Können Sie sich ein Leben ohne Fernsehen, PC, Telefon, Atomstrom etc. vorstellen?

Vielleicht sollten wir das mal wieder üben, um *den Menschen* in dieser künstlichen Landschaft wieder zu entdecken! Es geht nicht um das Verdammen neuer Errungenschaften, die wir sinnvoll einsetzen können, es kann um eine sinnvolle Antwort auf die Frage gehen, ob der Einzelne lernen kann, das Angemessene für sich selbst zu finden, wenn es rund um die Uhr dem krankhaften Druck einer Erwachsenenwelt ausgeliefert ist, die sich dem Druck der Medien und einer zerrissenen Politik nicht mehr erwehren kann und ihre Natürlichkeit mehr und mehr verlernt.

Die Anzahl der Erwachsenen, die ihr Leben fast nicht mehr ohne Medikamente und bzw. oder Psychotherapie leben können, schreitet auf die 60 Prozent zu, 2/3 aller Geschäftsleute in den USA gelten als psychisch krank.

Das soll ein sinnvoller Maßstab für Kinder sein? Ich freue mich für jedes Kind, das aus diesen Gesellschaften aussteigt und den Erwachsenen endlich ihre Grenzen zeigen.

Wo ist das Volk, das die Interessen
unserer Kinder und Jugendlichen wirklich vertritt?

Fragen der Kinder

Fragen an alle, die Kinder und Jugendliche haben, aus der Sicht von Kindern und Jugendlichen. Hausaufgabe an den Leser: Gehen Sie alle Fragen mal mit Kindern durch; vielleicht sind es nicht Ihre „eigenen" Kinder, doch das trainiert vielleicht noch besser und leichter als mit den eigenen Schützlingen.

· *Wo komme ich her?*

· *Was macht mich aus?*

· *Wer bin ich?*

· *Wo geht meine Reise hin?*

· *Was ist Reifung?*

· *Was lässt mich reifen?*

· *Woraus bestehen die Dinge: die Welt, der Mensch …*

· *Wie funktioniert mein Körper?*

· *Wie funktioniert biologische Kommunikation?*

· *Wie funktioniert menschliche Kommunikation?*

· *Was sind Hormon- und Nervensysteme?*

· *Was sind Gefühle?*

· *Warum ändern sich jetzt meine Gefühle?*

- *Warum haben meine Gefühle eine solche Macht über mich?*

- *Warum kann ich meine Gefühle nicht steuern / Wie kann ich sie steuern lernen?*

- *Was ist Vertrauen?*

- *Wem kann ich vertrauen?*

- *Was muss ich wirklich tun, um die Wertschätzung anderer zu bekommen? / Eltern (Lebensgrundlage) werden als innere Anhängigkeit erlebt, der es erstmal zur Diskussion steht und die es evtl. / unter welchen Umständen / zu entrinnen gilt*

- *Woher kommt meine innere Zerrissenheit, meine Widerstände?*

- *Woher kommt meine tiefe Traurigkeit (aufgrund von Unverständnis)*

- *Thema Ängste (auch in dieser Bücherreihe findet der Leser viele Hinweise, Erklärungen, Tipps, Übungen)*

Gedanken rasen durch den Kopf

- Ich möchte Beziehungen verstehen lernen. Hilf' mir dabei!

- Schmerzverarbeitung (bei ersten Partnerproblemen;
  die Welt bricht zusammen, wenn „der Erste Freund"
  sich trennt

- Ich möchte meinen Rückzug ins Innere angemessen und
  Ziel führend gestalten lernen

- Ich brauche einen ruhigen Atem zum Leben, die Kindheit
  in mir bekommt nicht die Ruhe, die sie als natürlichen
  Ausgleich braucht für meine natürliche Umtriebigkeit als
  Kind!

- Warum hetzt man mich immer noch weiter, anstatt mich
  zur Gelassenheit zu führen?

- Ich werde behandelt wie ein Kind und bin es doch nicht
  mehr: wie zeige ich angemessen meiner Umgebung,
  wie ich angemessen behandelt werden möchte?

- Wie lerne ich, mich abzugrenzen, ohne auszugrenzen?

- Was motiviert mich, mein Leben oft nicht mehr lebenswert finden?

- Was habe ich geerbt und gelernt, um in meine eigene
  Handlungsfähigkeit und Verantwortlichkeit gelangen zu
  können? Wie erkenne ich meinen Weg in meine eigene

Freiheit und Freiwilligkeit, mein Weg in die meine Ver-
antwortungsfähigkeit im Umgang mit der eigenen Kraft,
mit den eigenen Chancen, Zielen, Sehnsüchten?

- *Was muss ich in Frage stellen, um zu mir selbst zu finden?*
  (Werte, Ansichten, überflüssige und dumme Gewohnhei-
  ten, Erziehungsmodelle)

- *Ich suche nach Sinn und Sinnhaftigkeit: wofür? wieso?*
  warum?

- *Ich kenne meine Fähigkeiten nicht, und will sie nutzen*
  lernen

- *Ich fliehe in Gedichte, ich muss allein sein oder nur mit*
  Gleichgesinnten umgeben; eine Falle für Suchtprobleme?

- *Muss ich mit meinen Problemen alleine kämpfen – und*
  erst im schlimmsten Fall feststellen, dass ich es ohne Hilfe
  von Gleichgesinnten und vermeintliche Gegner aufgrund
  Ihrer Erfahrungen nicht schaffe

- *Warum stoße ich auf so viel Unverständnis und empfinde*
  dies oft als Ablehnung?

- *Wer hilft mir dabei, mich zu orientieren und Halt zu*
  finden?

- *Ich leide unter dem Druck, meine Kindheit verlassen zu*
  müssen. Warum hilft mir keiner, mein inneres Kind wei-
  ter angemessen zu leben?

- Warum muss ich immer groß und stark sein?

- Ich will den eigenen inneren Widerständen begegnen
  lernen aber ich weiß nicht damit umzugehen.
  Meine Mitmenschen können das auch nicht, wenn sie
  älter sind! Was reden sie für dummes Zeug?

- Wer zeigt mir meine wirklichen Entscheidungsgrundlagen
  und hilft mir, meine angemessenen Ziele zu finden?

- Wer vermittelt mir das Wissen um meine Wurzeln?
  Die Wurzeln der eigenen Geschichte, im meiner Familie;
  ohne Scham, ohne Vorwürfe, ohne Zweifel?

- Die Rolle der Ahnen erkennen, erfahren und besprechen
  können

- Was sind alles die wirklichen Grundlagen der Meinungs-
  bildung? (Umgang mit Neugierde, Interesse, Integrität,
  Politik, Nachrichten, Geschehnisse in der Welt)

- Was ist normal, was ist anständig, was ist erstrebenswert?

- Wie lauten meine Fähigkeiten und wie kann ich sie
  angemessen üben und nutzen?

Erwachsenenalter

Die vorausgehenden Ausführungen lassen erkennen, was für das Erwachsenwerden und ein Erwachsensein wichtig ist. An diese Positionen ändert sich auch in der Erwachsenenwelt wenig; es gibt viele „Baustellen", die wir in einem neuen Wertesystem und mit vielen kleinen Schritten und Detaillösungen miteinander gestalten sollten, denn die große Politik kann diese Aufgaben nicht per Gesetze und Verordnungen erfüllen.

Unsere Erwachsenenwelt ist voll ungeheurer wunderbarer und liebenswerter Schätze. Meine Beobachtungen in rund 50 Jahren Medizin und in meiner rund 30-jährigen eigenen Familiengeschichte zeigen mir Schlimmes.

Ich habe Angst um meine und unsere Kinder und um alles, was uns geschenkt war und ist; nicht um das, was wir geschaffen haben - Häuser und so. Sondern an Werten, mit denen unser aller Leben so klar, einfach und leicht sein könnte.

Viel haben wir übers Erwachsen-Werden gesprochen, gedacht, gefühlt, gefragt, kritisiert, provoziert und Lösungsansätze erörtert.

Wann endlich begreifen wir das Leben als einzigartiges Geschenk, mit dem man keinen Missbrauch treibt, keine Waffe, die man gegen seine Mitmenschen einsetzen darf?

Das Alte Testament tobt in uns und um uns herum.

Wenn wir alle in eigener mutiger Verantwortung dem nicht Einhalt gebieten und die tobenden Energien einen guten Weg in ein Land der Konstruktivität, des Wohlwollens, des Selbst- und Einandervertrauens, dann erleben wir täglich den Rauswurf aus dem Paradies.

Auch heute wird das Leben in einen Pflichtanteil und einen Privaten Anteil unterteilt. Kann mir einer verraten, wozu? Wenn wir doch alle das natürliche Recht und Gelegenheit haben - außer den Kindern und Jugendlichen eben (!) - das Leben so zu gestalten, dass wir einfach nur Freude daran haben. Das ist derzeit nur für ganz Wenige vorstellbar. Und viele andere gönnen sich selbst und ihren Mitmenschen genau dies nicht. Aus welchen Gründen auch immer. Und wieder viele andere gönnen nur sich selbst diese Freude im Übermaß und nutzen ihren Reichtum nicht für die Gemeinschaft. Daran können wir arbeiten!

Das Ziel darf lauten: Wie schaffe ich mir *und* meinen Mitmenschen ein lebens- und liebenswertes Feld der Weltgemeinschaft? In dem wir einander wieder von Nachbar zu Nachbar dienen und somit unendlich viele *Lebensstellen*, nicht nur *Arbeitsstellen*, haben und konstruktiv gestalten. Mit unseren Kindern und den Alten und Dementen und den vielen geistig und- bzw. oder bewegungseingeschränkten Mitmenschen.

Mein Sozialplan für eine gute Zukunft heißt demzufolge: Grundeinkommen für jeden, der bereit ist, ein oder zwei Tage in der Woche der Gemeinschaft zur Verfügung zu stellen. Hier wird Zeit und persönlicher Einsatz, zwischenmenschliches Interesse, Zuwendung, aktiver Respekt und alle diese zuvor beschriebenen Lebenswerte miteinander geübt, geschätzt und gelebt, um das Miteinander freud- und somit sinnvoll zu gestalten.

Dann gibt es weniger Pflegenotstand, sondern mehr Teilnehmer. Ungeheuer viele Menschen hätten wieder einen Sinn in ihrem Dasein, würden ge- und nicht missbraucht, nicht mehr abgeschoben und verwaltet bis sie unter der Erde sind.

Als langjähriger Bereitschaftsarzt kenne ich viele Situationen, in denen die Hilflosigkeit in Familien extrem wird; gerade am Wochenende entstehen oft Akutsituationen, die verwaltungstechnisch nicht adäquat aufgefangen werden können; Kinder von Älteren und oft pflegebedürftigen Menschen sind alleine gelassen, obwohl wir alles verwaltet zu haben glauben.

Das wichtigste fehlt: die Hilfe in den Familien, die mit relativ einfachen Mitteln unterstützt werden könnten. Doch dazu sind wir nicht angemessen vorbereitet.

Der Staat kann das nicht alles regeln, diese Aufgaben müssen meines Erachtens auf der Ebene von Städten und Gemeinden neu geregelt werden. Die Medizin kann viel, aber nicht die Familie und Analogsysteme ersetzen.

Da die große Politik uns die Familien zerstört, müssen wir selbst diese Aufgabe in die Hände nehmen. Es ist viel Zeit verloren gegangen, die es wieder einzuholen gilt.

Unser Gejammer auf hohem Niveau nutzt nichts mehr; die Betroffenen sind in einer Situation, in der sich sehr viele absolut nicht mehr helfen können; wo ist die Gemeinschaft, für die sie ein Leben lang gearbeitet hat, wo sind die Menschen, die sie vorbereitet in schwierigen Tagen begleiten?

Ich meine nicht die Beschäftigung mit Problemen und dem altgewohnten Gejammer, wie schlecht die Welt ist, sondern die freiwillige Beschäftigung mit freundlichen und naheliegenden Lösungen für den, der darum *vor seiner Notlage und in seiner Notlage bittet.* Es geht nicht um unsere Einmischung in das Leben anderer durch ge- und übertriebene Für- und Vor-Sorge, es geht um authentisches Interesse im Sinne einer sich anbietenden Unterstützung des andern auf seinem Weg.

Umso wichtiger mag der Leser die Beschreibungen in dieser Bücherreihe, gerade zum Thema Kinder und Jugendliche nehmen, denn sie können uns vielleicht noch helfen und uns Ältere in eine halbwegs vernünftige Zukunft bringen. Dafür sollten wir ihnen in Dankbarkeit alle Unterstützung geben, zu der wir fähig sind.

Zu den wichtigsten lebendigen Merkmalen des Lebens gehören:

1. *Dankbarkeit - schon vielfach angemerkt, vor allem im Kindesalter, Dankbarkeit für alles, was ist, wie es ist; als Voraussetzung für jede Art von Veränderung und Transformation, die in Frage kommen könnte...*
   Wenn wir Erwachsenen keine oder zu wenig Dankbarkeit vorleben, wer sollte ihr folgen? Sie einzufordern, von unseren Kindern beispielsweise, funktioniert alleine nicht;

2. *Das **Bewusstsein,** gebraucht zu werden, gerne gesehen und erlebt zu werden in einer Gemeinschaft, beteiligt zu sein an einem großen Ganzen, das sich auch in der Familie, in der Zweisamkeit, in Projekten, am Leben selbst, ausgelöst und gekennzeichnet durch;*

3. *Hingabe: die Bereitschaft, sich mit ganzem Herzen mit all seinen tatsächlichen (nicht nur den bewussten, langjährig gewohnten, angenehmen, lukrativen und bequemen) Fähigkeiten in das große Ganze einzubringen, sich vertrauensvoll einzulassen auf das Abenteuer, ganz gewiss etwas Tolles im nächsten Augenblick zu erleben;*

4. *Ver-Fügbarkeit: siehe im Vorwort des ersten Bandes; dort einsatzbereit sein, wo man gebraucht wird, wo es Sinn = Freude macht; nicht im Wohnzimmersessel sich in schöngefärbten Forderungen an die Mitmenschen und*

die Politik sich in bequemen Federn und Selbstmitleid zu versenken; sondern sich selbst anzubieten, miteinander anzupacken, sich auf die Reise machen. Zu anderen Menschen, zur Natur, die als unsere gemeinsame Lebensgrundlage gepflegt werden will und muss, weil ohne Natur wird es wohl nicht gehen (!), zu den Tieren – und zu den Kindern der Welt!

5. **Frieden** gestalten, im eigentlichen Wortsinne: sich und anderen friedlich zu begegnen, aktiv Frieden anbietend, nicht einfordernd, sondern bei-, nicht nachtragend, freiwillig mit dem Leben verbunden. Den Frieden einrichten, nicht suchen. Den Frieden in sich selbst erkennen und feiern. Jeden Tag.

Segne den Augenblick
Vertraue Dir selbst
Erwarte das Beste und Schönste

Immer haben wir eine Wahl, jeden Tag aufs Neue, auch wenn wir sie oft nicht sehen können und oft nicht sehen wollen. Dann brauchen wir den Mut, unsere ganz eigenen Lösungswege zu erkennen. Wer auch dies nicht will, muss mit seiner Entscheidung für seine selbst gewählte Opferrolle zufrieden sein, was ihm schwerfallen dürfte.

Erwachsensein bedeutet für mich, Mut zu haben, sich auf freundliche, friedliche, möglichst humorvolle und somit gesunde Weise von möglichst vielen Fremdbestimmungen zu befreien, in dem wir lernen, rechtzeitig die Bedürfnisse aller in einer Lebensgemeinschaft zu erkennen, zu respektieren und sie in den Alltag einzubinden, zu befriedigen.

Die von vielen erwünschte *Nachhaltigkeit* wird sich meines Erachtens immer mehr auf die Qualität unseres SEINS beziehen; wir werden uns weniger darüber freuen, was wir an Materiellem angehäuft haben und verwalten können, sondern was wir als Lebensmotto gelebt und was wir unseren Kindern an Vorbildern hinterlassen haben.

Denn das Leben als Erwachsene spielt sich wohl ab zwischen der Versuchung, toll zu wirken und toll zu sein. Entscheiden wir uns jeden Tag bewusst und eindeutig für ein tolles SEIN. Auf dieser Reise können wir alle einander nur auf gleicher Augenhöhe friedfertig und konstruktiv begegnen. Und wenn wir es schaffen, in uns und in anderen Menschen die Kinderaugen wieder zum Leuchten zu bringen, haben wir gewonnen. Wir haben den innersten Lebenskreislauf geschlossen.

Herbst des Lebens - Endlich Feier-Abend?

Auch der Herbst des Lebens gestaltet sich auf den irdischen Ebenen nicht immer ganz einfach. Daher wünsche ich mir, dass wir uns alle mit dem irdischen Älterwerden frühzeitig beschäftigen und den Weg alles Irdischen akzeptieren. Der Alltag der Alten in unseren Reihen bietet genügend Gelegenheit, einerseits seine eigenen Kompetenzen und Grenzen zu erkennen, gleich- und rechtzeitig Menschlichkeit und Wärme zu teilen, die jeder gerne selbst bekommen möchte.

Unsere Aufgabe als Menschen ist es wohl, das Leben als Geschenk, als unerschöpfliche Reihe von Chancen, als ein unerschöpfliches Meer an Möglichkeiten zu erkennen und anzuerkennen. Und dies alles in der Geborgenheit eines Universums, das möglichweise wirklich nur in unserem Geist entstanden ist. Letztlich ist es nicht vollständig zu begreifen, aber es ist, wenn man das erkennbare Konzept mal in Ruhe bis zu Ende durchfühlt und durchdenkt, unendlich großartig. Mit einer und mittendrin in einer faszinierenden Logik der Bio-Logie. Alles ist nur das Ergebnis von „Bewusstsein".

Und nun gilt es, das Leben mit großem Wohlwollen als Bewusstseinstraining zu betrachten, in dem es keinen Anfang und kein Ende zu geben *braucht,* in dem somit auch niemand sich beeilen muss, früher als andere fertig werden muss, womit auch immer, ein Leben, dessen Effekti-

510

vität und Effizienz nur darin liegt, es wahrzunehmen und aktiv miteinander konstruktiv zu gestalten, in dem wir uns selbst und das Leben fördern. Nicht Heraus-Fordern.

Der Weg zu Frieden und Gesundheit gelingt leichter, wenn wir unsere Aufgabe zum reinen Verstehen anerkennen und dabei unsere Kommunikationsbereitschaft und Kommunikationsfähigkeit konsequent trainieren.

Unser Alter lässt sich planen wie jeder andere Reiseabschnitt in unserem Leben auch, aber nicht nur mit Versicherungen und medizinischen Versorgungseinrichtungen als Rahmen, sondern mit konstruktiven Betätigungsprogrammen in den Gemeinden; dort liegen viele Kompetenzen brach, sind blockiert, verunsichert, überreglementiert.

Wir sollten unsere stille Angst vor dem letzten Abschnitt unseres Lebens in Neugierde und authentisches soziales Interesse wandeln, damit wir durch unsere eigenen, vorbereiteten Lösungen innerhalb der ganzen Familie und in den Gemeinden vor unserem eigenen Alter keine Angst mehr zu haben brauchen.

Renten sind das eine, eine gesunde Familie und viele Freunde sind dabei ganz sicher das Wichtigste.
Das Geld könnte schneller kaputtgehen als es verdient ist.

Das hatten wir ja schon öfter und das Klagen und Jammern über die bösen Börsenkinder ist wenig hilfreich, und immer wieder stehen wir in dieser Problematik.

Wer sich und sein Erspartes alles Ernstes den Wölfen zum Fraß vorwirft, sollte sich nicht beklagen, wenn es gefressen wird. Die Biologie funktioniert anders als Geldhändler das geplant haben. Und das wird gewiss auch so bleiben.

Gott sei Dank! Die Sicherheit, die wir im Außen gerne hätten, bekommen wir nur, wenn wir selbst einen Kreis von Menschen schaffen und pflegen, der uns die gewünschte Geborgenheit und Sicherheit schenken mag.

Der Weg nach Drüben

Der Weg in den so genannten Tod ist nach all unseren bisherigen Überlegungen nur eine Transformation in eine Dimension, die für unser gewohntes Auge weniger oder gar nicht mehr sichtbar ist. Mehr nicht.

Unsere Hoffnung, alles Geliebte festhalten zu können, wird um die Erfahrung reicher, dass manches, was uns weniger lieb war, auch erst seinen wahren Wert zeigt, wenn es nicht wie gewohnt mehr gesehen und angefasst werden kann. Der körperliche Tod erlaubt uns, von allen gewohnten Mustern Abschied zu nehmen und er bio-logischen Wirklichkeit zu begegnen.

Unsere Fähigkeit zum inneren Sehen, zum Erkennen einer Sinnhaftigkeit gehört zu diesem unserem biologischen Reifungsprozess. So zeigen sich im Laufe der Zeit manche Vorteile, die wir zuvor nicht gesehen haben und manchmal können wir erst beim Tod eines Menschen einen wichtigen

Teil unserer eigenen Geschichte erkennen.

Es macht Sinn, sich zu Zeiten des körperlichen Lebens mit seiner Geschichte und den eigenen Wurzeln zu befassen, sich selbst sehr viel besser verstehen zu lernen.

Begegnungen mit der eigenen Familiengeschichte können, wie hinreichend ausgeführt, gar nicht früh und fröhlich genug beginnen. Die eigene Zuwendung zu diesem Ziel, das Gespräch, das Zuhören und Wahrnehmen, auch Familienstellen und Analoga helfen uns heute ganz offen und sehr viel leichter als je zuvor, unsere Geschichte kennen und annehmen zu lernen, unsere Gemeinsamkeiten zu erkennen jenseits aller Unterschiede.

Diese Methoden haben den wunderbaren Vorteil, dass sie biologische Kommunikationsmechanismen nutzen, die schon immer da waren, die schon immer zum Menschsein gehörten und die wir immer und rund um die Uhr gepflegt haben - allerdings nicht mit der Achtung, dem Bewusstsein und der Anerkennung, die diesen Methoden gebührt.

In aller Regel waren wir aber auch durch eine unangemessene Werteordnung und mangelnde Wertschätzung für vieles in diesem Leben noch gar nicht reif genug dafür. Geschweige denn, dass wir unsere Intuition und die Macht unserer eigenen Aufmerksamkeit und Absicht schon verstanden hätten. Und immer waren wir halt mächtig beschäftigt...

Kurzum: den wirklichen Tod gibt es nur im sozialen Sinne: in der Verweigerung von Liebe, die zur sozialen Kälte und zu einem vordergründigen Tod führt und demzufolge als Todsünde gelten kann. Bewusste Kommunikation auf weniger bewussten oder ganz und gar unbewussten Ebenen und, vor allem, die Ausbildung, die Vorbereitung in der Bevölkerung und in der hausärztlichen Versorgungsebene sind unerlässliche Komponenten im Zusammenspiel, sind unerlässlich.

Dazu gehört für mich auch, sich in Kinder- und Jugendjahren dem Thema zu widmen.

Das Thema *Sterben* wird mehr und mehr zu einem gesamtgesellschaftlichen Thema mit dem Namen: die letzten Lebensjahre im Hier und Jetzt.

Dazu gehören die Themen „spirituelle Lebensführung", „spirituelle Begleitung in die Anderswelt" und vor allem eine organisatorische Vorbereitung, die mit allen politischen Kräften gemeinsam koordiniert werden *muss*; denn, wie gesagt, Medizin und Verwaltungsorgane können dies nicht leisten, nur führen und begleiten.

Das Ziel mag sein, alle Menschen in unseren Gemeinschaften die Chance zu geben, sich auf die großen Veränderungen durch den Tod eines Menschen, immer auch eines Familienmitgliedes, *frühzeitig* einzustimmen und den Tod nicht länger als etwas Grausames anzusehen, das möglichst lange verzögert werden muss.

Das Sterben ist ein natürlicher Vorgang: jeder Sterbende bzw. jeder, der auf diese Schwelle zugehen muss, hat den natürlichen Anspruch, in seiner Familie oder einer vergleichbaren Begleitung nach drüben zu gehen.

Und dies unter Voraussetzungen, in denen er Frieden schließen kann mit sich selbst und seinem Lebenslauf, mit seiner Familie und seinen Freunden. Auch mit den Umständen, in denen er sich befand und befindet.

Die Wertesysteme der Lebenden zeigt sich nicht zuletzt darin, wie sie mit ihren Älteren und Alten umgeht.

Wir sollten gemeinsam versuchen, unseren Kindern auch darin ein gutes Vorbild zu sein.

In **Band IV** stelle ich das Modell von einem „*Netzwerk Gesunde Familie*" vor; für dessen Umsetzung braucht es Familien; wenn diese zerstört sind, gehen unsere Sterbenden, denen wir alles in diesem Lande zu verdanken haben, letztlich in einer beschämenden Situation vor die Hunde; das haben sie nicht verdient.

Wir brauchen dringend auch ein neues Verständnis in den Medizinorganisationen, in denen diese Themen mehr Beachtung und Würdigung finden.

Nachwort

Nun, hat der Kolibri zuviel versprochen?

Er empfiehlt, sich den gezeigten Themen immer wieder zu widmen, denn auch die Welt ist nicht an einem Tag entstanden, selbst die Schöpfung hat sich dazu wohl genug Zeit genommen; dies übrigens absolut strukturiert...

Möge der Leser nach diesem Buch seine Struktur im Umgang mit seinem Lebensthemen finden; diese sind übrigens die gleichen, wie bei allen anderen Menschen auch, vielleicht nur anders gemischt.

Band IV zeigt im nächsten Schritt Modelle, die helfen können, organisatorische Fragen lösen zu helfen - und, warum diese Erneuerungen nun endlich kommen sollten. Band IV will verdeutlichen, warum und dass wir in diesen Zeiten die Notwendigkeit zu strukturierten Veränderungen verstehen sollten und bietet eine Menge Antworten für Gräben, die in einem Weltbild des „Entweder - Oder" unüberbrückbar schienen. In einem Weltbild des „Sowohl-als-Auch" geht das ganz einfach.

Die Modelle eines „Centrum Integrale Gesundheit" und eines „Netzwerk Gesunde Familie" könnten eine Lösung sein, damit Städte und Gemeinden mehr und mehr in eine neue Souveränität in Sachen Gesundheitspflege gelangen.

MANFRED WOLLINGER

Der Kolibri-Plan

Reise in eine Welt der Anerkennung und Zuversicht
Einführung - Wie funktioniert eigentlich Biologie?

Band 1 der Kolibri-Reihe

BoD VERLAG

MANFRED WOLLINGER

Der Kolibri-Plan

Was brauchen die Menschen wirklich?
Emotionale Balance: Ängste und Wege in die Gelassenheit
Kommunikation - Gemeinsam Lernen und Lehren
Das Bagua der TCM: Schatzkiste unserer Ressourcen

Band 2 der Kolibri-Reihe

BoD VERLAG

MANFRED WOLLINGER

Der Kolibri-Plan

- Werte, Gesundheit, Stress & Ernährung
Entwicklung und die Jahreszeiten des Lebens

Band 3 der Kolibri-Reihe

BoD VERLAG

MANFRED WOLLINGER

Der Kolibri-Plan

Integrale Medizin - Systematik Integrale Gesundheit
Anleitungen für eine natürliche Heilkunde
Modelle für eine Integrale Gesundheitspflege
Integrale Unternehmensgestaltung
Aufsätze

Band 4 der Kolibri-Reihe

BoD VERLAG

BAND 1

- Einführung
- Reise in eine Welt
der Anerkennung
und Zuversicht
- Wie funktioniert
eigentlich Biologie?

ISBN: 9783748168843

BAND 2

- Was brauchen die Menschen wirklich?
- Emotionale Balance: Ängste und Wege in die Gelassenheit
- Kommunikation - Gemeinsam Lernen und Lehren
- Das Bagua der TCM: Schatzkiste unserer Ressourcen

ISBN: 9783748181897

BAND 3

- Werte, Gesundheit, Stress & Ernährung
- Entwicklung und die Jahreszeiten des Lebens

ISBN: 9783748181873

BAND 4

- Integrale Medizin / Systematik Integrale Gesundheit
- Anleitungen für eine natürliche Heilkunde
- Modelle für eine Integrale Gesundheitspflege
- Integrale Unternehmensgestaltung
- Aufsätze

ISBN: 9783748141914

WEITERE ANGEBOTE DES AUTORS:

Die Reise des Kranich, Bd. I

- Befreiung von Fesseln der Vergangenheit
- Qigong-Übungen, Meditationen, Tee-Zeremonien

Die Reise des Kranich, Bd. II

- Bewegung in die Freiheit der innersten Heimat. Anleitung zu einer neuen Form in der Systemischen Arbeit. Für Therapeuten & Coaches

Systematik Integrale Gesundheit (SIG)

- Ausbildungsbegleitendes Buch

- -

Infos zu aktuellen Angeboten:

www.akademie-wollinger.de
(Die Website befindet sich im Aufbau)

 - Jahrgang 1955.
Nach dem Abitur zweijährige Ausbildung
zum Heilpraktiker, Sanitätsausbildung der
Bundeswehr, Pflegeausbildung und -tä-
tigkeit über ca. sieben Jahre in den meisten
Bereichen der Klinischen Medizin

- Studium der Humanmedizin, Weiterbildung in Anäs-
thesie & Intensivmedizin, Innere Medizin, Orthopädie.
Erwerb der Zusatzbezeichnungen „Naturheilverfahren"
und „Akupunktur / Vollausbildung". Niederlassung in
eigener Kassenpraxis mit hausärztlicher Versorgung,
Bereitschafts- und Notfallmedizin, Biologische Krebs-
therapie, Fastentherapien, Integrale Schmerztherapie,
Bewusstseins- und Kommunikationstraining, Stress- und
Konfliktmanagement

- Spaltungsprodukt einer Familie, gesch.,
drei wunderbare erwachsende Kinder.

- Hobbies:, Heilen, Lesen, Bücherschreiben, Reisen, Austausch, Freunde, Musik, Meditation, Aus- und Weiterbildungen in Bereichen einer Integralen Heilkunde:
Akupunktur, Aura-Chirurgie, Ayurveda, Baubiologie, Geomantie, Fengshui, Biologische Krebstherapien,
Biophotonenmedizin, Bioresonanz-Methoden, Colon-
Hydro-Therapie, Cranio-Sacral-Techniken, Diäte-
tik & Fastentherapien, EFT, EMDR, Geistiges Heilen,
Gesundheitsberatung, Hildegard-Medizin, Hypnose,

Homöopathie / Anthroposophie / Spagyrik, Klassische
Naturheilverfahren, Kinesiologie, Kommunikations- und
Bewusstseinsforschung, Magnetfeldtherapie, Massa-
getechniken, Metakinesiologie, Microkinesitherapie,
Neuraltherapie, NLP, Orthomolekularmedizin, Pflanzen-
heilkunde, Radiästhesie, Radionik, Reflexzonendiagnostik
und -therapien, Schamanische Heilweisen, Systemische
Arbeit, TCM u. a.

- Aufbau der Projekte „Netzwerk Gesunde Familie" (NGF)
und „Centrum Integrale Gesundheit" (CIG)), Ausbildung
in der „Systematik Integrale Gesundheit" SIG)

- **Bücherreihe:** *„Der Kolibri-Plan - Reise in ein Weltbild
der Anerkennung und Zuversicht"* in derzeit vier Bänden zu
Themen des Integralen Bewusstseins und einer Integ-
ralen Medizin; Natur-Heil-Kunde in der Familie und in
Pflegereinrichtungen; Vorstellung der Projekte *„Centrum
Integrale Gesundheit", „Netzwerk Gesunde Familie"* und
„Die Reise des Kranich": Bücher und Anleitung zu einem
neuen Systemischen Therapieansatz.

Platz für Notizen